穷穷集

古代文物与历史文化研究

后晓荣 著

中国书籍出版社
China Book Press

图书在版编目（CIP）数据

穷穷集：古代文物与历史文化研究 / 后晓荣著. --北京：中国书籍出版社，2021.3
　　ISBN 978-7-5068-8406-8

　　Ⅰ.①穷… Ⅱ.①后… Ⅲ.①文物—考古—中国—文集 Ⅳ.①K870.4-53

中国版本图书馆CIP数据核字(2021)第051552号

穷穷集：古代文物与历史文化研究

后晓荣　著

策划编辑	成晓春
责任编辑	周　鑫
责任印制	孙马飞　马　芝
封面设计	东方美迪
出版发行	中国书籍出版社
地　　址	北京市丰台区三路居路97号（邮编：100073）
电　　话	（010）52257143（总编）　（010）52257140（发行部）
电子邮箱	eo@chinabp.com.cn
经　　销	全国新华书店
印　　刷	北京睿和名扬印刷有限公司
开　　本	710毫米×1000毫米　1/16
字　　数	352千字
印　　张	21.5
版　　次	2021年6月第1版　2021年6月第1次印刷
书　　号	ISBN 978-7-5068-8406-8
定　　价	72.00元

版权所有　翻印必究

目 录

西汉御史大夫张汤墓研究专题 …………………………………………… 1
西安西北政法学院西汉张汤墓发掘简报 ………………………………… 2
赤仄五铢钱的考古新验证——从西汉御史大夫张汤墓考古发掘谈起 …… 11
西汉"酷吏"张汤墓葬出土文物研究三则 ……………………………… 20
走近"廉洁"的张汤——西汉张汤墓考古 ……………………………… 26
西汉御史大夫张汤墓四考——兼论汉代名人墓葬判断的规律性 ……… 31

古代玺印研究专题 ………………………………………………………… 37
秦印概说 …………………………………………………………………… 38
两汉金印简论 ……………………………………………………………… 43
西汉王精金印小考 ………………………………………………………… 51
西汉海昏侯刘贺墓出土"海"字印研究 ………………………………… 54
秦汉印章、封泥中的水文化 ……………………………………………… 61
汉魏官印中的鲜卑古史 …………………………………………………… 74
元末农民起义军用印概述 ………………………………………………… 81
明末张献忠农民军用印初探 ……………………………………………… 86
明末"永昌大元帅印"虎钮金印考 ……………………………………… 97
新见五枚明末李自成农民军铜印和相关史实初探 ……………………… 105

二十四孝文化专题 ………………………………………………………… 115
关中地区的两汉壁画墓初探 ……………………………………………… 116
汉代"七女为父复仇"图像解读
　　——考古所发现一则消亡千年的"血亲复仇"故事 ………………… 125
磁州窑瓷枕中二十四孝纹饰解读 ………………………………………… 133

1

河北涿州元代壁画墓孝义图解 ………………………………… 140
　　甘肃清水县箭峡砖雕墓孝行图像的重新释读 ………………… 149
　　源流与变异——"董永故事"的早期形象初探
　　　　——以汉代画像石为中心 ………………………………… 163
　　接受与挪用：蔡顺孝行故事流变研究 ………………………… 170
　　宋金"画像二十四孝"——中国最早、最成熟的二十四孝 …… 188
　　高丽本《孝行录》版本来源问题 ……………………………… 199
　　二十四孝文化在东亚等地区的文本传播和演变 ……………… 211

历史文物研究专题 ……………………………………………………… 221
　　镜背人——中国早期人物铜镜初论 …………………………… 222
　　十二生肖铜镜初探 ……………………………………………… 230
　　两汉三国弩机铭文综述 ………………………………………… 238
　　从出土弩机铭文看三国孙吴世袭领兵制度 …………………… 250
　　汉金文研究简史 ………………………………………………… 256
　　有关海昏侯墓葬出土的商周青铜器 …………………………… 263
　　汉代金币的三个问题——从海昏侯墓出土的金币谈起 ……… 267
　　南昌海昏侯墓出土青铜錞于属性等相关问题讨论 …………… 278
　　中国早期文物中的外来因素 …………………………………… 290
　　唐人的理想宅第——从考古出土文物和唐诗谈起 …………… 299
　　十二生肖文化漫谈 ……………………………………………… 306
　　无名才子多佳作——近年考古出土宋元瓷器中的诗文辑录 … 317
　　北京地区元代瓷器窖藏文物初探 ……………………………… 326

后　记 …………………………………………………………………… 336

西汉御史大夫张汤墓研究专题

按语：2002年西安市长安区西北政法大学新校区，由西安市文物保护考古研究所（今西安市文物保护考古研究院）承担，笔者主持负责的考古发掘过程中，有幸"遇见"了两千多年前的西汉御史大夫、"酷吏"张汤大人。西汉张汤墓葬的考古发现也是《史记》《汉书》相关传记有记载的人物首次发现，因此该墓葬的考古为西汉墓葬考古的分期断代和相关器物的研究等诸多问题提供了一个很好的范例。笔者先后围绕该墓葬及其出土物写了多篇论文，从墓葬、张汤为人、钱币、名人墓葬考古等不同角度展开阐述，从而尽可能地较为完整地完成该墓葬的研究。

西安西北政法学院西汉张汤墓发掘简报

2002年4月~10月，西安市文物保护考古所为配合西部大学城建设，在西安市长安区郭杜镇西北政法学院南校区进行考古发掘。共清理发掘战国、秦、汉、唐墓葬88座，其中西汉张汤墓（M20）价值较高，现将该墓的发掘情况简报如下。

一、墓葬形制

M20位于西北政法学院南校区体育办公楼基槽西北部，为斜坡墓道土洞墓，坐东朝西，略偏东北向，方向305°。平面呈甲字形，由墓道、甬道、墓室三部分组成（图一）。墓道位于墓室西部，长斜坡状。残长7米、宽1.15米，最深处距现地面4.6米。两壁直而平整，内填五花土。甬道为长方形带过洞，拱顶。长5.3米、宽0.88米、高1.45米。墓室为土洞，平面呈长方形。长5.3米、宽2.8米、壁残高1.9米。其顶部已坍塌，内有淤土。在墓室门口、墓室东北角各有一椭圆形盗洞，直径约0.6~0.8米。在清理过程中，墓室东部发现有大面积麻织物及漆皮痕迹，长约2.6米、宽0.22米。靠北壁有棺木灰痕迹，其周围散乱分布2件大铁铺首和许多四叶柿蒂形铜饰。但没有发现骨架，故葬式不详。因墓室内盗扰严重，除西北角出土的铜洗在原位置外，其他器物都曾被扰动。

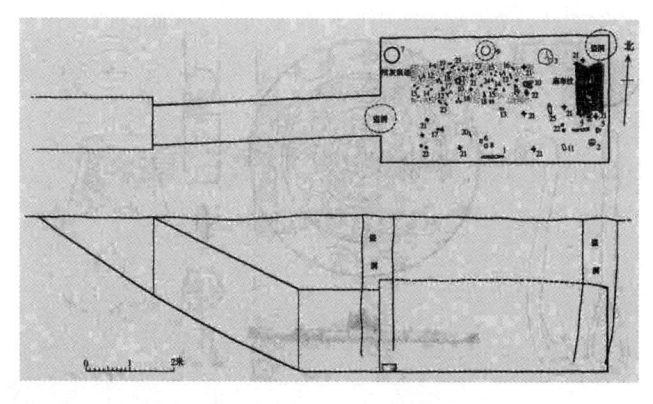

图一　M20 平、剖面图

二、随葬器物

M20 出土器物主要为铜、铁器，其中大部分为小件生活用具。

铜洗 1 件（M20：7）。卷沿，鼓腹，平底。腹部有三道弦纹和一对铺首衔环，底部有一条明显的合范铸棱。口径 25.2 厘米、底径 14.1 厘米、高 12.3 厘米（图二、四：1）。

铜镜 1 件（M20：2）。残。连峰式纽，圆纽座，座外为内向十六连弧纹。其外为星云纹带，缘部饰内向十六连弧纹一周。直径 10.8 厘米、厚 0.45 厘米（图三、四：2）。

铜镦 1 件（M20：13）。圆管状，中有箍棱一周。銎内有残木痕。高 14.2 厘米、口径 3.2 厘米（图四：3）。

铜铃 1 件（M20：5）。扁圆状，外饰菱形几何纹，间以乳钉纹。内有铃舌。高 4.8 厘米、口径 4.5 厘米（图四：4）。

铜印 2 件。方形，侧面有贯通的长方形穿孔。边长 1.8 厘米、厚 0.7 厘米、穿径 0.2 厘米。正反两面均阴刻篆文，M20：6 为"张汤、张君信印" M20：8 为"张汤、臣汤"（图五~图九）。

铜带钩 1 件（M20：20）。蛇首形钩，琵琶形身，圆纽。长 11.2 厘米、宽 0.6 厘米、纽径 0.9 厘米（图四：6）。

铜弩机 1 件（M20：17）。明器。无郭。望山残。望山长 2.9 厘米、钩心长 3.9 厘米、悬刀长 3.1 厘米（图一二）。

铜四叶柿蒂形饰51件。形制相同。标本M20：21四叶尖,中心一圆形帽钉,表面鎏金。出土于棺床部位,应是棺木上的饰件。径长4.6厘米（图四：8）。

铜盖弓帽6件。形制相同。标本M20：23圆筒状,中空,銎口端大,顶端略小,中部一钩。高1.6厘米、孔径0.4厘米（图四：5）。

铜辖䡄5件。形制相同。标本M20：19喇叭形,口缘宽大。近末端中部有凸弦纹一周,近口处有一辖孔,内有辖。表面鎏金。高1.8厘米、径1~1.9厘米（图四：7）。

图二　铜洗（M20：7）　　　　图三　铜镜（M20：2）

铜衔镳6件。形制相同。标本M20：12衔为两节,每节两端呈环形,互相连接。镳为环形,两端略窄,表面鎏金。衔长7.1厘米、镳长8.5厘米（图四：15）。

铜当卢2件。形制相同。标本M20：16圭状,背有两方形纽。长9厘米、宽1.6厘米（图四：16）。铜贝形饰5件。形制相同。标本M20：15半椭圆形。长1.3厘米、宽0.7厘米（图四：9）。

铜扣饰5件。形制相同。标本M20：14半圆形,方形纽。径1.2厘米（图四：10）。

铜串饰22件。形制相同。标本M20：18管状中空。长0.9厘米、口径0.4厘米（图四：11）。

图四

1.铜洗（M20：7）2.铜镜（M20：2）3.铜镦（M20：13）4.铜铃（M20：5）5.铜盖弓帽（M20：23）6.铜带钩（M20：20）7.铜辖（M20：19）8.铜四叶柿蒂形饰（M20：21）9.铜贝形饰（M20：15）10.铜扣饰（M20：14）11.铜串饰（M20：18）12.铜刷（M20：26）13.小铜环（M20：24）14.铜帽饰（M20：29）15.铜衔镳（M20：12）16.铜当卢（M20：16）17.小铜饰（M20：27）18.铁刀（M20：4）19.铁削（M20：28）（1为1/8，2、4~17为1/2，3为1/4，18、19为1/6）

铜帽饰1件（M20：29）。扁圆状。高1.8厘米、口径2.8厘米（图四：14）。

铜刷1件（M20：26）。残。长2.5厘米（图四：12）。

小铜环2件。形制相同。标本M20：24径1.4厘米（图四：13）。

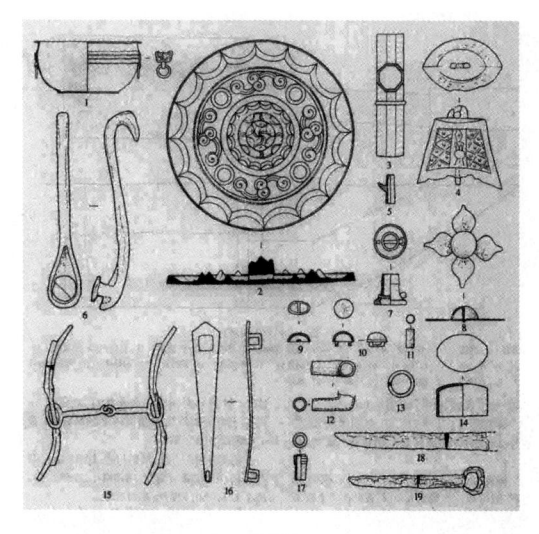

小铜饰1件（M20：27）。长1.5厘米（图四：17）。

铜钱8枚。分2型。

A型7枚，其中1枚残。标本M20：22-1铜色殷赤，郭宽厚均匀，钱文清晰，"五"字竖画相交缓曲，"金"字头呈三角形，"朱"字上部方折，钱背有周郭和穿郭。直径2.5厘米、穿径1厘米、郭厚0.15厘米（图一〇：1）。

图五　铜印（M20∶6）　　　　　图六　铜印（M20∶6）

图七　铜印（M20∶8）　　　　　图八　铜印（M20∶8）

B型1枚（M20∶22-8）。鎏金，穿下有星，尺寸与A型相同（图一〇∶2）。

铁剑1件（M20∶1）。柄部残。双锋，尖刃，格为鎏金铜质，身上残留剑鞘木纹。残长3.1厘米5、宽3厘米（图一四、一一∶1）。

铁刀1件（M20∶4）。柄部残缺。直背，尖锋，双面刃。残长27.5厘米、宽2.7厘米（图四∶18）。

铁削1件（M20∶28）。环首，直背，双面刃。长23.1厘米、宽2厘米（图四∶19）。

铁铺首2件。形制相同。标本M20∶10兽面突目，衔环，背面有一凸钉。长13厘米、环径12厘米（图一三、一一∶3）。

陶鱼1件（M20∶25）。残。凸目，鼓鳃，有鳞，中空。长12.15厘米、高6.18厘米（图一一∶4；一五）。

石料1件（M20∶11）。长方体。长8.4厘米、宽2.7厘米、高3厘米（图一一∶2）。

另有一堆铜器残片（M20∶3、9），从4个小铺首、部分残口沿和底壁观察，可能为盆或鉴。

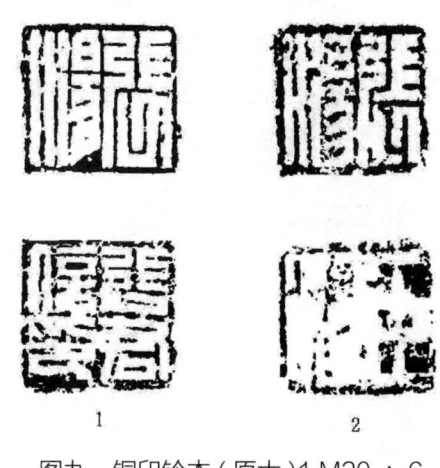

图九　铜印钤本（原大）1.M20：6　2.M20：8

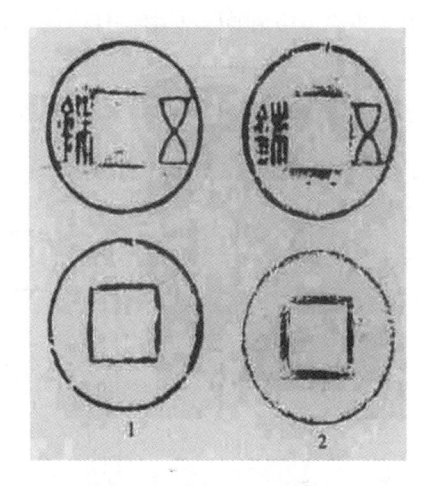

图一〇　铜钱拓片（原大）1.A型(M20：22-1) 2.B型(M20：22-8)

三、结语

1. 墓葬的年代

M20为土洞墓，由斜坡墓道、甬道、墓室三部分组成。此墓的形制结构与西安北郊龙首原汉墓群中的M132、M170相似[①]，只是不设耳室或小龛。M20出土器物不多，但时代特征明显。其中出土的星云纹铜镜主要流行于西汉中期的武、昭、宣帝时期[②]；五铢钱色殷赤，钱文"五"字交叉两笔缓曲，外郭厚而匀整，铸造精湛，为典型的武帝时期五铢。根据M20的形制和出土器物的特点，我们认为M20的年代为西汉中期。

2. 印章的特点

M20出土的两枚铜印均为双面穿带印，一枚印文"张汤、张君信印"；一枚印文"张汤、臣汤"。印面径1.8厘米，应为汉人所说的"方寸之印"。汉代私印多阴文，姓名下加"印""之印""私印"或"信印"等，也有加"臣"或"妾"字。[③]汉代墓葬中出土有双面穿带印，如西安北郊大白杨汉墓出土一枚，

---

① 西安市文物保护考古所. 西安龙首原汉墓[M]. 西安：西北大学出版社，1999.
② 孔祥星，刘一曼. 中国古代铜镜[M]. 北京：文物出版社，1984.
③ 叶其峰. 汉代姓名私印[M]// 中国大百科全书·文物博物馆卷. 北京：中国大百科全书出版社，1993.

印文为"王竖和印、王中孺印"[①]；河北满城汉墓（M2）出土有"窦绾、窦君须"双面穿带印。[②] 两印均为墓主之印。因此，张汤印也应为此墓墓主之印。张汤，《史记》《汉书》有传。《汉书·张汤传》记载张汤起于书吏，曾为长安吏、宁成掾、茂陵尉、侍御史、廷尉，后迁御史大夫，位列三公。

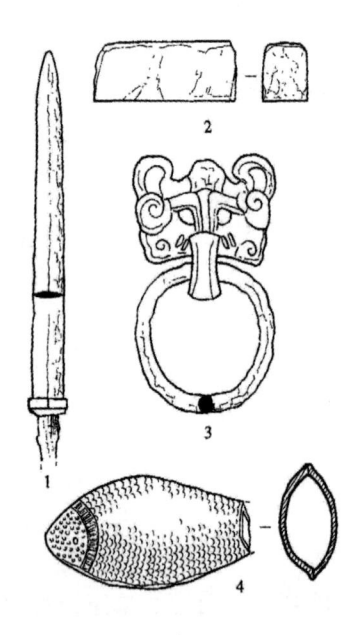

图一一　1.铁剑(M20：1) 2.石料(M20：11) 3.铁铺首(M20：10)
　　　　4.陶鱼(M20：25)(1为2/9，2～4为1/3)

图一二　铜弩机(M20：17)　　　　图一三　铁铺首(M20：10)

---

① 陕西省考古研究所.西安北郊大白杨秦汉墓葬清理简报[J].考古与文物，1987（12）．
② 中国社会科学院考古研究所，等.满城汉墓发掘报告[M].北京：文物出版社，1980.

3. 张汤墓地望

M20位于西安市长安区韦曲镇西崔家营村，崔家营村是汉唐墓葬区，距今长安区中心所在地韦曲镇约2公里。今长安区在西汉时属京兆尹辖县杜陵县。《汉书·地理志》载"京兆尹，故秦内史，元始二年户十九万五千七百二，口六十六万二千四百六十人，县十二，……杜陵"。张汤墓应就在杜陵县。《汉书·张汤传》有云："张汤，杜陵人也。"杜陵为汉宣帝修陵而得名，原名为杜县。故《史记·酷吏列传》载："张汤者，杜人也。"又《史记·秦本纪》中记述"秦武公十一年，初县杜"。另《括地志》云："盖宣王杀杜伯以后，子孙微弱，附于秦，及春秋后武公灭之为县。汉宣帝时修杜之东原为陵，曰杜陵县。"即此地。《汉书·张汤传》载："元康四年春，安世病……至秋薨。……谥曰敬侯。赐茔杜东，将作穿复土，起冢祠堂。"从张汤子张安世死后赐冢地杜东，可推张汤墓就在故里杜陵。今张汤墓发现地点与西汉御史大夫张汤故籍地望相符，也可证明应是西汉御史大夫张汤之墓。

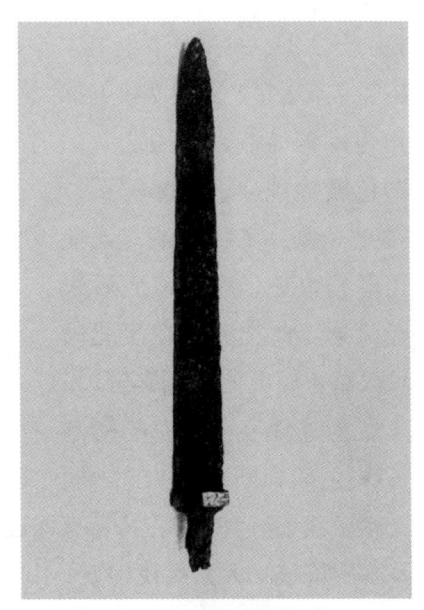

图一四 铁剑(M20：1)

4. 葬式葬具

M20虽经盗扰，但出土遗物仍可反映一定的丧葬习俗。从墓室东部大面积麻织纹观察，推测为裹棺用；从一对东西向散落的大铁铺首及棺木灰痕等分析，葬具为一棺。《汉书·张汤传》载："汤死，家产直不过五百金，皆所得奉赐，无它赢。昆弟诸子欲厚葬汤，汤母曰：'汤为天子大臣，被恶言而死，何厚葬为！'载以牛车，有棺而无椁。"M20出土器物中多为小件器物，且多为日常生活用具，如星云纹镜、铜洗、印章，以及铁剑、刀、削等。这些均与文献记载相合。

5. 发掘张汤墓的意义

首先，张汤墓为文献记载中有明确传记的名人墓葬，据《汉书·武帝纪》载张汤死于元鼎二年（前115年）十一月，其埋葬时间也不会相差太远。因此，我们认为张汤墓堪称西汉墓分期断代的标尺。第二，张汤墓出土五铢钱8

9

枚，分2型，A型穿下半星，B型穿下无星。其中7枚五铢均为赤铜铸制，钱型统一，铜色殷赤纯净，周郭深圆，篆文一致，文字清晰，无使用磨损痕迹，应在铸成后未经流通。此类五铢在河北满城汉墓曾经出土。① 蒋若是先生认为这种字文统一的精制

图一五　陶鱼（M20∶25）

五铢钱，可以断定必非出自郡国或民间私铸，而应为国家统一铸造的"官钱"。② 文献记载张汤生前曾主持铸五铢钱等币制改革。《汉书·张汤传》记载有"会浑邪等降汉，大兴兵伐匈奴，山东水旱，贫民流徙，皆给县官，县官空虚。汤承上指，请造白金及五铢钱，笼天下盐铁……"又《史记·平准书》有："郡国多奸铸钱，钱多轻，而公卿请令京师铸钟官赤仄，一当五，赋官用非赤侧不得行……是岁也，张汤死。"《索隐》乐产云诸所废兴，附上困下，皆自汤，故人不思之也。文献记载赤仄五铢只用于官府和贵族，为纳赋与官府用钱，并不流通于民间。汉代有葬钱之风，张汤身为权贵，并曾参与铸造赤仄五铢，张汤墓中出土的五铢可能就是赤仄五铢。第三，汉代星云纹镜主要流行于西汉中期武、昭、宣帝时。张汤墓出土星云纹镜将这种形制的铜镜流行的时间上限准确定在西汉武帝时期。

　　总之，西汉张汤墓的发现，为解决汉代考古学中的一些问题提供了重要的实物资料。

（该文发表于《文物》2004第6期，执笔：后晓荣、孙福喜）

---

① 中国社会科学院考古研究所，等. 满城汉墓发掘报告[M]. 北京：文物出版社，1980.
② 蒋若是. 郡国、赤仄与三官五铢之考古学验证[J]. 文物，1989（4）.

赤仄五铢钱的考古新验证
——从西汉御史大夫张汤墓考古发掘谈起

赤仄五铢钱是西汉武帝时期铸造的一种五铢钱，其行时既短，又时铸时销，后世流传者已不多闻，其钱文递变之迹两千年已不能通晓。故赤仄之谜成为千古"公案"。2002年5月，西安市文物保护考古所为配合西安市西部大学城建设，在长安区郭杜镇西北政法学院南校区进行考古发掘。在考古清理该校体育办公楼的基槽过程中，发掘了一座东西向，略偏西北方向的斜坡墓道土洞墓，出土两枚双面穿带印，印主是张汤。笔者结合相关历史文献记载和考古发掘的第一手资料，考证此张汤墓就是西汉御史大夫张汤墓。其意义十分重大，对探寻赤仄五铢提供了考古学上的新线索和新验证。

一、西汉御史大夫张汤墓的考证

西北政法学院南校区考古发掘的张汤墓为中等规模的斜坡墓道土洞墓，[①] 其平面略呈"甲"字形，由长斜坡墓道、甬道、墓室三部分组成，封门不详。此墓曾被盗扰，故出土物不多，主要是铜器、铁器，其中大部分为小件生活用具，不见汉墓随葬器物中常见的陶器等。铜器有小铜洗、星云纹镜、铜印章、铜带钩、铜弩机、小铜铃、铜车马器和五铢铜钱。铁器有铁剑、铁刀、铁削和铁铺首等。其出土物的时代特征比较明显，如西汉中期流行的星云纹镜。结合出土文物和墓葬形制可推定此墓葬时代为西汉中期武帝时。最为珍贵的是出土两枚极精致的双面穿带印，一枚印文为"张汤、张君信印"（图1），一枚印文为"张汤、臣汤"。印面径为18毫米，为汉代人所说的"方寸之印"。此两枚印的出土表明此墓主为张汤。

张汤，西汉武帝时人，《汉书》《史记》上有其人传记。《汉书·张汤传》

[①] 后晓荣，孙福喜．西安发现西汉御史大夫张汤墓及印[J]．国文物报，2003.12.24：1.

记载张汤起于书吏,曾为长安吏、茂陵尉、侍御史、廷尉、后升迁为御史大夫,位列三公。另据文献记载,西汉御史大夫张汤,杜陵(或杜县)人。西汉杜陵县为宣帝设陵后由杜县改名而来,其所辖范围包括今长安区,即今张汤墓在西汉杜陵县范围之内,也说明此墓的发现与西汉御史大夫张汤的故籍地望相符。同时此墓中有一道棺木灰痕迹,表明为一棺葬,与《汉书·张汤传》中"载以牛车,有棺而无椁"的记载相符。张汤墓中随葬品不多,且多为日常生活中小件用具,不见汉墓中常见的陶器和其他珍贵的器物,为明显的薄葬现象。这一点也与《汉书·张汤传》中"汤死,家产直不过百金,皆所得奉赐,无它赢","何厚葬"等文献记载相符。综合上述分析,我们可以推定此张汤墓就是西汉武帝时的御史大夫张汤墓。①

二、张汤墓的考古发现在中国钱币史上的意义

西汉御史大夫张汤墓的考古发掘,对深入汉代的考古和文物研究有积极的意义。张汤墓的考古发现,是考古工作者第一次发掘《汉书》上有明确传记记载的名人墓,在一定程度上验证了《汉书》记载的正确性。其墓出土的五铢钱同时从考古学角度为解决赤仄五铢之谜提供了新线索。

何谓"赤仄",史无所述,历来诸家争议,莫衷一辞。史载西汉武帝时,多次改革币制,曾三次发行五铢:元狩五年,"罢半两钱,行五铢钱"②,是为发行郡国五铢;元鼎二年,"郡国铸钱,民多奸铸,钱多轻,而公卿请令京师铸钟官赤仄,一当五,赋官用非赤仄不得行"③,是为发行赤仄五铢;元鼎四年,"其后二岁,赤仄钱贱……专令上林三官铸"④,是为发行三官五铢。武帝时发行三种五铢钱中,郡国五铢和三官五铢由于有钱范和实物可证,其特征已明,唯赤仄五铢特征不明。早在清代,李佐贤就已感叹道:此钱已二千年,特征无确论,亦罕见。⑤即使是现代,"至于赤侧钱或赤仄钱则是一

---

① 后晓荣,孙福喜.西汉御史大夫张汤墓发掘简报[J].文物,2004(6).
② 汉书·武帝纪[M].北京:中华书局,1962.
③ 汉书·食货志[M].北京:中华书局,1962.
④ 同③.
⑤ 李佐贤.古泉汇[M].光绪年刻本.

个难以解决的问题"①。"究竟是具有哪些特征,目前因材料不足而难以说清。"②但学者在讨论赤仄时都没有注意到西汉御史大夫张汤与赤仄钱的关系。

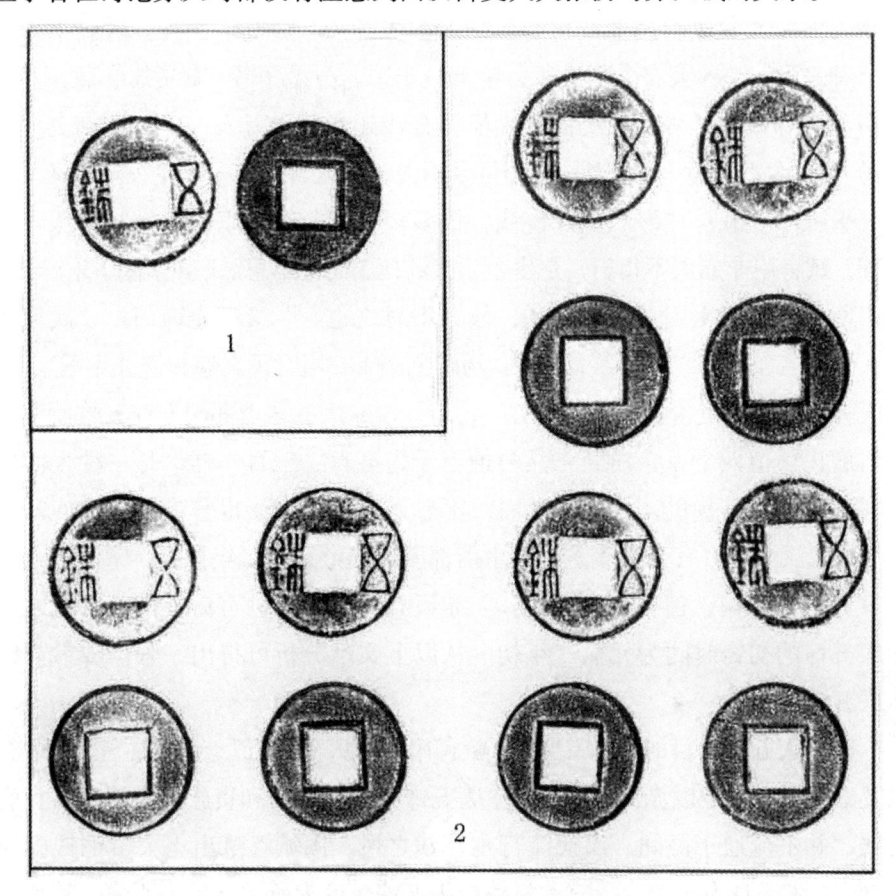

图一 西汉张汤墓出土五铢钱币拓片

西汉御史大夫张汤生前极其隆贵,曾一度"丞相取充位,天下事皆汤"③,另"汤尝病,上自至舍视,其隆贵如此"④。张汤多次参与汉武帝的币制改革,打击豪强贵族,维护中央财政。元狩四年发行的白金三品和白鹿皮币,元狩五年罢半两钱、行五铢钱,张汤都主持并参与其中。《汉书·张汤传》载:"会浑邪等降汉,大兴兵伐匈奴,贫民流徙,皆给县官,县官空虚。汤承上指,

---

① 彭信威.中国钱币史[M].上海:上海人民出版社,1958.
② 吴荣曾.对汉武帝早期五铢的探讨[N].中国文物报,1990-3-29(3).
③ 汉书·张汤传[M].北京:中华书局,1962.
④ 同③.

请造白金及五铢钱，笼天下盐铁……"另《史记·平准书》载："……上与张汤既造白鹿皮币……"赤仄五铢初铸于元鼎二年，其时张汤也正宠幸隆贵，其年大农令颜异因对白鹿皮币有异议，被张汤治"腹非"而死。《汉书·百官公卿表下》："大农令颜异，二年坐腹非诛。"《汉书·食货志》载："自造白金五铢钱后五岁，赦吏民之坐盗铸金钱死者数十万人……，而御史大夫张汤方隆贵用事……汤奏当异九卿见令不便，不入言而腹非，论死。"又《史记·平准书》载："郡国多奸铸钱，钱多轻，而公卿请京师铸钟官赤仄，一当五，赋官用非赤仄不得行。是岁也，张汤死，而民不思。"《索隐》乐产云："诸所废兴，附上罔下，皆自汤，故人不思之也。"又王先谦曰："武记汤死在元鼎二年，徐广注三年，非也。汤附上罔下，当时民之怨嫉岂止不思。"[1]赤仄五铢钱的法定价值是"一当五"，即一枚赤仄五铢当郡国五铢五枚使用，与白鹿皮币值四十万，白金三品分值三千、五百、三百一样，是一种大面值的虚值钱。因其扰民，故张汤死而民不思，暗示着张汤也曾参与赤仄五铢一事。另《汉书·百官公卿表》记"水衡都尉，武帝元鼎二年初置，掌上林苑，属官有上林均输、钟官、辨铜令。"赤仄五铢为京师钟官铸，由此可推之，赤仄五铢的初铸时间为元鼎二年初。从以上文献分析可得出，张汤曾参与铸赤仄五铢一事。

铸赤仄五铢的目的是"一当五，赋官用非赤仄不得行"。颜师古注曰："充赋及给官用，皆令以赤仄。"[2]即赤仄五铢只用于官府和贵族，为纳赋与官府用钱，并不流通于民间。汉代流行殉葬钱之风，满城汉墓出土大量铜钱即为一例。[3]张汤身为权贵，并曾参与铸赤仄五铢，生为所敛，死为所藏，其墓出土的五铢钱为赤仄五铢也就是自然之事。这批赤仄五铢的发现和认定，也就解开了聚讼千年的"赤仄五铢"的神秘面纱。

三、张汤墓出土的五铢钱

此次张汤墓共出土五铢八枚，分二式，一式穿下半星，1枚（图一 1）；

---

[1] 金少英. 汉书食货志集释 [M]. 北京：中华书局，1986.
[2] 汉书·张汤传 [M]. 北京：中华书局，1962.
[3] 中国社会科学院考古研究所，等. 满城汉墓发掘报告 [M]. 北京：文物出版社，1980.

一式穿下无星，7枚（图一2，图二）（为研究方便，每枚具体情况列表附后）。其中七枚穿下无星五铢，都是赤铜其质，周郭深圆，穿郭清晰方正，篆文清楚而划一。其色呈"黑漆古"，钱面无瘢垢瑕疵之弊，无使用磨损痕迹。钱郭厚而整齐，垒叠之后，侧视极为精整，没有边缝参差不齐者。此七枚五铢的钱文基本一致，"五"字交叉两笔而取缓曲，上下二横没有出头，"铢"字的"金"头为小三角，下四点长，个别"金"头小三角模糊，朱字方折，没有出头"朱"（或长"朱"）现象。钱面单一，没有郡国五铢中常见的"穿上（下）横郭、穿下（下）半星（半月）"或"四角决文"等符号。此七枚五铢的钱径和穿径都一致，钱径为25毫米，宽径10毫米，肉厚0.9~1毫米，外郭厚1.5毫米左右，外郭宽1.1毫米左右，重量在2.7~3.5克之间。另一枚五铢穿下半星，鎏金、背周郭不甚齐整，有明显的使用磨损痕迹，钱文中"五"字的上下二横出头，重3.8克，其他同于前者（此币从各方面都明显有别于其他七枚五铢，推之为郡国五铢，可暂不考虑）。

图二　西汉张汤墓出土五铢

张汤因误诬而自杀于元鼎二年，而三官五铢钱铸于元鼎四年，即张汤死时尚未铸三官五铢，故张汤墓出土此批五铢可以排除三官五铢的可能。郡国五铢的特点是由地方郡国各自制范铸造，其重量轻重不一，悬殊很大，周郭多宽窄不均，字文不甚严格，或宽大，或松散，钱面符号较多。[①]其特点与这批整齐划一的五铢也不相符，故也可不考虑。由此推之，张汤墓中出土的前

---

① 唐石父.中国钱币[M].上海：上海古籍出版社，1988.

七枚五铢为赤仄五铢，都是赤铜，精磨之后郭边尽赤。赤仄之名见于《汉书·食货志》，而《史记·平准书》《高祖功臣侯年表》及《汉书·百官公卿表》皆作赤侧。赤通捇，《周礼·赤发氏》郑语："赤发，犹言捇拔也。"《说文·手部》："捇，裂也。"《广雅·释诂》："裂，载也。"即赤侧为载削钱的边侧令其光洁整齐之意。①察此七枚五铢都曾经加工修整，在一些钱的边缘上，明显保留有车削痕迹，刀纹均匀，椭圆度很小。赤仄（侧）就是把外郭锉平的意思，此也许正是赤仄（侧）钱名之由来。此七枚质相同，文一致，色一统的赤仄五铢钱，没有使用磨损痕迹，除铜锈之后，钱面清洁如新，没有半点瘢痂，估计是铸成后未经分散流通即用来随葬。这种情况在满城汉墓后室出土钱币中也存在。②这种现象与赤仄五铢的使用性质相通。赤仄五铢既为朝廷钟官踌钱，又针对"郡国铸钱，民多奸铸，钱多轻"的时弊，是为赋官用钱，故其钱精而纯。因非社会流通用钱，张汤又身死元鼎二年冬十一月，其时也短，故自然无明显磨损使用痕迹。

另张汤墓出土的赤仄五铢的特征，在汉长安城遗址出土的钟官钱范上也同样能得到认定。《秦汉钱范》③中五铢钱范有"官一"和"宫一"钱范，其右角有"官一"和"宫一"，（"宫"实为反书"官"字）二字，表明此二钱范为京师钟官铸五铢陶范。其钱模径2.5厘米，穿径1厘米，"五"字交叉两笔缓曲，金头为小三角，内四点长，朱字方折，未有出头"朱"。此二钱范的钱模特征与张汤墓出土的前七枚五铢非常一致，为典型的钟官五铢。结合张汤死于元鼎二年史实，故同理可推之，张汤墓出土的前七枚五铢就是聚讼千年的"赤仄五铢"。

表1 西汉御史大夫张汤墓出土赤仄五铢数据表（单位厘米/克）

序号	特征	钱径	穿宽	肉厚	外郭宽	外郭厚	重量	附图
1	穿下半星	25	10	1	1.2	1.6	3.8	图1
2	无	25	10	0.8	1	1.5	2.9	图2
3	无	25	10	0.8	1	1.6	3.7	图3
4	无	25	10	0.8	1	1.5	2.9	图4

---

① 孙机.汉代物质文物资料图说[M].北京：文物出版社，1990.
② 蒋若是.郡国、赤仄与三官五铢之考古学验证[J].文物，1989（4）.
③ 陕西省钱币学会.秦汉钱范[M].西安：三秦出版社，1992.

续表

序号	特征	钱径	穿宽	肉厚	外郭宽	外郭厚	重量	附图
5	无	25	10	0.8	1	1.5	2.7	图5
6	无	25	10	0.8	1	1.5	2.8	图6
7	无	25	10	0.8	1	1.5	2.7	图7
8	无	25	10	0.8	1	1.4	残	未拓图

四、赤仄五铢的新标准

开铸于元鼎二年初的钟官赤仄五铢，属于西汉王朝第一次统一专铸钱币的尝试，一方面是为整顿当时郡国及私铸钱的混乱，其比值与社会上的"现行钱"为"一当五"。另一方面又是虚面值币，是再一次的通货贬值[1]，属于变相加重赋税，故只行用二年左右。《史记·平准书》载："郡国多奸铸钱，钱多轻，而公卿请令京师铸钟官赤仄……其后二岁，赤仄钱贱，民巧法用之，不便，又废。"这种继郡国五铢发行五年之后，由朝廷铸行的赋税及给官用的专用钱，行用时间很短，加之铸三官五铢时的销毁，故后世流存甚少。关于赤仄五铢的标准，过去钱币学界一直没有人能够说清楚。论钱者或谓钱型稍大，或谓状若马蹄者，或谓今之文字端庄，轮廓周正者皆赤仄。这些都是依据《史记》等文献及前人注释的推测之辞。[2]另2002年陕西省钱币学会召开西汉"赤仄（侧）五铢座谈会，与会专家就赤仄五铢提出多种看法，或小五铢即为赤侧五铢，或长朱即为赤侧五铢、或上横杠为赤侧五铢，或四决文、或下一星为赤侧五铢等"[3]，所谓意见纷纭，莫一而衷。

实际上，赤仄五铢它作为朝廷初铸官钱，由京师钟官统一铸造，不似郡国五铢由各郡国自铸，故其标准是应该统一，决不会出现古论钱者和今钱学大家的多样标准和意见。正如蒋若是先生所言："虽钱学大家亦未能确指为何物，故其所言者多误。"[4]今要解赤仄五铢的真象，则只有赖于近代兴起的

---

[1] 叶世昌.论汉武帝的统一铸币权[J].陕西金融，1989.
[2] 蒋若是.西汉五铢钱断代[M]//秦汉钱币研究.北京：中华书局，1997.
[3] 钱币学会.西安金融·钱币研究[J].2002（7）.
[4] 同②.

田野考古学。所谓"取地下之实物与纸上的遗文互相释证"（陈寅恪语）。利用田野考古的发现，择其有确证者，分析比较，证之史籍，以辨世说之真伪而探求其演变之源流。利用考古学验证赤仄五铢最勤者为蒋若是先生。蒋先生从考古学角度出发，利用满城汉墓出土五铢钱和其他考古资料，先后发表了一系列关于五铢钱的学术文章，[①] 其中对赤仄五铢问题提出许多新观点，其影响较大。另方成军先生也从满城汉墓探寻赤仄，提出Ⅳ型五铢为赤仄五铢，[②] 理由也不充分。对于赤仄五铢的标准的确立，蒋先生一再使用"验证"和"探寻"等谨慎词。其意也不言自明，了断此千古"公案"，尚需假以时日，出土更多的考古材料作证。对于汉墓来说，"只知有汉，无论魏晋"，其墓中葬钱之风对保存古钱来说十分有利。西汉御史大夫张汤墓出土的五铢钱的考古发现对解决赤仄五铢之谜则更是再好不过的对象。

张汤墓出土赤仄五铢的认定，既可以否定以前关于赤仄的种种猜测之词，又可以得出赤仄五铢的新标准。

1. 赤仄五铢以赤铜为质，精磨之后郭边尽赤，赤仄（侧）为把外郭锉平的意思，此亦为赤仄（侧）钱名之由来。周郭深圆而磨滤精湛，穿径方正，工艺精整。铜色殷赤纯净，色呈黑漆古，钱面无瘢垢瑕疵之弊。钱径为2.5厘米，穿径为1厘米左右。

2. 铸郭宽厚均匀，钱文点划清晰。

赤仄钱的外郭宽厚均在0.2厘米左右，没有过宽过窄或宽窄不均的现象。穿郭方正齐整，宽厚均0.1厘米左右。钱文字点划清晰，铢字中金头小三角，内四点长，四点作短竖布局疏朗，绝无字划与穿郭拥挤模糊现象，朱字方折，没有出头朱（或长朱）现象。

---

① 蒋若是先生关于赤仄五铢的研究成果具体集中表现在其本人所著《秦汉钱币研究》一书中，有《郡国、赤仄与三官五铢之考古学验证》《西汉五铢钱断代》《西汉五铢类型集证》《就赤仄五铢问题答客难》《西汉五铢钱范断代研究》等。另，蒋若是先生认为赤仄五铢初铸于元鼎三年的观点，笔者也不敢苟同，其明显归避历史真实文献。《汉书·食货志》和《史记·平准书》中"郡国铸钱，民多奸铸，钱多轻，而公卿请令京师铸钟官赤仄，一当五，赋官用非赤仄不得行……是岁，汤死而民不思"。另《汉书·高惠高后文功臣表第四》："（曲成）侯皇柔嗣，二十四年，元鼎二年坐为汝南太守知民不用赤仄钱为赋，为鬼薪。文献明确记载赤仄五铢初铸于元鼎二年，具体考证情况拟作《赤仄五铢三考》，另文单发。

② 方成军. 从满城汉墓探寻赤仄五铢钱[J]. 华夏考古，2001（2）.

3. 五字交叉两笔相交取缓曲一种，上下二横没有出头，笔划纤细而流畅秀丽，没有郡国五铢中五字竖划直笔相交或弯曲相交，更没有五字扁体者，甚至如宣帝五铢中五字以两个"炮弹"形相对者。

4. 钱体较轻，钱面不带符号。

张汤墓出土的这批赤仄五铢重量基本在 2.7~3.5 克之间，较以往认为"赤五铢"者 4 克或 4 克以上较轻。事实上，赤仄五铢极似三官五铢钱，同为朝廷专铸，二者先后相承。主铸赤仄的钟官本属水衡都尉，后为上林三官之一。赤仄五铢为朝廷为统一铸币权的一次尝试，其本质是通货贬值。元鼎四年进行卓有成就的币制改革，将铸币权集中于上林三官，才铸造符合质量标准的五铢钱。三官五铢钱一般重量为 3.5 克，而此批赤仄五铢平均重 3.07 克左右，也就较易理解。另此批五铢钱的钱面没有任何符号，没有蒋先生认定的"穿上横郭、四角决文，或穿下半月（星）纹"等符号，此也许是二者区别之一。

总之，西汉御史大夫张汤墓出土的五铢为赤仄五铢的认定提供新标准。另学问之道，务在求真探疑。新的材料出现总能修正前人的部分成果，让我们更清楚地认识"原历史"。在此并无否定或掠美之意，为求千载"赤仄"之谜，可望至此冰释。

（该文发表于《中国钱币》2004 第 2 期）

西汉"酷吏"张汤墓葬出土文物研究三则

2002年4—10月,西安市文物保护考古研究院(原西安市文物保护考古所)为配合西部大学城建设,在西安市长安区郭杜镇西北政法学院南校区进行考古发掘,其中西汉张汤墓(M20)是一座重要的西汉墓葬发现。西汉"酷吏"张汤墓葬的考古发现也是《史记》《汉书》相关传记有记载的人物墓葬首次发现,因此该墓葬考古为西汉墓葬考古的分期断代和相关器物的研究等诸多问题提供了一个很好的范例。该墓出土文物主要有铜器、铁器、陶器和石料等,但考古发掘至今近二十年,除五铢钱外,尚无针对其出土文物研究的专题文章。本文在笔者对张汤墓葬考古研究的基础上,对该墓葬中出土的部分文物进行讨论,试图了解汉代人的社会。

一、陶鱼

西汉张汤墓葬的墓室中部出土了一件陶鱼,该陶鱼残、凸目、鼓鳃、有鳞、中空,长12.15、高6.18厘米。但因该墓已经多次被盗,估计这个位置不一定是其原来位置,有关其用途属性不详。汉代遗址和墓葬中出土不少陶鱼,如秦都长陵作坊遗址发现叁件残陶鱼,另有一件采集品;[①] 西安龙首原汉墓出土两件陶鱼,一件完好,一件残破,分别出自医M3和军M9;[②] 山西新绛县泉掌村古墓出土一件陶鱼;[③] 在曲村秦汉M6305出土一件陶鱼,中空,可响;[④] 陕县东周秦汉墓的西汉中期至东汉晚期第二组墓出土一件陶鱼,模制,中空;[⑤]

---

① 陕西省考古研究所. 秦都咸阳考古报告 [M]. 北京:科学出版社,2004:142.
② 西安市文物保护考古所. 西安龙首原汉墓 [M]. 西安:西北大学出版社,1999:27,190.
③ 中国考古学会. 中国考古学年鉴1994[M]. 北京:文物出版社,1997:146.
④ 杨哲峰. 曲村秦汉墓分期 [M]// 考古学研究(四). 北京:科学出版社,2000:257.
⑤ 中国社会科学院考古研究所. 陕县东周秦汉墓 [M]. 北京:科学出版社,1994:179.

四川涪陵三堆子东汉墓 M2 出土一件陶鱼；[①] 云南水富楼坝镇乌龟石湾东汉崖墓 M2 也有出土两件陶鱼。[②] 此外广州南越王墓北侧室（后藏室）内东北角的地板上出土 9 件陶鱼，摆放无规则。器体大小相近，长 11.5—12.5 厘米、头宽 4.4 厘米、体厚 2.4 厘米。[③] 从以上汉代墓葬出土陶鱼的实际情况看，陶鱼一般合模而成，长 1.5—11.5 厘米左右，中空，里边装有沙砾，摇时可发出声响。从其出土墓葬主人身份看，陶鱼既出土于南越王、西汉御史大夫张汤等高级贵族墓葬，同时也出现于西安龙首原普通汉墓之中，可见陶鱼在汉代贵族和普通老百姓之间都较为广泛地使用。其时间跨度从西汉初年到东汉都较多存在。

有关汉代墓葬出土陶鱼具体的功能用途，主要有三种说法：第一、洗涤工具；第二、玩具；第三、乐器。其中南越王墓发掘报告就认为陶鱼可能是舞蹈做节拍的乐器，并以西耳室所出的 7 件扁圆形响器作为旁证。[④] 汉代陶鱼的具体功能属性需要具体分析。西安龙首原汉墓中西北医疗设备厂 M3 中，与陶鱼同时出土的器物中，有一件所谓"风化石"，长条扁椭圆体，表面为蜂窝状，长 13.2 厘米，厚 3 厘米。从彩图情况看，该器物实际为陶搓石。类似的器物在徐州狮子山楚王墓出土了一件沐浴陶搓石，该器长圆形，内中空，很轻，摇晃有声，表面有细密的小孔，粗而不糙，长 20 厘米。该器为徐州狮子山楚王墓出土一套沐浴器具之一。在该墓中西耳室沐浴银鋗内共出土包括沐浴爽身陶器数件、陶搓、石搓各 1 件等，其中银鋗上自铭"宦者尚浴沐鋗容一石一斗八升重廿一斤十两十朱第一御"，清楚地表明器物的功能属性。[⑤]综合以上诸物认知，正如林冠男女士所言，"通过对比和研究相关器物本身的结构形态、出土位置和伴出物等因素，可以推断南越王墓出土的这几件'陶响器'的真实功能可能也是洗浴用具"[⑥]。《说文·瓦部》："甋、鎈垢瓦石也。"我们也许可推知包括张汤墓葬在内，西汉墓葬中出土的陶鱼其功能属性实际

---

① 四川省文物管理委员会，等.四川涪陵三堆子东汉墓[M]//文物资料丛刊 10.北京：文物出版社，1987：136.
② 肖先进.三星堆研究（第 2 辑）[M].北京：文物出版社，2007.
③ 广州市文物管理委员会.西汉南越王墓[M].北京：文物出版社，1991：297.
④ 同③.
⑤ 此外满城汉墓一号墓后室出土石搓 2 件，质料为玄武岩火山弹，轻而粗糙，有蜂窝状小孔，呈黑灰色，器作扁平长圆形。在江苏盱眙大云山西汉江都王（第一代王刘非）一号墓中，南回廊下层西部洗浴用品区，出土有陶搓 1 件和石搓 3 件。
⑥ 林冠男.西汉南越王墓出土陶响器试析[J].东南文化，2018（2）.

为洁身沐浴之用的"甂"或"搓"具，而并非乐器，所谓"陶响器"的定名实际上并不正确。

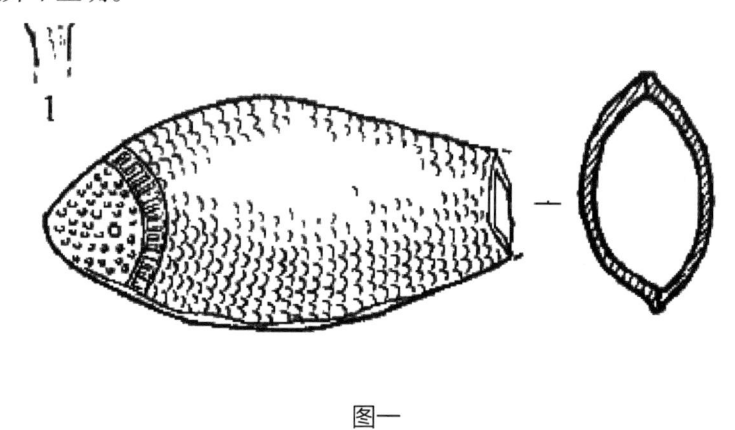

图一

二、穿带印

西汉张汤墓墓室出土两枚穿带铜印，其形制一致，都是方形，侧面有贯通的长方形穿孔。边长 11.8 厘米、厚 0.17 厘米、穿径 0.12 厘米。正反两面均阴刻篆文，M20∶6 为"张汤、张君信印"，M20∶8 为"张汤、臣汤"。这两枚穿带铜印的出土对判断墓葬主人非常关键，是确定该墓是西汉酷吏张汤墓的重要依据。穿带印有方形和圆形穿带印两种，流行于战国至秦汉之际，其中汉代穿带印多为扁方。[1] 汉代穿带印的印面以镌刻姓名为基本特征，其形式多样，其中有一类为名上加"臣"或"妾"字，如"臣寅""妾琂"。"妾琂"穿带印就出土于满城汉墓二号墓，为中山王刘胜之妻。此类印章习惯称之为"臣字印"或"妾字印"。有关此类印章的流行时间，有学者认为，到了东汉，朱白文相间印多为两面印，且多用谦词的"臣"，故又称臣字印或两面印，1953 年长安县出土的一方私印，一面为"杨长兄"三字，另一面为"杨寿"；1996 年泾阳县口镇出土的铜印，一面为"臣象"，一面为"魏象"，便于在不同场合下所使用。[2] 今天看来是不正确的，从考古材料的实际情况看，"臣字印"早在西汉早期就已经出现。事实上，除西汉张汤墓出土一面"臣汤"

---

[1] 叶其峰. 古玺印与古玺印鉴定 [M]. 北京：文物出版社，1997：62.
[2] 韩建武. 汉代私印面面观 [J]. 华夏文化，1996（4）.

印和河北满城汉墓二号墓出土"妾琯"印之外，西安龙首原早期汉墓中西北医疗厂M164墓也出土一枚"陈当、臣当"双面穿带印。该印方形，长1.3厘米、宽0.3厘米、高0.5厘米，印面分别铸阴文"陈当""臣当"。该印的穿孔为椭圆孔，与张汤墓出土的"臣汤"穿带印方形穿孔明显不一样。从以上考古资料，我们大致可以了解双面穿带印发展的基本规律：双面穿带印主要流行于战国至秦汉之际，有方形和圆形穿带印两种，其中汉代穿带印多为扁方印为主，从西汉早期开始就出现了"臣字"印的双面穿带印，其穿带印的穿孔钮变化从西汉早期的椭圆孔到西汉中期方形穿孔发展，并在之后稳定为方形穿孔钮，汉代之后，此类印章就基本消失，退出历史舞台。

图二　铜印（M20∶6）

图三　铜印（M20∶6）

图四　铜印（M20∶8）

图五　铜印（M20∶8）

三、星云纹镜

西安市长安区西北政法学院西汉张汤墓出土星云纹镜一面铜镜1件，残。

连峰式纽，圆纽座，座外为内向十六连弧纹。其外为星云纹带，缘部饰内向十六连弧纹一周。直径10.18、厚0.145厘米（图三、四：2）。星云纹镜，又称"白乳镜"，是西汉常见的镜种之一，其时代特征非常明显，其主要特征是圆形，连峰钮（有的为圆钮），主纹区采用四分法布局，一般是四乳钉划分四区（有少量为三乳钉分为三区），区间饰有许多小的乳钉，小乳钉间用曲线相连接，边缘一律由内向的连弧纹构成。对星云纹镜的分型，通常为根据各分区内乳钉个数的不同，分别称之为三星镜、五星镜、六星镜和多星镜等。有关星云纹镜的流行时间，从其出土情况来看，主要流行于西汉中期，武、昭、宣帝时期。[1]徐征先生在排比大量出土星云纹镜的西汉墓葬年代之后，认为星云纹镜在武帝初年前后出现，在西汉中期流行，西汉晚期衰退，王莽时期消失。[2]此结论有较好的说服力，今张汤墓葬出土星云纹镜就是一个很好的补充。根据《汉书·武帝纪》等文献记载，张汤死于元鼎二年（公元前115）十一月，其下葬时间应离此时间不远。该墓出土的星云纹镜是目前可以判断纪年最早的一例，其制作时间自然应早于元鼎二年，考虑到汉武帝在元鼎年号之前，还有建元、元光、元朔、元狩四个年号，共计二十年，因此完全有理由判断星云纹镜出现的时间至少在汉武帝初年就已经出现。有关其出现和流行的区域，杨平先生较早认为星云纹镜的流行最早可能在陕西，其次为中原洛阳一带，再其次为江苏等地。[3]从西汉诸多新的事物首先在都城长安出现的实际情况看，星云纹镜最早出现在当时都城所在地——长安，也是水到渠成之事。有关星云纹镜的纹饰内涵，有学者解释"所谓的星云纹，其实更像是昆仑群峰四周，天地之间的大量名山的反映"[4]，或许是一种过度的解读。

---

[1] 孔祥星，刘一曼. 中国古代铜镜[M]. 北京：文物出版社，1984.
[2] 徐征. 略论西汉星云纹镜[J]. 四川教育学院学报，2009（4）.
[3] 杨平. 陕西出土汉镜研究[J]. 文博，1993（5）.
[4] 王煜. 象天法地：先秦至汉晋铜镜图像寓意概说[J]. 南方文物，2017（1）.

图六

以上有关张汤墓葬出土的三件文物——陶鱼、穿带印、星云纹镜，虽然在汉代墓葬出土较多，或许因为其较为普遍，大家关注不多。但因为张汤墓葬有非常明确的时代纪年，对汉代文物研究的分期断代有很好的指示作用，结合汉代其他出土文物资料和有关研究成果，我们得出一些新的认识。"旧物新知"，在新材料不断出现的情况下，我们仍然可以适度地开展有关文物研究，"纠其误，明其理"，说清现象，总结规律，从而更好地认知了解汉代社会文化。

走近"廉洁"的张汤——西汉张汤墓考古

西汉武帝时期,张汤是一位重要人物,负责刑法等事务,权倾一时,在司马迁的《史记·酷吏列传》中是一位有名的酷吏。《史记·酷吏列传》记载,张汤早年学习律令,曾任长安吏和茂陵尉,后由丞相田蚡推荐,补侍御史。因在审理陈皇后巫蛊狱和淮南王、衡山王、江都王谋反事件中穷治根本,受到武帝赏识,累迁太中大夫、廷尉、御史大夫。汉武帝为了强化专制主义中央集权,在政治、经济上推行了一系列改革。张汤是制订和实施这些改革的重要人物之一。他曾与赵禹共同编定《越宫律》《朝律》和"见知故纵、监临部主之法"。他还协助汉武帝改革币制,实施盐铁官营、算缗告缗,打击富商大贾,诛除豪强兼并之家。张汤用法苛刻严峻,又迎合武帝所好,以《春秋》古义治狱,审理案件完全以皇帝意旨为准绳,并把汉武帝对于疑难案件的批示制定为律令程式,作为以后办案的依据。当时,张汤权势隆贵远在丞相之上,因此受到统治集团内部各方势力的嫉恨。元鼎二年(前115),御史中丞李文、丞相长史朱买臣以及赵王等人告发和诬陷张汤,张汤被迫自杀。死后,家产不过五百金,皆得自奉赐。汉武帝知道张汤被陷害,又尽诛朱买臣等丞相三长史。以上众多的史事,见诸《史记·酷吏列传》和《汉书·张汤传》的文献记载,也为当今考古发掘所印证。

一、西汉张汤墓的发掘

2002年4月至10月,西安市文物保护考古所在西安市长安区郭杜镇西北政法学院南校区进行考古发掘,共清理发掘战国、秦、汉、唐古墓88座,其中M20是价值较高的西汉张汤墓。M20位于西北政法学院南校区体育办公楼基槽西北部,其墓葬形制为斜坡墓道土洞墓,坐东朝西,略偏北向,方向305°。平面略呈"甲"字形,由长斜坡墓道、甬道、墓室三部分组成。墓道位于墓室西部,长斜坡状。残长7米,宽1.15米,最深处距现地面4.60米。

两壁直而平整，内填五花土。甬道为长方形带过洞，拱顶，长 5.30 米，宽 0.88 米，高 1.45 米。墓室为土洞室，平面呈长方形，东西长 5.30 米，南北宽 2.80 米，壁残高 1.90 米。其顶部已完全坍塌，内有淤土。在墓室门口、墓室东北角各有一椭圆形盗洞，直径约 0.80 米。在清理过程中，墓室东部发现有大面积麻织物及漆皮残痕，长约 2.60 米，宽 0.22 米。靠北壁有棺木痕迹，其周围散乱分布两件大铁铺首和许多四叶蒂形铜饰，但没有发现骨架遗存，故葬式不详。因墓室内盗扰严重，除墓室西北角出土的铜洗为原位置外，其他出土器物都曾被扰乱。该墓出土器物时代特征明显，特别是铜镜和五铢。铜镜为星云纹镜，又称星云百乳镜，连峰式钮，钮座，钮座外为内向十六连弧纹，其外为四乳星云纹带，外缘为内向十六连弧纹。星云纹镜主要流行于西汉中期，武、昭、宣帝时期。同出五铢钱文"五"字交叉，两笔缓曲，钱质殷赤，外郭厚而匀整，且工艺精湛，为典型的武帝五铢。星云纹镜和武帝五铢同出，结合此墓形制结构，可以推断 M20 的墓葬时代为西汉中期左右。[①]

具有特殊价值的是，M20 出土了两枚印章，皆为双面穿带印，一枚印文"张汤、张君信印"；另一枚印文"张汤、臣汤"。印面径为 1.8 厘米，即汉人所说的"方寸之印"。汉代姓名私印以印面镌刻姓名为基本特征，多阴文，姓名下加"印""之印""私印"或"信印"等，也有的加上"臣"或"妾"字。[②] 汉代墓葬中多出土双面穿带印，如河北满城汉墓中二号墓出土一枚印文"窦绾、窦君须"的双面穿带印，即"二号墓的墓主应是靖王刘胜之妻，从出土的铜印刻文知其名为窦绾，字君须"（中国社会科学院考古研究所等《满城汉墓发掘报告》，文物出版社，1980）。M20 出土的两印正具有上述特征，印文的篆刻风格是武帝时汉印成熟阶段的风格，即典型的摹印篆，笔划苍劲雄健，体态方正宽博。张汤印的出土表明此墓主应是西汉张汤。

《史记·酷吏列传》载："张汤者，杜人也。"《汉书·张汤传》记载："张汤，杜陵人也。"杜陵原名为杜县，汉宣帝修陵而得名杜陵。《春秋左传集解》载，鲁襄公二十四年（前 549），晋范宣子曰："昔匄之祖在周为唐，杜氏。"杜预注曰："唐、杜二国名……周成王灭唐，迁之于杜，为杜伯……

---

① 西安市文物保护考古所.西安市长安区西北政法学院西汉张汤墓发掘简报 [J].文物，2004（4）.

② 叶其峰.汉代姓名私印 [M]// 中国大百科全书·文物博物馆卷.北京：中国大百科全书出版社，1993.

杜，今京兆杜县。"又《史记·秦本记》中记述的"秦武公十一年，初县杜"。另《括地志》云："盖宣王杀杜伯以后，子孙微弱，附于秦，及春秋后武公灭之为县。汉宣帝时修杜之东原为陵，曰杜陵县。"故西汉时杜县就是周代的杜伯国和秦时的杜县。另从张汤子敬侯张安世死后赐冢地杜来推断，张汤家族墓地就在故里杜陵。《汉书·张汤传》载："元康四年春，安世病……至秋薨……谥敬侯，赐茔杜东，将作穿土，起冢祠堂。"M20位于今西安市长安区韦曲镇西崔家营村，崔家营村是汉唐墓葬区，距今长安区中心所在地韦曲镇不到2.2千米。今长安区在西汉时属于京兆尹辖县杜陵县。《汉书·地理志》载："京兆尹，故秦内史，元始二年户十九万五千七百二，口六十六万二千四百六十，县十二……杜陵。"张汤墓就在杜陵县。今张汤墓发现地点与张汤故籍地望相符，进一步证明M20应是西汉御史大夫张汤墓。

二、身前廉洁，死后薄葬———真实的张汤

张汤虽身为汉武帝时高官，但廉洁奉公，家产无几。《汉书·张汤传》载："汤死，家产直不过百金，皆所得奉赐，无它赢，昆弟诸子欲厚葬汤，汤母曰：'汤为天子大臣，被恶言而死，何厚葬为！'载以牛车，有棺而无椁。"M20虽经盗扰，但出土遗物仍反映了张汤墓中一定的丧葬文化内涵。从墓室东的大面积麻织纹观察，估计为裹棺用麻织非衣。从出土一对东西向散落的大铁铺首衔环和大量四叶蒂饰，以及发现的一道棺木灰痕看，可推知此墓为一棺葬具。这一点与文献记载相符。另，M20出土物中多为小件铜器，没有汉墓常见的陶器明器和其他珍贵器物，为明显的一种薄葬现象。其器多为日常生活实用用具，如星云纹镜、铜洗、残铜盆、印章，以及铁剑、铁刀、铁削等，似都为张汤生前日常用器。西汉御史大夫张汤，位至三公、食二千石的身份，随葬这些普通用器，似显寒伧。

另外，M20出土了五铢钱八枚，分二式，一式穿下半星，一式穿下无星。其中七枚五铢都是赤铜，精磨之后郭边尽赤。其质相同，篆文一致，钱文清晰，色呈"黑漆古"，无使用磨损痕迹，估计是铸成后未经分散流通即用来随葬的。张汤死于元鼎二年，即张汤生前尚未有三官五铢，故张汤墓出土五铢可排除为三官五铢。而郡国五铢的特点是由郡国分铸，很不统一，重量、字文不甚严格，字体宽大，结构松散，周郭多宽窄不均。张汤墓出土的这批穿下无星

五铢的特点是钱型统一，铜色殷赤纯净，周郭深圆，钱面无瘢垢暇疵之弊，应属于赤仄五铢。①

图一　张汤画像

西汉武帝时，曾三次发行五铢：元狩五年，"罢半两钱，行五铢钱"，发行郡国五铢。元鼎二年，"郡国铸钱，民多奸铸，钱多轻，而公卿请令京师铸钟官赤仄，一当五，赋官用非赤仄不得行"，发行赤仄五铢。元鼎四年，"其后二岁，赤仄钱贱……专令上林三官铸"，发行三官五铢。其中何谓"赤仄五铢"？史无所述，历来诸家争议，莫衷一辞。文献记载张汤生前曾主持铸五铢钱等币制改革。《汉书·张汤传》载："会浑邪等降汉，大兴兵伐匈奴，贫民流徙，皆卬给县官，县官空虚。汤承上旨，请造白金及五铢钱，笼天下盐铁……"又《史记·平准书》载："郡国多奸铸钱，钱多轻，而公卿请令京师铸钟官赤仄，一当五，赋官用非赤仄不得行……是岁也，张汤死。"《索隐》乐产云："诸所废兴，附上困下，皆自汤，故人不思之也。"另《汉书·百官表》载："水衡都尉，武帝元鼎二年初置，掌上林苑，属官有上林均输、钟官、辩铜令。"从以上文献可得出张汤曾参与铸赤仄五铢，赤仄五铢铸钱时间是元鼎二年初。铸赤仄五铢的作用是"一当五，赋官用非赤仄不得行"，即师古注曰：充赋及给官用，皆令以赤仄，即赤仄五铢只用于官府和贵族，为纳赋与官府用钱，并不流通于民间。

---

① 后晓荣.赤仄五铢钱的考古新验证———从西汉御史大夫张汤墓考古发掘谈起[J].中国钱币，2004（4）.

此类五铢在河北满城刘胜墓也曾经出土。蒋若是先生就认为这种字文统一的精制五铢钱，可以断定必非出自郡国或民间私铸，而应为国家统铸造的"官钱"。[①] 汉代流行葬钱之风，张汤身为权贵，并曾参与铸造赤仄五铢钱，生为所敛，而死为所藏，张汤墓出土赤仄五铢也就是自然之事。

西汉张汤墓葬的发现，是考古工作者第一次发掘《汉书》上有明确传记记载的名人墓，具有较高的价值。该墓葬从印章、地望、葬式葬具和出土器物等多角度都与史书相关记载符合，它的发现在一定程度上验证了《汉书》记载的真实性，也为解决汉代考古学中的一些问题提供了重要的实物证据。张汤虽官职显要，位至三公，但其墓葬出土物表明其"家贫，无他业"，确是位廉洁的酷吏，或许正如司马迁所肯定的："其廉者足以为仪表。"

（该文发表于《文史知识》2009年第1期）

[①] 蒋若是. 郡国、赤仄与三官五铢之考古学验证 [J]. 文物，1989（4）.

西汉御史大夫张汤墓四考
——兼论汉代名人墓葬判断的规律性

2002年，西安市文物保护考古所在西安市长安区大学城西北政法学院新校区配合基建考古发掘工作中，发掘汉唐古墓近90座。其中20号汉墓出土两枚双面穿带印，印主是张汤。[①] 笔者结合相关历史文献记载和考古发掘第一手资料认为，此张汤墓即为西汉武帝时御史大夫张汤墓，且意义重大。

一、张汤墓四考

1. 墓葬时代——M20为土洞墓，由斜坡墓道、甬道、墓室三部分组成

土洞墓又称洞室墓，战国中晚期开始出现，到秦汉时，在黄河流域和北方地区大量流行。墓道多为长方形竖井，也有狭长形斜坡式的。西安地区西汉土洞墓发现较多，集中公布的有北郊汉墓群[②]、陕西长安洪庆村汉墓[③]、西安北郊龙首原汉墓[④]等。其中典型的斜西安坡墓道土洞墓有北郊龙首原汉墓中的M68、M69、M132、M170等。西北政法学院M20的墓葬形制结构与龙首原汉墓中M132、M170相似，只是不设耳室或小龛。M20出土器物不多，且不见汉墓常出的明器陶器，但出土器物时代特征明显，特别是铜镜和五铢。铜镜为星云纹镜，又称星云百乳镜，连峰式钮，钮座，钮座外为内向十六连弧纹，其外为四乳星云纹带，外缘为内向十六连弧纹。星云纹镜主要流行于西汉中期，武、昭、宣帝时期。[⑤] 同出五铢钱文"五"字交叉，两笔缓曲，钱质殷赤，外郭厚而匀整，且工艺精湛，为典型的武帝五铢。星云纹镜和武帝

---

① 西安市文物保护考古所.西汉御史大夫张汤墓发掘简报[J].，2004（4）.
② 陕西省文管会.西安北郊发现汉墓群[J].文物参考资料，1955（10）.
③ 陕西省文物管理委员会.陕西长安洪庆村秦汉墓第二次发掘简记[J].考古，1959（12）.
④ 西安市文物保护考古所.西安龙首原汉墓·甲编[M].西安：西北大学出版社，1999.
⑤ 孔祥星，刘一曼.中国古代铜镜[M].北京：文物出版社，1984.

五铢同出，结合此墓形制结构，我们认为西北政法学院新校区 M20 的墓葬时代为西汉中期左右。

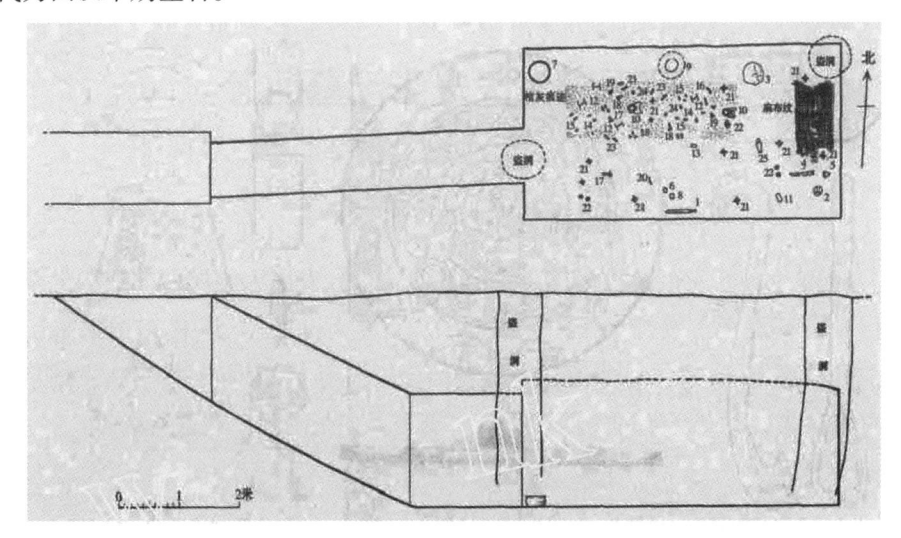

图一　M20 平、剖面图

2.印章特点——M20 出土的这两枚印章都为双面穿带印，一枚印文"张汤、张君信印"；一枚印文"张汤、臣汤"

印面径为 1.8 厘米，即汉人所说的"方寸之印"。汉代姓名私印以印面镌刻姓名为基本特征，多阴文，姓名下加"印""之印""私印"或"信印"等，也有的加上"臣"或"妾"字。[①] 汉代墓葬中多出土双面穿带印，如西安北郊大白杨汉墓中就曾出土一枚，印文为"王竖和印、王中孺印"[②]。另河北满城汉墓中二号墓出土一枚印文"窦绾、窦君须"的双面穿带印，即"二号墓的墓主应是靖王刘胜之妻，从出土的铜印刻文知其名为窦绾，字君须"[③]。此两印正具有上述特征，印文的篆刻风格是武帝时汉印成熟阶段的风格，即典型的摹印篆，笔划苍劲雄健，体态方正宽博。张汤印的出土表明此墓主就是西汉张汤。张汤，西汉人，《汉书》和《史记》上有其人传记。《汉书·张汤传》记载张汤起于书吏，曾为长安吏，甯成掾，茂陵尉，侍御史，廷尉，后

---

① 叶其峰.汉代姓名私印 [M]// 中国大百科全书·文物博物馆卷.北京：中国大百科全书出版社，1993.
② 陕西省考古研究所.西安北郊大白杨秦汉墓葬清理简报 [J].考古与文物，1987（12）.
③ 中国社会科学院考古研究所，等.满城汉墓发掘报告 [M].北京：文物出版社，1980.

迁御史大夫，位列三公。张汤生前执法公正，扬善除恶，很有声誉，所谓"是以汤虽文深意忌不专平，然得此声誉"，"丞相弘数称其美"。①

图二　　　　　　　　　　　　　图三

3. 故籍地望——M20位于西安市长安区韦曲镇西崔家营村，崔家营村是汉唐墓葬区，距今长安区中心所在地韦曲镇不到2.2千米

今长安区在西汉时属于京兆尹辖县杜陵县。《汉书·地理志》载："京兆尹，故秦内史，元始二年户十九万五千七百二，口六十六万二千四百六十人，县十二，……杜陵。"张汤墓就在杜陵县（具体地点详见张汤墓位置图）。同时《汉书·张汤传》也明确记载："张汤，杜陵人也。"杜陵为汉宣帝修陵而得名，原名为杜县。故《史记·酷吏列传》载："张汤者，杜人也。"西汉时杜县就是周代的杜伯国和秦时的杜县。《春秋左传集解》载：鲁襄公二十四年（前549年），晋范宣子曰："昔匄之祖在周为唐，杜氏。"杜预注曰：唐、杜二国名……周成王灭唐，迁之于杜，为杜伯……今京兆杜县。又《史记·秦本记》中记述的"秦武公十一年，初县杜"。另《括地志》云："盖宣王杀杜伯以后，子孙微弱，附于秦，及春秋后武公灭之为县。汉宣帝时修杜之东原为陵，曰杜陵县。"即此地也。另从张汤子敬侯张安世死后赐冢地杜东观察，可推之张汤墓就在故里杜陵。《汉书·张汤传》载："元康四年春，安世病……至秋薨……谥敬侯，赐茔杜东，将作穿土，起冢祠堂。"今张汤墓发现地点与张汤故籍地望相符，进一步证明此张汤墓就是西汉御史大夫张汤墓。

---

① 班固. 汉书·张汤传[M]. 北京：中华书局，1962.

4. 葬式葬具——M20虽经盗扰，但出土遗物仍反映了张汤墓中一定的丧葬文化内涵。

从墓室东的大面积麻织纹观察，估计为裹棺用麻织非衣。从出土一对东西向散落的大铁铺首衔环和大量四叶蒂饰，以及发现的一道棺木灰痕看，可推知此墓为一棺葬具。此点与文献记载相符。《汉书·张汤传》载："汤死，家产直不过百金，皆所得奉赐，无它赢，昆弟诸子欲厚葬汤，汤母曰：'汤为天子大臣，被恶害而死，何厚葬为'。载以牛车，有棺而无椁。"另M20出土物中多为小件铜器，不见汉墓常见的陶器明器和其他珍贵器物，为明显的一种薄葬现象。其器多为日常生活用具，如星云纹镜、铜洗、残铜盆、印章，以及铁剑、铁刀、铁削等，似都为张汤生前日常用器。西汉御史大夫张汤，位至三公、食二千石的身份，随葬这些普通用器，似显寒伧。据《汉书》记载张汤贵为御史大夫，并曾一度"丞相取充位，天下事皆决汤"[1]，深受武帝器重，所谓"汤尝病，上自至舍视，其隆贵如此"[2]。但张汤受诬害被迫自杀后，其"家产直不过五百金，皆所得奉赐，无它赢"，其"载以牛车，有棺而无椁"，"何厚葬为"。薄葬情况与文献记载相同，也就不言而明。

由以上墓葬时代、印章特点、故籍地望、葬式葬具四方面综合分析，此张汤墓就是西汉御史大夫张汤墓，应该不误。

二、西汉御史大夫张汤墓考证的意义

1. 为汉墓的分期断代提供了一个准确的标尺

以往汉墓的分期断代多根据出土物的排列组合和墓葬形制来推定其大致时期及相对的上下限年代，较难给出一个准确详尽的年代。此次张汤墓的发掘，是考古工作者第一次发掘的《汉书》上有明确传记记载的名人墓，为汉墓的分期断代，特别是关中地区汉墓的深入研究提供了准确的界标。据《汉书·武帝纪》载："（元鼎）二年冬十一月，御史大夫张汤有罪，自杀。"即张汤死于元鼎二年十一月，其埋葬时间也就差不多为元鼎二年，也就是公元前115年。因此我们认为张汤墓堪称西汉中期汉墓分期断代的标尺。

---

[1] 班固. 汉书·张汤传[M]. 北京：中华书局，1962.

[2] 同[1].

2. 从考古学角度解决了赤仄五铢之谜

何谓"赤仄"？史无所述，历来诸家争议，莫衷一辞。西汉武帝时，曾三次发行五铢：元狩五年，"罢半两钱，行五铢钱"[①]，是为发行郡国五铢；元鼎二年，"郡国铸钱，民多奸铸，钱多轻，而公卿请令京师铸钟官赤仄，一当五，赋官用非赤仄不得行"[②]，是为发行赤仄五铢；元鼎四年，"其后二岁，赤仄钱贱……专令上林三官铸"[③]，是为发行三官五铢。此次发掘的张汤墓出土五铢钱八枚，分二式，一式穿下半星，一式穿下无星。其中七枚五铢都是赤铜，精磨之后郭边尽赤。其质相同，篆文一致，钱文清晰，色呈"黑漆古"，无使用磨损痕迹，估计是铸成后未经分散流通即用来随葬的。张汤死于元鼎二年，即张汤生前尚未有三官五铢，故张汤墓出土五铢可排除三官五铢。而郡国五铢的特点是由郡国分铸，很不统一，重量、字文不甚严格，字体宽大，结构松散，周郭多宽窄不均。张汤墓出土的这批穿下无星五铢的特点是钱型统一，铜色殷赤纯净，周郭深圆，钱面无瘢垢暇疵之弊。此类五铢在河北满城刘胜墓曾经出土。[④]蒋若是先生认为这种字文统一的精制五铢钱，可以断定必非出自郡国或民间私铸，而应为国家统铸造的"官钱"[⑤]。同时文献记载张汤生前曾主持铸五铢钱等币制改革。《汉书·张汤传》载："会浑邪等降汉，大兴兵伐匈奴，贫民流徙，皆卬给县官，县官空虚。汤承上诣，请造白金及五铢钱，笼天下盐铁……"又《史记·平准书》载："郡国多奸铸钱，钱多轻，而公卿请令京师铸钟官赤侧，一当五，赋官用非赤侧不得行……是岁也，张汤死。"《索隐》乐产云："诸所废兴，附上困下，皆自汤，故人不思之也。"另《汉书·百官表》载："水衡都尉，武帝元鼎二年初置，掌上林苑，属官有上林均输、钟官、辩铜令。"从以上文献可得出张汤曾参与铸赤仄五铢，赤仄五铢铸钱时间是元鼎二年初。铸赤仄五铢的作用是"一当五，赋官用非赤仄不得行"，即师古注曰："充赋及给官用，皆令以赤仄。"即赤仄五铢只用于官府和贵族，为纳赋与官府用钱，并不流通于民间。汉代流行葬钱之风，张汤身为权贵，并曾参与铸造赤仄五铢钱，生为所敛，而死为所藏，张汤墓出土赤仄五铢也

---

① 班固. 汉书·武帝本纪 [M]. 北京：中华书局，1962.
② 班固. 汉书·食货志 [M]. 北京：中华书局，1962.
③ 同②.
④ 中国社会科学院考古研究所，等. 满城汉墓发掘报告 [M]. 北京：文物出版社，1980.
⑤ 蒋若是. 郡国、赤仄与三官五铢之考古学验证 [J]. 文物，1989（4）.

就是自然之事。

图四　西汉张汤墓出土五铢

3. 验证了汉代星云纹镜的流行时间和《汉书》等文献记载的正确

星云纹镜，前人考证其主要流行于西汉中期，武、昭、宣帝时期。张汤墓出土星云纹镜则验证了前人认识的正确性，并进一步将星云纹镜流行的时间上限准确推至西汉武帝元鼎二年，即公元前115年。张汤墓的发现，是考古工作者第一次发掘《汉书》上有明确传记记载的名人墓，从印章、地望、葬式葬具等多角度都与史书相关记载相符合。它的发现在一定程度上验证了《汉书》记载的正确性。

总之，西汉张汤墓的发现，具有较高的价值，它为解决汉代考古学中的一些问题提供了重要的实物证据。

古代玺印研究专题

按语：中国玺印文化源远流长，所涉及的历史文化非常丰富，如历代职官、地理问题，地方史研究，以及民族史、社会史等，对研究古史和历史文化非常有帮助。笔者从上研究生开始就关注古代玺印、及其"兄弟"封泥文物，一直至今，并充分利用这些文物开展相关问题研究，尤其在秦汉玺印和历代农民起义军用印等研究上取得了一些成果，解决了一些问题。

秦印概说

秦国玺印,主要指通行于秦国,战国中期主要流行在现今陕西,之后随着秦国势力的不断扩张而流行到湖北、河南及更大范围的古玺印。《史记·甘茂列传》记载苏代与齐湣王谈话说:"夫甘茂,贤人也,今秦赐之卿,以相印迎之。"此为秦国颁发官印之文献记载。近五十年来本地区出土的秦官印不少,有些玺印的具体时代也可能到秦汉时期。相比较而言此期出土玺印比较著名的有1967年出土于河北保定的"安平乡印"玺印,1984年河南郑州出土的"长夷泾桥"玺印、陕西咸阳出土的"弄狗厨印"玺印和陕西出土"私府"等玺印。

图一　公主田印

这些出土玺印的印材质地以青铜为主，少量陶质及金、玉等其他质地；玺印印面有正方形、长方形、曲尺形等形状，玺印印面绝大多数都有"田"字或"日"字形界格，这也是本区公印的一个主要特征。秦印的另一个显著的特点是官印不称""而只称"印"。尤其是有些"印"字末笔行笔至中间部位陡然往下拖曳，是辨别秦印的一个标准，如"公主田印"。

秦官印的主要形式有以下几类：

1. 正方官印：边长大约在 2.3cm 至 2.4cm 之间，多为鼻纽，印体较厚，多有边栏的同时有"田"字、"日"字形界格，少数没有边栏和界格，虽然同期南区和东区的一些公印印面也有"田"字、"日"字形界格，但它们作为一种形式存在只是偶然在玺印中出现，并没有像本区官印那样集中表现；玺印文字早期豪放自然，晚期则趋向工整且流入程序化，文字以凿制为主。内容有点为地名在职守之前，有的内容待考，如"高陵车""将军之玺""安石里典"等。

图二　上海博物馆藏"右中将马"印

2. 长方形官印：边长一般为 1.3cm×2.3cm，根据典籍文献记载的情形可以知道，长方形公印较正方形官印的级别较为低下，玺印文字以二字或三字多见，以凿制为主；这类印就是通常所说的"半通印"，有边栏和界格，鼻纽，如"军市""仓事"等，玺印主人多为管理仓储事务的下级官吏，个别玺印还有一种曲尺形官印。

图三　上海博物馆藏"泰仓"印

3.陶印：专用于抑钤陶器，以阴文为主，一般情况下刻制的四个文字分行排列，背部没有纽式，只是简单捏出尖锥状以便于用手把持而利用，这种玺印的抑钤痕迹在秦始皇兵马俑坑遗址中发掘出多枚，并出土了少量玺印实体。如"咸阳园相""咸里屈角"等

4.吉语印：秦系古玺除公私印之外，还有数量不少的吉语印，这类玺印有方形、连珠形、曲尺形印面，有二字、四字，有阴文、阳文，多为铸印，有的数枚内容完全相同，估计为当时的商品物，内容有吉语、成语等，如"长思高志""相思得志""中壹"诸印。

5.陶器玺印抑盖印文：陕西咸阳、凤翔原秦故都遗址多出土陶器玺印抑盖的印文，内容有"咸屈新里""左司高瓦""咸安新盼""新城邦"等。近五十年来，还在陕西临潼、咸阳等地的各类秦代遗址中发现了大批抑钤有属于陶工记名性质的文字陶片，这些带有文字的陶片反映其时陶工所使用的玺印形制都比较大，玺印内容比较统一，一般都是'某地某工师之器'，其本身意义应是在表示一定的商标意义的同时便于一定的职官监督和辩识，这应该与不同时期、不同地区的工匠在自己制作好的器物上抑钤一定特定的标记是一样的。因此应该说用来抑钤此类铭文痕迹的印章也具有官印性质，并非纯粹的私印。

秦私印在陕西、甘肃、山西、辽宁、河南、湖北、山东、安徽等地都有一定数量的出土，而且出土数量占到出土的战国私印的大多数以上。其质地以青铜为主，间或少量玉、石等其他质地；青铜质地的玺印纽式通常为坛形鼻纽，玉、石质地玺印纽式一般为覆斗纽；玺印文字大多为刻凿出的阴文，只有少数玺印文字是铸造阳文；和官印相同，玺印印面形状主要为长方形、正方形，个别的做曲尺形。从出土和传世玺印情况来看，秦私印除了玺印形制比较特殊外，玺印纽式也比较独特：其它地区玺印的坛形鼻纽一般为一层，而本区私印坛形经常是二至三层，有时竟达数层；且本区玺印都经过特殊的、俗称之为'水银沁'或'水银古'的防腐处理，经常是一印在手，不须观看文字风格及纽式形式就可以知道其为本区私印，这是由秦私印独特的典型防腐处理方法所确定的。

结合传世玺印和出土玺印情形，秦传世及出土的官印大部分玺印的读法较为复杂和特殊，有按照正常顺序释读的、有对读的、有旋读的，以四字印为例，有以下几种读格式：

1、'弄狗橱印'

1	3
2	4

2、'杜阳左尉'

2	1
4	3

3、'曲阳左尉'

3	1
4	2

4、'南宫尚浴'

1	3
4	2

根据文献记载，"秦代有符玺令、丞，领符玺郎。"（《通典·职官志》），

也就是说，秦王朝统一六国之后所有的官印制作、颁发统一由专门的少府属官"符玺令、丞"机构掌管，官印已经很难再出现文字顺序混乱、呈现出极大的率意和无规则状态，因此，有些玺印研究者认为，这些不规则的对读、旋读公印的具体制作及颁发年代应属于先秦时期；而且一些所谓的"半通印"，即印面大小正好是普通公印印面一半的印章，并不一定属于低级职官所使用，如西安市北郊相家村出土的封泥中的"祝印""泰行""车府""泰仓"等封泥都属于"半通印"所抑钤，但这些玺印的具体级别却属于三公九卿之列，由此我们猜测，先秦时期特殊形制的"半通印"的使用范围似更为广阔，应并不专属某一职官或阶层所用。

秦官印印文以凿制阴文为主，字划比较粗重、圆浑，文字的间架外放内收，有着一种特别的肃穆感：大度、谨严、劲挺；而陶质玺印文字却似随意安排，有着一种苍茫荒疏的感觉。在官印制度上，从出土及传世品考察，秦玺印文字及印面处理与楚国玺印比较接近，但秦玺印印体多作平板状，鼻纽跨度较大，这一点与战国其它地区的官印有着明显的不同。无论印章文字和玺印形制都趋向于整齐划一，其玺印边长大小、玺印形态、印章所用文字、各种几近相同的纽式、阴刻制作等印章内容都为后世所效法，虽然此期玺印并没有完全成熟，也没有趋于定型，但却由此奠定了沿袭数百年之久的官印形制基础。明人董说提出："有司之赐印，自秦孝公变法始耳。"从出土战国时代的秦简来看，战国时代的秦帝国已经普遍实行了任命官职后颁赐玺印的制度，并且以法律制度的形式加以规定，随着朝代的更替，后继的政权统治者也都沿袭了这种制度。

（该文发表于《投资与收藏》2012年9月）

两汉金印简论

在中国古玺印的发展过程中，两汉玺印占有极其重要的地位，在篆刻艺术领域里，有所谓"印宗秦汉"一说。本文拟从两汉玺印质地入手，从玺印文字、官职名称、钮制、印制规格等角度，结合相关的历史文献，具体考察两汉金印的制度和特点。

一、关于两汉金印的历史文献

两汉印章是中国玺印发展的重要时期。这一时期的玺印形制，钮式规整精美，文字处理上也达到了很高的水平，即所谓的"典则期"。此期的官印制度较多，为便于分析论述，现先将文献记载的有关金印制度概述如下。[①]

东汉卫宏《汉旧仪》谈秦印时说："秦以前民皆佩绶以金、银、铜、犀、象为方寸玺，各服所好。自秦以来，天子独称玺，又以玉，群臣莫敢用也。"

西汉规定："皇帝，螭虎钮玉玺；皇后，螭虎纽金玺；诸侯王，橐驼钮黄金玺；皇太子、列侯、丞相、太尉与三公，前后左右将军，皆龟纽黄金印。"诸侯王印称"玺"，列侯、乡亭侯、将军部属、郡邑令长、皆称"印"，列将军称"章"。

东汉建武元年定制："诸侯王，金玺绶；公侯，金印紫绶。"

另据文献记载，西汉时因诸侯王的叛乱，汉武帝元狩四年（前119）定王、公、侯为金印。汉武帝元狩二年发巴蜀兵征服西南诸蛮，置益川郡、赐滇王印。所谓"西南夷君长以百数，独夜郎、滇受印"。[②]1956年云南晋宁出土的"滇王之印"表明汉武帝时改诸侯王金玺为金印。

[①] 以下三条文献均转引自小鹿编著《古代玺印》一书，中国书店，1998年版。
[②] 司马迁. 史记西南夷列传[M]. 北京：中华书局，1972.

二、考古和传世金印

随着两汉考古工作的开展，在全国各地的汉代墓葬和遗址中，都有玺印实物的出土。但就金印而言，在数以千计的汉代玺印中，只占极小的比例。根据笔者的收集，目前所见出土和传世的两汉金印共17枚。

文帝行玺[①]　西汉早期，金质龙钮，印面3.1×3.1厘米，印台高0.6厘米，通高1.8厘米，有界栏。1983年广州象岗山南越王墓出土，广州南越王墓博物馆藏。此"文帝"是西汉南越国第二代王赵眜的称号，仿汉帝之制自铸印。《汉书》记载南越国的二世死后，其子婴齐继位后，"即藏其先武帝、文帝玺"。"文帝行玺"金印是我国考古发现最早、最大的一枚西汉金印，也是唯一的一件汉代龙钮帝玺，为南越王墓墓主身份的重要物证。

图一　文帝行玺

泰子[②]　西汉早期，金质龟钮，印面2.45×2.3厘米，通高1.5厘米，有界栏。与"文帝行玺"同出于南越王墓中主室。泰子即太子，天子及诸侯所立嗣子。此印或为赵佗之子的遗印。

右夫人玺[③]　西汉早期，金质龟钮，印面2.2×2.2厘米，有界栏。与"文

---

① 广州象岗汉墓发掘队.西汉南越王墓发掘初步报告[J].考古，1984（3）.
② 同①.
③ 徐州博物馆.徐州西汉宛朐侯刘墓[J].文物，1997（2）.

帝行玺"同出于南越王墓中东侧室。夫人是诸侯王及列侯之妻。《礼记·典礼》："天子之妃曰后，诸侯曰夫人。"原发掘报告推论印主为右夫人赵蓝。

宛朐侯执[①]　西汉早期，金质龟钮，印面2.3×2.3厘米，印台高0.65厘米，通高2.1厘米，重127克，1994年徐州市簸箕山汉墓出土，徐州市博物馆藏。《汉书·王子侯表》载："宛朐侯，楚王元子，四月己巳封，三年反诛。"即墓主人是西汉楚元王刘交之子，宛朐侯刘执。刘执因参与"七国之乱"，于景帝三年被迫自杀。"宛胸侯"金印是目前所知最早的龟钮金印。

石洛侯印[②]　西汉中期，金质龟钮，印面2.3×2.3厘米，中国历史博物馆藏。《史记·建元以来王子侯者年表》："石洛侯，城阳顷王子，元狩元年四月戊寅封。"《索隐》注："表在琅邪。"即此印时代为元鼎元年至征和三年。传此印清嘉庆年间出自山东诸城县南，诸城属琅邪，即石洛侯封邑在琅牙卜郡。

诸国侯印[③]　西汉，金质龟钮，印面2.5×2.5厘米，通高2.1厘米，重96克，1977年山东省即墨县王村镇小桥村出土，即墨市博物馆藏。此印经李学勤先生断为西汉侯印。诸，县名，在西汉琅邪郡。其地隶属皋虞县，估计此印与汉武帝时皋虞侯有关。两汉未见诸国侯之封，据此印可知当时有诸国侯。

滇王之印[④]　西汉中期，金质蛇钮，印面2.4×2.4厘米，通高1.8厘米。1956年云南省晋宁石寨山六号墓出土，云南省博物馆藏。滇，古代西南少数民族国名。《史记·西南夷列传》："元封二年……滇王离难西南夷、举国降，请置吏入朝。于是以为益州郡，赐滇王王印，长其民。"即此印为西汉武帝元封二年赐滇王印。

---

① 同①.
② 罗福颐.秦汉南北朝官印微存[M].北京：文物出版社，1987.
③ 姜保国.西汉金"诸国侯印"[J].文物，2000（7）.
④ 云南省博物馆考古发掘工作组.云南晋宁石寨山古遗址及墓葬[J].考古学报，1956（1）.

图二　滇王之印

"王精"金印①　西汉中晚期，金质龟钮，印面1.1×1.1厘米，1966年西安市南郊沙坡砖厂汉墓出土，西安市文物保护考古所藏。报告多认为是汉代私人印。笔者从汉代玺印制度以及考古发掘中诸侯王、列侯用印习惯等情况考证，认为此印是西汉某刘姓诸侯王或列侯王族以官职姓名印。②

偏将军印章③　新莽至东汉早期，金质龟钮，印面2.4×2.4厘米，通高2厘米，1982年重庆市江北区观音桥公社出土，重庆市博物馆藏。"偏将军"之封，初见王莽地皇元年。《汉书·王莽传》："赐诸州牧号为大将军、郡卒正、连帅、大尹为偏将军。"三国时关羽、马超都曾为偏将军。

新保塞乌桓贾邑率众侯印④　新莽朝，金质龟钮，印面2.3×2.3厘米，传世品，早年流入日本。《汉书·王莽传》："五威将奉符令印绶，外及匈奴，西域檄外蛮夷，皆即授新室印绶。"印文"贾邑"是乌桓部落之名，"率众侯"是新莽封乌桓之官号。《后汉书乌桓传》："雁门乌桓率众王无何。"此印是新莽授给内附之乌恒部落首领的官印。

朔宁王太后玺⑤　东汉初期，金质龟钮，印面3.3×3.3厘米，通高2厘米。

---

① 王翰章. 陕西出土历代玺印选编[M]. 西安：三秦出版社，1990.
② 后晓荣. 西汉王精金印小考[M]// 窗纸集. 西安：三秦出版社，2016.
③ 孙慰祖. 两汉官印汇考[M]. 上海：上海书画出版社，1993.
④ 罗福颐. 秦汉南北朝官印徵存[M]. 北京：文物出版社，1987.
⑤ 杨款谷，黄自敬. 陕西阳平关修筑宝成铁路发现的"朔宁王太后"金印[J]. 文物参考资料，1965（3）.

1954年陕西省阳平关出土，重庆市博物馆藏。朔宁王，东汉初公孙述赐隗嚣之号。《后汉书·隗嚣传》："新莽之末，隗嚣据陇西，自称西州上将军……建武七年，（公孙）述以嚣为朔宁王，遣兵往来，为之援执。"即此印是公孙述割据政权授与隗嚣母的玺印。

广陵王玺[①]　东汉早期，金质龟钮，印面 2.3×2.3 厘米，通高 2.1 厘米，重 123 克。1981 年江苏扬州市邗江甘泉双山东汉刘荆墓出土，南京博物院藏。《后汉书·广陵思王荆传》："广陵思王荆，建武十五年封山阳公，十七年进爵为王。"联系墓内出土的雁足灯上铭文"山阳邸"和"建武廿八年造"等字样，则此广陵王即应为永平元年（公元 58 年）由山阳王徙封为广陵王的刘荆。

图三　广陵王玺

汉委奴国王[②]　东汉早期，金质蛇钮，印面 2.4×2.4 厘米，1782 年发现于日本九州福冈县志贺岛，《书道全集》著录。委奴，古称日本。《后汉书·东夷传》："倭在韩东南大海中，依山岛而居……建武中元二年，倭奴国奉贡朝贺，使人自称大夫，倭国之极南界也。光武赐以印授。"推之此印为光武中元二年所赐之印。

---

① 南京博物院．江苏邗江甘泉二号汉墓[J]．文物，1981（11）．
② 罗福颐．秦汉南北朝官印徵存[M]．北京：文物出版社，1987．

富寿侯印[①]　东汉早期，金质龟钮，印面2.4×2.4厘米，通高2.1厘米，1984年河南西华县城西前石羊村汉墓出土。此印出土地方为西汉汝南郡辖境，东汉入陈国。与印章同出有新莽"大泉五十"铜钱，结合印文风格，时代应在东汉早期，估计当时有富寿侯之封。

关内侯印[②]　东汉，金质龟钮，印面2.4×2.4厘米，传世品，湖北省博物馆藏。《汉书·百官公卿表》："秦爵二十级，……十九级关内侯。"师古注："言有侯号而居京瓷，无国邑。"新莽改关内侯曰附城，东汉仍复故名。

汉归义賨邑侯[③]　东汉晚期，金质驼钮，印面2.3×2.3厘米，通高2.6厘米，中国历史博物馆藏。賨，巴族一支，秦汉时多居于今四川嘉陵江、渠江一带。《后汉书·百官志》："归义侯、邑君、邑长皆有丞、比郡县。"东汉安帝、桓帝时，賨人又屡助汉击羌，多有战功。此印即东汉归汉的賨族首领所授赐印。

平东将军章[④]　东汉晚期，金质龟钮，印面2.4×2.4厘米，1957年山东省峄县陶庄出土，中国历史博物馆藏。平东将军，四平将军之一，《通典·职官十一》："平东将军，平南将军，平西将军，平北将军各一人，并汉魏间置。"东汉末年的吕布曾封平东将军，平陶侯。

三、两汉金印的相关问题

在全部汉代玺印中，金印所占比例极小。目前所见出土和传世的汉代金印实物17方，其中绝大多数是考古发掘所得，其年代集中在西汉早期至东汉早期。从前面统计观察，两汉金印绝大多数为官印，基本上没有私人印。在这批金印中，涉及诸侯王2例，列侯5例，将军2例，边境少数民族首领5例，皇（太）后2例，太子1例。金印的使用范围包括诸侯王、列侯、将军和边境少数民族首领，与两汉用印制度相符。

17枚两汉金印可分为两大类：一是汉王朝镌刻而颁发的官印；二是边境少数民族政权或割据叛乱政权自行镌刻的官印。它们在印制、钮制、用字等

---

① 同①.
② 庄新兴，茅子良. 中国美术分类全集·中国玺印篆刻全集[M]. 上海：上海书画出版社，1998.
③ 孙慰祖. 两汉官印汇考[M]. 上海：上海书画出版社，1993.
④ 孙慰祖. 两汉官印汇考[M]. 上海：上海书画出版社，1993.

方面都有所不同。汉王朝镌刻而颁发的官印印面边长集中为2.2—2.5厘米，其长度相当于汉尺一寸至一寸二分左右，为通官印，汉人俗称"方寸印"。两汉以来，汉代官印一直严格遵守印制大小规定，使用较标准的"通官印"。反之，边境少数民族和割据政权，其印制形体都较大，文帝行玺和朔宁王太后玺分别为3.1和3.3厘米，较汉官印大，超越了秦汉方寸印的常规。这种差异应是南越赵氏政权和东汉初年公孙述割据政权刻意所为，僭越使用。另外，南越国三枚自铸印都有界栏，书写风格和秦代石刻很相象，凿刻精细。为秦汉之际官印风格。

此17枚金印中绝大部分为龟钮，另有2枚蛇钮，1枚龙钮，1枚驼钮。龟钮主要用于汉王朝自铸官印，颁发对象为（刘姓）诸侯王、列侯、将军等，多为汉族官员。蛇钮和驼钮则主要用于朝廷颁发给归义、亲汉的边境少数民族用印，其寓有归顺和引重致远之意。从目前所见存世实物看，汉代赐西北方少数民族官印多用驼钮、羊钮，而赐南部及东南诸族官印多用蛇钮，间有鱼钮，可证当时汉王朝颁给归义、亲汉的少数民族用印钮制与地区族属有一定关系。汉诸侯王印用龟钮，驼钮多见于北方少数民族用印，这点与文献记载不符。《汉旧仪》语："诸侯王黄金玺，真驼钮。"可能记载有误。在自铸印中，"文帝行玺"的龙钮就更特殊，印钮为一铸出游龙，弯曲成"S"形，盘踞印台，龙腰高隆，下为穿孔。其钮为汉印所无。秦始皇自称"祖龙"，从此，龙被视为至高无上的皇帝的象征。"文帝行玺"以龙为纽，把皇帝象征和代表最高权利的帝玺相结合，说明南越王独据岭南，立国称帝的自信、自负的心态和他的别出心裁。据文献记载，用龙形作为御玺的钮式，从中原王朝直到宋代时才固定。另外，南越国的"右夫人玺"和"泰子"印的龟钮形制也与中原汉印相异，其纹饰近似鱼鳞形，具有浓厚的地方特色。

这批金印用字符合汉代官印制度，其中用"玺"字4枚，用"印"字6枚，用"章"字2枚。南越王割据政权自比中原政权，立国称帝，自负地用"文帝行玺"，表示皇帝象征。汉代皇帝实行皇帝六玺制，即皇帝行玺、皇帝之玺、皇帝信玺、天子之玺、天子信玺、天子行玺。此印即南越王仿效秦汉天子至尊制度，僭号自尊称帝，自铸帝玺。汉代以右为尊，"诸侯之妃曰夫人"。南越王虽自称帝，但尚不敢公开封妻为后，仍以夫人相称，但右夫人印用"玺"字，例如咸阳出土的"皇后之玺"玉印，表明其实为"后"。其情矛盾两可，自卑和自信充斥其间，也就在情理之中。在17枚金印中，"宛眴侯"和"王精"两印较特殊。两印都是官职后带私人名。这种官职姓名印在汉印中较常见，不是官府方面的信物，不过是"为官者自炫而已"。多数印都被断为殉葬印，非实用印，其实不然。汉代有用私印代行公事的惯例，居延汉简中就有不少用私印封印文书的例子。如二月丙子，肩水侯房以私印行事，敢言之郭口（《合校》10.4）。[①] 此二印主一是宛朐侯刘鼓，一是某诸侯王刘精。二者都表明其高贵身份，用省文兼具私人性质。此或许是汉代诸侯王特别是刘姓诸侯王私印的某一特点。另"王精"金印尺寸比汉官印较小，反过来也证明其兼有私人印性质。

图四　皇后之玺

总之，这批汉代金印的钮制、用字和印制等方面都基本上符合汉代用印制度，中原汉王朝用印制度严格，边境割据政权官印有所僭越和地方特点，同时又可以对汉代用印制度小范围内纠正其误，使我们对汉印制度的认识更趋于真实。因此，整体上把握汉代金印实物特点，对研究汉代用印制度有积极的意义。

（该文与田小娟合作，发表于《文博》2004年第1期）

---

① 　汪桂海. 汉印制度杂考[J]. 历史研究，1997（3）.

西汉王精金印小考

在数量众多的汉代印章中，金印数量十分有限。[1] 在这些有限的汉代金印中，其中一枚西安地区出土的"王精"金印最为特殊。该枚金印于1966年西安市南郊沙坡砖厂汉墓出土。该印印面方形，边长1.1cm，印文"王精"两篆字，金质龟钮，重17.1克，现藏于西安市文物保护考古所。自该印出土之后，考证者或引论者多断为私印，如《陕西出土玺印选编》认为其为"汉代姓名私印"，[2] 或认为"东汉有市籍的富商大贾"，[3] 对其性质和年代不详尽准确。由于此印的出土涉及到汉代的一些用印制度，但有关此枚金印的性质多讨论不清，故有重新考证之必要。笔者结合汉代用印制度，以及相关历史文献和考古发掘情况，重新考察王精金印。

汉代官吏中有资格用黄金质玺印者，唯诸侯王、丞相、列侯、将军、皇太后、皇太、太妃、太傅、太师、太保等。卫宏《汉官仪》：诸侯王印，黄金驼钮，文曰玺；列侯黄金印，龟钮，文曰印；丞相、将军，黄金印，龟钮，文曰章。笔者在《两汉金印简论》中不完全统计，现存世的汉代金印只有15枚，其中多为考古发掘品。印文基本上是汉代诸侯王、列侯、将军、边境少数民族首领，基本与汉代用印制度相符。反之，再观察汉代私印，叶其峰认为西汉私印所用质料有玉、玛瑙、琥珀、木、石、银、铜等，其中以铜印大多数。[4] 事实上，汉代私印中基本上没有金印。这枚王精金印虽不能直接断为汉代官印，但从玺印质地考察，推之王精金印应非一般汉代私人用印。

汉代玺印钮置的使用也有严格的等级规定，其中龟钮是官印中常见的钮

---

[1] 田小娟，后晓荣. 两汉金印简论 [J]. 文博，2004（1）.

[2] 王翰章. 陕西出土玺印选编 [M]. 西安：三秦出版社，1990.

[3] 陕西省博物馆，文管会. 文化大革命期间陕西出土文物 [M]. 西安：陕西人民出版社，1973.

[4] 叶其峰. 西汉私印初探 [M]// 香港中文大学中国文化研究所学报（第十一卷）. 出版社不详，1980.

置。《汉官仪》记载，皇太子、列侯、丞相、太尉、三公、前后左右将军，中二千石等印章用龟钮。龟寿命长，读音又同贵，官印多刻制龟钮，其义在此。王精金印龟钮，龟背隆起，高鼻张口，睁目微昂首，背部刻六边形几何纹饰，在六边形与周围又刻连珠纹，龟四足上布满圆点纹。此印龟钮与西汉中晚期龟钮相似，即"龟形略小于印背，龟首不外伸，形态较灵活生动"①。

据笔者了解，王精金印出土于一汉墓，为西安市南郊沙坡五女冢中一大型积沙砖室木墓。②积沙砖室木椁墓为西汉中晚期的一种高级墓葬，墓主身份一般都相对较高。从墓葬的规模和等级看，出土"王精"金印的积沙砖室木椁墓的墓主应为西汉中晚期的高级贵族，或为列侯王族人物。

图一　"王精"金印

"王精"其人不见于汉代文献记载，但从玺印质地，钮置，墓葬情况观察，推之印主身份是西汉中晚期高级贵族，或列侯王族。事实上，西汉诸侯王族中有以"王"自称之俗。山东曲阜九龙山三号汉墓出土"银缕玉衣"和两枚"王庆忌"，"王未央"铜印。③考古发掘者结合墓葬和出土物，推之印章"王庆忌"，"王未央"中"王"字是冠于名字或吉语前的诸侯王自称，即此印章之王是鲁王之王，并非王姓之王。"王庆忌"指鲁王刘庆忌，"王未央"则指鲁王平安，为吉语印，同出另有"出入大吉"吉语印，即三号墓是西汉宣帝甘露三年鲁孝王刘庆忌之墓。由此推之，王精金印中"王"应作诸侯王之解，表明其身份，而非姓氏，"精"或为"刘精"之省文。此印不仅有表明其身份的官印性质，又有表姓名的省文，

---

① 后晓荣，等.中国玺印真伪鉴别[M].合肥：安徽科技出版社，2001；小鹿.古代玺印[M].北京：中国书店出版社，1998.
② 原西安文物保护考古所王长启先生参与此印的征集和古墓情况的调查，有关墓葬情况为其告之，特谢。
③ 山东省博物馆.曲阜九龙山汉墓发掘简报[J].文物，1972（5）.

是汉代不多见的官职姓名印。即此印可能是西汉中晚期某诸侯王或列侯王子刘精印，汉书失载。

（该文发表于《窗纸集》，三秦出版社 2016 年版）

西汉海昏侯刘贺墓出土"海"字印研究

海昏侯墓葬中出土多枚印章，至目前为止，已经公布的印章材料有除表明墓主人身份的刘贺玉印和"大刘印记"玉印外，还有一枚"海"字铜印。有关"大刘印记"玉印的讨论，已经有不少文章，但"海"字印章几乎没有人讨论涉及，即使一些零星的解释，也多为道听途说，没有根据的推测而已。据某媒体报道竟然称之"中国古代，称湖为'海'。在海昏侯刘贺的墓中，出土有一枚大印，上面只有一个大大的字样'海'，这似乎表明，海昏侯刘贺似乎很安心偏居在鄱阳湖一带"。事实上，随着学术研究的发展，人们已经对西汉印章的形制、质地、钮式、印文和印型装饰等诸要素发展演变特征进行了系统分析。比对各种汉代印章信息可知，海昏侯墓出土的"海"字铜印为实际上一枚典型的烙印，是考古出土的一枚汉代烙马印。

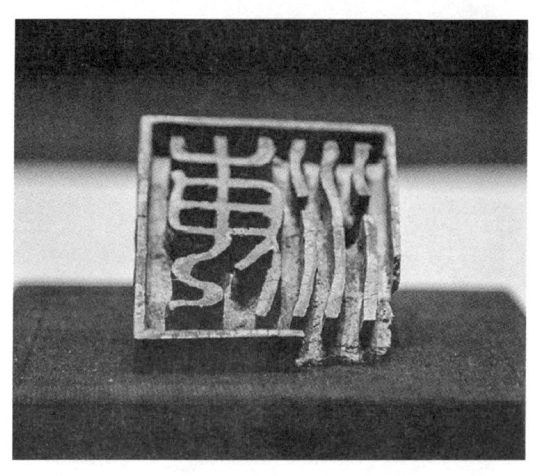

图一 海昏侯墓出土"海"字印

一、"海"字印不是一般的汉代官印

汉代是中国古代各种典章制度发展并趋于完善的重要时期，汉代各项制度多承袭秦代，并在此基础上进一步发展完善，所谓"汉承秦制"。其中汉代成熟的官印制度就是国家政治制度史的重要组成部分，相关汉印制度在文献中有不少记载。汉代官印以质地划分为基础来体现印章使用者自身的等级特点，在此基础上通过印章尺寸、钮式、绶带等其他方面进一步细分，对使用者在国家政治统治系统中的位置给予明确的定位。

《汉书·百官公卿表》记：

"诸侯王印，金玺盩绶；相国、丞相、太尉、太傅、太师、太保、前后左右将军、皆金印紫绶；彻侯金印紫绶，避武帝讳，曰通侯，或曰列侯；御史大夫，银印青绶；自太常至执金吾，皆中二千石；自太子太傅至右扶风，皆秩二千石；凡秩比二千石以上，皆银印青绶，光禄大夫无；秩比六百石以上，皆铜印黑绶；大夫、博士、御史、谒者、郎无；其仆射、御史治书尚符玺者，有印绶；比二百石以上，皆铜印黄绶。"

又东汉卫宏所辑的《汉旧仪》和《汉官旧仪》《汉旧仪补遗》补充记载：

皇帝六玺，皆曰玉螭虎钮，文曰皇帝行玺、皇帝之玺、皇帝信玺、天子行玺、天子之玺、天子信玺，凡六玺。

皇后玉玺，文与帝同，皇后之玺，玉螭虎钮。

皇太子黄金印，龟钮，印文曰"章"。下至二百石，皆为通官印

诸侯王印，黄金橐驼钮，文曰"玺"，赤地绶。

列侯，黄金印，龟钮，文曰"印"。

丞相、大将军，黄金印，龟钮，文曰"章"。

御史大夫章，匈奴单于，黄金印，橐驼钮，文曰"章"，御史二千石银印。龟钮，文曰"章"。

从以上相关文献记载可以得知，汉代皇帝、皇后、诸侯、列侯、丞相、大将军等二千石以上官员所用印材质分别为玉、金、银等，而汉代千石以下官员用印材质则为铜印。汉代铜印可以分为两种：一种是通官印；一种是半通印。前者为千石以下、二百石以上官员使用，后者则为二百石以下小官吏使用，半通印是相对通官印来讲的，其面积相当于通官印一半左右。《汉旧仪》载："皇太子黄金印，龟钮，印文曰章。下至二百石，皆为通官印。""二百石以下则使用半通印。孝武皇帝元狩四年，令通官印方寸大小，官印五分。王、侯金，二千石银，千石以下铜印。"孙机先生考证"汉代称方形官印为通官

印；一种长方形印，面积仅合方寸印之半者，则称为半通或半章"①。《后汉书.仲长统传》李注引《十三州志》："有秩，啬夫，得假半章印。"这种印章多为乡官等低级官员所用。

汉代具体哪些官吏使用铜印，在《后汉书》中有更为详细的记载。《续汉书·舆服志》注引东观书曰：

中外官尚书令、御史中丞、治书侍御史、公将军长史、中二千石丞、正、平、诸司马、中宫王家仆、洛阳令秩皆千石，尚书、中谒者、谒者、黄门冗从、四仆射、诸都监、中外诸都官令、都候、司农部丞、郡国长史、丞、候、司马、千人秩皆六百石，家令、侍、仆秩皆六百石，洛阳市长秩四百石，主家长秩皆四百石，以上皆铜印黑绶。诸署长楫櫂丞秩三百石，诸秩千石者，其丞、尉亦皆秩四百石，秩六百石者，丞、尉秩三百石，四百石者，其丞、尉秩二百石，县国丞、尉亦如之，县、国三百石长相、丞、尉亦二百石，明堂、灵台丞、诸陵校长秩二百石，丞、尉、校长以上皆铜印黄绶。县国守宫令、相或千石或六百石，长相或四百石或三百石，长相皆以铜印黄绶。

由以上文献可知，两汉秩二千石以下不包括秩二千石，和秩二百石以上的官员都授予铜印，并且以绶带颜色的不同而区分出一个等级来。西汉以秩六百石为界，高于此则为铜印黑绶，低于的则为铜印黄绶。东汉时铜印黑绶和铜印黄绶的区分更为细致。

海昏侯墓出土的这枚"海"字铜印与汉代铜官印，无论是与通官印，还是与半通印相比较，明显显示性质、特点都不同。

尺寸形制：相关文献记载和考古出土的西汉官印实物表明，西汉官印的尺寸一般均较小，其大小只有今天的两厘米多。有关汉印形制大小，《汉官仪》明确记载"通官印方寸大"。今天我们所见到的汉代印章的印面多在2.2~2.4厘米见方，约相当于汉制的一寸左右。即所谓的"方寸印"。汉帝后玺印略大，为汉制方一寸二，印面方边长约2.8厘米，如陕西历史博物馆藏的西汉"皇后之玺"印章；官秩二百石以下汉官印则为长一寸，宽半寸的长方形印，即所谓的"半通印"。这是汉代印章形体的最基本时代特征。"海"字印章相对其他汉代印章印体具体，据笔者目测这枚"海"字印，其印面长差不多为6.5厘米，宽差不多为4.5厘米，此尺寸远远大于一般的汉印，即使与传为吕后的专属印章"皇后之玺"比较也相差较大。因此，该枚印章与一般汉代官印不同，

---

① 孙机.汉代物质文化资料图说（增订本）[M].上海：上海古籍出版社，2011.

其性质应该另外考虑。

文字：在中国古代的官印制度中，隋唐之前的官印以官名印为主，特别是秦汉时期印章的印文虽有地名或官司名者，但主要是用来补充官名印，且其性质亦不同于隋唐之后的官署印，如"丞相之印章"印和"长安丞"印。"海"字印章的印文只有一个"海"字，阳文，其性质即难判断为官司印，也难看出地名的性质。所谓"中国古代，称湖为"海"。在海昏侯刘贺的墓中，出土有一枚大印，上面只有一个大大的字样"海"，这似乎表明，海昏侯刘贺似乎偏居在鄱阳湖一带，这也只是媒体的臆测之词。对于秦汉之际的"执事小吏"，如秦汉时期的仓官、库官、厨官、池官等所用印章都为半通印。王献唐先生早就指出："凡秦汉官印之不为官名者，皆非通官正秩，又十九为半通印矣"，所谓"执事小吏，不给印绶，自置应用"。[①] 汉景帝阳陵遗址就出土多枚此类小吏印之封泥，印证了王献唐先生之说。其中阳陵邑遗址出土"仓印"封泥3枚，封泥印面为竖长方形，印文仅有"仓印"两字，可能是阳陵邑管理仓储事务的机构之印。"厨印"封泥1枚，封泥印面为长方形，说明使用封泥的机构级别较低，可能是为阳陵邑服务的机构。[②] 这些印章使用者实际上就是文献记载的百石以下的小吏。《汉书·百官公卿表》序云"百石以下有斗食、佐史之秩，是为少吏。"百石以下的少吏无专门的印绶，使用的是官署公用的官印，也为半通印，这样的官印大多无具体官名，如"某府""某仓""某印"等。从"海"字印的形制和文字看，其与秦汉之际的"执事小吏"的印章也无关系。

印文：汉代玺印，无论是帝王等高级贵族的玉玺、金银印，还是一般官吏的通官印或半通印，都是阴文入印文，究其原因是汉印钤押于封泥之上，则显出醒目多为凸起字样。元代篆刻家吾丘衍《学古编·三十五举》的说法："汉魏印章，皆用白文，大不过寸许，朝爵印文皆铸，盖择日封拜，可缓也。军中印文多凿，盖急于行令，不可缓也。"这一说法反映了当时的基本情况，只是稍欠严密。如今可见的西汉官印基本是铸出来的，东汉的官印现在看到也是凿刻为多，私印有的刻有的铸，所以很难用事情的急缓来说明。汉代官印都用白文，私印似乎比较自由，或白或朱，半白半朱的都有。海昏侯墓葬

---

① 王献唐. 官名官署印制之变迁 [M]// 五镫精舍印话. 青岛：青岛出版社，2009：314.
② 杨武站. 汉阳陵出土封泥考 [J]. 考古与文物，2011（4）.

出土的"海"字印明显为铸印，印文为阳文，字口较深，也与汉代一般官印明显不同。

印纽：汉代文献和印章实物清晰地记载汉代印章有着严格的等级差别，不仅体现在材质上，其他尺寸、印纽、绶带等无不明确显示出各类印章的等级差别，如前面文献记载"玉螭虎钮""橐驼钮""龟钮"等。其中汉代铜印章印纽主要有龟钮和瓦钮，龟钮使用最为广泛，从皇太子黄金印到一般县级铜印章都使用龟钮，而瓦钮则多为汉代下层官吏印章使用，半通印基本都是瓦钮。汉代铜印的龟钮或瓦钮都小而精致，便于使用者三指掐印抑印泥封。海昏侯墓出土的这枚"海"字印的印纽形制为柱状中空，明显与一般汉印印纽不同，也非三指掐印使用之物。综上所述，此枚海昏侯墓出土的"海"字印不是一般汉代官印。

二、"海"字印是一枚西汉烙马印

事实上，秦汉之际除以上所讨论的通官印和"执事小吏"的半通印之外，还有一类印章——火烙印，而烙马是其主要功能之一，故多称之为烙马印。已故学者萧高洪先生最早注意到春秋时期就有烙马用印的记录[①]。《庄子·马蹄》篇云："（伯乐）我善治马、烧之、剔之、刻之、雒之、连之以羁馽，编之以皂栈，马之死者十二三矣。"其中文中所提到的"雒之"，就是指烙马之事。《康熙字典》就解释"雒之"为"烙之"，即"雒"为"烙"之假借。《庄子》文中不仅提到了烙马之事，而且还向人们展示了烙马和相马之间的关系。历代出土的文物也表明，自战国以来各代都有烙马用印。罗福颐《近百年来对古玺印研究之发展》中云："传世古印中，有烙马用印，在1930年《贞松堂集古遗文》始发表汉代'灵丘骑马'烙印，于是古烙马印初次见于著录，由此推之，前人印谱所载郏骀及'常骑（此骑是太常骑马之省文）皆是古人烙马用印也"。[②]事实上，除以上几枚烙马之外，还有战国时期燕国的"唐都萃车马"印、西汉"曲革"印[③]等。

[①] 萧高洪. 烙马印及其作用与马政建设的关系[J]. 农业考古，1988（2）.
[②] 罗福颐. 近百年来对古玺印研究之发展[M]. 杭州：西泠印社，1982.
[③] 参见（清）陈介祺的《十钟山房印举》（郏骀印就出自该书）。

图二 "唐都萃车马"印

萧高洪先生总结烙马印的特点，引申如下：

烙印虽然总体上可以归入官方用印，但又不是一般意义的官印。与官印比较起来，尽管其有些相同之处，但差异甚大，主要表现在以下几个方面：第一，官印小而烙印大，隋唐以前，官印一般为2.3~2.5厘米见方，其制作均有严格的规定，而被明清时人称为"巨印"的烙印，一般为6~7厘米见方。第二，官印的内容为职名，烙印则为字号，并且每一字号均有明确的意义。官印施之于文书等，而烙印以灼动物，除马匹而外，还包括牛羊在内。第三，魏晋以前官印大多数用白文（阴文），而烙印则都朱文（阳文），盖均为施之清晰之故。第四，官印以各类动物为纽制，以区别不同的等级，而烙印则钮制中空，上有方孔，以纳木柄。

比对以上条件，海昏侯墓葬出土的这枚"海"字铜印的尺寸，远比汉代一般官印尺寸大，而与传世的"唐都萃车马"（6.9厘米×6.9厘米）[①]和"灵丘骑马"（6.2厘米×6.1厘米）[②]差不多大。从印文看，目前所见到的"唐都萃车马""灵丘骑马""邦驲""常骑"四枚印章都是与马有着密切关系，但并没有较为固定的文字格式，而"海"字印为单字印，应为省略了与烙马有关的文字信息。海昏侯墓葬出土的这枚"海"字印中的"海"字为朱书阳文，而非魏晋以前官印多为阴文形式。"海"字印的印纽残，但不是常见的汉官印龟钮或鼻钮，而明显能看出上有方孔，下半中空，方孔为纳木柄。此外，从目前已确知的汉代烙马印，如"灵丘骑马""邦驲""曲革"看，汉代烙马印有一个突出的特点，就是往往冠有地名，或全称、或省称。这枚"海"字印中"海"字实际为"海昏"的省称，就是一枚典型的省称印章。综合以上各种分析，我们认为海昏侯墓西仓椁的杂物间出土的"海"字印实为烙马印，

---

① 罗福颐.古玺印概论[M].北京：文物出版社，1981：39.

② 同①.

一枚难得的汉代王侯级别使用的烙马印。

事实上，古代社会非常重视马的使用价值，一直是古代最为重要的资料之一，与兵与国都非常重要，并形成了一套马政管理制度。东汉开国功臣马援曰："马者，甲兵之本，国之大用，安宁则以别尊卑之序，有变则以济远近之难"。[①] 北齐天保年间，文献记载使用马印之事。《魏书》曰："（延兴二年）五月丁巳，诏军警给玺印、传符，次给马印。"各种形制的烙马印用印火烙，在马匹身上留下永久纪印，就是鉴别马匹优劣和表明马匹持有者的标识。

海昏侯墓葬的车马坑就出土了实用高等级马车 5 辆，马匹 20 匹，错金银装饰的精美铜车马器 3000 余件，可见海昏侯生前养马不少。"海"字印实为海昏侯实施马政管理之物。

---

① 参见：《后汉书》卷三十四《马援传》。

秦汉印章、封泥中的水文化

秦汉时期对印章封泥的使用达到一个高峰时期，传世留存和考古发现的秦汉玺印封泥中有很多与水文化有关的材料，如涉及秦汉设置水官的印章，与河流相关郡名、县名、乡名等。这些资料蕴含着秦汉水利职官的演变、城市的命名规律、以及崇尚水德信仰等方面的内容，构成了一个广义上的秦汉水文化体系。本文就利用秦汉的印章封泥资料，较为具体地分析其所体现的水文化内容，从而丰富秦汉水文化的内涵。

秦汉印章封泥中的水文化资料

秦汉时期广泛使用的印章、封泥，遗留至今无数，其中不少涉及水文化，大致可以分成两类：一类为管理水务的水官印；一类为与水有关的地名印。为行文方便，按照先中央、后地方；先郡名，后县名顺序分别叙述，具体如下。

（一）管理水务的水官印

1."水衡都尉章"，西汉封泥。[1]汉武帝时开始设置此官吏，掌管保管皇室财物，铸钱、造船、治水等多项职务。《汉书·百官公卿表》："水衡都尉，武帝元鼎二年初置，掌上林苑，有五丞。属官有上林、均输、御羞、禁圃、辑濯、钟官、技巧、六厩、辩铜九官令丞。"[2]《汉书·食货志》载："初，大农斡盐铁官布多，置水衡，欲以主盐铁；及杨可告缗，上林财物众，乃令水衡主上林。"[3]文献中详细的记载了它的职务范围，水衡都尉的职责范围广泛，是西汉王朝很重要的职能部门。

2."琅邪水丞"，秦封泥。[4]"琅邪水丞"是秦琅邪郡都水丞之省称。《汉

---

[1] 周晓陆. 二十世纪出土玺印集成[M]. 北京：中华书局，2010：512.
[2] 班固. 汉书[M]. 北京：中华书局，1962：735.
[3] 同②，1170.
[4] 同①，415.

书·地理志》琅邪郡："秦置，莽曰填夷，属徐州"。①原为越地，后为齐地。公元前221年，秦灭齐后设郡。《水经·潍水注》："琅邪，山名也……秦始皇二十六年，灭齐以为郡，城即秦皇之所筑也。"又《舆地广记·卷六》："上密州，战国时属齐，秦置琅邪郡，汉属琅邪郡及高密、城阳二国，后汉属琅邪郡、北海国。"②

3."四川水丞"，秦封泥。③"四川水丞"是秦四川郡都水丞之省称。史志无四川郡，只有泗水郡。《汉书·地理志》沛郡："故秦泗水郡，高帝更名。"④从印文可知，秦泗水郡本名四川郡。周晓陆较为详细地讨论了秦四川郡从四川——泗川——泗水传写之误的演变过程。⑤秦四川郡或得名于郡内有淮水、沂水、濉水、泗水四条河流之故。郡治相县，今安徽淮北市。⑥

4."东晦都水"，秦封泥。⑦王辉对"晦"字有过很好的解说，谓《易·明夷》上六："不明晦，初登天，后入于地。""晦"马王堆帛书本作"海"；又长沙子弹库战国楚帛书乙篇中有："乃命山川四晦"，"四晦"即"四海"。因此"东晦都水"即"东海都水"⑧，"东晦都水"就是秦东海郡都水官之省称。秦东海郡为秦兼并天下之后，分薛郡而析置郡，郡治郯，故址今山东郯城县北，故楚汉之际亦习称郯郡。⑨

5."清河水印"，秦封泥⑩"清河水印"为秦清河郡水官之印。《后汉书·百官志》："（郡县）有水池及鱼利多者置水官，主平水收渔税。"秦代设置清河郡，后晓荣较早认为此郡是秦钜鹿郡分置而来。郡治不详，汉清河郡治清阳，或实因之。其地在今河北与山东交界处，山东临清市北。⑪

---

① 班固.汉书[M].北京：中华书局，1962：1585.
② 后晓荣.秦代政区地理[M].北京：社会科学文献出版社，2009：289.
③ 刘庆柱，李毓芳.西安相家巷遗址秦封泥考略[J].考古学报，2001（4）.
④ 同①，1572.
⑤ 周晓陆.秦封泥所见安徽史料考[J].安徽大学学报（哲社版），2003（5）.
⑥ 后晓荣.秦代政区地理[M].北京：社会科学文献出版社，2009：244.
⑦ 周晓陆，等.于京新见秦封泥中的地理内容[J].西北大学学报（哲社版），2005（4）.
⑧ 王辉.西安中国书法艺术博物馆藏秦封泥选释续[M]//陕西历史博物馆馆刊(第8辑).西安：三秦出版社，2001.
⑨ 同⑥，238.
⑩ 陈晓捷，周晓陆.新见秦封泥五十例考略——为秦封泥发现十周年而作[A]//碑林集刊（第11辑）.西安：陕西人民美术出版社，2005.
⑪ 同⑥，238.

6."淮阳都水"，西汉封泥。① 西汉淮阳郡多次废置，一时为郡、一时为国。《汉书·地理志》："淮阳国，高帝十一年置。"② 故此封泥究竟是指西汉淮阳郡都水官之印，或淮阳国都水官之印，不得而知。

7."南阳水丞"，西汉印章，鼻纽。③ 此印章为西汉南阳郡水丞官印。水丞乃水长之副，为汉代郡国设置的水利职官，主要管理水政，收渔税之官。《汉书·地理志》："南阳郡，秦置。莽曰前队。属荆州。"④

8."汝南水长"，汉封泥。⑤ 此封泥是西汉汝南郡都水长印。水长，职官名，都水长的省称。《汉书·地理志》："今之南郡、江夏、零陵、桂阳、武陵、长沙及汉中、汝南郡，尽楚分也。"⑥

9."齐都水印"，西汉封泥。⑦ 此封泥为西汉诸侯齐国都水官之印。齐国，西汉初期的重要封国。始置于汉高祖四年（前203年）二月，之后或置或废，或削，公元前110年齐怀王去世后，不再复置。《汉书·武五子传》："立八年（元封元年），（齐怀王刘闳）薨，无子，国除。"⑧

10."齐都水长"，汉代封泥。⑨ 此封泥为西汉诸侯齐国都水长所用之遗。

11."齐都水丞"，汉代封泥。⑩ 此封泥为西汉诸侯齐国都水丞所用之遗。

12."浙江都水"，秦代官印。⑪ 后晓荣认为，此印中"浙江"为秦代会稽郡置县，则"浙江都水"为秦代会稽郡浙江县都水官印。⑫《说文解字》中有"江水东至会稽山阴为浙江"的记载。又《史记·项羽本纪》："秦始皇帝游会稽，渡浙江，《索隐》韦昭云：'浙江在今钱塘。'"

---

① 王辉.秦陵博物院藏汉封泥汇释[M]//秦始皇帝陵博物院.西安：陕西师范大学出版社，2015.

② 班固.汉书[M].北京：中华书局，1962：1635.

③ 罗福颐.秦汉南北朝官印征存[M].北京：文物出版社，1987：32.

④ 同②，1563.

⑤ 同①.

⑥ 同②，1665.

⑦ 周晓陆.二十世纪出土玺印集成[M].北京：中华书局，2010：497.

⑧ 同②，2749.

⑨ 同⑦.

⑩ 刘创新.临淄新出汉封泥集[M].杭州：西泠印社出版社，2005：54.

⑪ 同③，10.

⑫ 后晓荣：《秦代政区地理》，社会科学文献出版社2009年版，第413页。

13."温都水监"，西汉印章，瓦纽。①该印章为西汉温县都水监的印章。《汉书·地理志》曰："河内郡，高帝元年为殷国，二年更名。莽曰后队，属司隶。户二十四万一千二百四十六，口百六万七千九十七。县十八……温，故国，已姓，苏忿生所封也。"②汉温县故城在今河南温县西南三十里。此外孙慰祖释读此印为"温水都监"，认为"温水"乃水名，即今南盘江；都监，疑是都水监之省文。但不管如何释读，以上两种释文都认为此乃西汉"都水监"之职官印③。都水监为汉代的县级水利职官，前后汉官志都没有记载，因此这条可补汉代职官史料的欠缺。

14."丹水水长"，西汉封泥。④此封泥为西汉弘农郡丹水县水长印。《汉书·地理志》："弘农郡，武帝元鼎四年置。莽曰右队。户十一万八千九十一，口四十七万五千九百五十四。有铁官，在黾池。县十一……丹水，水出上洛冢领山，东至析入钧。密阳乡，故商密也。师古曰：'钧亦水名也，音均。'"⑤

15."圁水"，新莽印章，瓦纽。⑥新莽时期在圁水流域设置的水官印。《汉书·地理志》上郡白土县下注："圁水出西，东入河。"⑦《史记·匈奴列传》："当是之时秦晋为强国，晋文公攘戎翟居于河西圁、洛之间，号曰赤翟、白翟。""圁水出上郡白土县圁谷，东迳其县南……东流注于河"⑧，马长寿先生考证此水为无定河。⑨

16."左属国左部前水长"，东汉印章，铜制瓦纽。⑩东汉王朝颁赐给归顺少数民族的属国民族职官印。该印章中"水长"乃属国主水利之官。《两汉的属国制度》一文把汉代属国官制分为军卫系统和行政系统，行政系统指

---

① 罗福颐.秦汉南北朝官印征存[M].北京：文物出版社，1987：32.

② 班固.汉书[M].北京：中华书局，1962：1554.

③ 同①.

④ 王辉.秦陵博物院藏汉封泥汇释[M]//秦始皇帝陵博物院.西安：陕西师范大学出版社，2015.

⑤ 同②，1548.

⑥ 同①，83.

⑦ 同②，1668.

⑧ 杨守敬.水经注疏[M].郦道元，注.南京：江苏古籍出版社，1989：250.

⑨ 马长寿.北狄与匈奴[M].桂林：广西师范大学出版社，2006：3.

⑩ 周晓陆.二十世纪出土玺印集成[M].北京：中华书局，2010：334.

都尉属下之县官，如县令长、水长、亭长等①。该印章中"前"字表明属国中水长应不止一人。

17．"都水丞印"，秦封泥。② 秦代都水丞官印。《汉书·百官公卿表》："奉常，掌宗庙礼仪，有属官均官、都水两长丞。如淳注曰：都水治渠、堤、水门。"③ 都水又见于少府和治粟内史属官之列。《后汉书·百官志》载："有水池及鱼利多者置水官，主平水、收鱼税。"都水系水官，奉常之都水应负责帝王陵园、陵邑之水利事务。少府因"掌山海池泽之税，以给供养"，其属官都水更着重于收取与"水"相关的"池泽之税"。至于治粟内史属官之都水应设在郡国之都水，"主平水、收鱼税"是其责。《通典·职官九》记："秦、汉又有都水长丞，主陂池灌溉，保守河渠，自太常、少府及黄图等，皆有其官。"

18．"都船"，秦封泥。④ 秦都船官之印。《汉书·百官公卿表》："中尉，秦官，掌缴循京师……武帝太初元年更名执金吾。属官有中垒、寺互、武库、都船四令丞。颜师古注引如淳曰：'都船狱令，治水官也'。"⑤ 汉武帝更名中尉为"执金吾"，其职掌基本相同。《后汉书·百官志》本注曰："（都船）掌宫外司非常水火之事，月三绕行宫外，及主兵器。"都船实际上负责京师的非常"水火"之事。《汉书·薛宣传》记载薛宣曾为"都船狱吏"。可见都船也设有都船狱，都船狱或为水牢。都船水官或设阴、阳两丞，此犹秦汉之官设左、右一样。

19．"都船丞印"，秦封泥。⑥ 此为秦代都船之丞用印之遗。

20．"阳都船丞"，秦封泥。⑦ "阳都船丞"为"都船"官署属官之印。《汉书·百官公卿表》："都船、武库有三丞。"⑧ "阳都船丞"应是都船设"三丞"之一。和"阴都船丞"秦泥封，证实了都船设"三丞"之记载。

21．"阴都船丞"，秦封泥。⑨ "阴都船丞"亦为"都船"属官官署之印。

---

① 安梅梅.西汉的属国制度[D].兰州：西北师范大学，2005.
② 罗福颐.秦汉南北朝官印征存[M].北京：文物出版社，1987：32.
③ 班固.汉书[M].北京：中华书局，1962：726.
④ 傅嘉仪.秦封泥汇考[M].上海：上海书店出版社，2007：28.
⑤ 同③，732.
⑥ 同④，29.
⑦ 刘庆柱，李毓芳.西安相家巷遗址秦封泥考略[J].考古学报，2001（4）.
⑧ 同③，732.
⑨ 同⑦.

该封泥与封泥"都船丞印""阳都船丞"都是都船官三丞之一，印证了文献记载的正确。

22．"尚浴"，秦封泥。① 该封泥是秦代尚浴官之印。"尚浴"之官战国时代已有。《韩非·内储说下》云："僖侯浴，汤中有砾，僖侯曰：尚浴免，则有当代者乎？"《宋书·百官志》载："汉初有尚冠、尚衣、尚食、尚浴、尚席、尚书，谓之六尚。"这与《通典·职官八》所记载的秦之"六尚"基本相同，只是《宋书》上以"尚浴"替换了"尚沐"。出土的秦汉印章、铜器铭文多有"尚浴"，如秦印"南宫尚浴"、长信宫灯铭"长信尚浴"等，说明秦汉各宫殿也设置有尚浴官。

23．"尚浴府印"，秦封泥。② 此封泥为秦尚浴之府置。

24．"尚浴右般"，秦封泥。③ 此封泥为秦代尚浴官之属官印。李学勤《齐王墓器物坑铭文试析》认为"右般"是食官属官。从此封泥看秦汉的尚浴官也有属官"右般"。

25．"尚浴寺般"，秦封泥。④ 此封泥为秦代尚浴官之属官印。与封泥"尚浴右般"一样，秦汉的尚浴官也有属官"寺般"。

26．"浴禁丞印"，秦封泥。⑤ 以字面释，或为由尚浴管理的禁苑之禁丞。

27．"池室之印"，秦封泥。⑥《汉书·百官公卿表》少府属官有"上林中十池监"⑦，或与此相关。秦印《征存》有："上林郎池。"

---

① 周晓陆．二十世纪出土玺印集成 [M] 北京：中华书局，2010：392．

② 同①，432．

③ 同①，432．

④ 同①，432．

⑤ 周晓陆，等．于京新见秦封泥中的地理内容 [J]．西北大学学报（哲社版），2005（4）．

⑥ 傅嘉仪．秦封泥汇考 [M]．上海：上海书店出版社，2007：157．

⑦ 班固．汉书 [M]．北京：中华书局，1962：731．

古代玺印研究专题

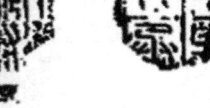

水衡都尉章　　琅邪水丞 　　　　四川水丞 　　　　东晦都水

淮阳都水 　　　　南阳水丞 　　　　汝南水长

齐都水印 　　　　齐都水长 　　　　齐都水丞

浙江都水 　　　　　　温都水监

图一

穷穷集——古代文物与历史文化研究

丹水长印　　　圜水 　　　左属国左部前水长 　　都水丞印

都船 　　　都船丞印 　　阳都船丞 　　阴都船丞

尚浴 　　　尚浴府印 　　尚浴右般 　　尚浴寺般

浴禁丞印 　　　　　　　池室之印

图二

（二）与水有关的地名印

1."长水校尉丞"，新莽印章，龟纽。[①] 长水校尉为西汉八校尉之一，屯于都城长安城外宣曲宫地区。因靠近长水所以以水名命名。《史记·封禅书》有载："《索隐》案：《百官表》有长水校尉。沈约《宋书》云：'营近长水，因以为名'。"《汉书·百官公卿表》中记载："师古注曰：长水，胡名也。宣曲，观名，胡骑之屯于宣曲者。"

2."天水太守章"，西汉封泥。[②] 此封泥应属西汉时期天水郡太守之印。《汉书·地理志》记载："天水郡，武帝元鼎三年置。莽曰填戎。明帝改曰汉阳。"[③]

3."水顺副贰印"，新莽印章，龟纽。[④]《汉书·地理志》中记载："泗水国，故东海郡，武帝元鼎四年别为泗水国。莽曰水顺。户二万五千二十五，口十一万九千一百一十四。"[⑤] 副贰，即为辅佐之意。《后汉书·朱祐传》载："副贰，属令也。"《三国志·魏书四》载："八月庚寅，命中抚军司马炎副贰相国事，以同鲁公拜后之义。"即命司马炎辅佐相国。因此，可推断副贰是辅佐之意。

4."丹水丞印"，西汉封泥。[⑥] 此封泥为西汉弘农郡丹水县丞印。

5."丹水尉印"，西汉封泥。[⑦] 此封泥为西汉弘农郡丹水县尉印。

6."白水之苑"，秦封泥。[⑧] 秦时宫苑多以其地本名称之，梁山宫，梁山苑，骊山苑是其例。秦在白水设置的苑囿，未见于文献。白水，春秋时期属于雍州。《雍大纪》中描述，"秦置白水，以县临白水也"，亦说明自古就有以水域命名郡县的传统。《史记·樊郦滕灌列传》云："还定三秦，别击西丞白水北。"《集解》徐广曰："陇西有西县。白水在武都。"骃案，如淳曰："皆地名也。"文献中没有关于白水苑的记载，但就白水县的地理位置气候环境来看，自古就是养马良场，所以可能是在白水附近建造厩苑或其他苑囿。

---

① 罗福颐. 秦汉南北朝官印征存 [M]. 北京：文物出版社，1987：96.
② 周晓陆. 二十世纪出土玺印集成 [M]. 北京：中华书局，2010：515.
③ 班固. 汉书 [M]. 北京：中华书局，1962：1611.
④ 同①，107.
⑤ 同③，1638.
⑥ 王辉. 秦陵博物院藏汉封泥汇释 [M]// 秦始皇帝陵博物院. 西安：陕西师范大学出版社，2015.
⑦ 同⑥.
⑧ 同②，440.

7. "白水弋丞",西汉印章,蛇纽。① 白水弋丞可能为白水苑的佐弋丞。《汉书·百官公卿表》中记载少府属官中有左弋丞。又《汉书·宣帝纪》:"臣瓒曰:"本秦左弋官也,武帝改曰佽飞官,有一令九丞,在上林苑中结矰缴以弋凫雁,岁万头,以供祀宗庙。许慎曰'佽,便利也'。便利矰缴以弋凫雁,故曰佽飞。"② 说明左弋掌管弋射,左弋丞为主射猎之官吏,同样白水弋丞则可能为白水苑主管射猎的官吏。

8. "白水乡印",西汉封泥。③ 白水乡,乡名,或因临白水而得名,具体地望无考。《汉书·地理志》:"春陵,侯国。故蔡阳白水乡。"④ 此文献中白水乡或与此封泥中"白水乡"无关。

9. "泾下家马",秦封泥。⑤ 泾下或指泾河下游地区。《史记·项羽本纪》汉元年四月,"诸侯罢戏下,各就国"。索隐:"戏,水名也。言下者,如许下、洛下然也。"是其例。《史记·秦始皇本纪》记:"二世梦白虎啮其左骖马,杀之,心不乐,怪问占梦。卜曰:'泾水为祟。'二世乃斋于望夷宫,欲祀泾,沈四白马"。此事或关"泾下家马。"一说当指泾阳之"下家马"置,仍是中央职官。

10. "汉卢水仟长",东汉印章,驼纽。⑥ 此印章是东汉王朝颁赐给少数民族卢水胡职官印。汉朝赐给归附的少数民族首领的官印,印文首多冠"汉"字,说明该少数民族是归附或服从汉朝的,如"汉归义胡长""汉归义鲜卑王""汉归义羌长""汉归义氐仟长""汉归义蛮夷邑长"等。《汉书·西域传》载:"最凡国五十。自译长、城长、君、监、吏、大禄、百长、千长、都尉、且渠、当户、将、相至侯、王,皆佩汉印绶,凡三百七十六人。"因此"卢水仟长"当是依附于汉王朝的卢水胡职官印。《后汉书·窦融传》云:"明年,固与忠率酒泉、敦煌、张掖甲卒及卢水羌胡万二千骑出酒泉塞,耿秉、秦彭率武威、陇西、天水募士及羌胡万骑出居延塞。"卢水胡与汉军共同作战,亦可看出卢水胡依附于汉朝,汉化程度较高。

11. "汉卢水佰长",东汉印章,驼纽。⑦ 同上汉卢水仟长。

---

① 罗福颐. 秦汉南北朝官印征存 [M]. 北京:文物出版社,1987:9.
② 班固. 汉书 [M]. 北京:中华书局,1962:260.
③ 周晓陆. 二十世纪出土玺印集成 [M]. 北京:中华书局,2010:446.
④ 同④,1564.
⑤ 傅嘉仪. 秦封泥汇考 [M]. 上海:上海书店出版社,2007:46.
⑥ 同①,219.
⑦ 同①,219.

古代玺印研究专题

汉卢水仟长    汉卢水佰长

长水校尉丞    天水太守章    水顺副贰印

丹水丞印    丹水尉印    白水之苑

白水戈丞    白水鄉印    泾下家马

图三

二、印章封泥中反映的秦汉水文化

留存至今的秦汉玺印封泥资料所涉及水文化的内容不少，对今天我们认识秦汉之际的水文化有重要的意义，其中就涉及秦汉之际水官的设置、因水命名的原则、及五行水德理念等。

1. 完备的水官系统。《汉书·百官公卿表》说："自周衰，官失而百职乱，战国并争，各变异。秦兼天下，建皇帝之号，立百官之职。汉因循而不革，明简易，随时宜也。其后颇有所改。"汉朝在汉承秦制的同时也进行了一系列的改革。《秦汉官制史稿》曾系统地将秦汉官制进行了阐述，但是对于秦与汉官制间的具体区别记述不够全面，也没有涉及到从中央到地方的系统完整的水官系统。通过秦汉印章封泥的内容，能弥补这部分问题，进而发现更多的秦汉官制的具体变化。《管子·度地篇》中说，"除五害之说，以水为始……令习水者为吏"[①]。即主张要选拔通晓水性的人担任水官。前面的相关资料表明，秦汉时期从中央到地方都设有专门水利机构，而且地位在逐步提高。秦代在各郡都设置有都水官，都水下有长、丞，在一些特殊的县也设有都水之官；此外还有掌管负责京师非常"水火"事之职的"都船"官系统和专门负责皇室沐浴之事的"尚浴"官系统。秦代的这些水官在西汉得到延续，即所谓"汉承秦制"，如《张家山·二年律令·秩律》中所述，"长信尚浴，秩各六百石，有丞、尉者半之"，并有所发展，如汉武帝时设置的水衡都尉。据《汉书·百官公卿表》记载西汉中央之太常、内史、主爵中尉属下都有都水，水衡都尉有水司空、都水、甘泉都水，少府有都水、水衡、十池监，大司农则总管全国水利（东汉中央最高水利机构是司空，既主水利，又负责全国水利职官的考课）。西汉郡县水利机构，有都水、行水兼兴船（东汉对西汉诸卿所辖之水利机构，进行了合并或裁撤）。此外西汉还在特定地点设有专门的水利机构，如横桥都水、南郡、江夏郡之云梦官，九江郡之陂官、湖官，南海郡沤浦官，皆见《汉书·地理志》。前文提到的"左属国左部前水长"就是亲附于汉庭的属国少数民族内设置的水官印。这些水利机构应当是独立于地方都水的专门水利机构，负责特定水域的管理。由此可见秦汉的水官系统在不断地完善和规范。

---

① 管仲. 管子 [M]. 北京：燕山出版社，1995：384.

2. 因水命名的原则。古时建城、立都，选址时往往不是在大山之下，就是在大河的旁边，依靠自然资源、地势之利建造城市。《管子·乘马》云："凡立国都,非于大山之下,必于广川之上。高毋近旱而水用足,下毋近水而沟防省。因天材，就地利，故城郭不必中规矩，道路不必中准绳。"①河流孕育了古老的农耕文明，在古代交通能力不够发达的情况下，河流也是重要的交通方式，因此古代城市的建造多依托于河流山川，靠近河流就拥有很多便利条件。而人类文明的起源也是在大河附近，在人类与水相争相生的过程中创造了光辉的社会文明。因此古代很多郡县地域的命名都冠以河流水域的名称，可见水对于古代城市发展的重要性。秦汉玺印封泥中有大量的职官名称，其中相当一部分是以水名称之，如白水弋丞、长水校尉丞、水顺副贰印、汉卢水仟长、汉卢水佰长、白水之苑、白水乡印、丹水丞印、天水太守章。这些涉及乡、县、郡地名中白水、长水、水顺、卢水、天水等均是与河流水域相关的名称。以丹水县为例，《汉书·地理志》记载弘农郡丹水县："丹水，水出上洛冢领山，东至析入钧。密阳乡，故商密也。师古曰：'钧亦水名也，音均。'"从中我们可以知道丹水县与水是不可分割的，其命名就是根据其附近的丹水。

3. 尚水德的产物。先秦阴阳家邹衍创立的五德终始说作为一种改朝换代的理论工具，受到历代新王朝建立者的信奉，并谓以水德王天下。秦汉时期，秦人和王莽都尚水。《史记·秦始皇本纪》："始皇推终始五德之传，以为周得火德，秦代周德，从所不胜。方今水德之始,改年始,朝贺皆自十月朔。"《汉书·郊祀志上》："今秦变周，水德之时。昔文公出猎,获黑龙,此其水德之瑞。"新莽印章中有"水顺副贰印"就是王莽改制"尚水德"，将泗水改为水顺的产物。这也与王莽以阴阳五行说为指导思想，大肆宣扬符命符瑞为其代汉制造舆论密切相关。王莽改制中经常用表示吉利、吉祥意义的称呼，常带有"顺""平""安"等字，以祈求风调雨顺、天下顺平。如将曲逆改为顺平、宁阳改为宁顺、泗水改为水顺等。王莽将地名泗水改为水顺，为尊崇水德学说，以期得到天意庇佑。

（该文与苗润洁合作，发表于《南昌工程学院学报》2016年第5期）

---

① 管仲. 管子 [M]. 北京：燕山出版社，1995：47.

汉魏官印中的鲜卑古史

鲜卑族是继匈奴之后在蒙古高原崛起的古代游牧民族，属阿尔泰语系蒙古语族，兴起于东北大兴安岭。早期依附匈奴族，东汉之后逐渐独立，魏晋时期更是成为对中国影响最大的北方游牧民族。《后汉书·乌桓鲜卑列传》曰："鲜卑者，亦东胡之支也，别依鲜卑山，故因号焉。"文献记载鲜族卑起源于东胡，西汉时期，鲜卑"为冒顿所破，远窜辽东塞外，与乌桓相接，未常通中国焉"。及至东汉建武二十五年（49年），南匈奴附汉，"鲜卑始通驿使"[1]，鲜卑族与汉朝廷开始多有交往。考古文物资料中，尤其是历代官印中，有不少涉及汉民族政权与鲜卑民族关系往来的资料，见证了早期鲜卑史，也为传统文献记载所缺载。本文就重点以汉魏之际的鲜卑官印为主，讨论汉人政权与鲜卑族之间的相关历史。

一、汉魏时鲜卑印章简介

汉魏时期，汉人政权颁赐给鲜卑族头人的玺印早在清代就有所发现，并不断为金石书籍所著录。新中国之后，随着考古工作的全面开展，又发现不少有关鲜卑族的印章。本文所讨论汉魏时期的鲜卑印章共5枚，都是中原朝廷赐予给鲜卑头人的官印，分传世鲜卑官印和考古出土鲜卑官印两部分。具体情况如下：

1. "汉鲜卑率善众长"[2]，铜质，驼纽，边长2.4厘米×2.5厘米，传世品。（图一）

2. "汉鲜卑归义王"[3]，金质，驼纽，边长2.3厘米×2.2厘米。该印传

---

[1] 范晔. 后汉书·乌桓鲜卑列传[M]. 北京：中华书局，1965：2985.
[2] 罗福颐. 秦汉南北朝官印征存[M]. 北京：文物出版社，1987：1220.
[3] 同②，1987：1219.

出土于甘肃，现藏于湖南省博物馆。该印也为《二十世纪玺印集成》所著录[①]。（图二）

3."魏鲜卑率善仟长"[②]，铜质，驼纽，边长2.3厘米×2.2厘米，传世品。（图三）

4."魏鲜卑率善佰长"[③]，铜质，驼纽，边长2.4厘米×2.4厘米，传世品（图四）

5."魏鲜卑率善佰长"[④]，铜质，驼纽，边长2.2厘米×2.2厘米，传世品。（图五）

图一　汉鲜卑率众长　　图二　汉归义鲜卑王

图三　魏鲜卑率善仟长　　图四　魏鲜卑率善佰长　　图五　魏鲜卑率善佰长

到目前为止，在中国古代玺印资料中，汉魏时期与鲜卑族相关的官印资料大致就是以上5枚，多为传世鲜卑官印。根据时期可划分为传世汉鲜卑官印、

[①]　周晓陆.二十世纪出土玺印集成[M].北京：中华书局，2010.
[②]　罗福颐.秦汉南北朝官印征存[M].北京：文物出版社，1987：1413.
[③]　何昆玉.吉金斋古铜印谱正续（八册）[M].上海：上海书店，1989.
[④]　吴大澂.十六金符斋印存（廿六册）[M].上海：上海书店，1989：95.

传世魏鲜卑官印两类，是研究早期鲜卑与中原王朝关系的珍贵材料。

二、汉代赐鲜卑印章之史实分析

鲜卑族是一个古老的民族，早在西周时期就有记载。战国时期，其为匈奴冒顿所败，之后远逃辽东之塞外，与汉人几乎没有关联。西汉末年，鲜卑势力逐渐强大，东汉明帝、章帝两代，鲜卑人主要接受汉王朝封赏，为汉民族守边保关。在目前所见汉魏之际的鲜卑印章中，其中涉及汉代颁赐给鲜卑贵族的印章有两枚，分别为鲜卑王印和鲜卑长印。有关汉王朝颁赐鲜卑民族官印的历史，文献有不少记载。在东汉早期，封赐鲜卑大人于仇贲为王，《后汉书·乌桓鲜卑列传》记载："其后都护偏何等诣祭肜求自效功，因令击北匈奴左伊育訾部，斩首二千余级。其后偏何连岁出兵击北虏，还辄持首级诣辽东受赏赐。三十年，鲜卑大人于仇贲、满头等率种人诣阙朝贺，慕义内属。帝封于仇贲为王，满头为侯。时渔阳赤山乌桓歆志贲等数寇上谷。永平元年，祭肜复赂偏何击歆志贲，破斩之，于是鲜卑大人皆来归附，并诣辽东受赏赐，青、徐二州给钱岁二亿七千万为常。明、章二世，保塞无事。""安帝永初中，鲜卑大人燕荔阳诣阙朝贺，邓太后赐燕荔阳王印绶，赤车参驾，令止乌桓校尉所居宁城下，通胡市，因筑南北两部质馆。""永宁元年，辽西鲜卑大人乌伦、其至鞬率众诣邓遵降，奉贡献。诏封乌伦为率众王，其至鞬为率众侯，赐彩缯各有差。"东汉中期之后，至汉桓帝年间，鲜卑大人檀石槐当权，兼并鲜卑各部族，鲜卑迎来全盛时期。这一时期的鲜卑对汉朝北境骚扰和劫掠更加厉害，"朝廷积患之而不能制，遂遣使持印绶封檀石槐为王，欲与和亲"[①]，但檀石槐均未接受，继续在幽、并、凉三州缘边诸郡寇抄杀略。故而这个时期属鲜卑与汉的对抗期，不可能存在汉赐鲜卑官印。汉灵帝光和四年，檀石槐死，此后鲜卑内部争权分裂，势力有所削弱。建安中，鲜卑大人素利、弥加、厥机"因阎柔上贡献，通市，太祖皆表宠以为王"[②]。由此可见东汉晚期，汉王朝又赐给部分附汉的鲜卑部族官印。

从以上史实记载看，东汉时期，至少曾经有三位鲜卑大人于仇贲、燕荔阳、

---

① 范晔. 后汉书·乌桓鲜卑列传 [M]. 北京：中华书局，1965：2989.
② 陈寿. 三国志·魏志·乌丸鲜卑东夷传 [M]. 北京：中华书局，1959：840.

乌伦先后被封为鲜卑王。湖南博物馆藏"汉归义鲜卑王"印①印文顺序为"汉+誉称+鲜卑+官名",其中誉称为"归义"。东汉前期归义这一誉称开始用于少数民族官印,如东汉前期匈奴官印"汉匈奴归义亲汉长"的"归"作"▨",左上为"▨","义"作"▨",左下"▨",转折圆润自然。东汉晚期则多有不同,如"汉归义胡长"的"归"为"▨"②或"▨"③,左上分"▨"、"▨"两种,"义"为"▨",左下为"▨"似王字。(图6、图7)该枚"汉鲜卑归义王"印章的"归义"二字作"▨"、"▨",从印文的时代特征看,该印的时代应为东汉晚期。鲜卑族早期活动范围主要在汉代幽州的辽东、上谷一带。桓帝、灵帝时期,鲜卑势力崛起,檀石槐建立政治军事联盟,多次在幽、并、凉三州边缘诸郡挑起战事,说明东汉晚期鲜卑活动范围已达凉州一带,即今甘肃武威市等地。《二十世纪玺印集成》一书中标注此枚"汉归义鲜卑王"印出土于甘肃地区,即此印应是东汉朝廷为安抚当地鲜卑族而颁赐其部族头人之物。结合该印章印文的时代特征,我们可以大致判断该枚鲜卑王印或许就是建安年间,由曹操"皆表宠以为王",颁赐给鲜卑大人素利、弥加、厥机三者之一的鲜卑王印。

东汉王朝除颁赐鲜卑大人以王印笼络外,给其他鲜卑贵族也有不同的官印颁赐。前面文献记载东汉时期,中原政府多次给鲜卑大人及贵族首领赐印,官名有鲜卑王(或率众王)、率众侯等,但有关鲜卑下层官吏名称并没有交代。从《秦汉魏晋南北朝官印征存》所收录的铜质驼纽"汉鲜卑率众长"印章的情况看,印文文序"汉+鲜卑+官名",为典型的汉王朝颁赐鲜卑下层官吏之印,可补文献之缺载。"率众"一词在东汉王朝赐其他少数民族官印中也出现过,如"汉屠各率众长"印。从该印文"长"字作"▨"的印文特征看,该印章时代可断为东汉前期之印,即此印为东汉前期汉王朝颁赐给鲜卑贵族的官印。文献记载,东汉永宁元年汉朝廷曾诏封鲜卑大人乌伦为率众王、其至鞬为率众侯,但没有率众长。同时文献又记载东汉元嘉元年曾经诏封乌桓

---

① 湖南博物馆藏"汉归义鲜卑王"印在《秦汉南北朝官印征存》与《二十世纪出土玺印集成集成》中录入信息有出入,《秦汉南北朝官印征存》中注为铜质驼纽,而《二十世纪出土玺印集成集成》中为金质龟纽,因笔者未见实物无法考察质地是金还是铜,然其纽制应为驼纽而非龟纽。
② 罗福颐.秦汉南北朝官印征存[M].北京:文物出版社,1987:1232.
③ 同②,1233.

贵族为王、侯、长三级官吏。《后汉书·乌桓鲜卑列传》记载："阳嘉元年冬，耿晔遣乌桓亲汉都尉戎朱廆率觿王侯咄归等，出塞抄击鲜卑，大斩获而还，赐咄归等已下为率觿王、侯、长，赐彩缯各有差。"[1] 从这枚东汉前期的"汉鲜卑率众长"印情况看，东汉王朝颁赐鲜卑民族的官吏之印章与颁赐给乌桓族官吏印章一样，也分王、侯、长三级。即东汉王朝对乌桓族和鲜卑族的官吏设置一样，都是王、侯、长三级，其性质既有行政官员身份，同时兼有军事首领色彩。

三、曹魏赐鲜卑官印之分析

东汉末年，檀石槐一度统一了鲜卑诸部，在长城以北的广袤地域，建立了东、中、西三部的军事部落大联盟。但随着檀石槐死亡，鲜卑很快就分裂为三个集团：一是步度根集团（檀石槐后裔），拥众数万，据有云中、雁门一带；二是轲比能集团，分布于代郡、上谷等地；三是原来联盟"东部大人"所领属的若干小集团，散布于辽西、右北平和渔阳塞外。其中轲比能集团势力强，影响大。曹魏时期，鲜卑因内部争权，相互攻杀，分裂成多个部族。曹魏政府采取分而化之政策，分别分封不同官吏，其中与曹魏有关系的鲜卑部族有：

1. 步度根部族。汉末建安年间，魏文帝即位，檀石槐后人步度根"遣使献马，帝拜为王"，黄初五年（224 年），"步度根诣阙贡献，厚加赏赐，是后一心守边，不为寇害"[2]。

2. 轲比能部族。"建安中，因阎柔上贡献"的小种鲜卑部族，多次协助曹操征伐。魏文帝即位后"立比能为附义王"[3]。

3. 泄归泥部族。文献记载鲜卑贵族轲比能杀死另一鲜卑贵族泄归泥父亲扶罗韩，将其部众悉归于麾下。魏明帝青龙年间，"归泥叛比能，将其部众降，拜归义王，赐幢麾、曲盖、鼓吹，居并州如故"[4]。

4. 素利、弥加、厥机部族。文献记载该鲜卑部族主要居于"辽西、右北平、

---

[1] 范晔. 后汉书·乌桓鲜卑列传 [M]. 北京：中华书局，1965：2988.
[2] 陈寿. 三国志·魏志·乌丸鲜卑东夷传 [M]. 北京：中华书局，1959：836.
[3] 同②，838.
[4] 同②，836.

渔阳塞外，道远初不为边患，然其种众多於比能"。建安年间，因阎柔上贡献而通市，"太祖皆表宠以为王。厥机死，又立其子沙末汗为亲汉王。延康初，又各遣使献马。文帝立素利、弥加为归义王……太和二年，素利死。子小，以弟成律归为王，代摄其众"①。

从以上文献记载看，曹魏朝廷为笼络鲜卑族，对不同部族的鲜卑大人分别分封附义王、归义王等，其中应该不少于4枚鲜卑王印，可惜至今未见一枚实物。除对鲜卑大人封王之外，曹魏王朝对鲜卑各部族的贵族也都分封大小不等官职，如柯比能与鲜于辅书曰："我夷狄虽不知礼义，兄弟子孙受天子印绶。"②说明曹魏不仅赐鲜卑大人柯比能的王印，还赐其亲属贵族等不同官印。

这种情况不仅见之文献记载，也为曹魏文物所证明。今遗存3枚曹魏赐鲜卑贵族的官印皆为铜质，驼纽，印文规格为"魏＋鲜卑＋誉称＋官职"，官职有仟长、佰长，誉称为"率善"。其中仟长、佰长是常见的古代少数民族官名。《汉书·匈奴传》上说匈奴有二十四长，"诸二十四长，亦各自置仟长、佰长、什长、裨小王"③。《汉书·西域传》下说西域"凡国五十，自译长、城长、君、监、吏、大禄、百长、千长、都尉、且渠、当户、将、相至侯、王，皆佩汉印绶"④。即汉代时期匈奴和西域等少数民族的官吏中就有仟长、佰长等官吏，在汉代和魏晋时期颁赐给其他少数民族官印中亦累见仟长、佰长等官名，今天看来实际上是汉族政权对这些归附的少数民族自身官吏系统的官方确认，而并非以往人们认为是汉人政权对这些少数民族管理的特设官吏。有关这三枚曹魏时期鲜卑仟长、佰长印的部族属性，叶其峰先生认为中原王朝颁赐给少数民族官印的誉称具有针对性，以上四个鲜卑部族中只步度根部族"一心守边，不为寇害"，这三枚鲜卑官印很可能是曹魏政府颁赐给步度根部族的。⑤从前面文献记载情况看，曹魏不仅对不同部族鲜卑大人分封为鲜卑王之外，对鲜卑大小贵族也都有所分封，因此该三枚曹魏时期颁赐的鲜卑仟长、佰长之印的属性也有为步度根部族之外，其他鲜卑部族属

---

① 陈寿.三国志·魏志·乌丸鲜卑东夷传[M].北京：中华书局，1959：840.
② 同①，839.
③ 班固.汉书·匈奴传[M].北京：中华书局，1962：3751.
④ 班固.汉书·西域传[M].北京：中华书局，1962：3928.
⑤ 叶其峰.古玺印通论[M].北京：紫禁城出版社，2003：151.

性的可能。纵观现遗存曹魏时期的少数民族官印，除一枚甘肃天水出土的"魏归义氐侯"印[①]是誉称为归义的侯印外，其余邑长、仟长、佰长官印皆镌"率善"，因此"率善"一词应是针对少数民族下级官员印章而定，各个少数民族下级官员的官印皆统一镌刻，没有部族之分。故日本学者尾山胜就认为"魏晋时期'归义'则限定于王、侯，对邑君、邑长、仟长、佰长等就使用的是'率善'"[②]。此三枚曹魏时期鲜卑官印实物足见曹魏与鲜卑部族双方间比较友善，曹魏朝廷通过颁赐鲜卑官印以维系这种和睦的民族关系。

三、小结

在现存众多古代官印中涉及汉魏之际的鲜卑官印数量并不多，但是仍然能够从中发现汉魏时期鲜卑民族官制体系的变化，同时也是研究鲜卑与中原王朝关系的珍贵资料。"汉鲜卑率众长"印得解读补充了东汉前期少数民族的"率众长"一职；"汉归义鲜卑王"印的发现表明东汉晚期，鲜卑民族势力到达今甘肃一带，东汉朝廷为安抚凉州一带活动的鲜卑部族赐予其头人鲜卑王印。至于曹魏时期三枚鲜卑的仟长、佰长之印的解读则说明曹魏政权对包括鲜卑在内少数民族传统自身官吏体系化的确认，而并非是对其设置和管理。总之，以上结合文献对汉魏时期鲜卑官印的解读，可补相关汉魏之际民族关系史的缺载。

（该文与王典合作，发表于《苏州文博论丛》2018年版）

---

① 周晓陆. 二十世纪出土玺印集成 [M]. 北京：中华书局，2010.
② 班固. 汉书 [M]. 北京：中华书局，1962：726.

元末农民起义军用印概述

中国历史上曾经爆发过许多农民起义，也建立过为数不少的农民政权。最早的农民起义军就懂得官印对于政权建设的重要意义。《史记·陈涉世家》就两次提到授印之事：周文"尝为项燕军视日，事春申君，自言习兵，陈王与之将军印，西击秦"；"陈王使使赐田藏楚令尹印，使为上将"[1]。自秦汉以来，按理说应当能够见到相当数量历代中国农民起义用印，但因历代正史对农民起义多讳莫如深，文献失载，同时历代统治者对这一类代表农民革命政权标志性的文物更是毫不留情地扫荡灭迹，所以至今存世农民起义用印极为少见。明末大顺政权陕西中部县令陈尚信在大顺军失败之后，为清军所擒获，因保存大顺政权颁发的县契之罪而处死。[2] 这就使得能遗存至今有关农民起义文物的史料价值更高，其证史、补史的作用更大。本文就历年考古发现、保存较多的元末起义军政权用印作一概述，同时兼谈部分元末农民起义军政权相关史事。

元朝末年，由于阶级矛盾和民族矛盾的日益激化，以"红巾军"为代表的农民大起义风起云涌，其中以刘福通、徐寿辉、陈友谅为首，先后都各自建立独立的农民军政权。他们在各自的势力范围内，设置官吏、颁发官印，建立系统的行政系统，实行有效的管治。

元末农民起义军领袖刘福通在至正十五年（公元1355年），在安徽亳州拥立韩林儿为小明王，国号"宋"，建元"龙凤"。1955年在河南固始县发现一枚"元帅之印"印。该印为9厘米见方，边框极厚，印文为典型的九叠篆，在形制和印文风格上都与元代官印相同。但该印印背款"中书礼部，龙凤三年十月，元帅之印"，表明这是一枚典型的韩林儿政权印。[3] 同一类

---

[1] 司马迁. 史记[M]. 北京：中华书局，1951.
[2] 引自顾诚《明末农民战争史》中《大顺政权地方官表》，原出自第一档案馆藏顺治朝陕西巡抚黄尔性《为贪婪伪官匿藏伪印事》题本。
[3] 后晓荣，等. 中国玺印真伪鉴别[M]. 合肥：安徽科学技术出版社，2001：74.

似的是1960年在山东莒县出土一枚"元帅之印"印，印面边长8.7厘米，背款为"元帅之印，中书礼部，龙凤六年四月日"，侧款刻"昃字六十四号"。[①]二者的差别主要表现在印章的尺寸之差，应是不同批次铸造之故。有关小明王政权的官印还有各地出土的五枚"管军万户府印"。其中与莒县"元帅之印"同时出土的"管军万户府印"，印面边长7.7厘米，背款有"管军万户府印，中书礼部，龙凤六年三月日"，侧刻"生字八十二号"。此外有1967年山东枣庄张店出土的龙凤五年，侧款刻"端字十七号"的"管军万户府印"；[②]1972年湖北襄樊出土的龙凤二年，侧款刻"往字玖拾壹号"的"管军万户府印"；[③]1975年江苏丹阳市出土的龙凤二年，侧款刻"民字肆拾陆号"的"管军万户府印"；侧款刻"民字肆拾陆号"的"管军万户府印"；[④]以及1984年安徽嘉山管店出土的龙凤四年，侧款刻"谈字拾贰号"的"管军万户府印"。[⑤]此外南京博物院等处尚藏有"管军总管府"印，背有"龙凤"年款，也是小明王政权遗印。

图一　管军万户府印

从小明王政权用印遗物看，其官职的设置、制印之所都与元代用印相似，

---

① 山东莒县博物馆.莒县出土元末农民起义军的两颗铜印[J].文物，1960（10）.
② 邱树森.元末农民政权几方铜印的初步研究[J].文物，1975（9）.
③ 同②.
④ 江苏丹阳县文物管理委员会.丹阳全州公社发现元末红巾军宋政权的铜印[J].文物，1977（12）.
⑤ 高峰.龙凤四年铜印在安徽嘉山面世[N].中国文物报，1989-05-19.

故其所颁发官印多模仿元代用印制度。其最大的区别是小明王政权用印实行严格的官印编号制度，如莒县出土的"元帅之印"印，侧款刻"昃字六十四号"，及同时出土的"管军万户府印"，侧刻"生字"。以及其他"管军万户府印"中的"端字""往字""民字""谈字"等。这些文字编号是典型的千字文编号官印系列，其实际是对金代官印制度的继承和发扬。金代晚期流行官印以文字编号特别是以千字文编号的制度。[①] 即金代官印，特别是礼部铸印多在印背刻有统一编号，且多用千字文为编号，即"天地玄黄，宇宙洪荒，日月盈昃，辰宿列张，寒来暑往，秋收冬藏……"为序。从小明王政权官印看，其所颁布的官印数量不少，如莒县出土的"管军万户府印"，侧刻"生字八十二号"，即"生字"号管军万户府印至少颁发82枚，反映了此政权设置官员之多，势力范围之大。此外从小明王政权遗存官印性质来看，多为军事性质的官印，对我们了解此农民军政权组织和军制结构有很好的帮助。其原因应与当时动乱之时有关，是军政合一政权性质的反映。

　　元末农民起义军中，与小明王政权遥相呼应的活动于长江流域另一支红巾军首领徐寿辉所建立的"天完"政权。文献记载，徐寿辉政权先后攻克了湖广、江西大部，势力一度东至江浙，西及四川等地。徐寿辉建立"天完"政权后，在长达八年的时间里，多次改元，先后有治平、天启、天定三个年号，这些事实都在相关文物中有所反映。1982年江西丰城市出土了一件"管军万户府印"，圆形印面，直径11厘米，背款刻"管军万户府印，中书礼部造，治平二年月日"。[②] 此外江西萍乡市郊出土的一枚"管军万户府印"，背款刻"管军万户府印，中书礼部造，治平三年月日"印面，直径12厘米。[③] 二者皆刻"治平"年号，与文献记载相同，是徐寿辉起义军进占江西之后的遗物。此外徐寿辉政权所颁发的传世"统军元帅府印"，也是圆形印面，直径13厘米，印背刻款"统军元帅府印，中书礼部造，治平四年月日给"。[④]

　　在现有的历代官印，还是历代农民起义军所发行的印章中，徐寿辉政权所颁发的印章最有特色。徐寿辉政权所用官印的印制为外圆内方，方框内为篆书印文，方框外饰以商周青铜器上常见的勾连云雷纹，云纹外再加饰相当

---

① 曹锦炎. 古代玺印 [M]. 北京：文物出版社，2002：169.
② 万良田. 江西丰城县发现元末红巾军铜印 [J]. 江汉考古，1986（1）.
③ 傅举有. 介绍几方元末铜印 [J]. 文物，1986（11）.
④ 后晓荣，等. 中国玺印真伪鉴别 [M]. 合肥：安徽科学技术出版社，2001：74.

厚重的环围边框。[1] 此外，该政权所颁发官印的明显特征是尺寸特别大，直径均在10厘米以上[2]。这点与其他各时期的官印都明显不同。以上特点也为我们判断类似出土或传世的古玺印提供了很好的依据和标准。

1965年河南光山县一农民捐献一枚"管军万户府印"铜印给中国历史博物馆。该印印面外圆内方，直径13厘米，背面刻款"管军万户府印，中书礼部造，太平年月日"。史树青先生考证此印为徐寿辉政权所颁发之官印，同时指出清代学者汪中《述学》一书中著录的一方背款"太平三年月"的"管军万户府印"也是徐寿辉政权所铸之印，汪中所推测"太平"是徐寿辉建都汉阳时所改元年号的结论是可靠的。[3]1968年湖北英山县出土"汴梁行省管勾所印"铜印，印形制外圆内方，框内篆书印文，直径11厘米，背面刻款"汴梁行省管勾所印，中书礼部造，太平二年七月日"。[4] 又1990年湖北随州市出土一枚圆形印面，直径12厘米的"统军元帅之印"，背面刻款"统军元帅之印，中书礼部造，太平三年月日"。[5] 以上两印的字体、形制、款式完全与徐寿辉政权治平年印章相同，可以证明徐寿辉所建立的天完政权曾用过"太平"年号，弥补了文献对这段历史的缺载。有关徐寿辉改元之事，清代汪中在《述学》一书中论述到："寿辉以至正十一年十月僭号，十三年十二月为江浙行省平章事伯彦帖木儿等所败，弃蕲水遁走，十五年正月其将倪文俊伪都于汉阳，迎寿辉据之，其改元必在是时，史无文以知之矣。"故史树青先生推测徐寿辉政权先后使用了治平、太平、天启、天定四个年号，其中"太平"年号至少有两年半时间，"即1356至1358年7月"，可补史之缺。[6]

元至正二十年（公元1360年），徐寿辉为部将陈友谅所废，陈友谅自立为皇帝位，国号"汉"，改元"大义"。有关陈友谅政权印章，在1990年在安徽宿松县出土一枚大理石印，方形无纽，印面边长11厘米，印文"汉授天命主公之印"。[7] 据考证此印制作时间是陈友谅在称帝之前，称汉王时用印，

---

[1] 后晓荣，等.中国玺印真伪鉴别[M].合肥：安徽科学技术出版社，2001：74.
[2] 曹锦炎.古代玺印[M].北京：文物出版社，2002：211.
[3] 史树青.元末徐寿辉农民政权的铜印[J].文物，1972（6）.
[4] 同①，73—74.
[5] 张华珍.随州发现一枚元代铜印[J].江汉考古，1992（1）.
[6] 同③.
[7] 王纪潮.新发现的元末陈友谅"汉授天命主公之印"[J].文物，1993（10）.

其中印文"汉"指陈友谅所称"汉","主公"是当时农民军对首领的习惯称呼。

当陈友谅杀徐寿辉称帝时,曾为徐寿辉部下的南方红巾军首领明玉珍也在四川自立称帝,国号"夏",建元"天统"。有关此支农民起义军政权的印章也有实物资料。1975年湖北恩施市就出土"施南万户府镇抚司印",背面刻款"圣旨颁降,施南万户府镇抚司印,大夏开熙二年六月日造"。又早年湖北建始县曾出土"屯田万户府印",背面刻款"圣旨颁降,屯田万户府,大夏开熙元年四月造"。以及同出"清江施南道总管军万户府印",从印文风格看,也属大夏政权官印。[①] 其中"开熙"是夏政权明玉珍之子明升在位年号。明玉珍在重庆称帝四年之后死,其子明升嗣立,改元"开熙"。这几枚铜印为研究明玉珍夏政权的地方行政设置,以及军事、经济组织提供了重要的实物资料。

总之,作为反抗元代统治者的各路元末农民起义军攻城略地,设置官吏。作为体现权力象征的官印,各路农民起义军也都模仿元朝,设置各级官吏,颁发相应权力的各级官印。从以上元末农民起义军用印情况看,无论是印文、形制,还是官吏设置,基本上都与元代印章的情况类似,但各自农民军用印又都有自己的特点,如小明王政权用印具有严格的千字文官印编号制度,徐寿辉政权用印则表现在外圆内方的印章形制方面,大夏政权用印则更多表现在背面刻款文字方面。这种在整体用印风格基本相似的情况下,各路农民起义军用印之间的差别,或许就是各农民起义军政权所强调的各自政权的独立性和自主性的结果。

(该文发表于《元史研究》(第十三辑),2010年)

---

① 邓辉. 鄂西自治州收藏的元、明铜印 [J]. 文物,1985(5).

明末张献忠农民军用印初探

历代正史对农民军活动多讳莫如深，或一笔带过，或闪烁其词，更有甚者对此等大肆辱蔑，颠倒黑白。一些野史也多出自文人之手，有的是道听途说，有的是片语只字，也很不可靠。这就使得有关农民军的文物史料价值更高，其补史证史的作用更大。至今为止，尚没有涉及明末张献忠农民军用印的有关成果。本文拟对现存的有关明末张献忠农民军所建立大西政权（1644——1646年）的印章进行收集整理，并结合历史文献讨论大西政权的用印制度和有关历史。

一、目前所见张献忠农民军印章

中国历代农民起义政权存在的时间短，流动性强，加之失败后正统政权对其遗物大肆破坏，留下来的文物弥足珍贵，少之甚少。加之各地文物工作者水平不一，有时即使发现也未必能识别出来。到目前为止，有关张献忠农民军建立的大西政权印章已发现有十余方，现简介如下。

1. 西王之宝。常任侠先生旧藏，现藏国家博物馆，玉质，盘龙钮，白文，刻"西王之宝"四字，除"之"字作九叠文外，其余三字和汉印类同，完好无损，无侧款。[①]明崇祯十六年（1643年），张献忠在湖北武昌称"西王"，"献忠遂僭号，改武昌曰天授府，江夏曰上江县。据楚王第，铸西王之宝，伪设尚书、都督、巡抚等官，开科取士"。（见图一）

---

① 吴镜如，史树青. 谈有关农民战争的文物 [J]. 文物，1961（7）.

图一

2. 骁右营总兵官关防。中国历史博物馆旧藏。铜质（以下未注明质地者均为铜质）①，椭圆柄，长方形，长10厘米，宽6.8厘米。背部刻款为"骁右营总兵官关防礼部造，大顺二年五月日"；侧刻"大字九百五十三号"。（见图二）

图二

3. 援剿营总兵官关防。原藏于四川甘孜州德格县八邦寺，后收藏于甘孜州文化馆，长方形，椭圆柄，鎏金铜印，长10.4厘米，宽7厘米，厚2厘米。刻款为"援剿营总兵官关防，礼部造，大顺二年十二月□日，大字一千二百四号"。该印原是原德格土司家部分藏品，是大西政权授予德格土

---

① 罗振玉：《隋唐以来官印集存》影印本，尺寸为原大图版尺寸。上虞罗振玉，民国3—6年。

司的官印。原川西德格土司治在甘孜州德格县八邦寺，今西藏昌都之西。惊叹大西政权怀柔之远，开国规模之卓越。（见图三）

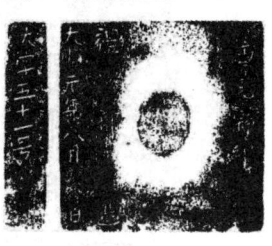

图三

4. 离八寺长官司印。四川博物馆藏，方形，椭圆柄，厚1.3厘米，7.2厘米见方。①刻款为"离八寺长官司印，礼部造，大顺二年正月，大字号六百六十二号"。离八寺在四川甘孜藏族自治州道孚县，原名尼玛巴寺（尼玛巴为"红教"的意思），该寺建于明代，由于尼玛巴和离八字音相近，离八寺就逐渐成了尼玛巴寺的异译。②（见图四）

图四

5. 潼川府经历司印。四川博物馆藏，印面破坏严重，印柄已被凿去，7.1厘米见方。③刻款为"潼川府经历司印，礼部造，大顺二年九月日，大字号一千二百二十四号"。《明史》卷四十三《地理四》："潼川州，元潼川府，直隶四川行省。洪武九年四月降为州，以州治郪县省入，直隶布政司。北有涪江，南有中江流合焉。又西南有郪江，有盐井。西南距布政司三百里。"张献忠升明潼川州为潼川府，潼川府治在今四川绵阳市三台县。《明史》卷七五《职官》四载："府。知府一人，正四品，同知，正五品，通判无定员，正六品，推官一人。正七品，其属，经历司经历一人，正八品。"大西政权在知府下

---

① 王平贞. 大西农民革命政权的三方铜印 [J]. 文物，1974（6）.
② 扎西次仁. 甘孜州发现大西农民政权的一方鉴金铜印 [J]. 四川文物，1984（4）.
③ 同①.

设立经历司,其职能当与明代府属经历司相同。(见图五)

图五

6.南郑县印。四川博物馆藏,印柄残,方形,7.2厘米见方,厚1.4厘米。[①] 刻款为"南郑县印,礼部造,大顺二年正月日,大字六百八十三号"。该印柄有凿痕多处,可能是持有者有意损毁。《明史》卷四十二《地理》三载:"汉中府,元兴元路,属陕西行省。洪武三年五月为府。六月改名汉中府。领州一,县八。东北距布政司九百六十里。南郑……万历二十九年十月建瑞王府。"南郑县在今陕西汉中市。(见图六)

图六

7.芦山县印。背部刻款:"芦山县印,礼部造,大顺二年三月日";侧刻"大字九百三十三号",方形,椭圆柄,长6.9厘米。[②]《明史》卷四十三《地理四》:"雅州,领县三,芦山,州西北。元曰泸山,后省。洪武六年十二月

[①] 王平贞.大西农民革命政权的三方铜印[J].文物,1974(6).
[②] 罗振玉:《隋唐以来官印集存》,西泠印社出版社2019年版,尺寸为原大图版尺寸。

复置,改为芦山。"明芦山县在今四川省雅安市芦山县。(见图七)

图七

8. 西充县印。背部刻款:"西充县印,礼部造,大顺元年八月日";侧刻"大字五十一号",方形,椭圆柄,长6.9厘米。①《明史》卷四十三《地理四》:"顺庆府领州二,县八。西充,府西北。洪武十年五月省入南充县。十三年十一月复置。"明西充县在今四川南充市西充县。(见图八)

图八

9. 西充县练兵守备关防。背部刻款:"西充县练兵守备关防,礼部造,大顺二年三月日";侧刻"大字八百七十八号",长方形,椭圆柄,宽5.5厘米,长8.8厘米②。(见图九)

---

① 罗振玉:《隋唐以来官印集存》,西泠印社出版社2019年版,尺寸为原大图版尺寸。
② 同①。

图九

10. 蓬州之印。四川苍溪县出土，方形，椭圆柄，长 7.6 厘米，厚 1.7 厘米。① 刻款为"蓬州之印，大顺元年八月日礼部造，大字五十二号"。该印和"蓬州儒学记"印为原作者断为唐印，实误。《明史》卷四十三《地理四》："顺庆府领州二，县八。蓬州，元属顺庆路。洪武中，以州治相如县省入。"明蓬州在今四川省南充市蓬州县。（见图十）

图十

11. 蓬州儒学记。四川苍溪县出土，长方形，椭圆柄，长 8 厘米，宽 5 厘米，厚 1.3 厘米，高 7 厘米。② 刻款"蓬州儒学记，大顺元年十一月日，礼部造，大字三百八十七号"。据明史职官志载，掌教诲所生员，训导佑之，各级儒学属当地府州县长官制约。《明史》卷七十五《职官四》："儒学。府，教

---

① 王峻峰.仓溪出土唐代官印 [J].四川文物，1988（6）.

② 同①.

授一人，从九品，训导四人。州，学正一人，训导三人。县，教谕一人，训导二人。教授、学正、教谕，掌教诲所属生员，训导佐之。凡生员廪膳、增广，府学四十人，州学三十人，县学二十人，附学生无定数。儒学官月课士子之艺业而奖励之。凡学政遵卧碑，咸听于提学宪臣提调，府听于府，州听于州，县听于县。其殿最视乡举之有无多寡。"（见图十一）

图十一

12. 南川县医学记。1951年重庆博物馆从成都征集，长方形，长7.8厘米，宽4厘米，柄钮①。刻款："南川县医学记，大顺二年四月"，左侧刻"学字第三百三十一号"。《明史》卷四十三《地理四》："重庆府，元重庆路，属四川南道宣慰司。洪武中，为府。领州三，县十七。西北距布政司五百五十里。南川，府东南。洪武十年五月省入綦江县。十三年十一月复置。南有南江，北流为綦江，中有龙床滩，在县北"。明南川县在今重庆市南川县。《明史》卷七十五《职官四》："医学。府，正科一人。从九品，州，典科一人。县，训科一人。洪武十七年置，设官不给禄"。明代在州县设置医学一职，为主管当地医疗事务之官员，在明代设官不给禄，应是兼职。此外四川大学博物馆收藏一枚明代"南川县医学记"印章，刻款："南川县医学记，洪武三十五年日，礼部造"；左侧刻"学字一千三百三十号"②。（见图十二）

---

① 和中浚，吴鸿洲. 中华医学文物图集[M]. 成都：四川人民出版社，2001.
② 同①.

图十二

    13. 都纲之印。方形，6.3厘米见方，椭圆柄。篆书刻款："都纲之印"，背部楷书边款："都纲之印，礼部造，大顺元年十二月"；侧刻"大字五百二十二号"。"都纲"为梵语"大经堂"之音译，自唐始有此称谓。佛学大词典条目中云："由政府任命，统领全国寺院僧尼以维持教法之官职。"其官制始于魏晋，后历代陈袭。明初，中央政府在州府设置府僧纲司，都纲一人，副都纲一人，设官不给禄，掌管僧道宗教职务，兼职。在边远地区设都纲司，设"都纲"之职，由其主管佛教一切事宜。《明史》卷七十五《职官四》："府僧纲司，都纲一人，从九品，副都纲一人……设官不给禄。"此印为大西政权颁发给四川道教之徒的管理之印，为张献忠崇奉道教之物证。（见图十三）

图十三

二、张献忠农民军用印制度和相关史实

明末崇祯三年，陕北大旱，农民起义此起彼伏。其中张献忠率米脂十八寨农民揭竿而起，自号"八大王"，其部成为三十六营义军中最强的一支。崇祯九年，张献忠同李自成成为陕北义军的主要首领。之后张献忠率部进入江淮，主要在长江流域发展，先后大败明军左良玉部、熊文灿部等。十六年五月攻取武昌，执楚王朱华奎，改武昌为天授府，以为京都，称大西王，建置百官，开科取士，八月弃武昌攻长沙。农民军所到之处，无所不破。湖南、湖北、江西、广东省此时皆在义军的控制之下。十六年冬（1640年），张献忠决定率部入素有"天府之国"的四川建立基地。十七年正月攻下四川东部大部分城市，六月攻克重庆，杀四川巡抚陈士琦，八月攻克成都。十月以成都为西京，建立大西政权，改元大顺，设官置员。顺治三年八月（1646年），清军南下，张献忠引兵拒战，在西充凤凰山中箭而死，起义失败。

有关张献忠农民军用印记载，最早见于明崇祯十三年。文献记载明末陕北王嘉胤起义军"据府谷，陷河曲。献忠以米脂十八寨应之，自称八大王"。张氏后来制印"西营八大王"。《滟滪囊》记载，"崇祯十三年（1640）四月，内接陕抚郑从检、总兵左良玉塘报，称太平县玛瑙山于二月内大破逆贼张献忠，……（获）篆书'西营八大王承天澄清川岳'印，卜卦金钱三文"①。张献忠占领武昌后，即正式建立大西政权，改省城为京城，铸西王之玺，②地方设巡抚、守道。现所见张献忠的"西王之宝"印应与此印有关。成都建国后，设立丞相府，吏、户、礼、兵、刑、工六部尚书，四道各设学官一名，并开科取士，授县印官，地方设巡抚、守道、巡道、学道，均给敕印。《荒书》："（八月）十五日，贼张献忠僭位，改贼国曰大西，贼元曰大顺，以蜀王府为贼阙，设五府六部等官。"③相关文献记载，大西政权建立之后，"追收全川文武印信，改铸七叠印文"④。今从所见印章都是大顺元年（1644年）、二年（1645年）所颁发的，且确系"七叠印文"。从目前已发现的张献忠农民军用印看，大西政权的行政建制和地方职官设置仍实行明代的府、州、县三级制。除知

---

① 清·李馥荣：《滟滪囊》，《张献忠剿四川实录》，第37页。
② 清·彭孙贻：《平宛志》。
③ 清·费密：《荒书》，《张献忠剿四川实录》，第428页。
④ 阙名：《纪事略》。

府、知州、知县外，其属官已见于印文者，有经历司、儒学、医学、僧官等，也多仿明代官职，如"蓬州儒学记""南川县医学记""都纲之印"等。《隋唐以来官印集存》中就收录有明代"桐柏县儒学记""荆门州儒学记"两枚印章。①此外从刻款中的"礼部"来看，张献忠政权中的礼部主要负责制作职官印。通过与明代官印比较，我们明显地感觉到大西印和明代官印制度基本吻合，无论是尺寸质地、名称、刻款方式都和明印如出一辙。四川大学博物馆收藏一枚明洪武三十五年"南川县医学记"印章②，尺寸和文字几乎与重庆博物馆藏张献忠政权大顺二年"南川县医学记"印章一模一样，就是最好的例证。由此推之，大西政权的地方行政设置及官僚规制基本上沿用了明代制度。

大西政权的兵制。据《蜀乱》载，大西军制有正规军和地方军之分，正规军共四十八营，以孙可望为监军，节制文武平东将军，刘文秀为挂先锋印抚南将军，李定国为安西将军，艾能奇为定北将军。以王守礼为指都御营使，窦名旺为指督里城指挥使。王复臣、王自羽为水军左右都督。这是正规军的记载，主要驻地在皇城（成都）附近。③据记载，大西军分一百零二营，按一定政治或军事含义命名，如振武营、骁右营、援剿营、驳骑营等。每营设总兵官统领，颁给关防印信，编号立字，通行全军。骁右营和援剿营即是中央一百零二营之一，其印仍沿用明代关防式样。此外，从零星的文献和实物看，大西政权的武官包括指挥使、御营使、都督、总兵、将军、守备。下级官吏大体和明代相当，其兵种有骑兵、步兵和水军三种。除正规军外，各地的地方军由各县守备负责训练，如"西充县练兵守备关防"。

大西政权同少数民族的关系密切。史籍记载，大西农民政权建立后，张献忠为了团结四川边区的少数民族，曾宣布"边郡新附，免其三年租赋"④，各土司"降者仍其职"⑤，"献忠遍招诸土司，用降人为诱，铸金印赍之，以易其官"⑥。又文献记载"初以蜀人易制，惟黎、雅间土司难骤服，用降人为

---

① 《隋唐以来官印集存》。
② 和中浚、吴鸿洲编著：《中华医学文物图集》，四川人民出版社，2001年版。
③ 清·欧阳直：《蜀警录》，《张献忠剿四川实录》，第188页。
④ 《绥寇纪略》卷10。
⑤ 民国《雅安县志》卷4。
⑥ 清·毛奇龄撰：《蛮司合志》卷7。

招诱，铸金印赉之，以易其章"①。现在所发现的离八寺长官司印和援剿营总兵官关防这两枚印章，即是此类印章，但均非金印。前者为铜印，后都亦仅为鎏金铜印，金印应是鎏金印之意。八邦寺和德格均在藏族聚居区，从元代至清改土归流以前一直实行土司自治政策。"离八寺长官司印"等两印表明大西政权在当时藏族聚居区的甘孜藏族自治州境内已经建立了地方行政机构。大西政权给这些地方的土司颁发了官印，这表明大西政权得到了当时土司的认可和支持，其控制范围已延伸到少数民族聚居区。任乃强考证张献忠招抚缘边僧俗土酋一千余部，远达乌斯藏境，皆授援剿营总兵官金印。②这一点对民族史很有参考价值。

事实证明，张献忠这些民族政策不但为农民军进入民族地区奠定了基础，而且对各族人民以后反对清王朝的斗争产生了深远的影响，如在今四川阿坝羌族地区，当大西农民政权失败后，羌族人民仍保持大西政权所赐的金印，坚持斗争。其后，清政府派兵二千五百人围攻叠溪，遭到羌族人民的抵抗，双方相持曾达三年之久。地邻威州的龙蒲太三寨的起义队伍，自接受农民政权领导之后，坚持斗争直到顺治十二年（1655年）清王朝派四川总督六路进兵，才把这支队伍镇压下去，夺走农民政权所赐的"金印关防二颗"。正如李国英在其奏稿中追述大西农民政权影响时所述："龙蒲等三寨逆番，自献逆据蜀，恶番投逆受印之后，大肆禁鸷，恃其碉寨险阻，党羽繁多，焚烧关堡，又与灌县逆贼相勾连。"这亦可见农民政权对羌族人民影响之深远。

（该文与程义合作，发表于《国家博物馆馆刊》2016年第6期）

---

① 清·吴伟业：《绥寇纪略》。
② 任乃强：《张献忠屠蜀辩》，《张献忠在四川》，《社会科学研究》丛刊，第二期。

明末"永昌大元帅印"虎钮金印考

  在2016年全国破获的最大文物案——四川眉山市彭山区江口镇的岷江河道内"江口沉银遗址"的"张献忠沉银"被盗挖倒卖案中,追缴文物中最耀眼的是国家一级文物"虎钮永昌大元帅金印",其被盗挖、倒卖800万元的故事,也格外特别。此金印在出水时已分成两部分,上为虎钮,下为印章。从网上见到虎钮侧面照和印文照,该印金质、虎钮、方形,印面为九叠篆文"永昌大元帅印",印背左右分刻"永昌大元帅印"和"癸未年仲冬吉日造"。有关该印"大元帅"是谁,涉及该印主是谁,或言张献忠、或言李自成[1]、或言李定国、或言李自成赐给张献忠之印[2]等,不一而终。笔者多年关注历代农民起义军用印问题[3],也想就此印谈谈自己的看法。

图一 "永昌大元帅印"虎钮金印

---

[1] 中国社科院历史研究员、清史专家周远廉说:"张献忠部队中,没有人用过'大元帅'这个称号,为何推断金印是张献忠所有";持此观点的还有巴蜀文化专家、《张献忠传论》的作者袁庭栋。'永昌'不是张献忠的年号,而是李自成的。这个永昌大元帅到底是谁?"
[2] 《张献忠"虎钮永昌大元帅金印"之小考》。
[3] 后晓荣:《元末农民起义军用印概述》,《元史研究》(第十三辑),2010年;《明末张献忠农民军用印初探》,《中国国家博物馆馆刊》2016年第6期。

一、李自成农民军用印情况

有关明末李自成起义军用印传世极少,上世纪八十年代初,罗福颐先生收集整理9枚李自成起义军印,并一一考证。[①]三十多年过去,又先后有5枚李自成起义军用印发现,笔者就这几枚印章进行了相关讨论,并涉及李自成用印制度等问题。[②]从现存14枚大顺政权用印遗物看,其印面形制有方形、长方形两种,印面阳文凿刻篆字,字画平直凌历,篆书方正,线条坚硬,与宋元以来的九叠篆文的圆曲之势明显有别。其印钮多为柱钮,印背刻铸印年月,监造机构等,印侧多刻以千字文为序的编号,目前所发现的大顺政权印所见编号有"天""安""宇"等字。李自成起义军印章用字特殊,禁止"印"字入印,而改用其他字替代。《甲申传信录》记载:"李闯既入,五日,建设伪官,改印曰符、券、契、章,凡四等,令职方司收缴前印,悉更铸之,更官名。"[③]此外《小腆纪年附考》记载:"(崇祯十七年三月)壬子……改印曰符、曰券、曰契、曰章,凡四等,……受职者给小票,向礼政府领契。"[④]即李自成起义军印章用字是改"印"字为"符、券、契、章"字,分四等,但现据有关大顺政权遗留的印章实物可知,《甲申传信录》等有关李自成起义军用印制度的记载明显错误。

从目前所见大顺政权的印章中,除新发现的"汲县之契""罗江县契"和北师大所藏的"金乡县契"三枚县级印章用"契"字入印之外,还有河南大学历史系藏"仪陇县契"印、故宫博物院藏"辽州之契"印和传世的"清源县契"印三枚县级印章,以及北京东厂胡同出土的"工政府屯田清吏司契"四印也是"契"字入印。国家博物馆藏"夔州防御使符"铜印用"符"字入印。这些用"契"和"符"的李自成起义军用印实物则正可与文献互证。正如《明季北略》卷廿"李自成改制度"说:"废舆乘马,大篆曰符,小篆曰契。"目前为止,有关大顺政权官印用"券"和"章"二类的玺印实物尚未见诸实物。

---

① 罗福颐.李自成起义军遗印汇考[J].故宫博物院院刊,1980(1).
② 后晓荣.新见明末大顺农民政权三枚铜印和相关史实[J].中国国家博物馆馆刊,2018(6).
③ 中国历史研究社.甲申传信录[M].上海:上海书店,1982:74.
④ 徐鼒撰、王崇武校点《小腆纪年附考》卷4,中华书局1957年版113页。此书清咸丰十一年(1861年)初刊。专记明末清初社会动荡史料。

相反其官印中有用"信"和"记"二字,如新发现的"临县学正之记"和"济南军粮之记"两铜印,以及传世"通政司右参议之记"①三枚铜印都是用"记"字入印。而陕西省蓝田县城北出土"三水县信"铜印②和传世的"商洛防御使信"铜印③则都是用"信"字入印。这些大顺政权官印都是不用"印"字入印,而是用"信""记"等字替代,而并非明末清初文献所记载的"券""章"等字。又吴伟业《绥寇记略》卷九载有"易印为信"之说,是与之正合,应为其它书失载。从现存大顺政权官印遗物看,《甲申传信录》所记载的"券、章"实为"信、记"之误。从以上所考释可知,大顺政权修改官印文,入印文字实为"契、信、符、记"等专称,而非"自成改印曰符、券、契、章,凡四等",或为用来区别当时明朝政府的中央、行政、地方用印。

大顺政权的各级官印都用"符、信、契、记"四字而不用"印"字入印,与李自成起义军避讳制度有很大关系。据记载由于李自成的父亲名"守忠",又名印④、或名务⑤,为避父讳,所以禁止大顺起义军所用官印中"印"字不能入印,而改用其他字替代。明末清初的文献多次记载大顺政权的避讳事件和用字规定。崇祯十七年(1644年)正月,李自成在西安即皇帝位,国号大顺,建元永昌,同时也颁布和制定了一套大顺讳法,为其典章制度的组成部分。明谭吉璁等在《延绥镇志》记李自成在西安建国大顺事云:"册封刘氏为皇后,陈氏为贵妃,并颁讳法于天下。"⑥当大顺军入京后,更定大顺汇典,榜示仪制,重新颁布文字禁忌。文献记载李自成入京后事云:"自成登皇极殿,据黼座。牛金星檄召百官,期二十一日俱集于朝,禁民间讳自成等字。"⑦又明末清初《怀陵流寇始终录》卷十八记这年四月初一日云:"伪礼部示闯贼先世祖讳,如自、印、务、光、安、定、成等字悉避。"⑧据王兴亚不完全统计,大顺讳法中规定的避讳字有:"世、辅、海、守、忠、印、自、成、务、明、光、安、

---

① 后晓荣,丁鹏勃.中国玺印真伪鉴别[M].合肥:安徽科学技术出版社,2001:79.
② 刘安国.陕西蓝田发现李自成永昌元年"三水县信"[J].文物,1959(5).
③ 同①.
④ 钱䶮:《甲申传信录》卷六、《鹿樵纪闻》卷下载:"李守忠,一名印。"
⑤ 谈迁:《国榷》卷一百载魏学廉的上疏内云:"自成父名务。"中华书局1958年版.
⑥ 谭吉璁.延绥镇志[M].刘汉腾,纪玉莲,校注.西安:三秦出版社,2006.
⑦ 谷应泰.明史纪事本末[M].北京:中华书局,1977.
⑧ 戴笠.怀陵流寇始终录[M].陈协琹,刘益安,点校.吉林:辽沈书社,1993.

定、令、闯等十五个。"①

　　李自成农民起义军用印避讳，从新发现的"汲县之契"和故宫博物院藏"辽州之契"铜印铸印时间看，并非始自大顺政权的建立之时，而实际上在此之前就已经开始。此两印印背刻"癸未年十二月日造"和"天字"款编号，应为同一批铸造之印，其中"癸未年"为其建元永昌之前，当时李自成尚未称帝，没有使用永昌年号，也不用明崇祯年号，故只署"癸未年"（明思宗崇祯十六年1643年）。"辽州之契"和"汲县县契"铜印二者铸印时间相同，都用"契"字入印，就是大顺政权为避李自成父亲名讳而改。

　　比对李自成用印制度，这枚从"张献忠沉银"被盗挖倒卖案中追缴的国家一级文物"虎钮永昌大元帅金印"的印文中有"印"字入印，明显不符合李自成用印制度。此外从"汲县之契"和故宫博物院藏"辽州之契"铜印铸印时间看，此两印印背都刻"癸未年十二月日造"，为明确得数字表示铸造时间，与"永昌大元帅"金印刻铸印时间"癸未年仲冬吉日造"，表述方法完全不一致。因此该枚金印与李自成基本没有关系，而为李自成赐给张献忠之印的说法也无从谈起。

二、张献忠农民军用印情况

　　明末崇祯三年，陕北大旱，农民起义此起彼伏。其中张献忠率米脂十八寨农民揭竿而起，自号八大王，其部成为三十六营义军中最强的一支。崇祯九年，张献忠同李自成成为陕北义军的主要首领。之后张献忠率部进入江淮地区，主要在长江流域发展，先后大败明军左良玉部、熊文灿部等。十六年五月攻取武昌，执楚王朱华奎，改武昌为天授府，以为京都，称大西王，建置百官，开科取士，八月弃武昌攻长沙。农民军所到之处，无所不破。湖南、湖北、江西、广东省此时皆在义军的控制之下。十六年冬（1640年），张献忠决定率部入素有"天府之国"的四川建立基地。十七年正月攻下四川东部大部分城市，六月攻克重庆，杀四川巡抚陈士琦，八月攻克成都。十月以成都为西京，建立大西政权，改元大顺，设官置员。顺治三年八月（1646年），清军南下，张献忠引兵拒战，在西充凤凰山中箭而死，起义失败。

---

① 王兴亚.李自成起义史事研究[M].郑州：中州古籍出版社，1984：188.

有关张献忠农民军用印记载，最早见于明崇祯十三年。文献记载明末陕北王嘉胤起义军"据府谷，陷河曲。献忠以米脂十八寨应之，自称八大王"。张氏后来制印"西营八大王"。《滟滪囊》记载，"崇祯十三年（1640）四月，内接陕抚郑从检、总兵左良玉塘报，称太平县玛瑙山于二月内大破逆贼张献忠，……（获）篆书'西营八大王承天澄清川岳'印，卜卦金钱三文"①。张献忠占领武昌后，即正式建立大西政权，改省城为京城，铸西王之玺②，地方设巡抚、守道。现所见张献忠的"西王之宝"印应与此印有关。成都建国后，设立丞相府，吏、户、礼、兵、刑、工六部尚书，四道各设学官一名，并开科取士，授县印官，地方设巡抚、守道、巡道、学道，均给敕印。《荒书》："（八月）十五日，贼张献忠僭位，改贼国曰大西，贼元曰大顺，以蜀王府为贼阙，设五府六部等官。"③相关文献记载，大西政权建立之后，"追收全川文武印信，改铸七叠印文"④。笔者最早整理目前所见到张献忠所建立的大西政权官印情况，共十三枚⑤。今从所见印章都是大顺元年（1644年）、大顺二年（1645年）所颁发的，且确系"七叠印文"。从目前已发现的张献忠农民军用印看，大西政权的行政建制和地方职官设置仍实行明代的府、州、县三级制。除知府、知州、知县外，其属官已见于印文者，有经历司、儒学、医学、僧官等，也多仿明代官职，如"蓬州儒学记""南川县医学记""都纲之印"等。《隋唐以来官印集存》中就收录有明代"桐柏县儒学记""荆门州儒学记"两枚印章。⑥此外从刻款中的"礼部"来看，张献忠政权中的礼部主要负责制作职官印。与明代官印比较，我们明显地感觉到大西印和明代官印制度基本吻合，无论是尺寸质地、名称、刻款方式都和明朝官印如出一辙。四川大学博物馆收藏一枚明洪武三十五年"南川县医学记"印章⑦，尺寸和文字几乎与重庆博物馆藏张献忠政权大顺二年"南川县医学记"印章一模一样，这是最好的例证。由此推之，大西政权地方行政设置及官僚规制基本上沿用了明代制度。

---

① 清李馥荣：《滟滪囊》，《张献忠剿四川实录》，第37页。
② 清·彭孙贻：《平宛志》。
③ （清）费密：《荒书》，《张献忠剿四川实录》，第428页。
④ 阙名：《纪事略》。
⑤ 后晓荣，程义.明末张献忠农民军用印初探[J].国家博物院院刊，2016（6）.
⑥ 罗振玉：《隋唐以来官印集存》，西泠印社出版社2019年版，尺寸为原大图版尺寸。
⑦ 和中浚，吴鸿洲.中华医学文物图集[M].成都：四川人民出版社，2001.

该印为方形印,与"西王之宝"玉印形制相同,都为方形,印文也都是阳文九叠篆。该印章为盗掘出土于四川眉山市彭山区江口镇的岷江河道内"江口沉银遗址",清代以来的文献中多记载明末大西军领袖张献忠曾沉银于此。即该印与此次沉银事件有关,为张献忠用印问题不大。

图三

三、文献相关记载情况

这枚从四川眉山市彭山区江口镇的岷江河道内"江口沉银遗址"盗挖出来虎钮永昌大元帅金印,印面文字为九叠篆阳文"永昌大元帅印",印台上阴刻"永昌大元帅印,癸未年仲冬吉日造"。即该金印铸造于1643年农历十一月,该年是明崇祯十六年。是年春,张献忠势力壮大,攻陷武昌,笼沉楚王,建立政权。"十六年春,连陷广济、蕲州、蕲水。入黄州,陷武昌,执楚王华奎,笼而沈诸江,尽杀楚宗室。献忠遂僭号,改武昌曰天授府,江夏曰上江县。据楚王第,铸西王之宝,伪设尚书、都督、巡抚等官,开科取士。"之后一路南下,尽占湖南全境和江西等部分,年底决定向西入川。崇祯十七年(1644年)正月,张献忠率部向四川进发。农民军攻克夔州,"至万县,水涨,留屯三月"。六月二十日占领川北重镇重庆,八月初九日,农民军攻克成都。崇祯十七年(1644年)十一月十六日,张献忠在成都称帝,建国号"大西",改元"大顺",以成都为西京,"遂据有全蜀"。"献忠遂僭号大西国王,改元大顺,冬十一月庚寅,即伪位,以蜀王府为宫,名成都曰西京。"

反观李自成这一支起义军活动，借在河南连杀两位明藩王之余威，崇祯十六年（1643年）正月，李自成攻下承天（今湖北钟祥市），被举为"奉天倡义文武大元帅"。三月，李自成改襄阳为襄京，称"新顺王"。《明史列传第一百九十七 流贼》："十六年春陷承天。自成自号奉天倡义大元帅，号罗汝才代天抚民威德大将军。"之后李自成率主力北上，与明朝督师孙传庭军决战，两军对垒于郏县，十月，李自成攻破潼关，杀死孙传庭，占领陕西全省。崇祯十七年（1644年）一月，李自成在西安称帝，以李继迁为太祖，建国号"大顺"。"十七年正月庚寅朔，自成称王于西安，僭国号曰大顺，改元永昌，改名自晟。"

比对两支起义军活动，在崇祯十六年（1643年）该年，先是正月李自成自立为"奉天倡义文武大元帅"，三月称"新顺王"在先，之后五月张献忠攻陷武昌，"遂僭号"，"铸西王之宝"。两支起义军在分分合合之后，正式分道扬镳，各自建立自己的政权。该年十月李自成与明孙传庭军激烈厮杀，之后西进陕西，尽占全境。反观张献忠这支起义军在取得湖南等地胜利之威，正在厉兵秣马，准备年底向西入川。李自成自称大元帅在先，更不会在两支起义军各自建立政权，水火不相容的是年十一月给张献忠封官铸印。张献忠也不会在兵强马壮，准备进军川蜀之时，接受李自成之赐印。从此角度看，"永昌大元帅印"既不是李自成之印，也不可能是李自成赐给张献忠之印，而应为张献忠向西入川之前所准备的自用印，即张献忠像李自成一样自立为"永昌大元帅"，以号令部下。张献忠自立为"永昌大元帅"，应为文献所漏载。

"大元帅"是隐有掌控兵柄之意，明代多用其称之，如明太祖朱元璋就曾称"太平兴国翼大元帅"，常遇春曾称"行省都督马步水军大元帅"，明朝中期还有农民军自号"奉天征讨大元帅"者，明末李自成自己就自号过"奉天倡义大元帅"，而决不会轻易将"大元帅"之职授予他人。《宋史》载"初，虏攻城日急，殿中侍御史胡唐老言：'闻康邸奉使至磁、相间，为士民所遏不得进，此天意也。乞就拜大元帅，俾率天下兵入援。'宰臣视奏，犹以'大'字为难，唐老力争曰：'今社稷危矣，仰其拯国，顾惜一「大」字，非计也！'"。即北宋靖康之时，金军围京师（开封），康王（后来的宋高宗赵构）在外，开封城内的朝廷围绕是否封康王"大"元帅还进行过争论。

至于有学者认为年号互用说——"张献忠和李自成，历史上就曾有过互用年号的情况。"事实情况并非如此，崇祯十六年十一月（1643年），张献忠自称为"永昌大元帅";崇祯十七年正月(1644年),李自成称王于西安,国号曰大顺,改元永昌,铸永昌通宝钱币;崇祯十七年十一月,张献忠在成都称帝,建国号"大西",改元"大顺,铸大顺通宝钱币。即张献忠称"永昌大元帅"时,李自成尚未建国,还没有自己的"永昌"年号,自然也就谈不上"张献忠用李自成的年号自封,也是可能的"。相反的事实是,李自成建国后,改元"永昌"年号恰恰是使用了张献忠使用的元帅名号,并发行相应的年号钱币,张献忠称帝后,则使用李自成建国后的国号"大顺"作为自己的年号,也发行相应的年号钱币。这种你中有我,我中有你的趣事,或许正说明这两支农民军亦友亦敌的关系。

总之,从四川眉山市彭山区江口镇的岷江河道内"江口沉银遗址"盗挖出的这枚虎钮"永昌大元帅"金印,无论是从李自成农民军和张献忠农民军用印的实际情况,还是历史文献分析等多角度看,此枚印应属于张献忠自用印。张献忠一度自称为"永昌大元帅",为文献所缺载,可补文献之遗。

(该文与陈刚合作,发表于《苏州文博论丛》2019年版)

新见五枚明末李自成农民军铜印和相关史实初探

有关明末李自成农民军用印传世极少，上世纪八十年代初，罗福颐先生收集整理9枚李自成起义军印，并一一考证。[①]三十多年过去，又有多枚李自成农民军用印被发现，本文就新发现的明末李自成农民军遗存的五枚铜印作一介绍，同时结合现存李自成农民军用印资料，结合相关文献资料，兼谈部分明末大顺政权的相关史事，欲补相关文献记载之缺遗。

一、新见李自成农民军用印史料

"汲县之契"铜印，陕西渭南中心博物馆收藏。[②]印面方形，柱钮，边长6.7厘米，通高10.6厘米，印面阳刻篆文"汲县之契"，印背一边阴刻楷书"汲县之契"，另一边刻"癸未年十二月日造"，印侧阴刻楷书"天字贰百陆拾伍号"。"癸未年"，即崇祯十六年（公元1643年）。第二年崇祯十七年正月，李自成在西安正式建立大顺政权，改元永昌。从现有印章实物看，"汲县之契"铜印是李自成于大顺政权建立前夕所颁造给卫辉府汲县官印。《明史·地理志三》："卫辉府，洪武元年八月为府。十月属河南分省。领县六……汲，弘治四年八月建汝王府，嘉靖二十年除，隆庆五年建潞王府。"卫辉府汲县即今河南新乡市卫辉市（汲县在1988年经国务院批准，设立卫辉市），见图一。

[①] 罗福颐.李自成起义军遗印汇考[J].故宫博物院院刊，1980（1）.
[②] 周晓陆.二十世纪出土玺印集成[M].北京：中华书局，2010：779.

图一

"罗江县契"铜印,征集自西安民间,西北大学博物馆藏。印面方形,柱钮,边长 6.7 厘米,通高 10.7 厘米。印面阳刻篆文"罗江县契",印背一边阴刻楷书"罗江县契",另一边刻"永昌元年贰月日造",印侧阴刻楷书"字字伍佰伍拾肆号"。此印是大顺政权的罗江县官印。《明史·地理四》成都府绵州"洪武三年来属。十年五月降为县。十三年十一月复为州。西南距府三百六十里。领县二领县二:罗江、彰明"。明代罗江县即今四川省德阳市罗江县,见图二、三、四。

图二

图三

图四

"铜梁县契"铜印,陕南某私人收藏家[①]。印面方形,柱钮,边长6.7厘米,通高10.7厘米。印面阳刻篆文"铜梁县契",印背一边阴刻楷书"铜梁县契",另一边刻"永昌元年肆月日造",印侧阴刻楷书"宇字柒佰捌号"。此印是大顺政权的铜梁县官印。《明史·地理四》重庆府"元重庆路,属四川南道宣慰司。洪武中,为府。领州三,县十七。西北距布政司五百五十里","合州。南距府百五十里。领县二:铜梁、定远"。明代铜梁县即今重庆市铜梁

---

① 该印资料为西北大学历史博物馆馆长贾麦明所提供,据贾麦明馆长所言,该印上世纪九十年代其见之于陕南某私家,因价格没有谈妥,以致该印仍流失在外。

区，（见图五）。

图五

"济南军粮之记"铜印，某私人收藏家藏。长方形，柱钮，长7.9厘米，宽4.3厘米，通高9.7厘米。印面阳刻篆文"济南军粮之记"，印背一边阴刻楷书"济南军粮之记"，另一边刻"永昌元年贰月日造"，印侧阴刻楷书"字字叁佰贰拾壹号"。《明史·地理二》："山东，《禹贡》青、兖二州地。洪武元年四月置山东等处行中书省。治济南府。九年六月改行中书省为承宣布政使司……济南府，太祖吴元年为府。领州四，县二十六。"此印为大顺政权济南府征粮官之印，负责军粮征集、贮备、管理、运输、发放等工作，此类印章极为少见，见图六、七。

图六　　　　　　图七

"临县学正之记"铜印，1965年乐守勋先生捐赠，国家博物馆藏[①]。长方形，柱钮，通高9.8厘米，长7.7厘米，宽4.2厘米。印面阳刻篆文"临县学正之记"，印背一边阴刻楷书"临县学正之记"，另一边刻"永昌元年叁月日造"，印侧阴刻楷书"宇字肆百伍拾号"。临县属山西省汾州府，此印为起义军自西安进军北京途中，攻克临县后，派遣官吏、所颁发的印信。明朝府设教授，州设学正，县设教谕，掌管地方学校，教诲和考课生员的事务。李自成农民起义军对明朝旧制有所改革。《平寇志》卷六："自成……号襄阳府曰襄京……设立伪官……府有尹，州有牧，县有令，有学政，有武政……"可见农民军为适应起义革命需要，提倡武事，府县不仅设立学政，并设置武政，由其负责掌管和考课儒生、武生的事务，是农民军在教育方面的一项重大改革。此枚铜印证实了大顺农民政权设置"学政"一职，掌管教育大权的制度，意义十分重要，见图八、九。

图八　　　　　　　　　　　图九

二、有关李自成农民军印章之用字问题

新发现的这五枚李自成农民军用印加上上世纪八十年代初罗福颐先生所考证的9枚李自成农民军用印，现存世数量有14枚（具体印章见表1）。

[①] 史树青.鉴宝心得[M].济南：山东画报出版社，2007：44.

从现存 14 枚大顺政权用印遗物看，其印面形制有方形、长方形两种，印面阳文凿刻篆字，字画平直凌厉，篆书方正，线条坚硬，与宋元以来的九叠篆文的圆曲之势明显有别。其印钮多为柱钮，印背刻铸印年月，监造机构等，印侧多刻以千字文为序的编号，目前所发现的大顺政权印所见编号有"天""安""宇"等字。李自成农民军印章用字特殊，禁止"印"字入印，而改用其他字替代。《甲申传信录》记载："李闯既入，五日，建设伪官，改印曰符、券、契、章，凡四等，令职方司收缴前印，悉更铸之，更官名。"①此外《小腆纪年附考》记载："（崇祯十七年三月）壬子……改印曰符、曰券、曰契、曰章，凡四等，……受职者给小票，向礼政府领契。"②即李自成农民军印章用字是改"印"字为"符、券、契、章"字，分四等，但现据有关大顺政权遗留的印章实物可知，《甲申传信录》等有关李自成农民军用印制度的记载明显错误。

表 1　现存李自成农民军印章一览表

印文	印面尺寸	通高	背款	左边款	出土地与现藏地	备注
辽州之契	8厘米×8厘米	11厘米	辽州之契。癸未年十二月日造。	天字贰百伍拾壹號	故宫博物院	《李闯王遗印汇考》
汲县之契	6.7厘米×6.7厘米	10.6厘米	汲县之契。癸未年十二月日造。	天字贰佰陆拾伍号	渭南中心博物馆	《二十世纪出土玺印集成》
通政司右参议之记	10.2厘米×6.2厘米		通政司右参议之记。永昌元年正月日造。	天字叁百伍拾陆号	不详	《隋唐以来官印集存》
工政府屯田清吏司契	7.9厘米×7.9厘米	10.1厘米	工政府屯田清吏司契。永昌元年贰月造。	宇字伍佰贰拾捌号	北京东厂胡同出土	《文物》1959年第9期
济南军粮之记	7.9厘米×4.3厘米	9.7厘米	济南军粮之记。永昌元年贰月日造	宇字叁佰贰拾壹号	不详	
金乡县契	6.8厘米×6.8厘米		金乡县契，永昌元年贰月造。	宇字贰佰贰拾伍号	北京师范大学文物馆藏	《李闯王遗印汇考》
临县学正之记	7.7厘米×4.2厘米	9.8厘米	临县学正之记，永昌元年叁月□日造。	宇字肆百伍拾号	国家博物馆藏	1965年乐守勋先生捐赠
夔州防御使符	10.1厘米×5.9厘米		夔州防御使符，永昌元年肆月日造。	宇字陆百肆号传	出山东恩县，现藏国家博物馆	《山左近出五官印考》

---

① 中国历史研究社编．甲申传信录[M]．上海：上海书店，1982：74．
② 徐鼒撰、王崇武校点《小腆纪年附考》卷 4，中华书局 1957 年版 113 页。此书清咸丰十一年（1861 年）初刊，专记明末清初社会动荡史料。

续表

印文	印面尺寸	通高	背款	左边款	出土地与现藏地	备注
商洛防御使信	8.1厘米×8.1厘米				不详	《尊古斋集印》
罗江县契	6.7厘米×6.7厘米	10.7厘米	罗江县契。永昌元年肆月日造。	宇字伍佰伍拾肆号	征集自西安民间。西北大学博物馆藏。	背款系贾麦明先生提供
铜梁县契	6.7厘米×6.7厘米	10.7厘米	铜梁县契。永昌元年肆月日造。	宇字柒佰捌号	流散民间	拓片系贾麦明先生提供
仪陇县契	6.9厘米×6.9厘米	10.2厘米	仪陇县契，礼政府造，永昌元年玖日	天字伍佰陆拾肆号	河南大学历史学院	
清源县契	7厘米×7厘米					《尊古斋集印》
三水县信	6.9厘米×6.9厘米	8.5厘米	三水县信，礼政府造，永昌元年拾贰月日。	安字壹佰号	陕西蓝田县	《文物》1959年第5期

从目前所见大顺政权的印章中，除新发现的"汲县之契""罗江县契"和北师大所藏的"金乡县契"三枚县级印章用"契"字入印之外，还有河南大学历史系藏"仪陇县契"印、故宫博物院藏"辽州之契"和传世的"清源县契"三枚县级印章，以及北京东厂胡同出土的"工政府屯田清吏司契"四印也是"契"字入印。国家博物馆藏"夔州防御使符"铜印用"符"字入印。这些用"契"和"符"的李自成起义军用印实物则正可与文献互证。正如《明季北略》卷廿"李自成改制度"说："废舆乘马，大篆曰符，小篆曰契。"目前为止，有关大顺政权官印用"券"和"章"二类的玺印实物尚未见诸实物。相反其官印中有用"信"和"记"二字，如新发现的"临县学正之记"和"济南军粮之记"两铜印，以及传世"通政司右参议之记"[①]三枚铜印都是用"记"字入印。而陕西省蓝田县城北出土"三水县信"铜印[②]和传世的"商洛防御使信"[③]铜印则都是用"信"字入印。这些大顺政权官印都是不用"印"字入印，而是用"信""记"等字替代，而并非明末清初文献所记载的"券""章"等字。又吴伟业《绥寇记略》卷九载有"易印为信"之说，是与之正合，应

---

① 后晓荣，丁鹏勃. 中国玺印真伪鉴别[M]. 合肥：安徽科学技术出版社，2001：79.
② 刘安国. 陕西蓝田发现李自成永昌元年"三水县信"[J]. 文物，1959（5）.
③ 同①.

为其他书失载。从现存大顺政权官印遗物看，《甲申传信录》所记载的"券、章"实为"信、记"之误。从以上所考释可知，大顺政权修改官印文，入印文字实为"契、信、符、记"等专称，而非"自成改印曰符、券、契、章，凡四等"，或为用来区别当时明朝政府的中央、行政、地方用印。

　　大顺政权的各级官印都用"符、信、契、记"四字而不用"印"字入印，与李自成农民军避讳制度有很大关系。据记载由于李自成的父亲名"守忠"，又名印[①]、或名务[②]，为避父讳，所以禁止大顺农民军所用官印中"印"字不能入印，而改用其他字替代。明末清初的文献多次记载大顺政权的避讳事件和用字规定。崇祯十七年（1644年）正月，李自成在西安即皇帝位，国号大顺，建元永昌，同时也颁布和制定了一套大顺讳法，为其典章制度的组成部分。明谭吉璁等在《延绥镇志》记李自成在西安建国大顺事云："册封刘氏为皇后，陈氏为贵妃，并颁讳法于天下。"[③] 当大顺军入京后，更定大顺汇典，榜示仪制，重新颁布文字禁忌。文献记载李自成入京后事云："自成登皇极殿，据黼座。牛金星檄召百官，期二十一日俱集于朝，禁民间讳自成等字。"[④] 又明末清初《怀陵流寇始终录》卷十八记这年四月初一日云："伪礼部示闯贼先世祖讳，如自、印、务、光、安、定、成等字悉避。"[⑤] 据王兴亚不完全统计，大顺讳法中规定的避讳字有："世、辅、海、守、忠、印、自、成、务、明、光、安、定、令、闯等十五个。"[⑥]

　　李自成农民军用印避讳，从新发现的"汲县之契"和故宫博物院藏"辽州之契"铜印铸印时间看，并非始自大顺政权的建立之时，而实际上在此之前就已经开始。此两印印背都刻"癸未年十二月日造"和"天字"款编号，应为同一批铸造之印，其中"癸未年"为其建元永昌之前，当时李自成尚未称帝，没有使用永昌年号，也不用明崇祯年号，故只署"癸未年"（明思宗崇祯十六年1643年）。"辽州之契"和"汲县县契"铜印二者铸印时间相同，

---

① 钱軹：《甲申传信录》，上海书店1982年版，该书卷六"（李自成）父守忠，一名印"，第101页。此外《鹿樵纪闻》一书也有类似文字记载。
② 谈迁：《国榷》卷一百载魏学廉的上疏内云："自成父名务。"中华书局1958年版。
③ 谭吉璁. 延绥镇志[M]. 刘汉腾, 纪玉莲, 校注. 西安: 三秦出版社, 2006.
④ 谷应泰. 明史纪事本末[M]. 北京: 中华书局, 1977.
⑤ 戴笠. 怀陵流寇始终录[M]. 陈协琹, 刘益安, 点校. 吉林: 辽沈书社, 1993.
⑥ 王兴亚. 李自成起义史事研究[M]. 郑州: 中州古籍出版社, 1984: 188.

都用"契"字入印，就是大顺政权为避李自成父亲名讳而改。

三、李自成农民军在川渝地区的活动

明末李自成农民军和张献忠农民军一南一北，相互呼应，协同作战，最终推翻明王朝。一般认为当时的陕西、山西、河北、河南、山东全部及甘肃、青海、湖北、安徽、江苏之大部或一部，都属大顺政权范围，并对这些地方派遣官吏治理镇守，而四川、重庆等地为明末张献忠农民军所管辖，并非李自成农民军的势力范围，但从现存李自成农民军印章实物看，其中"罗江县契""仪陇县契"和"铜梁县契""夔州防御使符"四枚印章表明大顺政权的势力也一度到达巴蜀地区。

新发现的"罗江县契"印中"罗江"指明代成都府绵州罗江县，今四川德阳市罗江县，距离大西政权的都城成都不到100公里；河南师范大学历史学院藏"仪陇县契"印中"仪陇"在明代属顺应府蓬州，今四川南充市东北仪陇县。《明史·地理志》："顺庆府蓬州，洪武中，以州治相如县省入。西南距府百四十里。领县二……仪陇，州北少东。洪武十年五月省入蓬州。十三年十一月复置。"二者都位于今川北地区，表明李自成农民军在此设官受印，进行了较有效管辖。事实上，在张献忠农民军进入四川之前，李自成已派兵进占了陕西并控制了川北的保宁、顺庆等地，设置官员。《荒书》记载："甲申夏，逆贼李自成亦遣贼将马科以兵五千人入川。七月马科檄至堤塘，邯郸人李从彦率其党应之，陷保宁。八月陷顺庆，遂至绵州。"[1]又《平寇志》言："时李自成遁入汉中，传檄下保宁、顺庆，至于阆中。"[2]

新发现的"铜梁县契"印中"铜梁"指明代重庆府合州铜梁县，今重庆市铜梁区，在今重庆市西北方向，距离不到60公里。又国家博物馆藏"夔州防御使符"为李自成农民军在夔州所设防御使之印。《明史·地理志》："夔州府，属四川。洪武四年为府，九年四月降为州，属重庆府。十年五月，直隶布政司。十三年十一月复为府，领州一、县十二。"明代夔州府就是今天重庆市奉节县。即李自成农民军在重庆东部地区也派遣官吏，设兵守土，进

---

[1] 何锐，等. 张献忠剿四川实录 [M]. 成都：巴蜀书社出版社，2002：428.
[2] 彭孙贻. 平寇志 [M]. 上海：上海古籍出版社，1984.

行有效管辖。《甲申传信录·闯设伪官》记载："刘明英,山东恩县人,丁未进士,……(1644年)四月初二日,授伪职'夔州防御使'[①]。故王献唐考证"夔州防御使符印以四月铸造,与明英授职期合,即或颁发稍后,不过数日","则此正为刘明英遗印"[②]。大顺政权的地方政权系统是在要地设防御使,主管该地区的行政和治安。夔州自古是进出川渝的交通要道,战略地位非常重要。李自成农民军占领此地,封官授印,自然在情理之中。从西边的四川罗江到东边的涪陵,长达100多公里,可见当年李自成农民军在巴蜀地区也一度控制了不少地方,而并非传统上认为巴蜀地区完全为张献忠农民军的势力范围。

(该文与西北大学博物馆贾麦明先生合作,发表于《中国国家博物馆馆刊》2018年第6期,收录时有所修改)

[①] 中国历史研究社. 甲申传信录 [M]. 上海:上海书店,1982:92.
[②] 王献唐. 五镫精舍印话 [M]. 济南:齐鲁书社出版社,1985:442.

二十四孝文化专题

按语：百善孝为先，在传统中国文化中，孝文化是其中重要的组成部分。二十四孝作为孝文化的通俗版、低配版，对传播孝文化、维系中国普通民众的社会生活、伦理道德发挥着重要的作用。笔者从研究生学习开始，一直关注考古图像中的孝子问题，同时充分利用图像材料，并与历史文献结合，进行了一系列的"图像证史"工作，尤其在二十四孝文化流变史方面取得了一些成绩，对进一步正确了解二十四孝文化有一定贡献。

关中地区的两汉壁画墓初探

两汉壁画墓是西汉早期出现、中晚期发展、东汉时期流行的以彩绘壁画为装饰的砖石结构墓。墓主多为地方豪强和高官显贵。两汉壁画墓的发掘和研究，对了解汉代社会和绘画艺术有重要意义。关于汉墓壁画研究，传统上认为集中分布在河洛、冀中南、辽阳、长城沿线四个地区。一般不认为西汉都城长安所在的关中地区是汉墓壁画的发达地区。[1]本文拟就关中地区目前所发现两汉壁画墓的考古发掘资料（个别延续至西晋），结合有关史实，探讨关中地区的两汉壁画墓的性质特点、历史地位等相关问题。

一、关中地区两汉壁画墓发现情况

关中地区即指渭河流域为主，以西安为中心，西起宝鸡峡，东到潼关县黄河港口的狭长平原地区。此地的冲积层覆盖深厚，土壤疏松肥沃，河渠纵横，号称"八百里秦川"。秦代时为内史地，西汉分"京兆尹、左冯翊、右扶风"三部分，所谓"三辅地区"。这一地区在秦代和西汉时是京畿之地，是全国政治、经济、文化的重心所在。秦汉时，许多新兴的事物都首先在这里开始，然后影响到各地。[2]目前此地区考古发现的两汉壁画墓有：

1. 西安交通大学附小壁画墓[3]

墓葬坐北朝南，由墓道、东西耳室、主室构成，主室平面呈长方形，墓室长宽高为 4.55 米 × 1.83~2.25 米。根据出土物判断墓葬时代为西汉晚期，最晚不超过王莽时期。墓壁画分布于主室券顶及四壁。中间的朱红色菱格宽带纹将壁画分成上下两部分，券顶绘有两个大小不等的同心圆，内圈南北分绘日、月，日中金乌，月中藏蟾兔。两同心圆之间以青龙、白虎、朱雀、玄武四方神灵定位，绘出各种星宿，并用人物和多种动物填充其间，表现二十八宿天

---

[1] 汉壁画墓 [M]// 中国大百科全书·考古卷.北京：中国大百科全书出版社，1986.
[2] 秦汉考古 [M]// 中国大百科全书·考古卷.北京：中国大百科全书出版社，1986.
[3] 陕西省考古研究所，等.西安交通大学西汉壁画墓 [M].西安：西安：交通大学出版社，1991.

象图。券顶圆圈内外绘满彩云和飞翔的仙鹤。后壁上部正中云间画一手持灵芝引导墓主之魂天的羽人，其间有卧鹿、仙鹤。菱格下绘装饰性较强的勾连纹，间绘仙鹤、天鹅、斑鹿、虎等多种奇禽异兽。绘制方法是砖面刷一层白粉，再涂一层赭石，然后用墨线勾画物象，见图一。

图一

2. 乐游塬西汉晚期壁画墓[①]

该墓位于雁塔区岳家寨村西北的乐游塬上。墓葬为斜坡墓道砖室墓，坐北朝南，由墓道、耳室、甬道、墓室组成。其墓葬时代是西汉晚期。壁画遍布墓壁及券顶，作法为先在墓壁、券顶上刷一层白膏泥，再在之上用红、蓝、黑等颜料起稿、绘画。壁画内容丰富，有车马出行、狩猎、宴饮、斗鸡、乐舞等生活场景和日、月、翼龙、凤鸟、仙鹤、乘龙羽人等升仙图：墓门东侧一龙，西侧一翼虎，立状，爪持节；东壁自南而北为车马出行、狩猎内容；人物或扬鞭策马，追逐猎物，或乘奔马，拉满弓，欲射麋鹿，或握长矛刺杀野牛，或徒步飞奔，追逐野猪，或下马捡取所获猎物，惊起的野鸡、追逐的猎物、受伤的野牛，狩猎场面展现得惟妙惟肖。后壁上部为一乘龙羽人，下有黄蛇和青蛇各一条，其间绘以云气纹。西壁北部图案剥落严重，内容不详。中部为一幅斗鸡图，主人席地而坐，奴仆侍立两旁。南部为一幅宴乐图，女主人与宾客并排跽坐于围屏之前的木榻之上欣赏面前的乐舞，前方两侧各有一组人物，均为女性，席地而坐，欣赏乐舞，面前有圆案，上有漆樽、耳杯等。中间舞人身姿婀娜，双手执红飘带，翩翩起舞。券顶之上展现的是一幅

[①] 孙富喜，程林泉，张翔宇．西安理工大学西汉壁画墓初探[J]．西北大学学报（哲学社会科学版），2005（3）．

羽化升仙图，所有仙禽瑞兽均飞向墓门方向。南端正中为一展翅飞翔的朱雀，东西两侧各有一翼龙，东侧龙前有日，日中有金乌，西侧券顶中部有月，月中有玉兔、蟾蜍，后部券顶两侧各有一仙鹤，其间布满云气纹。

3. 西安南郊曲江池汉墓[①]

墓葬座西朝东，由墓室、甬道、耳室四部分组成，墓室长宽高为7.4米×4.15~4.9米。其年代为西汉晚期。壁画分布在墓道及墓室东、西、南三壁。其内容多为食草类动物，大小相当与实物，有犀牛、大鱼、黄牛、马等。壁画是直接绘于浅黄色生土壁上，用料为白色粉状物，手法随意简率。

4. 千阳县土洞墓[②]

墓葬座北朝南，由墓道、墓室组成，墓室长宽高为4.35米×1.8~1.82米。墓葬年代，从出土铜镜及"大泉五十"货币判断，当为两汉末王莽时期。墓室东西壁上绘有壁画，东壁绘太阳金乌，四周有云气围绕，云气中间有星象，后绘白虎、星象。绘制手法是在未砌砖的四壁用稀白灰粉刷，再绘制星象图。

5. 咸阳龚家湾一号墓[③]

墓葬为砖石结构的积石积沙墓，由墓道、甬道、前室、后室组成。前室长宽高为7.74米×7.83~2.36~2.74米，后室长宽高为5.34米×2.53~3.1米。从出土钱币和瓦当出发，墓葬时代为王莽时期。摹线画与画像的发现于第三重门。画面正中为一羊头，周围流云环绕。右侧以三道横线将画分成上下两部分，下为连绵的山峰，上绘一头戴山形冠，凭几而坐的人物，前有捣药玉兔、高烛、羽人等。羊头左侧为两人正面端坐，其中一人头巾下披，旁有一树。整幅画面未施色彩，全为单线白描。

6. 彬县雅店村王莽砖室墓[④]

墓葬为长方形竖穴砖券墓，由墓道，耳室、主室三部分组成。出土货布和货泉，以及四神规矩铜镜，判断墓葬时代为新莽时期。门楣上刻兽面衔环，线条勾画面部轮廓，且用墨、红、白三色彩绘。兽面上部刻一昂首、跷尾作行走状的白虎，周身用朱砂加绘斑毛及口、耳等部。门框各刻一人相对而立，双手持杖形物，身穿兽皮或树叶纹，门楣右刻青龙、左刻白虎，作昂首阔步

---

① 徐进，张蕴.西安南郊曲江池汉唐墓葬清理简报[J].考古与文物，1987（6）.
② 宝鸡市博物馆，千阳县文化馆.陕西省千阳县汉墓发掘简报[J].考古，1975（3）.
③ 孙德润，贺雅宜.咸阳龚家湾一号墓清理简报[J].考古与文物，1987（1）.
④ 陕西省考古所泾水队.邠县雅店村清理一座东汉墓[J].文物，1961（1）.

行走状。

7. 西安市灞桥区新筑镇砖室壁画墓①

墓葬为长方形竖穴砖室墓，座北朝南，因机械施工，墓室已基本破坏，经清理发掘，出土钱币"大泉五十"，同时墓室南壁上有一残彩绘白虎尾。

8. 扶风县揉谷乡姜嫄壁画墓②

东汉砖室墓，出土绿釉陶鼎、罐、壶、仓等，墓室内绘有天象、北斗七星和金乌、月亮和人物等壁画。

9. 韩城市芝川镇芝西村砖室墓③

两墓均为穹隆顶砖室墓，均坐东面西，由墓道、甬道、前后室组成。从出土物组合和墓葬结构布局看，墓葬时代为东汉晚期。两墓前室顶部均发现朱红色单线彩绘的楕菱形图案，可能是魏晋以后墓葬建筑中藻井艺术的雏形。其他部分因墓室遭水浸，彩绘图案不清。

10. 潼关县高桥乡吊桥村杨震家族墓地④

二号墓和六号墓均为墓道、前后室、券门斗拱组成，表面涂朱绘，斗拱上部砖壁刻绘圆形和菱形图案各三层，并涂有鲜艳的红、黄、白、蓝等色。

11. 旬邑县原底乡百子村东汉砖室墓⑤

前堂后室夫妻合葬墓，坐北朝南，由甬道、东西侧室、前室、后室几部分组成，全长24.75米。墓门外甬道两侧壁各绘一执刀武士，双目圆睁，壁上朱红隶书"诸观者皆解覆乃得入"，墓门内甬道两侧壁分绘有一佩剑持盾的厅长和拥慧而立的门者。壁画主要分布在前室四壁与顶部，及后室墙壁和东西侧室前部。后室有题记"口使将军""邠王"，表明墓主身份。壁画内容大致分几类：一是表现墓主庄园生活场景的农耕、放牧、射猎、仓楼、苑廐等；二是表现墓主仕宦身份的车骑出行、妻眷、属吏等；三是墓主享乐生活的燕居、庖厨、宴饮等；四是羽人、芝草等天人感应形象下的祥瑞图；五是表示天象的日月、星宿、云气，以及象征四方神灵的四神；六是装饰图象如前室顶部

---

① 笔者参与此墓部分清理工作，详细资料尚未公布。
② 此墓清理于上世纪五十年代，因当时条件有限，只提出墓中遗物，并未对壁画提取、摹绘等，具体情况根据发掘者罗西章先生告之。
③ 王玉清.陕西韩城芝川镇东汉墓[J].考古，1961（8）.
④ 陕西省文物管理委员会.潼关吊桥汉代杨氏墓群发掘简记[J].文物，1961（1）.
⑤ 陕西省考古研究所.陕西旬邑发现东汉壁画墓[J].考古与文物，2003（3）.

的莲花藻井。壁画以表现墓主现实生活为主要题材，表现东汉时期的庄园经济，见图二。

图二

12. 灞桥区洪庆镇田王北晋墓[①]

墓葬由墓道、甬道、前后室及耳室组成，所出遗物有猪、鸭、鸡、果盒、磨、灶、人物俑、董卓小五铢等，具有明显的晋代遗物特征。墓室顶部北壁及甬道口、上部壁面绘有北斗七星，每颗星以曲线相连，并书有"元康四年（294年）地下北斗"字样，墓室西壁南端画有圆月，并书有"月"字。

13. 蓝田县蓝关镇南寨村晋墓[②]

晋墓中一室有"元康四年"纪年铭文，个别墓室壁上绘有星象图。

从以上关中地区发现的汉代壁画墓的情况看，以西安为中心，北至旬邑，西到千阳，东达潼关的广大关中地区都是两汉壁画墓的分布地区。

二、关中两汉壁画墓的分期和内容布局

关中地区是西汉京师长安所在地，墓葬形式主要流行土洞墓和砖室墓。此地的两汉壁画墓相对其他汉墓总数，比例较少，但同样是汉代墓葬的典型代表。它的演变发展正体现了关中地区两汉墓葬构建艺术的演化规律和高度的建造技巧，并表现出自有的特色。在前人关于汉代壁画墓研究成就的基础

---

① 陕西省考古研究所编.陕西配合基建考古主要收获[M].西安：三秦出版社，1992.
② 国家文物局.中国文物地图集·陕西分册·下[M].西安：西安地图出版社，1998.

上[①]，依据关中汉墓壁画在布局、内容和风格上的变化特点，将其分四个阶段。

第一阶段：目前在关中发现年代较早的壁画墓为西汉晚期的西安交通大学附小壁画墓、乐游塬壁画墓和西安南郊曲江池壁画墓。曲江池西汉壁画墓为土坑墓，无砖室。此墓壁画布局和内容与整个汉墓壁画都迥然不同。画面主要安排在墓室第一台阶以上四壁几墓道的阶段两壁，不分上下单元布局，直接在土壁上作画。内容不见早期汉墓壁画中升仙、神怪、祥瑞等题材，而主要绘一些食草类动物，犀牛、大象、大鱼、牛马等都绘得与自然实物大小一般，用浓厚的写实风格绘成。这种现象在两汉壁画墓中仅此一例。西安交大壁画墓和乐游塬壁画墓与此期洛阳地区壁画墓中布局和内容都基本相似，[②]由墓顶往下依次布局，画面主要分布在墓顶、门额、墓室中部隔墙和后壁。画面内容复杂，墓顶绘日月星象，交大壁画墓表现了完整的二十八宿天象图，而乐游塬壁画墓表现羽化升仙题材。两墓的墓壁绘手持灵芝引导墓主之魂升天的羽人和成组的祥瑞奇禽异兽，升仙避邪思想十分明显。另外，乐游塬壁画墓的墓室壁绘车马出行、狩猎、宴乐歌舞等图，是写实内容较早的壁画墓之一，实开东汉壁画墓，特别是中期以后主要流行内容的先河，在中国墓葬壁画发展史上具有承前启后的作用。

第二阶段：新莽时期至东汉早期，属于此期的关中壁画墓有千阳壁画墓、咸阳龚家湾汉墓、彬县雅店村汉墓、新筑镇新莽墓、姜塬东汉砖室墓。此五座墓除前二座分别为土洞墓和砖石混筑墓，其外三座都为砖室墓。千阳、新筑、姜塬三座墓壁画内容基本相似，主要是天象和四神图象，如千阳墓东，西壁绘日、月、星、宿、流云组成的天象图和四神。咸阳龚家湾和彬县内壁布局基本相似，利用线刻和彩绘相结合的手法，在墓室门楣或墓门上构图布局，如龚家湾汉墓门楣正中的流云羊头和彬县雅店村汉墓门楣上的青龙白虎是消灾避邪图案。

第三阶段：东汉中晚期，属于此期的关中壁画墓有韩城市芝川镇东汉墓、潼关杨震家族墓、旬邑百子村汉墓五座，五座墓均为砖室墓。韩城和潼关墓盗掘严重，并遭水浸，故所见彩绘多为残留墓顶图案，如韩城墓顶彩绘梯菱

[①] 汉代壁画墓研究者较多，学者多集中于宏观上谈汉代壁画墓的内容、特点及有关思想等，有杨泓、汤池、宿白等。
[②] 洛阳市第二文物工作队. 洛阳两汉壁画墓简说[J]. 中原文物, 1996（2）.

形图案和潼关墓顶彩绘的圆形和菱形图案，是魏晋以后墓葬建筑中藻井艺术的雏形。旬邑壁画墓的布局内容与此期其他地区壁画具有相同的一致性，都以现实生活题材为主。[①] 前室墓顶为日月云气图，以及青龙羽人升仙图。四壁为园囿、仓楼、牧马、牛耕图，后室壁画主要描绘墓主生前属吏和出行车马仪仗卫，同时描绘墓主端坐帐中形象以及表现家居宴饮、庖厨图、并有大量的题记。整个壁画内容上反映了墓主庄园经济生活和追求利禄、现世行乐之风。

第四阶段：魏晋时期的关中壁画墓有洪庆田王晋墓和蓝田晋墓两座，其壁画风格与汉墓有相似之处，可基本上看作是关中汉壁画墓余风。此二墓的壁画特点是墓顶的彩绘图象表示星象图和纪年文字，图象简单。这种现象基本上是汉墓壁画发展的尾声。

三、关中两汉壁画墓的发展原因和历史地位

从前面关中两汉壁画墓的发展分期情况可见，关中两汉壁画墓发展过程基本上与中原地区，特别是洛阳地区的两汉壁画墓的发展过程相同，都是从西汉中晚期一直延续到魏晋时期，但具体过程又有所不同。从其四个阶段分期可以看出，关中两汉壁画墓经历了西汉中晚期的初步发展、新莽时期至东汉早期的滞后和延续、东汉中晚期的繁荣和成熟、魏晋时期余韵回响四个阶段。其发展过程也基本符合关中地区在两汉时期历史地位变化的事实。刘邦建都长安，一统天下，社会凋敝，民生疲惫，宁静虚无之黄老学说盛行。西汉初 70 余年，国家无事，渐入殷富之境，文帝效法古制，以绘画点缀政教，开启两汉绘画勃兴之先河。至雄才大略的武帝，对外经营四方，在内设太学、置博士，表彰需求。特别是秦皇汉武的求仙实践活动对神仙思想的传播起到巨大的推动作用，并产生了广泛的社会影响。从西汉后期开始，上层流行的神仙思想广泛散发至民间，其信仰群体进一步扩大。神仙思想在汉代文学和文物中如墓室壁画、画像砖石、铜镜、摇钱树、博山炉等都充斥着浓郁的神仙气息。这些活动的存在都是西汉中晚期壁画墓中流行的神仙怪兽、羽化升仙的基础。

西汉末年至王莽时期，阴阳五行观念和天人感应思想盛行，人们试图通

---

① 张合荣．汉墓壁画的布局、内容和风格 [J]．华夏考古，1995（2）．

过阴阳和五行两者间的互动关系来解释宇宙自然生成变化和个体的生态以及王朝的更迭和社会的发展。关中地区西汉晚期至王莽时期的墓室壁画中大量的天象图象的流行，就是此思想的反映。此期的墓室壁画通过日月星云，构造出一个人为的天象，然后以青龙、白虎、朱雀、玄武代表四时、四方，同时佐之以羽人、神兽珍禽等。从而表明墓主之灵魂被布置于恒常不变的宇宙自然物，才能体现出其不朽，墓主之魂才能飞升天堂，才能安居乐业。[①]此外，此期的关中地区壁画还出现了车马出行、乐舞、斗鸡等洛阳地区在东汉时才出现的现实生活题材，特别是西安理工大学壁画墓中的骑马射猎内容在目前发现的汉代壁画墓中仅此一例。东汉中晚期，关中地区壁画特点基本上与其他地区壁画墓特点趋同，在壁画布局、内容上具有相同的一致性，都以现实生活题材为主。如旬邑壁画墓就反映墓主生前的办事属吏、车马出行、庖厨宴饮和庄园经济等，而没有前期的日月星象和祥诋祥瑞图等。墓中人物旁的题记就与内蒙古和林格尔汉壁画墓[②]等相似。

关中地区汉壁画墓发现不多，其数量和内容始终没有洛阳地区的壁画墓繁荣和丰富，也没有出现大量神怪形象，如人面蛇身的伏羲女娲、鹰头凤鸟的朱雀、人面鸟身的王子乔等，给人感觉是关中地区汉墓壁画不甚发达。究其原因，披山带水的关中地区在西汉时候得到长足的发展，但两汉之际的"更始之乱"，使得这一地区顿失往日的繁荣，呈现满目荒凉景象。《后汉书·刘盆子传》载："时三辅大饥，人相食，城廓皆空，白骨蔽野。"战争的摧残使得关中地区大伤元气，人口大量减少。《后汉书·杨彪传》载："关中遭王莽变乱，宫室焚烧，民庶涂炭，百不一存。"西汉时号为富庶，有"陆海"之称的长安地区，因人口的大量减少，到东汉时一度甚至沦为流徙罪犯的谪戍之所。[③]《后汉书·安帝记》载："诏郡国中都官乐囚减死一等，勿笞，诣冯翊、扶风屯，妻子自随，占著所在。"人口和城市数量急剧减少，加之东汉时政治中心东移洛阳，豪门贵族云集，商贾趋之诺骛，而昔日三辅地区的繁华就一去不复返。作为西汉中晚期兴起的壁画墓其结构都较复杂，墓主都是富有的豪强和官僚，且官位越高，壁画内容就越丰富，规模也就越大。西

---

① 贺西林.古墓丹青[M].西安：陕西人民美术出版社，2002.
② 和林格尔汉壁画墓.中国大百科全书·考古卷[M].北京：中国大百科全书出版社，1986.
③ 周长山.汉代城市研究[M].北京：人民出版社，2002.

汉中晚期兴起的壁画墓在关中地区没有得到大量的流行和繁荣，而在洛阳地区繁荣和丰富的原因，政权中心的变迁和财富的转移等因素也许是其深层的历史原因。

关中地区的汉壁画墓目前发现 10 多座，在数量和内容上都较丰富，在目前全国范围中发现的六十余座两汉壁画墓中应占有一定的地位。但是按照传统的汉壁画墓的分区观点，在 4 个主要汉壁画墓分布区域中，没有关中地区。[①]关中地区的两汉壁画墓没有得到其应有的历史地位，这点明显有违历史事实。事实上，关中地区壁画墓的历史源长，目前发现历史最早的壁画墓是陕西扶风杨家堡四号西周墓。[②]关中地区在秦代壁画水平就相当高，从咸阳秦宫殿遗址出土的大量壁画残片就可窥一斑。[③]西汉时期，三辅地区的经济、文化最发达，首先出现壁画墓也就在情理之中。近年考古人员在汉长安城长乐宫发掘清理一处汉代宫殿的半地下建筑时，发现了许多汉代壁画残块。专家认为，这是继秦咸阳宫壁画出土之后的又一重要发现，在中国古代壁画史以及美术史上具有重要的研究价值。刘庆柱先生说："此前从未发现过汉代宫殿壁画，这些壁画残块不仅为人们研究汉宫廷壁画提供了重要资料，更填补了汉代壁画的遗缺，使中国古代（秦、汉、唐等）的壁画史有了较完整的脉络。"关中地区没有发现西汉早期壁画墓，但不能说明此地不存在壁画墓。史书记载秦始皇陵中就存在壁画。《史记·秦始皇本记》记载秦陵地宫"上具天文，下具地理"。汉承秦制，由此估计西汉早期壁画墓在西汉帝陵中存在的可能性较大。西汉中晚期刚兴起的壁画墓只不过因政权的东迁和财富的转移等因素使得正常的发展过程打断，而没有出现繁荣景象。东汉中晚期因经济恢复，关中地区的汉墓壁画水平也就与全国其他地区趋平。

因此，我们可以推定，在汉代壁画墓的历史分区和分期中，关中地区的汉代壁画墓应占有一定地位，是中原地区汉代壁画墓的重要组成部分。其明确的分期对中原地区乃至全国两汉壁画墓的分期都有一定的指导意义。

（该文与陈晓飞合作，发表于《中国历史文物》2006 年第 4 期）

---

① 汉壁画墓.中国大百科全书·考古卷[M].北京：中国大百科全书出版社，1986.
② 罗西章.陕西扶风杨家堡西周墓清理简报[J].考古与文物，1980（2）.
③ 张旭.秦咸阳第三号宫殿遗址壁画[A].陕西省文博考古科研成果汇报会论文选集，内部资料.

汉代"七女为父复仇"图像解读
——考古所发现一则消亡千年的"血亲复仇"故事

一

在新中国众多考古发掘事件中,曹操高陵的考古可以说是知名度最高,特别是随着新媒体的介入和传播,此次考古发掘甚至成为年度新闻热点,成为妇孺皆知、街头巷尾讨论的话题。在曹操高陵墓葬考古出土的众多文物中,其中一件画像石内容尤为突出,其内容就是讲述一个已经消亡千年的血亲复仇故事。

曹操高陵墓出土的这件"血亲复仇"故事的画像石是从盗墓者手中追回的一块画像石,已断为三截。这块画像石上有上、下两层画像,并刻有题榜。其中上层左边为首阳山采薇图,右边为杞梁妻图,有"纪梁""侍郎"及"首阳山"等题榜。下层为七女为父报仇图,有"令车""主薄车""咸阳令"题榜。在该画像石中部有七位衣着为女子形象的人手执各种兵器,围攻一队路经石拱桥的车马队伍,并发生激战,桥梁中央本来在车马里的人跌落桥下,同时受到桥下舟中人夹击,场面十分混乱。[①]

图一 曹操高陵出土画像石图

[①] 有关该画像石具体资料在潘伟斌《河南安阳市西高穴曹操高陵》(《考古》2010年第8期)发掘报告一文中并没有公布,具体信息参见黄震云《曹操墓画像石解析及一号墓主推测》(《殷都学刊》2011年第1期),但该文有关该画像的释读和解释存在着相当的错误,不可采信。

类似此类画像在汉代画像石和壁画墓中也所发现,最著名三例就是山东莒县东莞镇出土的汉代画像石[①]、嘉祥武梁祠[②]和内蒙古和林格尔东汉壁画墓[③]等。据介绍,山东莒县东莞镇出土的2号汉代画像石的内容和形式其中"整个画面以桥为中心,桥上桥下有五名女子,手执长剑、盾牌等兵器,一辆马拉的诏车行至桥中央,车上主人已跌落桥下,左右各有一名女子,乘船持兵器勾镶刺向他。画面右上角有榜题,为'七女'二字"。发掘整理者认为,刻画的是"七女为父报仇的故事";此外《中国画像石全集》也认为"桥上战斗,有榜题七女,当是七女为父报仇故事",见图二。

图二　山东莒县东莞镇出土汉代画像石图

内蒙古和林格尔汉墓壁画以描绘墓主人最高官职"使持节护乌桓校尉"出行情景为主。在中室西壁甬道门上画有一座和东莞汉画像石"七女"图像十分相似格式木质拱桥,该桥上中央位置为一辆主车,旁边有残榜题"长安令",在主车的四周有九匹奔骑,对马车形成包围的态势。其中上排奔马的上方有清晰完整的"七女为父报仇"榜题,邢义田认为主车前一人,车后第二、第三人,车右上方之二人都明显梳着高髻,女性色彩较浓。桥下有两只船,穿上各有三人,中间一人体形较大,具体性质不详,其中右船上方有榜题"渭水桥",见图三。

---

① 杨爱国.山东汉画像石[M].济南:山东文艺出版社,2004.
② 中国画像石全集编辑委员会.中国画像石全集·山东汉画像石[M].济南:山东美术出版社,2002.
③ 盖山林.和林格尔汉墓壁画[M].北京:文物出版社,1977.

图三　内蒙古和林格尔东汉壁画墓壁画图

山东嘉祥武氏祠一件长方形画像石画面横203厘米、长96厘米，画面内容分为两层：上层为人物车骑图、下层刻水陆混战场景。其中下层画面主要刻画了以一座桥梁为中心的攻战场景，拱桥中央有一辆盖系四维的主车，车主身向后倾状，左边有两辆车，分别榜题为"主记车"和"主簿车"；右边有三辆车，分别榜题曰"功曹车""贼曹车""游激车"。两边各有导从的骑吏和步卒，皆手执兵器作攻杀之状。和车骑队伍交战的是手持刀、盾、戟、钩镶、弓箭等兵器的男女混合之众。整个混战呈现犬牙交错、相互砍杀的情形。桥下的水中也在激战，其中一位体形魁梧、峨冠博带之人，右手持剑，左手执盾，似乎正在抵挡左右两只小船上持刀戟女子的进攻。武氏祠的第二件画像石从内容情景到人物车骑都与第一件画像石非常相似，见图四。

图四　山东嘉祥武氏祠中的"七女复仇"画像石

此外据邢义田先生考证山东长清孝堂山石祠画像石和临沂吴白庄汉墓画像石也存在类似性质的"血亲复仇"图像[1]，在此就不一一列举。

---

[1] 参见邢义田的《格套、榜题、文献与画像解释：以一个失传的"七女为父报仇"汉画故事为例》，载台北中研院史语所第三届国际汉学会议论文集历史组《中世纪以前的地域文化、宗教与艺术》，2002年。

二

以往习惯将此类图像归为"水陆攻战图",但是此类图像最明显的特点在于这类图像分为两层图像,上层为陆上交战,下层为大桥战争,分为桥上交战和桥下水上交战情形。上层是陆上步兵与车马、骑兵之间冲突、厮杀、交战颇为激烈,往往伴随着飞鸟形象存在。需要说明的是,对于这层图像的含义,有的学者解释为"项羽问路",或是无根之谈。下层为"桥上战斗"图像,图像左侧有些存在并列的马车,马车上侧多有类似于"职官"的榜题,从图像看车马并未参战。在车马前有步兵列,步兵显然遭到身着女性色彩的人袭击,基本处于马首前部,有人直立执刀、有人半蹲执钩、有人执剑埋伏于左边桥墩角。在桥中央的主车中人是被攻击的主要对象,其马明显受到惊吓,诏车的车身后倾。此类图像中部多有(五)七位衣着(或发髻)明显为女子形象的人和过桥的队伍在桥梁中部(或桥下)发生激战,桥中央本来在诏车里的人跌落桥下,并受到桥下舟中人夹击。从画像图像或壁画图像看,这些"女兵"与骑兵接近成对分布;从桥梁中部来看,"女兵"在桥上占优势,位于桥梁中部马车里的人已跌落桥下,马车上有一人或为侍卫,执剑回首做反击状。在整个此类图像中,我们似乎隐隐约约可以看到一群持短刀、勾镶的"女子"勇敢地袭击了车马、骑兵,而这场交战的中心在于桥梁中心的车马。车马里的主人公体形显得比图像中其他人物都要大,位于桥梁中下部,形象突出,双手向上挥,裙角飞扬,衣服呈上飘动状,可以看出他应该是车马的主人公,也是攻击的主要对象。桥下的场景是在其被袭击后跌落马车,坠于河时,跌落者两边各有一只小舟,舟上各有一人持钩夹击跌落者。

图五 七女复仇画像图

在汉代画像石图像中，还有一类水陆攻战图。这类图像通常是桥左上边有执刀、引弓的高鼻深目，头戴尖帽男子，往右则是在桥墩处与交战方发生激战，画像中留存"胡王""胡将军"等榜题。桥梁右上方往往布陈着前进的车马战卒，在队伍前方是步兵排布，车马尾随其后，汉军的步兵往往一手持盾一手持刀，而尾随的骑兵则配长枪或弓箭，图像右端上方也往往会有一两只飞鸟形象出现。此类型水陆攻战图最明显的特点在于图像左边存在一方高鼻深目、头戴尖帽引弓射击的"胡人"，故也为学界习称为"胡汉战争图"，与前面我们所论述的"血亲复仇"内容的图像明显不同。两者都统称为"水陆攻战图"明显不妥。

三

对于武梁祠和曹操高陵出土的七女报仇类图像以往习惯解释为"水陆攻战图"，今天一般称之为"七女为父复仇"图。其中至关重要的便是画像（或壁画墓）上的榜题文字，对解释画面内容起了决定性的作用。特别是内蒙古和林格尔汉墓壁画上的墨书榜题多达226项，这些文字对每幅壁画内容乃至具体细节都作了明确而详细的注释，为解读这些壁画提供了极大的方便。在汉代墓葬壁画或石刻画像上配以榜题（或题记），估计是当时工匠们的一种习惯作法，或是一种流行的风气。这种图文并茂的好处是免除了对画面内容的猜测和误解，为有意为之，其性质类似于后世连环画配以说明文字一样，只是在汉代壁画与石刻画像上表现得更为简洁而已。山东莒县东莞画像石上"七女"两字，比和林格尔汉墓壁画"七女为父报仇"榜题更为省略，但画面内容与情节二者都如出一辙，显而易见表现的都是同一个故事。相同情节的图画故事在东汉武梁祠和曹操高陵画像石也都如同一辙，后二者只是没有榜题文字说明。因此刘云涛最早根据山东莒县东莞镇出土的2号汉代画像石右上角榜题'七女'，并结合和林格尔东汉壁画墓中"七女为父报仇"榜题，命名此类图像为"七女为父复仇"图[①]。此结论也为大陆学者杨爱国和台湾学者邢义田进一步阐述和发展，从而揭示了一则消亡千年之久的血亲复仇故事——七女为父复仇。

---

① 刘云涛.山东莒县东莞出土汉画像石[J].文物，2005（3）.

图六　和林格尔壁画墓题记

"七女为父报仇"故事虽然史籍中缺乏详载，一直难以断定，但是从山东嘉祥武梁祠、莒县画像石、河南安阳曹操高陵画像石、内蒙和林格尔壁画墓的发现情况看，这个故事在汉代肯定曾经广为流传。罗哲文先生就认为和林格尔汉墓壁画中绘出了一幅榜题为"七女为父报仇"的画面，木柱朱栏之下很明显地标出了"渭水桥"三字，是知此画为借渭水桥这一古代有名的长桥来表现"七女为父报仇"的主题。在桥上正中车骑之间还有"长安令"三字，更进一步明确地肯定了这座桥是汉长安的渭水桥。[1]事实上我们考察整个画面，画面也以河桥为中心来刻画人物情节，由此可知河桥是"七女为父报仇"故事发生的特定环境。

有关秦汉之际在渭水上修桥的记录，文献记载大约从秦昭王时期就在都城咸阳以南的渭水上架筑了长桥，连接渭河北岸的咸阳宫和渭河南岸的兴乐宫，秦始皇统一全国以后，又在此桥基础上予以修缮、扩建。《三辅黄图》记载："始皇穷极奢侈，筑咸阳宫，因北陵营殿，端门四达，以则紫微宫，像帝居，引渭水贯都，以象天汉，横桥南渡，以法牵牛。桥广六丈，南北二百八十步，六十八间。"《三辅黄图》中所说的横桥即秦汉之渭桥，因临近汉长安城的横门，后世注家多称横桥。七女复仇的对象在和林格尔壁画墓中题榜为"长安令"，而曹操高陵画像却在桥下题榜为"咸阳令"。秦都咸阳，西汉高帝元年（公元前206年）更名新城，七年（公元前200年）罢，属长安，武帝元鼎三年（公元前114年）又改名渭城。即秦代时有"咸阳令""长安君"，

---

[1]　罗哲文. 和林格尔汉墓壁画中所见的一些古建筑[J]. 文物，1974（1）.

而无"长安令",相反西汉时更无"咸阳令"。此类画像中无论是"咸阳令",还是"长安令",其车都处于渭桥中间,显然都是画像中主要的被攻击对象。两幅画像虽然表现了同一内容,但是故事中的主要人物却出现了明显的差错。分析出现这种差错的个中原因,或许正如徐龙国先生所言"东汉时期,人们对这一事件发生的时间已经比较模糊了"[①]。魏晋之后,七女为父报仇故事最终彻底被人们遗忘也就在情理之中。

套用邢义田先生的原话叙述:"这个故事不见于所见的文献,以收录列女故事为对象的《列女传》中也没有"。关于"七女复仇"虽然《列女传》等没有记载,但是在早期文献中还是有一些蛛丝马迹。北魏郦道元《水经·沔水注》记述在陕西城固县北有"七女冢,冢夹水罗布,如七星,高十余丈,周回数亩。元嘉六年,大水破坟,坑崩,出铜不可称计。得一砖,刻云:项氏伯无子,七女造墩。世人疑是项伯冢。水北有七女池,池东有明月池,状如堰月,皆相通注,谓之张良渠,盖良所开也。"[②] 黄剑华先生认为文中提到的"七女冢"是座汉墓,墓主项伯便是和张良同时代的秦末汉初人物,即鸿门宴事件中帮助刘邦化险为夷的项伯。[③] 其实这样附会是十分错误的,此项伯非彼项伯。《史记·项羽本纪》记载项羽兵败该下,乌江自刎后,楚地都归顺了汉王,刘邦礼葬了项羽,对"诸项氏枝属,汉王皆不诛。乃封项伯为射阳侯。桃侯、平皋侯、玄武侯皆项氏,赐姓刘"。射阳侯项伯的封国位置在今江苏宝应县射阳湖镇东部,并延续三代之后国除。《史记·高祖本纪》记载在孝惠帝三年(公元前192年),项伯去世,他的后代项睢有罪,不能继承爵位,封国灭亡,他的封地归入西汉朝廷。我们很难想象一个封国今江苏宝应县的谢阳侯项伯在有后代继位的情况下,会成为无子只有七位女儿,并葬身于几千里之外偏僻之地——陕南城固的项伯。于情于理,都说不通。事实上,《水经注》文中的"疑是"为相传之义,意思是说世人相传汉代项伯死后,他的七个女儿为其取土筑坟造冢,故名七女冢,但此项伯肯定不是射阳侯项伯,不过是一位同名的项伯而与。因此"七女为父报仇"故事实为一则遗失千年的"血亲复仇"故事,恰逢盛世,借助考古工作者让其得于"重

[①] 徐龙国. 曹操墓画像石解析及一号墓主推测 [J]. 殷都学刊,2011(1).
[②] 郦道元. 水经注卷二十七"沔水" [M]. 北京:商务印书馆,1958:29.
[③] 黄剑华. 汉代画像中的"七女复仇"图 [J]. 上海文博,2007(3).

见天日"。

四

这则发生在古代长安渭水桥畔的"七女为父复仇"故事，从考古所发现的地域分分布情况看，在汉代可能主要流行于北方地区，特别是为讲究忠孝和民风强悍的齐鲁幽燕之地所推崇。事实上，汉代今文经学派提倡以孝悌为本，提倡"复仇"思想，尤其对血亲复仇给予充分的肯定，也在很大程度上起到了推波助澜的作用。在先秦文献中，与仇人不共戴天的观念也较为多见，如《孟子·尽心下》载："吾今而后知杀人亲之重，杀人之父，人亦杀其父杀人之兄，人亦杀其兄。然则非自杀之也，一间也。"《礼记·曲礼》载："父之仇，弗与共戴天。兄弟之仇，不反兵。交游之仇，不同国。"《周礼·地官·调人》载："父之仇，辟诸海外则得与共戴天，此不共戴天者，谓孝子之心不许共仇人戴天，必杀之乃止。"《礼记·檀弓》载："子夏问于孔子曰'居父母之仇如之何'，夫子曰'寝苫，枕干，不仕，弗与共天下也'。"由此观之，我们便可知道当时儒者是如何提倡复仇，尤其血亲复仇的，《史记》《汉书》中有不少相关事例的记载，东汉诸儒生集体为因复仇杀人的赵娥请命一事则为最有名的事例。这些情况都是"七女为父报仇"故事流行的原因。魏晋之后，国家层面不再提倡"冤冤相报"复仇行为，甚至对恶性的"血亲复仇"行为进行惩罚，汉代流行的"七女为父报仇"的故事逐渐消失，被人们所淡忘。

（该文与赵慧群合作，发表于《新疆艺术学院学报》2017年第4期）

磁州窑瓷枕中二十四孝纹饰解读

磁州窑是我国北方古代著名的民间瓷窑，现位于河北省南端即邯郸市峰峰矿区和磁县。在磁州窑生产的各种瓷产品中，其中瓷枕因优美的造型、光亮的釉色、丰富的装饰，类型多样等特点，显得十分突出。马忠理在概括磁州窑瓷枕的装饰内容时说："山水风景、花鸟虫鱼、珍禽瑞兽、镇宅符语、童婴嬉戏、蹴鞠杂技、历史故事、村野乡俗、诗词曲赋、吉言警句，这些广泛的装饰内容、明显的时代特征，都客观地反映了当时人们的思想、情趣、爱好和民间习俗。"[1]在磁州窑瓷枕的装饰纹饰内容中，其中有一部分涉及"二十四孝"内容。对此类纹饰的解读，张子英先生所编著的《磁州窑瓷枕》[2]一书基本上没有涉及，而王兴、王时磊二位先生所编著的《磁州窑画枕上的故事》[3]一书部分涉及，但在具体的纹饰画枕解读上存在不少错误。本文在以上几位先生研究的基础上，结合宋元时期墓葬考古出土的大量孝行图，特别是有详细人物题记的孝行图，和相关历史文献，对磁州窑瓷枕中涉及二十四孝内容的图画纹饰进行解读，以求教于方家。

"王祥卧冰求鲤"。河北磁县私人收藏的一金代长方形枕[4]，长32厘米，宽15.7厘米，高14厘米，采用白地黑花的装饰技法，枕的前立面绘有开光，开光内绘有折枝花卉，后立面墨书一首诗词："寒食少天色，春风多柳花。倚楼心绪乱，不觉见栖鸦。"底部印有"张家造"窑戳款识，枕面用绳纹装饰边框，边框内作菱形开光，开光与边框之间为菊花纹。开光内绘的远处为三座高耸的山峰，中间的山峰最高，两侧的山则对称分布。画面中间是一条河流，两岸是为半掩的山石和萧条的树木。一男子盘坐在岸上，聚精会神地观看着水中游动的三条鲤鱼。此图表示为"王祥卧冰求鲤"的故事，画面空

---

[1] 张子英.磁州窑瓷枕[M].北京：文物出版社，2000：13.

[2] 同[1].

[3] 王兴，王时磊.磁州窑画枕上的故事[M].北京：文物出版社，2008.

[4] 同[1]，94—95.

旷寂寥，衬托出王祥救母的心切和诚恳。王祥，字休征，东汉末年人，早年丧母，王祥待继母朱氏如同生母，朱氏体弱多病，常年卧床不起，王祥奉亲至孝，随唤随到，有求必应。时值天寒地冻，继母想吃鲜鲤鱼。王祥冒着三九严寒，解衣卧于冰上，将冰融化后，鲤鱼跃出水面，然后捕鱼，急送往家中，继母食用后，大病痊愈，人们说这是王祥的孝心感动了天地。民间有诗曰"继母人间有，王祥天下无。至今河冰上，一片卧冰模"（见图一）。

图一　王祥卧冰求鲤

"鲍山行孝"。河北省峰峰矿区文保所收藏出土于磁县岳城水库磁州窑枕①，长方形，长31.8厘米，宽15.1厘米，高11.7厘米，底部有莲花、荷花的"古相张家造"窑戳。枕面采用白地黑花装饰技法，五道边框，中间两道线内绘有珍珠纹，边框与开光之间有四朵盛开的花卉，开光内为主题图案，远处重叠山岚，近处荒凉小道上，一男子背着一柳筐，筐中坐着一老者，向前赶路，前面有一武装打扮的男子持剑拦路，欲行抢劫。《磁州窑画枕上的故事》一书认为此图画内容为"江革行佣"，实误，应与"鲍山行孝"有关。山西沁县金代砖雕类似图的榜题为"鲍山背母"②，可知此枕面内容应为鲍山行孝故事。鲍山行孝其事见于《三国志·魏书·阎温传》注引《魏书·勇侠传》："鲍出，字文才，京兆新丰人也……贼数十人已略其母……出复追击之，还见其母与比舍媪同贯相连，出遂复奋击贼。贼问曰：'卿欲何得？'出责数贼，指其母以示之，贼乃解还出母。……出以舆车历山险危，不如负之安稳，乃以笼盛其母，独自负之，到乡里。乡里士大夫嘉其孝烈。"此外敦煌写本《孝

---

① 张子英.磁州窑瓷枕[M].北京：文物出版社，2000：132—133.
② 商彤流，郭海林.山西沁县发现金代砖雕墓[J].文物，2000（6）.

子传》也有相同记载。"江革行佣"出自《后汉书·江革传》，此故事内容也为江革背母逃难，行佣事母之事，但没有"以笼盛母，背负而行"之情节，故很难认定此枕面内容为"江革行佣"。此外，宋金元墓葬中孝行图中多为"鲍山"，而非"鲍出"榜题，故此文依例称之为"鲍山行孝"（见图二）。

图二　鲍山行孝

"孟宗哭竹"。河南省鹤壁市鹤梅博物馆收藏金代三彩"孟宗哭竹"枕，长方形，长 31 厘米，宽 15 厘米，高 15 厘米，该枕采用印花、划花的技法，先印、划出画的轮廓，然后施釉，外圈为绿色，内框留白，整体画面以绿色为主，形成白与绿的色彩反差。枕面右侧为奇石绿竹，一黑衣人一手扶竹枝，一手以袖掩面，跪地哭泣，身后是三四支竹笋破土而出。此图表现的是"孟宗哭竹行孝"内容。《太平御览》卷 963 引《楚国先贤传》曰："宗母嗜笋，冬节将至。时笋尚未生，宗入竹林哀叹，而笋为之出，得以供母，皆以为至孝之所致感。累迁光录勋，遂至公矣。"（见图三）

图三　孟宗哭竹

"紫荆复萌"。该器为河北峰峰矿区文保所收藏的元代枕[1],该枕为长方形,长 41 厘米,宽 17.6 厘米,高 14.3 厘米,前立面为牡丹纹饰,后立面为"相地张家造""艾山枕用功"款识,底部有莲叶荷花"相地张家造"窑戳款。枕正面纹饰为"李逵负荆",后立面纹饰为"紫荆复萌",又称"田真哭树"。[2]该枕立面的菱形开光中一颗大树似已枯萎,大树左右立三位男子,都幞头长袍,掩面而哭。此图内容与山西沁县金代砖雕墓相关内容十分相似,该墓砖雕有"砖面上刻三男子,均着圆领袍服,立于大树前,掩面而哭"。砖雕东南壁榜题为"田真行孝"[3]。二者对比,此图应为"田真哭树行孝图"。《太平御览》卷 421 引《续齐谐记》曰:"田真兄弟三人,家巨富而殊不睦,忽共议分财,金银财物各以斛量,田业生赀平均如一,唯堂前一株紫荆树,花叶美茂,共议欲破为三,人各一分,待明就截之。尔夕,树即枯死,状火烧,叶萎枝摧,根茎憔悴。真至携门而往视之,大惊,谓语弟曰:'树本同株,闻当分析,所以憔悴,是人不如树木也。'因悲不自胜,便不复解树,树应声遂更青翠,花色繁美。兄弟相感,更合财产,遂成纯孝之门。真以汉成帝时为太中大夫。"(见图四)

图四 田真哭荆

"杨香扼虎救父"。该枕为长方形,长 40.5 厘米,枕面为绳纹装饰边框,边框内作菱形开光,边框与菱形之间填饰怒放的菊花纹,枕立面为墨竹纹,

---

[1] 张子英. 磁州窑瓷枕 [M]. 北京:文物出版社,2000:144—145.
[2] 王兴,王时磊. 磁州窑画枕上的故事 [M]. 北京:文物出版社,2008:137. 在该书中,作者考证此枕正面纹饰正确,但后立面纹饰仍认为是"李逵负荆",实误。
[3] 商彤流,郭海林. 山西沁县发现金代砖雕墓 [J]. 文物,2000(6).

枕底有"张家造"戳款。菱形开光内绘一小孩骑伏在一老虎身上，一手按住老虎脖颈，一手奋力挥拳，老虎伏地，虎头上扬，尾巴高高翘起，两后蹄用力蹬地反抗，作怒吼状，旁边为树木高大的丛林状。①《磁州窑画枕上的故事》一书考证此图为"武松打虎"，实误②，笔者推测此图内容与"杨香扼虎行孝"有关。甘肃清水电峡金墓砖雕中一梳髻小孩，着红地白花对襟衫，骑于虎背，双手紧攥虎双耳，旁墨书"杨香行孝□□□人也"③。《太平御览》卷415引《异苑》曰："顺阳南乡县杨丰与息女香于田中获黍，父为虎噬，香年甫十四，手无寸刀，乃扼虎领，丰因获免。香以诚孝至感，猛兽为之逡巡。太守平昌孟肇之赐资谷，旌其门闾焉。"事实上，在宋金元的墓葬中多有杨香扼虎内容的孝行图，相反目前还没有见一例"武松打虎"的图例，这或许也说明此枕面内容非"武松打虎"，而实为"杨香扼虎救父行孝"图（见图五）。

图五　杨香扼虎救父

"刘殷行孝"。河北磁县博物馆藏磁县都党乡冶子村出土的金代白地黑花人物枕④，长方形，长29厘米，宽16.5厘米，高13.2厘米。枕面菱形开光中，露出一角的凉亭边一双膝跪地的少年双手作揖，其左上角有一宽衣长袍的老者深情对视，徐徐升天。此图或许与"刘殷行孝"有关。山西壶关南村宋墓18号砖雕，"刻有二人，右上一男子踏于云朵上，另一男子戴幞头，穿圆领袍服，拱手作拜"⑤。此图类似内容在山西沁县金代砖雕墓有榜题"刘殷"，

---

① 王建宇，邱东联. 中国宋元瓷器目录[M]. 海口：南方出版社，2000.
② 王兴，王时磊. 磁州窑画枕上的故事[M]. 北京：文物出版社，2008：138.
③ 陈覆生，陆志宏. 甘肃宋元画像砖[M]. 北京：人民美术出版社，1995.
④ 张子英. 磁州窑瓷枕[M]. 北京：文物出版社，2000：96—97.
⑤ 长治市博物馆，壶关县文物博物馆. 山西壶关南村宋代砖雕墓[J]. 文物，1997（2）.

故可推之此枕面为"刘殷行孝图"。《晋书·孝友列传·刘殷传》："刘殷，字长盛，新兴人也，高祖陵，汉光禄大夫，殷七岁丧父，哀毁过礼，服丧三年，未曾见齿。曾祖母王氏，盛冬思堇而不言，食不饱者一旬矣。殷怪而问之，王言其故。殷时年九岁，乃于泽中恸哭，曰：'殷罪衅深重，幼丁艰罚，王母在堂，无旬月之养，殷为人子，而所思无获，黄天后土，愿垂哀愍。'声不绝者半日，于是忽有人云：'止，止声。'殷收声视地，便有堇生焉，因得斛余而归，食而不减，至时堇生乃尽。"（见图六）

图六 刘殷行孝

"王武子妻"。《磁州窑画枕上的故事》一书所附录的"画枕选辑"中有一美国博物馆藏人物故事枕[①]，其枕面为枕面为绳纹装饰边框，边框内作菱形开光，边框与菱形之间填饰怒放的菊花纹，菱形开光中一颗茂密的大树掩映着一翘角凉亭，大树左边一拱手向前的妇人，对面一年青女子席地而坐，作刮股状，并侧身回望。该书没有对此图画内容详细考证，从图看，可能与"王武子妻刮股行孝"有关。甘肃清水电峡金墓砖雕彩绘有右一老妇梳圆髻，著对襟衫，双手笼于袖中，坐于椅中。左一妇人跪于地上，左手持刀，正在割自股肉，其前置一碗。二人之间墨书"杨武子行孝系河阳人也"[②]。杨武子，实为王武子。河南洛阳北宋崇宁五年（1106年）张君墓石棺[③]和山西长子金正隆三年（1158年）壁画墓[④]均题名"王武子妻"，故此枕面内容应为王武子妻行孝故事。《孝子传》："王武子者，河阳人也，以开元年中征涉湖州，

---

① 王兴，王时磊.磁州窑画枕上的故事[M].北京：文物出版社，2008：149.
② 魏文彬，师彦龄，唐晓军.甘肃宋金墓"二十四图"与敦煌遗书《孝子传》[J].敦煌研究，1998（3）.
③ 黄明兰，宫大中.洛阳北宋张君墓画像石棺[J].文物，1984（7）.
④ 严晓辉.山西长子县石哲金代壁画墓[J].文物，1985（6）.

十年不归。新妇至孝,家贫,日夜织履为活。武母久患老瘦。人谓母曰:'若得人肉食之,病得除差。'母答人曰:'何由可得人肉?'新妇闻言,遂自割股上肉作羹,奉送武母。母得食之,病即立差。"①(见图七)

图七　王武子妻

　　以上是我们今天所见磁州窑瓷枕上与"二十四孝"有关内容。事实上,在宋金元墓葬考古发掘中,我们经常看见古人采用图像的方式来表达传统文化中的"二十四孝",并形成了一套完整的二十四孝内容。磁州窑作为宋元时期重要的民窑,在传播民间文化上起到十分重要的作用,而且孝道是农村社会中重要的道德规范,磁州窑匠师习惯使用的一种传统题材,把历史故事上流传的动人事迹绘画在瓷枕上,去影响人、教育人,起到潜移默化的作用。宋元时期瓷枕作为家庭中必备的生活用具,所以在瓷枕上绘制"二十四孝"相关内容就十分自然,可以起到耳濡目染的教育效果。包括磁州窑瓷枕上所反映《二十四孝图》内容的绘画作品在内,从目前所发现的大量宋金元考古"孝行"资料看,宋金元时期明显有一套有别与今天所见传统流行的《二十四孝》。其中在宋金元墓葬考古中常见的,包括前文所讨论磁州窑瓷枕上"鲍山、王武子妻、田真、刘殷"等孝行人物故事,并不为今人所见文本《二十四孝》所有。故笔者认为,今人所见文本传为元代郭居敬所编的《二十四孝》,并不是最早、最成熟的二十四孝,相关问题就非此文所涉及的话题,笔者将来有专门文章讨论。②

(该文发表于《四川文物》2009年第4期)

---

① 王重民编.敦煌变文集[M].北京:人民文学出版社,1984.
② 后晓荣.河北涿州元代壁画墓孝义图解[J].青年考古学家,2005(17).此外,笔者即将出版的《二十四孝流变史》一书有详细的讨论。

河北涿州元代壁画墓孝义图解

河北涿州元代壁画墓是丰润县尹李仪夫妇合葬墓。[①] 根据题记二者卒年分别是元至顺二年（1331年）和元至元五年（1339年）。该墓是仿木雕砖壁画结构，壁画内容有竹雀屏风、奉待备宴、祥云瑞鹤及孝义故事等。其中墓门两侧的东南壁和西南壁绘孝义故事，每个故事均以山峦、曲线自然相隔。这种将孝义故事图浓缩于一壁的手法不多见（笔者所了解仅此一例），因无题榜，原文没有对孝义图作定名考释。笔者拟对该墓出土孝义壁画图内容作一分析，同时对宋元墓葬的孝子图提出一些意见。

一

涿州元代壁画墓孝义图画面简略，多以意会，图中没有题记，并有所损益，缺少背景刻画，不易推断每幅孝义内容。笔者在收集历年出土孝义文物的基础上，特别是结合宋金元墓葬中有榜题或题记的行孝故事砖雕、线刻或壁画图像进行对比研究，从而给涿州元代壁画墓的孝义壁画予以较详图解。为便于述之，在从每幅壁画的左下角开始编号，顺序一一进行考释。

（一）东南壁的壁画孝义故事图解

1号图　一位武将身穿盔甲，持枪跃马，旁有小兵卒持刀侧目而视，马前有一瘦小老者跪地作揖，前放两竹编提篮和一扁担状物。此图与山西长子县石哲金墓[②]和长治市安昌金墓[③]的"蔡顺"壁画图相似。后二者都是武将（或持刀）端坐，旁一人拱施礼，脚下放一篮，都有"蔡顺"二字题榜。《二十四孝》载："汉蔡顺，少孤，事母至孝。遭王莽乱，岁荒。不给，拾桑葚，以

---

① 河北省文物研究所，等.河北涿州元代壁画墓[J].文物，2004（3）.
② 山西省考古所晋东南工作站.山西长子县石哲金代壁画墓[J].文物，1985（6）.
③ 朱晓芳.山西长治安昌金墓[J].文物，1990（5）.

异器盛之。赤眉贼见而问之。顺曰：黑者奉母，赤者自食。贼悯其孝，以白米二斗牛蹄一只与之。"

2号图 一成男子拄锹拭汗，前一妇人抱一婴孩作欲置地状，二者之间一土坑，土坑有闪光之物。此图与河南荥阳孤伯嘴宋金壁画墓①中东南壁中"郭巨行孝之处"图相似，其内容是"郭巨埋儿"。其事见《太平御览》卷411《孝感》引刘向《孝子图》："郭巨，河内温人，甚富，父没（殁），分财二千万为两分与两弟，已独取母供养寄住。……妻产男，虑养之则妨供养，乃令妻抱儿，欲掘地埋之，于土中得金一釜，上有铁券云：'赐孝子郭巨。'郭巨还宅主，宅主不敢受，遂以闻官。官依券题还巨，遂得兼养儿。"另西晋干宝《搜神记》和郭煌出《孝子传》都有相似记载。

3号图 一老妇右手拄杖，左手作指点状，面有愠色。前面有头戴礼帽男子略拱手躬立，后有一拱手妇人。二者之间有一泓涌泉，中有露脊双鲤。此图与荥阳孤伯嘴宋金壁画墓的南壁"姜诗子行孝之处"图及山西沁县金代砖雕墓②北壁榜题"姜诗行孝"雕砖图比较，其内容应是"姜诗孝母，涌泉跃鲤。"其本事见《后汉书》卷八十四之《列女传·姜诗》："广汉姜诗妻者，同郡庞盛之女也。诗事母至孝，妻奉顺尤笃。母好饮江水，水去舍六七里，妻常溯流而汲。后值风，不时得还，母渴，诗责而遣之。妻乃寄止邻居，昼夜纺绩，市珍羞，使邻母以意自遗其姑。如是者久之，姑怪问邻母，邻母具对。姑感惭呼还，思养愈谨。……姑嗜鱼脍，又不能独食，夫妇常力作脍，呼邻母共之。舍侧忽有涌泉，味如江水，每日辄出双鲤鱼，常以供二母之膳。"

4号图 一妇人挽袖露臂半跪地，作割手状，前置一碗状物，侧有一案几，上置盘、碗什物。妇人身后一茅屋内一老妇侧躺高床，身后有设物案几。此图与荥阳孤伯嘴壁画墓东南壁的"王武子行孝之处"图及长冶安昌金墓中"王武子妻"图相似，其内容是"王武子妻割股奉亲"故事。其本事见敦煌出《孝子传》："王武子者，河阳人也。以开元年征涉湖州，十年不归。新妇至孝，家贫，日夜织履为活。武母久患劳（痨）瘦，人谓母曰：'若得人肉食之，病得除差。'母答人曰：'何由可得人肉？'新妇闻言，遂自割眼（股）上

---

① 郑州市文物考古研究所，等.河南荥阳孤伯嘴壁画墓发掘简报[J].中原文物，1998（4）.
② 商彤流，郭海林.山西沁源县发现金代砖雕墓[J].文物，2000（6）.

肉作羹，奉送武母。母得食之，病即立差。河南尹奏封武母为国太夫人，新妇封郪郡夫人，仍编史册。"

5号图　山石流云之间，一小女孩头留双髻，圆脸，身穿红色长裙，跨骑老虎，双手紧揪虎额头按之，老虎趴地回首挣扎。此图与长治安昌金墓"杨香女"图和荥阳孤伯嘴宋金壁画墓西南壁的"杨昌行孝之处"图相似，为杨香扼虎救父故事。《太平御览》卷八百九十二引《孝子传》："杨香其父为虎噬，忿愤博之，父免害。"《二十四孝》记叙更为具体："晋杨香，年十四岁，随父割稻田间。父为虎所噬。时香手无寸铁，惟知有父而不知有身，踊跃向前，扼持虎颈。虎亦靡然而逝。父才得免于害。诏旌门间。"

6号图　山石为界，山上端踞坐一木讷老者，面有失意，下端一男孩手拖一担架前行，手指心胸，侧身回望似语状。此图与荥阳壁画墓南壁"元觉行孝之处"图和长治市安昌金墓"元觉"图相似，其内容为孝孙元觉故事。《太平御览》卷五百一十九引《孝子传》曰："原穀者，不知何许人。祖年老，父母厌患之，意欲弃之。穀年十五，涕泣苦谏，父母不从。乃作舆舁弃之，穀乃随，收舆归。父谓之曰：'尔焉用此凶具？'穀乃曰：'恐后父老，不能更作得，是以取之耳。父感悟愧惧，乃载祖归待养。'"

7号图　一棵枯树周围，围绕六位男子，或掩面而泣，或仰头察看，或挥指言语。其中一长袍束带，方脸大腹者最为突出。此图与荥阳壁画墓西北壁"田真行孝之处"图和安昌金墓"田真"图相似，其内容是田真行孝的故事。其本事见于《太平御览》卷四百二十一引《续齐谐记》曰："田真三兄弟，家巨富而殊不睦。忽共议分财，金银财物各以斛量，田业生赀平均如一。唯堂前一株紫荆树，花叶芙茂，共议欲破为三，人各一分，待明就截之。尔夕，树即枯死，状火烧，叶萎枝摧，根茎燋悴。真至携门而往（视）之，大惊，谓语弟曰：'树本同株，闻当分析，所以燋悴，是人不如树也。'因悲不自胜，便不复解树，树应声遂更青翠，花色繁美。兄弟相感，更合财产，遂成纯孝之门。"

图一　东南壁孝义故事图

（二）西南壁壁画孝义故事图解

1号图　画面四人一马，左侧马昂首竖耳，披鬃，长尾拖地，鞍鞯齐全。马上端坐一人，头戴圆帽，怀抱一光头幼童，幼童右臂向前伸，作挣脱状。马侧有一军士，头裹抹额，肩扛骨朵状物。马后一妇人面左，布束发，着紧袖曳地裙，束腰带，双臂半曲前伸，欲接幼童。其后为一长袍方巾的男子。此图与河南洛宁出土的北宋乐重进画像石棺[①]左帮"刘明达"图基本相似，另与荥阳壁画墓"刘明达行孝"图和安昌金墓东壁"刘明达"图也基本相似。其内容是"刘明达行孝"的故事。其事见《变文·孝子传》载："……由不足，更被孩儿减夺，老母眼见消瘦，将儿半路卖与王将军，其妻见儿被他卖去，随后连声唤往，肝肠寸断，割弥身亡。诗曰：'明达载母遂（逐）农粮，每披孩儿夺剥将，阿（耶）卖却孩儿去，贤妻割弥遂身亡。'"

2号图　画面四人，右边椅上一对老者端坐，男者捂嘴嘻笑，女者身微前探，左手平举似言状。左边也是一对老者，满脸胡须，略显年轻，其中男者左手上举过臂，后手向下后摆，作舞蹈状，身侧的女者拢手胸前拱立。此图与洛宁北宋乐重进画像石棺左帮"老莱子"图相似，其内容是"老莱子娱亲"故事。"老莱子娱亲"最早见于宋代洪适撰《隶续》载《武梁石室画像》中"老莱子、莱子母、莱子父"一图。其本事见《太平御览》卷四百一十三引南朝宋人师觉授《孝子传》曰："老莱子，楚人，行年七十，父母俱存，至孝蒸蒸，

---

① 李献奇，王丽玲.河南洛宁北宋乐重进画像石棺[J].文物，1993（5）.

常着斑兰之衣。为亲取饮，上堂脚跌，恐伤父母之（心），因僵扑为婴儿啼。孔子曰：'父母老，常言不称老，为其伤老也。若老莱子，可谓不失孺之心矣。'"又敦煌出《孝子传》也有相类似的记载。

3号图　山石之间一短衣打扮者肩担山柴，似匆匆赶路。其衣袖上挽，回首侧望，脚下不停。此图与北宋乐重进石棺右帮"曾参"图和荥阳壁画墓北壁"曾参行孝之处"图相似，其内容是曾参"啮指心痛"的故事，只是将曾母形象隐去。其本事最早见《搜神记》曰："曾子从仲尼在楚而心动，辞归问母。母曰：'思尔啮指。'"《太平御览》卷370引《孝子传》曰："乐正者，曾参门人也，来侯参，参采薪在野。母啮右指，施顷走归，见正不语，入跪问母何患。母曰：'无'。参曰：'负薪石臂痛、薪堕地，何谓无？'母曰：'向者客来，无所使，故啮指呼汝耳！'参乃悲然。"

4号图　画面绘一男子，赤裸上衣，下着短裤，枕手侧身卧于河冰之上，身前有一前一后两条鱼儿作上跃状。此图与安昌金墓东壁"王祥"图和荥阳壁画墓东北壁"王祥行孝"图，其内容是王祥"卧冰求鲤"的故事。其本事见《晋书》卷三十三之《王祥传》："王祥字体徵，琅邪临沂人，汉谏议大夫之后也。……祥性至孝。……父母有疾，衣不解带，汤药必亲尝。母常欲生鱼时，天寒地冻，祥解衣将剖冰求之，冰忽自解，双鲤跃出，持之而归。母又思黄雀炙，复有黄雀数十飞入其幕，复以供母。乡里惊叹，以为孝感所致焉。"

5号图　画面一戴帽男子弯腰拱手，旁边没有什么背景，估计此图不完整。此图与安昌金墓北壁"韩伯俞"图有点相似。安昌金墓"韩伯俞"图左侧绘一男子，身着圆领长服，身左侧，拱手躬身。右侧绘一老妇，手持长杖作敲打状。其本事见汉代刘向撰《说苑》卷三之《建本》："伯俞有过，其母笞之，泣。其母曰：'他日笞子，未尝见泣，今泣，何也？'对曰：'他日俞得罪，笞尝痛；今母之力衰，不能痛，是以泣也。'"另宋代洪适撰《隶续》载《武梁石室画像》有"（伯）榆母"图。

6号图　画面上绘有江河，河面漂浮人的骷髅。岸边立一妇人，身着长袖孝服，掩面作哭泣新状。此图与安昌金墓北壁"曹娥"图和洛宁北宋乐重进画像石棺后档"曹娥"图相同。其内容是曹娥"哭江寻父"的孝义故事，其本事见《后汉书》卷八十四之《列女传·曹娥》："孝女曹娥者，会稽上虞人也。父盱，能弦歌，为巫祝，汉安二年五月五日，于县江溯涛婆娑（迎）神，溺死，不得尸骸。娥年十四，乃沿江号哭，昼夜不绝声，旬有七日，遂投江而死。"

7号图　画面5人一马，右边一骑马将军，穿盔带甲，旁一执旗军士，耀武扬威。左边一妇人，头束高髻，身着衣襟长裙，怀抱一小儿，脚下一小儿，面有惊恐状。此图与安昌金墓东壁"鲁义姑"图和荥阳壁画墓东北壁"鲁义姑行孝"图相似，其内容是鲁义姑"舍子救侄"的孝义故事。其本事见刘向《列女传》卷五《节义传》六《鲁义姑姊》："鲁义姑姊者，鲁野之妇人也。齐攻鲁，至郊，望见一妇人抱一儿，携一儿而行。军且及之，弃其所抱，抱其所携，而走于山。儿随而啼，妇人前行不顾。齐将问儿曰：'走者尔母耶？'，曰：'是也。''母所抱者谁也？'曰：'不知也。'齐将乃追之，军士引弓将射之，曰：'止！不止，吾将射尔。'妇人乃还。齐将问所抱者谁也，所弃者谁也。对曰：'所抱者妾兄之子也，所弃者妾之子也。见军之至，力不能两护，故弃妾之子。'齐将曰：'子之于母，其亲爱也，痛甚于心，今释之，而反抱兄之子，何也。'妇人曰：'己之子，私爱也，兄之子，公义也。夫背公义而向私爱，亡兄子而存妾子，幸而得幸，则鲁君不吾畜，大夫不吾养，庶民国人不吾与也。夫如是，则胁肩无所容，而累兄无所展也。子虽痛乎，独谓义何？故忍弃子而行义，不能无义而视鲁国。'于是齐将按兵而止，使人言于齐君曰：'鲁未可伐也。乃至于境，山泽之妇人耳，犹知持节行义，不以私害公，而况于朝臣士大夫乎？请还。'齐君许之。"

8号图　画面左上方绘一少妇，头束高髻，身着交领宽袖长裙，袖手立于云气之上。右下方绘男子，头裹抹额巾，着圆领窄袖袍服，腰束带，半跪，面左仰望拱手。此图与安昌金墓北壁"董永"图和洛宁乐重进石棺"董永"图，以及荥阳壁画墓西北壁"董永行孝"图相同，其内容是董永"卖身葬父"的孝义故事。其本事见《太平御览》卷四百一十一引刘向《孝子图》："前汉董永，千乘人。少失母，独养父。父亡，无以葬，乃从人贷钱一万。永谓钱主曰：'后如无钱还君，当以身作奴。'主甚愍之。永得钱葬父毕，将往为奴，于路忽逢一妇人，求为永妻。永曰：'今贫如是，身复为奴，何敢屈夫人之为妻？'妇人曰：'愿为君妇，不耻贫贱。'永遂将妇人至，钱主曰：'本言一人，今何有二？'永曰：'言一得二，理何乖乎？'主问永妻曰：'何能？'妻曰：'能织耳？'主曰：'为我织千匹绢，即放尔夫妻。'于是索丝，十日之内千匹绢足，主惊，遂放夫妻二人而去。行至本相逢处，乃谓永曰：'我是天织女,感君至孝,天使我偿之。今君事了,不得久停。'语讫,云雾四垂,忽飞而去。"此图所绘就是织女告别董永"忽飞而去"的情景。

9号图　画面左侧绘一老者,身着交领长服,坐姿,一手略向前伸。右侧绘一小童,双手捧物至胸前,面向老者,躬腰似行,中间有一橘状小圆物。此图与安昌金墓西壁"陆绩"图和洛宁北宋乐重进石棺右帮"陆续"图相似("陆续"当为"陆绩"之误)。其内容是陆绩"怀桔遗亲"的孝义故事。其本事见《三国志》卷五十七之《吴书·陆绩传》:"陆绩字公纪,吴郡吴人也。父康,汉末为庐江太守,绩年六岁,于九江见袁术。术出橘,绩怀三枚,去拜辞堕地。术谓曰:'陆郎作宾客而怀橘乎。'绩跪答:'欲归遗母。'术大奇之。

10号图　画面四人,左侧端坐大汉,头裹抹额巾,满脸胡须,身着交领袍服,脸露凶气,手向右指。旁立短衣绑腿者,方巾裹头,嘴似含匕首,手捧长刀之状物。右侧跪方巾裹头,身着袍服二人,一人正双手拢袖作躬,另一人双手扯胸前衣,袒露前胸。此图与洛宁北宋乐重进画像石棺石帮"赵孝宗"图相似,其内容是赵孝宗"舍身救弟"的孝义故事。其本事见《后汉书·赵孝传》:"赵孝字长平,沛国蕲人也。……及天下乱,人相食。孝弟礼为饿贼所得,孝闻之,即自缚诣贼,曰:'礼久饿羸瘦,不如孝肥饱。'贼大惊,并放之。谓曰:'可且归,更持米来。'孝求不能得,复往报贼,愿就享。众异之,遂不害。乡党服其义。"赵孝宗即为"赵孝"之讹所致。

11号图　画面左侧一着红色交领衫梳髻的老妇盘腿拢袖坐于一靠背木椅上,右侧一头戴高冠男子穿着长袍,拱手施礼,身后一妇人也行交臂礼。此图与洛宁北宋乐重进石棺右帮"丁兰"图和荥阳壁画墓北壁"丁栏行孝处"图相似,其内容是丁兰"刻木事亲"的孝义故事。晋干宝《搜神记》一卷《孝行》:"昔有丁兰者,河内人也。早失二亲,遂乃刻木为母,供养过于所生之母。其妻曰:'木有何所知之,今我辛勤,日夜侍奉。'见夫不在,以火烧之。兰即夜中梦见之母语兰曰:'新妇烧我面痛。'寝寐心惶,往走来归家,至木母前,倒卧在地,面被火烧之处。兰即泣泪悲啼,究问不知事由。妻当巨讳,抵死不招。其时妻面上疮出,状如火烧,疼痛非常,后乃求哀伏首,始得差也。"

12号图　画面似不完整,只有一男子。男子身着圆领长服,身右侧而立,右手似握物上举。此图与安昌金墓北壁"舜子"图相似,只是没有身前绘象图(没有空间)。其内容是大舜"感天动地"的孝义故事。其本事出于《史记·五帝本纪》和刘向《列女传》卷一之《有虞二妃》。又王充《论衡·书虚篇》曰："传书言：舜葬于苍梧，象为之耕；禹葬会稽，鸟为之田。"

图二　西南壁孝义故事图

二

通过以上图解考释，我们可确知涿州元代壁画墓中孝义图人物：东南壁为蔡顺、郭巨、姜诗、王武子、杨香、元党、田真；西南壁为刘明达、老莱子、曾子、王祥、孟宗、曹娥、鲁义姑、董永、陆绩、赵孝宗、丁兰、舜子，共19位孝义人物。这些孝义人物基本符合宋金元时期考古发现材料中的孝义人物。目前根据考古材料，我们可以确知宋、金、元时期二十四孝的人物已基本定型。以荥阳孤伯嘴宋代壁画墓、山西长治安昌金墓（明昌六年，1195年）、河南巩县西村宣和七年石棺[①]（1126年）、洛阳崇宁五年张君石棺[②]（1101年）、山西芮城永乐宫元宪宗六年潘德冲石椁[③]（1256年）、山西永济金贞元元年石棺[④]（1153年）、山西沁源县中正村金大定八年墓（1168年）、山西长子县石哲金墓等八例孝义图完整墓葬为例，其二十四孝的人物都是舜子、丁兰、

---

① 巩县文物管理所郑州市文物工作队.巩县西村宋代石棺墓清理简报[J].中原文物，1988（1）.
② 黄明兰，宫大中.洛阳北宋张君墓画像石棺[J].文物，1984（7）.
③ 山西省文物管理委员会，山西省考古研究所.山西芮城永乐宫旧址宋德方、潘德冲和祖墓发掘简报[J].考古，1960（8）.
④ 张青晋.山西永济发现金代贞元元年金石棺[J].文物，1985（8）.

董永、郭巨、郯子、鲍山、刘殷、闵子骞、韩伯俞、曾参、王武子、陆绩、姜诗、元觉、田真、曹娥、孟宗、老莱子、王祥、蔡顺、杨香、赵孝宗、鲁义姑、刘明达。以上八墓记年最早是洛阳崇宁五年张君石棺（1101年），最晚是山西芮城元宪宗六年潘德冲石椁（1256年），二者相差近一百五十多年，但二十四孝义人物相同，就说明以上二十四孝人物已经定型，并已经有相当影响。河北涿州元代李仪壁画墓记年是至元五年（1339年），为元顺帝末年，几近元代结束（元代1341年结束），其孝义人物基本上与考古的宋金元中二十四孝人物相同，只是人物数量不够，反过来也证明以上二十四孝人物在宋金元中已基本定型。

二十四孝即封建统治阶级宣扬二十四个尽孝道的典型人物，其中影响最大、流传最广的是昔日民间坊间刊布的范泓《典籍便录》收录的传说元代郭居敬所辑《二十四孝》[①]，其集虞舜、汉文帝、曾参、闵损、仲由、董永、郯子，江革、陆绩、唐夫人、吴猛、王祥、郭巨、杨香、朱寿昌、庚黔娄、老莱子、蔡顺、黄香、姜诗、王褒、丁兰、孟宗、黄庭坚二十四人的孝行传说编成。与宋金元考古发现的定型的"二十四孝"人物有很大差别。民间坊间刊布的《二十四孝》中"汉文帝、仲由、江革、唐夫人、吴猛、朱寿昌、庚黔娄、黄香、王褒、黄庭坚"十人为宋金元时考古的二十四孝中所无，而宋金元考古二十四孝中"韩伯俞、元觉、刘明达、田真、曹娥、刘殷、鲁义姑、赵孝宗、鲍山、王武子"十人也为前者所无。二者比较，人物相差几近一半。相传元代郭居敬为郭守敬之弟，其时代为元初。其时正是金末考古二十四孝最流行之时，考古的二十四孝观念在河洛之间（包括民间）应该是最流行。故其辑《二十四孝》的范本也自然有所依。其《二十四孝》定本就不应为考古中二十四孝之间有如此大差距。又《二十四孝》中最晚的黄庭坚为南宋时人，其距元初很近，其时《宋书》尚未刊行，其事迹应为不显，故也证之《二十四孝》成书不可能早至元初。故可推之坊里刊布的《二十四孝》估计不是传统上认为是元代郭居敬辑，其时代应晚，可能是晚至明代（具体关于《二十四孝》成书问题拟另文讨论）。

（该文发表于《青年考古学家》2005年）

---

① 王炳照. 说说"二十四孝"[J]. 文史知识, 1998（6）.

甘肃清水县箭峡砖雕墓孝行图像的重新释读

宋金元之际的甘肃与中原地区一样，境内流行仿木结构砖雕墓，墓室中多有与二十四孝有关砖雕或壁画形式的孝道图像。现已清理发掘的数十座宋金元时期的墓葬中的二十四孝人物故事，主要集中在陇西县宋墓、兰州中山林、临夏金墓以及永登连城、会宁、清水县的白沙乡箭峡、贾川宋金墓中。它们不仅是珍贵的艺术品，还是研究当时人们崇尚孝道的实物资料。但因为各种原因，有关甘肃地区这批孝道图像资料的解读和认识一直存在着不少讹误，如《甘肃宋元画像砖》[①]一书中对不少孝行图像没有识别，或存在误读。而清水县白沙乡箭峡墓更是一座罕见的保存完整"二十四孝"图像的砖雕墓，对该墓中孝行图像的解释也存在许多问题。[②]本文在整体把握宋金元孝行图像的基础上，对该墓中"二十四孝"孝行图像重新解释和相关问题讨论，同时就有关问题提出我们的看法。

一、箭峡砖雕墓孝行图像解读

清水县白沙乡箭峡村砖雕彩绘墓发现于1996年，由清水县博物馆清理。该墓虽然被盗扰，但墓室壁画和砖雕保存较好，特别是孝行图像砖雕完好，并有题记，对判断孝行人物十分有利。该墓砖雕孝行图像主要分布在墓室四壁的第二、三层。西壁第二层彩绘砖雕孝行图像[③]依次为：

---

① 陈履生. 甘肃宋元画像砖[M]. 北京：人民美术出版社，1996.
② 魏文斌等《甘肃宋金墓"二十四孝"图与敦煌遗书〈孝子传〉》（《敦煌研究》1998年第3期）一文认为该墓中孝子图像有26个，对一些孝行图像的解释存在"乱套"现象。南宝生《绚丽的地下艺术宝库：清水宋（金）砖雕彩绘墓》（甘肃人民出版社2005年版）一书只是简单地介绍了清水箭峡宋墓孝行图像，主要观点基本上延续魏文斌等观点。
③ 为叙述方便，本文采用南宝生《绚丽的地下艺术宝库：清水宋（金）砖雕彩绘墓》一书的图像及顺序。

1. 杨香扼虎救父（见图一），分两块砖。右侧少女杨香梳髻，着红地白花对襟衫，骑于虎背，双手紧撰虎双耳，旁墨书："杨香行孝，□□人也。"左侧一男子身著黑色圆领紧袖衣，双手抱衣襟，侧身作奔跑状，其侧墨书"杨香父"三字。

2. 舜孝感动天（见图二），分两砖。画面上一妇人举棍作打击状，一男子掩面而哭；舜穿袒右肩衣，左手扶犁，右手举鞭作驱打状，前有二象拉犁，右上角墨绘的二鸟飞翔，已漫漶不清，下部刻波状地垄。

图一　杨香扼虎救父

图二　舜孝感动天

3. 刘明达卖子行孝（见图三），分两砖。左面砖内一人骑马，怀中抱一小儿，马前站立一侍从，骑马者旁墨书："官人买刘明达子。"右面砖内前一妇人右手前伸紧抓一物，左手抱怀，后一男子左手用衣襟兜物，二人中间墨书："刘明达行孝，□□□□人也。"

图三　刘明达卖子行孝

4. 闵子骞单衣顺母（见图四），彩绘砖雕中一妇人右手抱一小儿，左手牵一小儿，旁题记"闵子骞行孝"。

5. 蔡顺拾椹供亲（见图五），砖雕所刻为一男子挑二篮，左边一人手拿棍阻拦该男子，上有墨书题记"蔡顺行孝，汝南人也"。

图四　闵子骞单衣顺母　　　　图五　蔡顺拾椹供亲

西壁第三层彩绘砖雕孝行图像依次为：

6. 元觉拖舆谏父（见图六），分两砖。左砖刻一男子挥手作训斥状，旁一小孩一手拭泪状，一手拖舆，中上方墨书题记"元觉行孝"。右砖一树下一老者抱膝而坐，中有题记"元觉父在山"。

7. 鲍山行孝（见图七），分两砖。左边砖内一男子肩背篓，篓中有一老妇，前一武士阻拦，二人之间墨书"鲍山□□"。右面砖内一武将骑马，旁墨书"将官"二字。

图六　元觉拖舆谏父

图七　鲍山行孝

8. 韩伯瑜泣杖（见图八），砖雕彩绘右刻一老妇人左手持杖，右手指向男子，男子左手掩面哭泣，二人之间墨书榜题漫漶不清。

9. 丁兰刻木事亲（图九），砖雕画面左侧一男子双手笼于袖中，侧身恭敬站立。右一老妇坐于椅上，二人之间墨书"丁兰行孝"。

图八　韩伯瑜泣杖　　　图九　丁兰刻木事亲　　　图十　鲁义姑姊舍子救侄

10. 鲁义姑姊舍子救侄（见图十），砖雕彩绘画面左侧一妇人右臂抱一小儿，左手指着前面的一站立小儿，身后又一小儿左手牵妇人衣襟；右侧有一军人左手提棍，右手指向妇人，似在盘问。二人之间墨书"鲁义姑姊行，孝鲁国人也"。

11. 刘殷哭泽生芷（见图十一），砖雕彩绘，分两块砖。左面一男子身着盔甲，左手持剑而坐，左一男子侧身站立，二人之间墨书"□□孝"。右面砖左上角一天神俯身向下，云朵衬托，右下一男子跪地，旁一篮盛满东西，上方墨书"刘……"难辨。

图十一　刘殷哭泽生芷

北壁第二层彩绘砖雕孝行图像依次为：

12. 孟宗哭竹（见图十二），砖雕北侧竹林中竹笋破土而出，右侧一男子扶竹，掩脸而哭，前置一篮，身右侧墨书"孟宗行孝"。

13. 曹娥哭江（见图十三），砖雕彩绘一女子身着孝服，双手挂杖立于江边哭泣，杖上横置一骸骼，题记"曹娥行孝，会□人也"。

图十二　孟宗哭竹　　　图十三　曹娥哭江

北壁第三层彩绘砖雕孝行图像依次为：

14. 赵孝宗行孝（见图十四），砖雕彩绘三人，中间一人跪地，目上视，左边一男子双手筒袖，作谦卑状，右边一男子手持杖，手指下跪男子，作训斥状，上有题记"赵孝□□，沛□□人也"。

15.田真行孝（见图十五），彩绘砖雕刻有一株树，枝枯叶稀，树左侧二人，一人左手扶树泣；另一人左手掩面哭泣。树右侧一人，左手叉腰，右手扶树，墨书题记"田真行孝"。

图十四　赵孝宗行孝　　　　图十五　田真行孝

东壁第二层彩绘砖雕孝行图像依次为：

16.郯子鹿乳奉亲（见图十六），分雕于两块砖上。左侧砖雕郯子身披鹿皮坐于地上，一箭已射穿鹿皮，身边站一军卒，郯子旁墨书"郯子行孝，嘉□人也"。右侧砖雕一人骑马，身背箭，手执弓，前有一人牵马，骑马者旁墨书"国王出游"。

17.王武子（妻）行孝（见图十七），砖雕彩绘两人。右一老妇梳圆髻，著对襟衫，双手笼于袖中，坐于椅中。左一妇人跪于地上，左手持刀，正在割自股肉，其前置一碗，二人之间墨书："杨武子行孝，系河阳人也。"

图十六　郯子鹿乳奉亲　　　　图十七　王武子（妻）行孝

18.老莱子戏采娱亲（见图十八），砖雕彩绘。一砖内雕二老人坐于椅子上，中间置一方桌，桌后站一红衣小儿；另一砖内雕一小儿作游戏，一女孩打鼓助兴，墨书题记不清，大致为"□□□行孝，□人"。

19. 董永卖身葬父（见图十九），两块砖雕，一砖雕云朵中端坐一少妇，作飘飞状，一砖一男子作挥手状。

图十八　老莱子戏采娱亲

图十九　董永卖身葬父

东壁第三层彩绘砖雕孝行图像依次为：

20. 曾参行孝（见图二十），砖雕雕绘一男子右手扶棺，左手掩面而哭，棺内躺一老妇。男子右侧墨书题记为"曾参行孝，兴鲁人也"。按，所谓"兴鲁人也"不可解，疑为孝子传中"曾参，字子舆，鲁人也"之类话语传抄所误。

21. 陆绩怀桔（见图二十一），砖雕彩绘左侧一老妇坐椅子上，右侧一男子弯腰双手捧一桔献与老妇。二人中间上部墨书："陆绩行孝 / 吴郡人也。"

22. 姜诗孝母（见图二十二），砖雕画面刻一妇人坐于凳上，面前一方桌，桌上碗中盛鱼，左边立一男子，桌后立一年轻妇人。并有墨书题记："姜诗行孝□□人也"。

图二十　曾参行孝 　　　图二十一　陆绩怀桔 　　　图二十二　姜诗孝母

南壁第二层彩绘砖雕孝行图像依次为：

23. 王祥卧冰（见图二十三），砖雕中一男子赤裸卧于冰面，左上一提篮，上有衣衫，身下两鱼游动。题记"王祥行孝"。

24. 郭巨埋儿（见图二十四），砖雕中一男子手持锹挂地，右侧一妇人手拉一小男孩。题记"郭巨行孝"。

图二十三　王祥卧冰 　　　图二十四　郭巨埋儿

从该墓中题记和典型孝行图像看，该墓孝行人物分别是鲍山、蔡顺、曹娥、丁兰、董永、郭巨、韩伯瑜、姜诗、老莱子、刘明达、刘殷、鲁义姑、陆绩、孟宗、闵子骞、郯子、舜子、田真、王武子妻、王祥、杨香、元觉、曾参、赵孝宗，是一套完整的二十四孝图像。该墓中二十四孝人物也与宋金时期河南、山西地区流行的二十四孝人物完全相同。如出土洛阳的宋徽宗崇宁五年（1106年）张君画像棺、林州市文明街金皇统三年（1143年）金墓、长治市安昌金代明昌六年壁画墓、永济金贞元元年画像棺、新绛县南范庄壁画墓、芮城永乐宫发掘的蒙元时期宪宗六年（1256）潘德冲墓等墓葬中的孝行人物也是如此。事实上，在宋金元北方地区的墓葬考古中，存在大量着"画像二十四孝"图像文物资料。我们曾经用大量的文字梳理了历代孝行图像的基本情况，并

指出在多种因素的合力之下，宋金时期最终促成并出现了相对为以上二十四位孝子人物固定组合、完整的、较为成熟的"画像二十四孝"，并在黄河中下游地区长时间、广泛地流行和传播，一直延续至元代末。[①] 作为边陲地区的箭峡砖雕墓是甘肃地区目前所见唯一完整的二十四孝图像墓葬，反映了以二十四孝为基础的孝道文化早在宋金时期就在边远地区传播和成熟。

二、箭峡砖雕墓孝行图像题记补释

清水县箭峡砖雕墓孝行图像中都有墨书题记，除个别漫患不清之外，大部分孝子人物题记基本上可以判别，其基本格式为"某某行孝，某某某人也"。其中涉及到孝子籍贯的缺字，多可以依据文献和考古资料补充。

1. 杨香孝行图像旁墨书："杨香行孝，□□人也"。

长治市魏村金代纪年彩绘砖雕墓中老莱子图，左侧墨书"杨香者，鲁国人也。方□年，父入山被虎欲伤，其父□相救，香认父声，乃跃身跨其虎首，捻其耳哀□□□，虎□牙而不敢伤"[②]。此外保存在韩国的高丽本《孝行录》（时代为元代至正年间）中关于"杨香跨虎"一则也提到"杨香，鲁国人也，笄年，父入山中，被虎奋迅，欲伤其父，空手不执刀器，无以御之，大叫相救，香认父声，匍匐奔走，踊跨虎背，执耳叫号，虎不能伤其父，负香奔走，困而毙焉"[③]。可见箭峡砖雕墓中杨香孝行图像题记籍贯缺字为"鲁国"。

2. 刘明达孝行图像中墨书："刘明达行孝，□□□□人也。"

孝子刘明达事迹不显，其故事流传范围也不广，在北魏以前的孝子故事图中都未见。唯敦煌文书《孝子传》有载，有诗曰："明达载母遂（逐）农粮，每被孩儿夺剥将。阿□（耶）卖却孩儿去，贤妻割妳遂身亡。"[④] 变文中明达失姓，其时代及籍贯亦不详。唐长寿推测曰："该故事流传范围不广，北魏

---

① 参看后晓荣的《考古出土历代孝行图像研究——兼论二十四孝文化演变史》，2009年度国家社会科学基金成果。有关宋金元时期墓葬中孝行图像名称，笔者根据山西长治市魏村金代纪年彩绘砖雕墓中题记"画像二十四孝铭"而命名。在该墓的孝行资料中，不仅有孝行图像，还有较为完整的孝行文字题记，也是至今所发现唯一一例完整的孝行文字题记。
② 长治市博物馆.山西长治市魏村金代纪年彩绘砖雕墓[J].考古，2009（1）.
③ 权溥，等.孝行录[M].汉城：景仁文化社，2004：123.
④ 潘重规.敦煌变文集新书[M].北京：文津出版社，1994：1265.

以前的孝子故事图中未见，可能发生在唐代。"①有关其事迹的记载目前所能见到的《永乐大典》卷五二〇四引《元一统志》："隋刘明达墓，在太原县水散村东。"又引《太原志》："隋刘明达墓，在水散村东七里。按《孝子传》云：明达，县人也。养母至孝，死葬于此。"②故刘明达孝行图像中籍贯缺字或为"河东太原"。

3. 曹娥孝行图像题记："曹娥行孝，会□人也。"

《后汉书》卷八十四之《列女传·曹娥》："孝女曹娥者，会稽上虞人也。父盱，能弦歌，为巫祝。汉安二年五月五日，于县江泝涛婆娑（迎）神，溺死，不得尸骸。娥年十四，乃沿江号哭，昼夜不绝声，旬有七日，遂投江而死。至元嘉元年，县长度尚改葬娥于江南道傍，为立碑焉③"。文中"会稽"即今绍兴，可见曹娥孝行图像中籍贯缺字或为"会稽"。

4. 赵孝宗孝行图像上有题记："赵孝□□，沛□□人也。"

《后汉书》卷三十九之《赵孝传》曰："赵孝字长平，沛国蕲人也。……及天下乱，人相食。孝弟礼为饿贼所得，孝闻之，即自缚诣贼，曰：'礼久饿羸瘦，不如孝肥饱。'贼大惊，并放之，谓曰：'可且归，更持米糒来。'孝求不能得，复往报贼，愿就亨。众异之，遂不害。乡党服其义。"④唐代初年文献《初学记》卷第十七载曰："赵孝，字长平，沛国蕲人。王莽时，天下乱，人相食。孝弟礼为饿贼所得，孝闻，即自缚诣贼，曰：'礼久饿羸瘦，不如孝肥。'贼大惊，并放之。"⑤又敦煌文书《孝子传》："（首缺）义将军，司马赵孝，字长平，沛国人也。"⑥可见赵孝宗孝行图像中籍贯缺字或为"沛国蕲"。

5. 郯子孝行图像墨书："郯子行孝，嘉□人也。"

敦煌文书《孝子传》记载："●（闪）字者，嘉夷国人也，父母年老，并皆●（丧）亡。闪子晨夕侍养无阙，常着鹿皮之衣，与鹿为伴，担瓶取水，在鹿群中，时遇〔国王出城游猎，乃见间下有鹿郡（群）行遂（逐），王张弓射之。悟（误）中闪子，失声号叫云：'一箭煞三人。'王闻之有人叫声，

---

① 唐长寿. 据敦煌变文考释画像"王武子妻"和"刘明达"[J]. 敦煌研究，1990（1）.
② 程毅中. 关于"二十四孝"的两点补充[J]. 中国典籍与文化，1998：127.
③ 范晔. 后汉书[M]. 北京：中华书局，1965：2794.
④ 同③，1298—1299.
⑤ 徐坚，等. 初学记[M]. 北京：中华书局，1962：425.
⑥ 潘重规. 敦煌变文集新书[M]. 北京：文津出版社，1994：1264.

下马而问。闪子答言：'父母年老，又俱丧明，侍养●人，必应饿死。'语了身亡。"①

敦煌遗书 S.2269《佛说父母恩重经》载曰："郭巨至孝，天赐黄金。迦夷国王入山射猎，挽弓射鹿，误伤闪匈，二父母仰天悲叹。由是至孝，诸天下药涂疮，闪子还活。父母眼开，明睹日月。不慈不孝，天感应。闪子更生，父母开目。人之孝顺，百行为本。"②

故郯子孝行图像中籍贯缺字或为"嘉夷国"。可见此时的郯子孝行故事还没有完全实现中国化，当时的郯子还有印度嘉夷国人的身影。

6. 老莱子孝行图像墨书题记不清，大致为"□□□行孝，□人□"。

敦煌文书《孝子传》记载："老莱子，楚人也，至孝。年七十，不言称老，恐伤其母。衣五彩之服，示为童子，以悦母请（情）。至于母前为儿童之戏。或眠伏，或眠与母益养脚，跌化（仆）地作婴儿之啼。楚王闻名，与金帛征之，用为令尹，辞而不就。六国时人。出孝子传。"③可见老莱子孝行图像中籍贯缺字或为"楚人"。

7. 曾参孝行图像墨书题记为"曾参行孝，兴鲁人也"。

有关该墨书题记，魏文斌等在文中提到"以上所记均与电峡金墓所刻不太一致，不知电峡金墓雕刻出于何典，待研究"。其实有关文献涉及此记载。现保存在日本的阳明本《孝子传》中就提到"曾参，鲁人也"。箭峡砖雕墓中所谓"兴鲁人也'实为传抄之误。《史记》卷六十七之《仲尼弟子列传》载："曾参，南武城人，字子舆。少孔子四十六岁。孔子以为能通孝道，故授之业。作《孝经》。死于鲁。"④其中"舆""興（兴）"二字近似，故宋金人在传抄过程中，加之画工本身文化程度不高等原因，以致出现这种"鲁鱼"之误。

8. 姜诗孝行图像墨书题记："姜诗行孝□□人也。"

敦煌文书《孝子传》记载："姜诗字士游，广汉人也。母好食江水，其妻取水不及时还。诗怒遂（逐）其妻。亦孝妇，□犹寄邻家，不归父母之弟（第）。诗母好食生鱼，□□□□还家，于是舍傍忽生涌泉，味如江水，水

---

① 潘重规. 敦煌变文集新书 [M]. 北京：文津出版社，1994：1266.
② 黄永武. 敦煌宝藏 [M]. 台湾：新文丰出版有限公司，1990：634.
③ 同①，1259.
④ 司马迁. 史记 [M]. 北京：中华书局，1962：2205.

中并□□□□鱼，母得食之。此盖孝子至诚，天所酬也。出列女□（传）。"①可见姜诗孝行图像中籍贯缺字或为"广汉"，而并非魏文斌等所释读的"琼府"。

三、箭峡砖雕墓孝行图像其他问题讨论

有关清水箭峡砖雕墓的时代以往多定其为金墓，实际有误。该墓出土一块买地券，上残存有"大宋国修罗/王管界秦州清水县白沙社归义乡□过之□王东南山下土公土母处用银钱九万九千九百□□□□定买得墓地一段""三月十一日甲申男王永德朔"②等文字。查陈垣《二十史朔闰表》可知，两宋之际崇宁三年（1104年）、绍兴五年（1135年）、绍兴三十一年（1161年）三月十一日干支均为甲申。故有学者认为"甘肃宁夏地区宋金墓年代序列尚未建立，从已有纪年墓资料来看，北宋晚期至南宋初年砖雕尚有一桌二椅及武士内容，其余多为挑担、驼马、磨、碓、灶等……金代中期砖雕则流行孝子、花卉、奔鹿，左右后三壁做出门楼样式。由此清水箭峡村墓的时代似应在绍兴时期"③。事实上，根据地券文清楚地可知墓主为王姓，该墓时代应为北宋晚期，相当于崇宁年间。文献记载南宋高宗建炎三年（1129年），金将兀尤越陇山西进，破清水城，继而攻陷秦州。此后，宋将吴玠曾一度收复秦州，但金仍占据清水。建炎四年（1130年），金升冶坊堡为县（治今黄门乡王店村），与清水县均属凤翔路西宁州。如果该墓为金墓的话，已经距离清水属于金国的凤翔路西宁州管辖多年了，则地券也就不会出现"大宋国""秦州清水县"等文字。

关于此墓的孝行图像还需要解释的是，魏文斌等认为墓中还有"淳于缇萦舍己救父"和"刘平舍子救侄"的孝行图。前者（见图二十五）分二块雕刻，右边砖雕一女子左臂挎包裹前行，一男子身负行囊随其后。左边砖雕二军士手执旗杆站立。后者（见图二十六）砖雕彩绘，一男子右手柱杖，另一男子手握杖，一女孩掩面哭泣。检索传世典籍，我们可以大概知道淳于缇萦和刘平的孝行。

---

① 潘重规. 敦煌变文集新书[M]. 北京：文津出版社，1994：1258.
② 南宝生. 绚丽的地下艺术宝库[M]// 清水宋（金）砖雕彩绘墓. 兰州：甘肃人民出版社，2005：65.
③ 刘未. 尉氏元代壁画墓札记[J]. 故宫博物院院刊，2007（3）：40—52.

图二十五 　　　　　　　　　　　图二十六

　　淳于缇萦,《史记》《汉书》有传。《太平御览》《艺文类聚》分别引《史记》《汉书》传为孝女:"淳于堤萦者,齐人也。父淳于意为太仓令,生女五人,萦最小。父犯罪当刑。乃骂其女曰:'生女不生男,缓急非有益也。'萦自伤涕泣。随父至长安,诣北阙上书曰:'父为吏,齐中皆称廉平。今坐法当刑,妾伤死者不可复生,刑者不可复续。虽欲改过自新,其道无由。妾愿没为官奴,以赎父之刑,使得自新。'汉文帝怜悲其意,原其父罪。"(《太平御览》卷第四百一十五)画面表现的正是堤萦随父至长安为父赎罪的情形。

　　刘平,字公子,东汉楚郡彭城人。本名旷,显宗后改为平。《后汉书》《东观汉纪》皆有传。王莽时为郡吏,守菑丘长,后举孝廉,拜济阴郡丞,为九江郡全椒长。"更始时,天下乱,平弟仲为贼所杀。其后贼复忽然而至,平扶侍其母,奔走逃难。仲遗腹女始一岁,平抱仲女儿弃其子。母欲还取之,平不听,曰:'力不能两活,仲不可以绝类。'遂去不顾。"[1]《东观汉纪》卷十七载刘平"以仁孝著闻"。他不但孝顺父母,而且仁义救侄而弃己子。

　　淳于缓萦和刘平两位孝行不显,在众多《孝子传》中几乎没有记载。在我们所接触到的从汉代到隋唐的孝行图像文物,以及一百多例宋金元时期"画像二十四孝"中,也都没有二者的身影。加之二者在墓中没有一点题记,因此更难确定。但值得指出的是,该墓中的图像与典籍记载的孝行故事不相符合。如淳于缇萦孝行图,该是一父一女,而图二十五显然不是。左边砖雕两军士手执旗杆站立的图像,或许与墓中几幅仕女图[2]性质相似,并非孝行图像,或只是起装饰的作用。再如刘平孝行图中小女孩应该是婴儿,似乎与典籍记载的孝行故事有很大差距。事实上,我们经过认真地对宋金元墓葬中"画像

---

[1]　范晔.后汉书[M].北京:中华书局,1965:1295—1296.
[2]　南宝生.绚丽的地下艺术宝库[M]//清水宋(金)砖雕彩绘墓.兰州:甘肃人民出版社,2005:48.

二十四孝"的比对和释读，可以肯定墓中孝行人物一般至多24位、最少1—2位不等，尚没有见一例超过24位孝行人物的例子。其余"画像二十四孝"残缺不全的墓例中孝行人物或多或少，但所有孝行人物都没有超出"画像二十四孝"组合范畴，并在每一座墓葬中孝行人物也不会重复，或多次出现。考古报道中很多在此组合之外的孝行人物故事定名并不可靠，往往是根据较晚文献的记载作出的推测，既没有题记作为确凿的证据，也没有认真地释读孝行图像。[①]因此我们认为此处所谓的"淳于缇萦舍己救父"和"刘平舍子救侄"的孝行图是不成立的。

总之，相对于甘肃地区金元时期墓葬多为不完整的孝子题材的现象，清水箭峡宋墓不仅有成组完整的二十四孝内容，而且孝行图像人物与河南、山西等中原地区一模一样，具有时代较早，题记信息丰富的特点，对我们认识甘肃地区，乃至当时宋金元时期的二十四孝文化都有积极意义和作用。

（该文与杨燚峰合作，发表于《公共考古》2020年版）

---

① 参见笔者《有关宋元墓葬中所谓汉文帝、黄庭坚、朱寿昌等孝行图像解读》，待刊。

源流与变异——"董永故事"的早期形象初探
——以汉代画像石为中心

董永是中国传统孝行文化的一个重要人物,被作为孝子的典型加以宣传,并成为二十四孝人物之一。"董永故事"流传甚广,有很多学者对其进行了研究,主要分为:①作为考古领域的课题加以研究,表现最为明显的是对山东嘉祥县武梁祠的研究。早在北宋时期武梁祠的画像石就被金石家所关注,近代以来研究的学者更是不计其数。其中巫鸿关于武梁祠的研究专著——《武梁祠:中国古代画像艺术的思想性》,一经问世便引起了巨大的反响。②作为民间故事加以研究,其中纪永贵《董永遇仙传说研究》和郎净《董永传说》、《董永故事的展演及其文化结构》更是将董永故事的整个发展过程进行了梳理和阐述,而李建业与董金艳的《董永与孝文化》将董永故事相关的考证、史料、传说、研究等与中国的孝文化相联系。另外,还有学者将董永故事和牛郎织女故事进行了相关对比研究[①]。③作为戏曲剧目加以研究,从地方戏《天仙配》一直上溯到元明戏曲。然而,却很少有学者对汉代画像上表现的"董永故事"进行系统研究。汉代画像石作为董永故事传播的一个重要阶段,与"董永故事"的早期形象有着很重要的关系。因此,有必要对汉代画像石上所表现的"董永故事"进行深入研究。本文正是基于此目的进行地初步探索。

一

汉代画像石上的"董永故事"图像现存八幅,分布在山东和四川两个地区。山东地区的"董永故事"画像在嘉祥县武梁祠的画像石群和泰安大汶口汉代画像石墓中。四川地区的"董永故事"画像集中在乐山市和达州渠县。

---

① 参考:黄震云的《汉乐府和汉代画像石中牛郎织女及董永神话传说通考》、吴相洲的《乐府学》、唐芳明的《牛郎织女与董永遇仙传说的异同探析》。

1. 嘉祥县：武梁祠画像石

学术界一般认为武梁祠西阙铭文所提及的公元 147 年是武氏墓地的始建年代，墓地中的纪念性建筑，包括所有祠堂，都修造于这一年之后。[①] 董永孝行画像石在武梁石室第三石第二层的位置。

榜题："永父"；"董永千乘人也。"

图中有一大树，树下有一独轮车，上有小罐，大概是田间劳作盛水之用，一老人坐于车上，左手执鸠杖，右手前伸。老人上方刻"永父"二字。其左为董永。右手持农具，回首望其父，身旁刻"董永千乘人也"六字。[②]

2. 泰安：大汶口画像石

此画像石墓位于汶口镇东门外约 0.5 公里的汶河北岸。墓室平面呈倒凸字形，为东汉中晚期流行的形制。画像石图像有车马出行、孝子故事、历史故事等，其中的一幅孝行图像标题为"孝子赵苟"，位于西前室通耳室的门楣。但内容实为"董永事父"的故事，故可看成是"董永事父"图。

该图左起为一棵枝叶繁密的大树，枝上挂两盒。树下有一车，一人推车，一人坐车车前辕上，鸠杖斜倚肩头。上方有榜题"此苟？父"。其右一人戴圆顶帽，着窄袖长袍，手持长柄锄，回顾苟父。此人上方有榜题"孝子赵苟"。车上方有三羽人追逐嬉戏[③]。

3. 乐山市：乐山麻浩 1 区 1 号崖墓画像石、乐山麻浩 2 区 40 号崖墓画像石、乐山柿子湾 1 区 1 号崖墓和乐山柿子湾 1 区 22 号崖墓

麻浩 1 区 1 号墓、2 区 40 号墓、柿子 1 区 1 号墓、1 区 22 号墓，应是东汉末期或者蜀汉时期的墓葬。这四幅图像的构图相似：董永在田间劳作，一手执锄，一手执便面，为坐在大树荫下独轮（鹿车）上的老父扇风取凉，树枝上系有一口袋，当为食物[④]。

4. 达州渠县：渠县薄家湾无名阙和渠县燕家村沈府君阙

渠县薄家湾无名阙位于汉碑乡团林村的小道旁，距离沈府君阙大约 500 米。原为双阙，现仅存东阙，西阙及子阙已毁。图中有一大树，上面挂着两

---

① 巫鸿. 武梁祠：中国古代画像艺术的思想性. 北京：生活·读书·新知三联书店，2006 年.
② 唐长寿. 乐山崖墓画像中的孝子图释读[J]// 中国汉画学会. 中国汉画学会第十二届年会论文集. 北京：中国国际文化出版社，2010.
③ 程继林. 泰安大汶口汉画像石墓[J]. 文物，1989.
④ 同①.

个小罐，应该是或者喝水带饭用的。树下坐着独轮车上的老者是董永之父，右边站着，手中拿着农具的那个青年人便是董永。

渠县燕家村沈府君阙是东汉沈氏墓前的神道阙，现存双主阙，子阙已废。图像内容为：一棵大树下有一位坐在车上手中拿一个东西的老者，左边是左手拿着农具的青年人，他的右边还有一个似动物的东西，但是看不清楚。铭文：左阙为"汉谒者北屯司马左都侯沈府君神道"，右阙为"汉新丰令交都尉沈府君神道"。

"董永故事"的八幅汉代画像石，内容大致相同：董永手拿农具在田中劳作，董永父亲坐在树荫下的独轮车上休息，旁边的树上还挂着水或者事物。[①]画面主题是董永耕作孝养父亲，鲜活生动地记录了当时民众的真实想法，彰显的是庶民日常孝养之义。《孝经》将孝分为五等，分别对天子、诸侯、大夫、士和庶民的"孝"做出了不同的要求，而画像石表现的正是"用天之道，分地之利，谨身节用，以养父母"的庶民之孝（见图一）。

图一　渠县薄家湾无名阙

二

"董永故事"早期形象除了汉代画像石的图像涉及外，一些时代较早的相关历史文献也有描述，主要有西汉刘向所谓《孝子图》与《孝子传》、三国曹植的《灵芝篇》和东晋干宝的《搜神记》。至于隋唐以后的作品，比如

---

① 武梁祠的画像石中除董永和董父以外，还有一只大象和似仙似鸟的东西，但画像主题仍是董永对其父生前的孝。

唐代的《法苑珠林》、句道兴《搜神记》等，时间距汉代比较久远，不适合用来讨论"董永故事"的早期形象。此外，西汉刘向所谓《孝子图》与《孝子传》历来颇受争议。事实上，有关西汉刘向是否著录过《孝子传》一书就值得考虑。刘歆《七略》、班固《汉书·艺文志》和司马光《资治通鉴》等都没有提到刘向编《孝子传》一事，而且书中记载董永事迹时，一句"前汉人也"至少说明这段文字并非刘向所著原貌，可能经过了后人的穿凿附会，甚至整个故事都是后人托名为刘向后人所作。后人注明转引或辑佚该书者甚多，核心情节也大概相同，均为董永卖身葬父，路逢天女，助其偿债。根据故事总是由简到繁的发展规律，该故事叙事情节复杂，记载失真，后人修改痕迹明显，故此处不再引用。

三国时期曹植的《灵芝篇》中对"董永故事"的记载：

……

董永遭家贫，父老财无遗。
举假以供养，佣作致甘肥。
责家填门至，不知何用归。
天灵感至德，神女为秉机。

……[1]

诗中的故事是：董永家中贫穷，没有钱财供养年老的父亲。因此董永替人佣作，用香甜肥美的食物来孝敬父亲。后来债主填门，董永无计可施。上天被他的孝行感动，派善于织布的神女下来相助。

"董永故事"出现了孝感的情节，但仍是"佣作致甘肥"，孝敬的是在世的父亲。而其中的几个要素：家贫、举假、佣作、债家填门、神女秉机，则成为后世孝子图演义的基本素材。[2]

东晋干宝《搜神记》中关于"董永故事"的记载：

汉，董永，千乘人。少偏孤，与父居，肆力田亩，鹿车载自随。父亡，无以葬，乃自卖为奴，以供丧事。主人知其贤，与钱一万，遣之。永行，三年丧毕，欲还主人，供其奴职。道逢一妇人曰："愿为子妻。"遂与之俱。主人谓永曰："以钱与君矣。"永曰："蒙君之惠，父丧收藏，永虽小人，必欲服勤致力，

---

[1] 李建业，董金艳.董永与孝文化[M].济南：齐鲁书社出版社，2003.
[2] 黄宛峰.汉画孝子图的史料价值与思想史意义[J].南都学刊，2013.

以报厚德。"主曰："妇人何能？"永曰："能织。"主曰："必尔者，但令君妇为我织缣百匹。"于是永妻为主人家织，十日而毕。女出门，谓永曰："我，天之织女也。缘君至孝，天帝令我助君偿债耳。"语毕，凌空而去，不知所在。

故事情节大概是：董永年少失母，与父亲相依为命，致力耕田，并用鹿车载父相随，以便照顾。后来，父亲去世，董永没有钱财下葬父亲，便自卖为奴，操办丧事。……三年丧期过后，董永去往主人家中做事，路上遇到一个女子，结为夫妻。于是一起前往主人家。……女子完成债主交给他们夫妇的任务后说自己是天上的织女，因为董永的孝行感天动地，天帝令其帮助董永还债。然后凌空而去。

"董永故事"的重心开始发生变化：由耕作孝父到卖身葬父，由强调身前的孝道到死后的孝道。汉画像石中的董永是孝养在世的父亲，表现的是这位孝子"肆力田亩，鹿车载父"的场景。曹植笔下的故事依旧强调董永对其父生前的孝道，但已经出现卖身和神女两个因素。而干宝所记则简单介绍董永生前照顾父亲，重点强调他卖身葬父，娶织女为妻并得其帮助的情节。

曹植时期的"董永故事"应当是故事转变的关键时期，起到了承上启下的作用。另外，从当时的画像石中也可以找到一些线索。北魏孝子画像中董永图像延续了董永鹿车载父的情节，同时出现了仙女的形象。宁懋石室、孝子图石棺、卢氏石围屏以及上海博物馆藏石床上都描绘了董永以车载父、耕锄于野的情节。同时，北魏中期的"孝子图石棺"中"子董永"线刻图画分别在左右两边表现了"卖身葬父"和"遇仙"的情景（见图二）。[①]

图二 北魏中期的"孝子图石棺"中的"子董永"图

---

① 殷雪炎.中国人物画典[M].合肥：安徽美术出版社，2002.

三

随着时间的推移和故事的传播,"董永故事"的文学创作色彩越来越浓。[①] 该故事的发展变化符合顾颉刚先生提出层累造成的古史的三个特点:时代愈后,传说的古史期愈长;时代愈后,传说中的中心人物愈放愈大;我们在这点上,即不能知道某一件事的真确的状况,但可以知道某一件事在传说中的最早的状况。[②] "董永故事"的早期形象应该是汉画像石表现的董永肆力耕田奉养其父的场景,后来其故事情节发展为"卖身葬父"。这一变化体现了该故事由当事人之生向当事人之死的转变,可能与汉代孝文化的异化有关。汉代"以礼奉孝"发展成"居丧过礼",厚葬之风蔓延,尤其是东汉非常重视丧葬,对孝子服丧做了许多规定,上至皇帝下至庶人均要严格遵守。"居丧过礼"是当时人们追求孝的最高境界,甚至鼓吹"丧亲自尽,孝子终也",从而把孝的观念引向极端的误区。[③] 孝文化异化最突出的表现是对父母身后事的铺张与祭奠逐渐地重于生前的敬养。[④] 这一看法也影响了后来社会的发展。有学者统计显示,因"善事父母"入正史"孝传"的孝子仅占总数的12.73%,大大落后于因"送终尽孝/葬亲以礼"入传的孝子(35.83%),"善事父母"不再是统治者倡导、张扬的重点。[⑤]

正是在这种大的社会导向之下,"董永故事"的重心发生了变化。"汉代孝文化异化,社会上形成向孝的风俗。正常的孝被视为平淡,许多人不惜超越礼制,孝出个高水平、高难度,以引起社会和朝廷注意。"董永耕作养父的正常孝行已经无法与极端的孝行相比,因此才会出现后来"卖身葬父",甚至孝感动天的结果。"卖身葬父"的故事经过当时人们的加工和创作,体现出的是一般社会的孝子观,反映了孝文化在发展过程时期的一个特殊阶段。这与汉代画像石上彰显孝道本源意义的"孝,善事父母者"有很大的区别。北魏中期的"孝子图石棺"中"子董永"线刻图画分别在左右两边表现了"卖

---

① 郎净. 董永传说[M]. 北京:中国社会出版社,2008.
② 顾颉刚. 与钱玄同先生论古史书[M]. 上海:上海古籍出版社,1982.
③ 孔祥安. 孔子孝论的汉代异化及其影响——以孝亲类案例进行探析[J]. 管子学刊,2011.
④ 马新. 论孝在中国传统社会中的异化[J]. 孔子研究,2004.
⑤ 潘文芳. "二十四孝"研究[D]. 福州:福建师范大学,2010.

身葬父"和"遇仙"的情景，正是孝文化异化的产物。

　　汉代以"孝治天下"而著名，以孝作为自己治民安国的主要理论基础。孝的思想渗透到汉代社会政治生活的各个方面，汉代建立了以孝为核心的社会统治秩序。[①] 汉代的孝文化对加强家庭和谐与家族稳固，维护社会稳定有着积极的作用。但是随着孝伦理逐渐走向纲常化、神秘化、片面化、绝对化，汉代社会出现了伪孝、厚葬、复仇、孝感等严重的陋习，尤其是东汉时期伪孝现象严重滋生和泛滥。比如，赵宣服丧期间生有五子；甄邵任职期间，母丧，为不影响升迁，将母体埋进马棚。东汉末年民谣"举秀才，不知书；察孝廉，父别居"直白地反映了现实问题。这些陋习不仅败坏了社会风气，而且发展成中国封建社会"愚忠""愚孝"的滥觞，对此后中国社会伦理道德以及中华文化心理的发展产生极大影响。

　　以史为鉴，古代孝文化的发展对我们当今建设社会主义和谐社会的孝行为规范有着重要的现实借鉴意义。我们应该吸收其精华，剔除其糟粕。一方面我们要继承孝的精神，重视孝道教育，广泛推行孝文化；另一方面我们也应该正确地看待丧葬习俗，倡导薄葬。"树欲静而风不止，子欲养而亲不待。"在现在的老龄化时代，我们应该"敬老爱老"，不仅保障老年人的物质生活，同时也从保障老年人的精神生活，真正做到关心长辈，关爱老年人的生活。

（该文与平晓倩合作，发表于《河北学刊》2020年第5期）

---

① 肖群忠. 孝与中国文化[M]. 北京：人民出版社，2001.

接受与挪用：蔡顺孝行故事流变研究

传统的二十四孝故事，以元末郭居敬的《全相二十四孝诗选》影响最大、流传最广。在这些孝子故事定型之前，都经历了各自漫长的传承演变过程，二十四孝之一的蔡顺故事也不例外。孝子蔡顺，字君仲，东汉汝南郡（今河南临汝、平舆县一带）人，"以至孝称"，事迹出于《后汉书》，此外《太平御览》引逸名《孝子传》、敦煌文书《孝子传》对其均有记载。作为著名孝子，有关蔡顺孝行事迹为众所熟知的多为"拾椹供亲"故事，但文献和考古资料中尚有"啮指心痛""火起伏棺""闻雷泣墓"（又称"雷震圜冢"）、"桔槔天固"和"为母尝毒"等多种孝行行为，甚至个别孝行事迹远比其典型孝行"拾椹供亲"故事流行时间长、影响广，如"闻雷泣墓"。[1] 可以说孝子蔡顺孝行行为从汉代产生到宋元时期最后定型为老百姓耳熟能详的孝子故事，其间经历了漫长的多层次的流变过程。本文以新的视角，从传世文献出发，结合大量出土魏晋至宋元时期的画像石、壁画墓等考古文物材料，对蔡顺孝行故事流变过程作出长时段考察，以求教于方家。

一、汉代时期孝行的单一性

从现有资料看，传统典籍中最早有关蔡顺孝行的记载，是见于东汉中期刘珍等撰《东观汉记》中"拾椹供亲"的故事。清人辑本《东观汉记》卷十五载曰：

蔡君仲，汝南人。王莽乱，人相食。君仲取桑椹，赤黑异器。贼问所以，君仲云："黑与母，赤自食。"贼义之，遗盐二斗，受而不食。[2]（《御览》

---

[1] 传统上多认为"闻雷泣墓"孝行为西晋孝子王裒孝行，实际上在六朝隋唐时期，甚至宋金时期，该孝行常作为蔡顺的孝行行为在文献和考古资料中出现，与王裒反而关联不大。
[2] 刘珍，等. 东观汉记校注[M]. 北京：中华书局，2008：671.

卷九五五）

此则故事又称为"拾桑异器"，描述东汉蔡顺年幼丧父，但他侍奉母亲，极其孝顺。后来遭遇王莽之乱，又逢饥荒，口粮不足，于是采拾桑椹，并用不同的容器来盛放。桑葚是桑树的果实，可以吃。桑葚黑色的比较成熟，甜一些，红色的就差一点。赤眉军遇见蔡顺，便问他：为什么桑葚要分开来盛放？蔡顺说："桑葚黑色的给母亲吃，赤红色的自己吃。"孝子蔡顺孝心纯厚，最感动人处又是一个细节：桑葚分成两种，给母亲吃好的，自己吃不好的。

东汉蔡顺"拾椹供亲"的故事，是《东观汉记》中众多孝子故事之一。除此之外，几乎看不到这一时期有关蔡顺其他事迹的资料，可见时人对于蔡顺的认识仅限于此。此外《东观汉记》强调蔡顺"受而不食"，而并非后世文献将此四字省略，而突出强调其"至孝"。就考古出土材料来看，从至今所见最早记录孝子图的泰安大汶口汉画像石墓[1]，到出土孝子图较多的山东嘉祥武梁祠[2]、内蒙古和林格尔东汉壁画墓[3]等，都没有发现蔡顺的孝行踪迹。遍搜两汉时期山东、河南、内蒙古等地的汉画像石和壁画墓材料，相比较曾参、老莱子、闵子骞、丁兰、董永等大量孝子图像频现，唯独没有蔡顺的孝行图像。[4]这在一定程度上表明蔡顺孝行事迹在汉代并不彰显，呈现出文本事迹的单一性。事实上，成书于东汉中期的《东观汉记》所记载的孝子全是东汉"现当代"之人，而考古出土的汉代孝子图像，如曾参、老莱子、闵子骞、丁兰、董永等，则多是春秋战国至西汉之人，二者之间存在着出土孝子图像内容与文本记载整体不一致的现象。究其原因，有学者研究指出，"在一个读书识字是少数人专利的时代，除了文字系统，应另有民间的口传传统"；"文字、口传和图画都是对同一资产的不同形式的表述"。[5]黄宛峰则进一步认为汉画孝子图与当时官方表彰、史传所载的孝子孝行应该是两套不同的语言系统，前者突出庶民孝养之义，体现的是日常之孝养，质朴平淡且生活气息很浓，与后者更多地宣扬政治目的形成鲜明的对比，[6]故尚不能以官方记载的情形推

---

[1] 王恩田.泰安大汶口汉画像石历史故事考[J].文物，1992（12）.
[2] 巫鸿.武梁祠——中国古代画像艺术的思想性[M].三联书店，2006.
[3] 内蒙古自治区文物考古研究所.和林格尔汉墓壁画[M].北京：文物出版社，2007.
[4] 后晓荣.考古出土历代孝子图像研究——兼论二十四孝文化演变史[R].2009.
[5] 邢义田.画为心声：画像石、画像砖与壁画[M].北京：中华书局，2011：136.
[6] 黄宛峰.汉画孝子图的史料价值与思想史意义[J].南都学坛，2013（3）.

测出土孝子图像的内容。

　　事实上，汉代以孝治国，大力标举孝子人物，一般举荐孝子的程序是先由州郡上报、经朝廷核准，然后或立碑或书传，在地方上广泛宣传，经历了一个由下至上，再由上至下的过程，如汉末"孔融"（《后汉书·孔融列传》）、"曹娥"（《后汉书·列女传》）虽然都是史书上的孝子孝女，但是曹娥较早入选民间的孝子图，而孔融却没有，足见其中有一环缺失便不能够在史书和孝子图上题榜留名。《东观汉记》作为官修东汉历史的开端，反映了当时朝廷与士大夫的观点，至少在上层社会中，东汉中期之后的君王与官僚士大夫们对蔡顺"拾椹供亲"的孝行已经取得了一致的认可，意味着作为"现当代"之人的蔡顺孝行事迹宣传已经完成了"由下至上"的过程。而考古出土众多东汉孝子图像中没有蔡顺孝子图像的存在，则清楚地表明蔡顺孝行事迹尚未完成"由上至下"的宣传、普及过程。照此推理，即便蔡顺事迹在当时可能成为某一地区的推崇，并因为一地的上报而入了官方的记载，却尚未在民间广大地区推广流行。至今没有发现出土的蔡顺孝子图像的事实至少也说明了东汉即使流传蔡顺孝行事迹的话，此时的蔡顺顶多不过是个"准孝子"而已，"拾椹供亲"行为也许就是唯一的孝行内容。

二、六朝至唐代时期孝行的多样性

　　东汉孝子蔡顺事迹在三国时期尚不彰显，至南北朝之后才逐渐传开。三国诗人曹植作《灵芝篇》颂扬了六位颇有声望的孝子，[①]用诗歌对两汉之前孝子孝行进行了总结，依旧没有提到蔡顺。六朝文献中较早关于孝子蔡顺故事流传的记载是在东晋时期。东晋咸康年间，为张表孝子许孜孝行，太守张虞上疏就提到："许孜，至性孝友，立节清峻，与物恭让，言行不二。当其奉师，则在三之义尽；及其丧亲，实古今之所难。咸称殊类致感，猛兽弭害。虽臣不及见，然备闻斯语，窃谓蔡顺、董黯无以过之。"[②]但作为最能代表蔡顺孝行的"拾椹供亲"故事在汉代之后依旧不显，包括在《后汉书》和六朝众多

[①] 参见（三国·魏）曹植的《曹植集校注》，人民文学出版社，1984年，第326—327页。该诗文中提到了虞舜、韩伯愈、丁兰、董永和曾参、闵子骞六位孝子，其中前四位有较为具体的孝行故事。

[②] 房玄龄，等.晋书·孝友传[M].北京：中华书局，1974：2280.

《孝子传》中都没有记载。与之形成鲜明对比的是，成书于南朝宋的《后汉书》中出现了有别于"拾椹供亲"的新的孝行故事。《后汉书·周磐列传》曰：

磐同郡蔡顺，字君仲，亦以至孝称。（唐朝李贤注：《汝南先贤传》曰："蔡顺事母至孝。井桔槔朽，在母生年上，而顺忧，不敢理之。俄而有扶老藤生，绕之，遂坚固焉。"）顺少孤，养母。尝出求薪，有客卒至，母望顺不还，乃噬其指，顺即心动，弃薪驰归，跪问其故。母曰："有急客来，吾噬指以悟汝耳。"母年九十，以寿终。未及得葬，里中灾，火将逼其舍，顺抱伏棺枢，号哭叫天，火遂越烧它室，顺独得免。太守韩崇召为东閤祭酒。母平生畏雷，自亡后，每有雷震，顺辄圜冢泣，曰："顺在此。"崇闻之，每雷辄为差车马到墓所。后太守鲍众举孝廉，顺不能远离坟墓，遂不就。年八十，终于家。①

一般认为，范晔修撰《后汉书》，主要蓝本是《东观汉记》。而《后汉书》中却不见《东观汉记》上所引的"拾椹供亲"故事，正文记录的却是蔡顺"啮指心痛""火起伏棺""闻雷泣墓"另外三事。关于唐李贤注文中的孝感故事"桔槔天固"，可与《太平御览》卷七六五引晋周斐《汝南先贤传》对读，"蔡君仲井桔槔坏，在母年命上忧不敢治而扶老生绕之。注曰：'扶老，藤也。'生绕，桔槔不须，治孝之感也"②。

另唐朝白居易《白氏六帖事类集》卷八中记载的三件蔡顺孝感故事，基本上延续了《后汉书·周磐列传》的内容，其中的"啮指"条曰：

蔡顺字君仲，养母求薪。客至，母望顺不还，母乃啮指。顺心动，弃薪走归。母畏雷云云。③

其中的"孝感"条曰：

蔡顺君仲，母终未葬，里有火发逼顺舍。顺抱棺叫哭，遂火越烧他舍。④

从以上文献关于蔡顺孝行故事的记载，不难看出此时的蔡顺孝行已经显露，呈现出多样性的特点，多数还带有孝感神秘色彩。

六朝文本中蔡顺孝行的多样性在六朝墓葬考古出土的蔡顺孝子图像中也有所反映。六朝时期蔡顺孝子画像目前主要集中在湖北襄阳麒麟清水沟南朝

---

① 范晔. 后汉书 [M]. 北京：中华书局，1965：1312.
② 李昉，等. 太平御览 [M]. 北京：中华书局，1960：3397.
③ 白居易. 白氏六帖事类集 [M]. 北京：文物出版社，1987：61.
④ 同③，64.

画像砖墓①和北魏墓葬考古发现中，其中宁夏固原漆棺、河南洛阳孝子石棺（现藏美国堪萨斯州纳尔逊·阿特肯斯艺术博物馆）及卢芹斋旧藏北魏石围屏上都刻有蔡顺孝子画像，均有榜题。南朝画像主要表现蔡顺"闻雷泣墓"，北魏孝子画像中多选蔡顺"火起伏棺"这一情节来作为表现的主题，而蔡顺"啮指心痛"行为则尚未见到。固原漆棺画像榜题"东家失火蔡顺伏身官（棺）上"②，残存画面中有一屋，周围有火焰绕其屋脊而过，屋内残存一男子头部，为蔡顺。洛阳孝子石棺上的榜题为"子蔡顺"③，蔡顺位于该棺右帮中部，刻画了蔡顺伏棺恸哭、火烧他室的场面，画中刻两楹房屋，一屋内置棺，蔡顺伏棺痛哭，一犬蹲房前，另一屋火焰四起，四人用水灭火。（见图一）卢氏北魏石围屏上榜题为"孝子蔡顺"④，表现的是蔡顺"闻雷泣墓"的情节（见图二）。湖北襄阳麒麟清水沟画像砖墓画像砖中，画面左为环状物所包围一飞鸟，中为一坟茔，其右上铭"蔡顺"二字和一长尾猛兽，右为一人团坐于树木前，此图应为蔡顺"闻雷泣墓"故事。由此可见，六朝时期蔡顺孝子图中的"闻雷泣墓"和"火起伏棺"是与当时的文献记载相一致的，而另一孝行"啮指心痛"事迹则不显。

图一　河南洛阳北魏孝子石棺蔡顺图藏于美国堪萨斯纳尔逊艺术博物馆

---

① 襄阳市文物考古研究所.襄阳麒麟清水沟画像砖墓[EB/OL]. http://www.doc88.com/p-4943937837809.html.
② 固原县文物工作站.宁夏固原北魏墓清理简报[J].文物，1984（6）.（报告称，未对此画进行临摹）.
③ 周到.中国画像石全集·石刻线画[M].郑州：河南美术出版社，2000：40.
④ 黑田彰.孝子伝の研究[M].日本：思文株式社，2001：201.

图二　卢氏北魏石围屏上蔡顺"闻雷泣墓"（图引自（日）黑田彰的《孝子伝の研究》）

与此同时，《后汉书》中的蔡顺孝行故事在六朝至唐代文本中进一步得到彰显和演化，其重要标志是蔡顺事迹成功进入了《孝子传》，并出现了"尝毒"这一新情节。《太平御览》引佚名《孝子传》记录了蔡顺"为母尝毒"一节，曰：

> 蔡顺字君仲，母饮酒，吐呕颠倒，恐母中毒，尝母吐验之。①

此事也为唐初文献《初学记》所记载：周斐《汝南先贤传》曰："蔡顺字君仲，有至孝之心。少丧父，奉养母。甘口之物，不敢先尝，母至婚家，因饮酒变吐，顺恐中毒，乃尝其吐。母生疮出脓，以口嗽之"②。

此外唐末或五代时期的敦煌文书中也有蔡顺孝行的文献记录，即所谓"孝子传·蔡顺"③载曰：

> 蔡顺字君长，汝南平舆人也。少失其父，独养老母，王奔（莽）末，天下饥荒。缘桑摘椹（椹），赤黑易器盛之。赤眉贼见，向前问之。答曰："黑奉老母，赤著自供。"贼等见，知是孝子，遂不煞顺。给米三升，牛蹄一双，

---

① 李昉，等.太平御览[M].北京：中华书局，1960：3777.
② 徐坚，等.初学记[M].北京：中华书局，2004：421.
③ 需要说明的是，所谓敦煌本《孝子传》并非如六朝时《孝子传》一样，而是今人根据其内容命名的所谓《孝子传》，其实称之敦煌文书本更准确些。

将奉贤母。顺母曾至婚家，饮酒过度，呕吐颠到（倒），顺恐母中青（毒），自尝其口吐。母后命终，停丧堂上，东家火起，与顺屋相连，独身不能移动。乃伏棺号泣，火遂飞过，越烧西家，一时荡尽。顺母生时怕雷，每至大震雷电，顺便走绕坟大哭曰："顺在此，愿娘莫惊。"太守闻之，若遇天雷，给顺车马，令往墓所。太守韩置用顺为南阁祭酒。出《后汉书》。①

敦煌文书"孝子传"记录蔡顺"拾椹供亲""为母尝毒""火起伏棺""闻雷泣墓"四种孝行，实为整理者将《东观汉纪》《后汉书》和六朝《孝子传》中有关蔡顺孝行进行了"混编"的梳理规整。其中将几百年不显的蔡顺"拾椹供亲"重新"发掘"出来，并逐渐得到"彰显"，功不可没。

此外，值得一提的是，现保存在日本称之为阳明本《孝子传》和船桥本《孝子传》中也有孝子蔡顺孝行记录。其中阳明本《孝子传》中除了记录蔡顺"为母尝毒"和"拾椹供亲"的孝行外，还增加了"为虎去骨"的情节（船桥本《孝子传》与此相同，只个别文字有差异）：

淮南人蔡顺至孝也。……母诣婚家，醉酒而吐，顺恐中毒，伏地尝之。启母曰："非毒，是冷耳。"时遭年荒，采桑椹赤黑二篮。逢赤眉贼，贼问曰："何故风别桑椹二种？"顺答曰："黑者饴母，赤者自供。"贼还放之，赐完十斤。其母既没，顺常在墓边，有一白虎张口向顺来，顺则申臂采之，得一横骨。虎去后常得鹿羊报之。所谓孝感于天，禽兽依德也。②

阳明本《孝子传》现藏日本阳明文库，西野贞治认为成书于六朝至隋代之间，赵超先生认为从文字上看，阳明本"可能保留了更多的六朝至唐初的原本面貌"③。如果从阳明本《孝子传》蔡顺的"拾椹供亲"和"为虎去骨"孝行故事多样性"混搭"这一角度来看，与敦煌文书"孝子传"情况非常相似，故我们认为，阳明本和船桥本《孝子传》的成书或许应该在唐中期之后。④蔡顺"为虎去骨"的情节也在一定程度上反映了此时蔡顺孝行故事的多样性。

---

① 潘重规.敦煌变文集新书[M].台北：文津出版社，1994：1258—1259.
② 黑田彰.孝子传注解[M].日本：汲古書院，2003：295.
③ 赵超.关于汉代的几种古孝子图画[C]//中国汉画学会第九届年会论文集.北京：中国社会出版社，2004：190.
④ 从阳明本《孝子传》和船桥本《孝子传》的整个内容看，笔者认为这两部流传日本《孝子传》的形成时代或许最早不会超过晚唐（见后晓荣的《考古出土历代孝子图像研究——兼论二十四孝文化演变史》）。

由以上文献记载和出土的蔡顺孝子图像资料可以发现，六朝至唐代时期蔡顺孝感事迹中的"火起伏棺"和"闻雷泣墓"的孝行频现，还衍生出新的"噬指心痛""为母尝毒""为虎去骨"的情节，呈现出多样性的特点。相比之下，宋元以后二十四孝故事中标志性的蔡顺"拾椹供亲"的事迹在此阶段很少被提到，且在出土的众多孝子图像中也没有出现。因此可以这样认为，"火起伏棺"和"闻雷泣墓"的孝行频现带有时代印记，虽然其中的成因很多，但无疑受到东汉谶纬以及魏晋之后天人感应思想的影响颇大。东汉是谶纬思想发展的鼎盛时期，也是《孝经》与谶纬相结合并蒙上神秘色彩的重要历史阶段，出现于这一时期的蔡顺故事显然受到了与谶纬结合后的《孝经》《孝经·援神契》《孝经·钩命决》等文本的影响，具有明显的"至孝感天"的神秘色彩。谶纬神学在东汉盛极一时，对当时的丧葬观念有直接的影响，"至孝感天"事迹频现墓葬图像资料也在情理之中。魏晋之后由于统治者的禁毁，谶纬神学日渐衰颓，但是其中的一些神仙与方术思想却为初兴的道教融会吸收，并成为其主要内容[①]，如东晋葛洪的道教经典著作《抱朴子内篇》中就有"蔡顺至孝，感神应之"[②]的记载。随着魏晋至隋唐时期道教的逐渐兴盛，道教神仙思想的参与与附加影响越来越大[③]，丧葬中的孝子图像的内容与功能虽作出了适应性的改变，但是"至孝感天"仍是那个时代的主旋律，成为六朝以后孝子画像中的重要表现题材。在《后汉书》中所记述的与蔡顺有关的"噬指心痛""火起伏棺""闻雷泣墓"三类事迹中，尤以其中的"火起伏棺"最具天人感应色彩，成为北魏孝子画像中的重要表现内容。

三、宋金之后孝行的稳定性

经历了六朝隋唐之后的多样性发展，进入宋金之后，蔡顺孝行故事在传世文献尤其是地理志、类书中的记载又出现了新变化。如北宋地理总志《元丰九域志》卷一记载蔡顺孝子事迹：

蔡顺母墓，顺至孝，母生时畏雷，每有雷，顺即绕冢行，云顺在此。太守闻之，

---

① 邹清泉.北魏孝子画像研究[M].北京：文化艺术出版社，2007：96.
② 贺西林.北朝画像石葬具的发现与研究[M]//汉唐之间的物质文化与视觉文化.北京：文物出版社，2003：341—376.
③ 葛洪.抱朴子内篇校释[M].北京：中华书局，1980：116.

每雷即给顺车而往。①

又如宋代类书《锦绣万花谷》前集卷十六也有类似的记载：

分椹。后汉蔡顺，当王莽末，大荒。顺拾椹以异器盛之。赤眉贼见而问之，顺曰："黑者奉母，赤者自食。"贼知其孝，乃遗米肉，防止。（本传）②

又后集卷十五载曰：

饮酒尝吐。蔡顺字召仲，有至孝之心。少丧父，奉养母，甘口之物不敢先尝。母至婚家，因饮酒变吐，顺恐中毒，乃尝其吐。（《先贤传》）③

再如南宋林同《孝诗》在宋朝流传颇广，其中记载的蔡顺孝子事迹为：

拾葚，黑者奉母。母思顺，心动，弃薪还。伏母棺，火越他舍。母畏震雷，辄圜墓。贼疑拾葚异，母怪弃薪还。雷震辄圜冢，火飞因伏棺。④

由此可见，相比较《后汉书》、诸本《孝子传》等六朝文献缺失的"拾椹供亲"事迹在北宋以后文献中再次出现，六朝文献和考古图像中的"闻雷泣墓"依旧延续。但需要说明的是，宋朝是中国古代类书编纂的高峰期，类书中的许多内容或是抄录前朝典籍或是摘引古书，这一情况也同样发生在当时一些大部头的地理志中，因此从《元丰九域志》《锦绣万花谷》《记纂渊海》《古今事文类聚》等提到蔡顺孝行的宋朝类书看，时人对这一孝行的认识并不真实，存在着许多不确定性甚至会有误导的风险。而这一时期在宋金元墓葬中出土了大量有关蔡顺孝行的图像题记资料，或许更能反映宋金时期时人对蔡顺孝行的认识。因此，对于这一时期的蔡顺孝行考察，我们主要从考古出土材料来探究。

在宋金元北方地区的墓葬考古中，大量出现存在着"孝行"图像文物资料。作者曾经用大量的文字梳理了历代孝行图像的基本情况，并指出在多种因素的"合力"之下，宋金时期最终促成并出现了完整的、较为成熟的"画像二十四孝"，并在黄河中下游地区长时间、广泛地流行和传播，一直延续至元代末。⑤据笔者统计，广泛分布在河南、山西、陕西、甘肃、河北、山东等

---

① 王存，等.元丰九域志[M].北京：中华书局，1984：555.
② 佚名.锦绣万花谷（前集卷十六）[M]//景印文渊阁四库全书.上海：上海古籍出版社，1991：210.
③ 同②，632.
④ 林同.孝诗[M].北京：商务印书馆，1937：22.
⑤ 后晓荣.画像二十四孝——中国最早、最成熟的二十四孝[N].光明日报，2015-10-7.

地近一百多座宋金元墓葬出土的各种类型的孝子图像，其中绝大多数墓葬存在蔡顺孝子图像，清晰地表明在此时段孝子蔡顺已经成为宋金"画像二十四孝"中的"骨干"孝子成员。考察宋金时期出土的蔡顺孝子画像，一改六朝至唐时期的多样性，在逐步演进的基础上显现固定化的趋势。撇开文本方面的观察，单从孝子图像看，从北宋开始蔡顺图像的主题情节是"拾椹供亲"，该主题图像也开始成为宋辽金元"二十四孝"图像中经常表现的内容。从包含宋金时期蔡顺图像的考古报告或相关文章资料看，如河南林县城关宋墓[1]、荥阳孤伯嘴壁画墓[2]、林县金墓[3]、山西长治魏村金墓[4]、屯留宋村金代壁画墓[5]、长子县小关村金代纪年壁画墓[6]（见图三）、沁县金代砖雕墓[7]中蔡顺图像的内容均为"拾椹供亲"。可见，蔡顺"拾椹供亲"事迹已经成为这一时期墓葬中蔡顺孝子图像最主要并频于表现的内容。其所表现的图画形式也呈现出较为稳定的内容，多是小儿蔡顺与一男子，中间两提篮等。以豫西地区宋金时期墓葬出土的蔡顺孝行图像资料为例，蔡顺"拾椹供亲"行孝图见于孤伯嘴宋墓、登封高村宋墓[8]等，根据人物数量基本上可分为两式：

图三　山西长子县小关村金代纪年壁画墓"蔡顺椹亲"（图引自《文物》2008年第10期）

---

[1] 张增午.河南林县城关宋墓清理简报[J].考古与文物，1982（5）.
[2] 郑州市文物考古研究所，等.河南荥阳孤伯嘴壁画墓发掘简报[J].中原文物，1998（4）.
[3] 张增午.河南林县金墓清理简报[J].华夏考古，1998（2）.
[4] 长治市博物馆.山西长治市魏村金代纪年彩绘砖雕墓[J].考古，2009（1）.
[5] 山西省考古研所，长治市博物馆.山西屯留宋村金代壁画墓[J].文物，2008（8）.
[6] 长治市博物馆.山西长子县小关村金代纪年壁画墓[J].文物，2008（10）.
[7] 商彤流，郭海林.山西沁县发现金代砖雕墓[J].文物，2000（6）.
[8] 郑州市文物考古研究所，等.登封高村壁画墓清理简报[J].中原文物，2004（5）.

1. 二人。如河南荥阳市孤伯嘴宋墓，右侧一男子左手持剑扛于肩上，右手作剑指向左侧蔡顺，二者之间放置两个小提篮，上方墨书"蔡顺行孝之处"六字。山西长治安昌金墓中蔡顺图画面右侧绘一男子头戴楼头，身着圆领服，手持大刀坐于山石之上；左侧绘一男子，头戴幢头，身着圆领长服，双手握于胸前，侧身与持刀者对视；画面上方榜题书"蔡顺"2字[①]（见图四）。

图四　山西长治安昌金墓蔡顺"拾椹供亲"（图引自《文物》1990年第5期）

2. 三人。如河南登封市高村宋墓，左侧蔡顺拱手施礼，面前放立一篮一巾，右侧为一头戴缨盔的军士坐于岩石上，其旁站立一军士，手握旗杆，画面左上方墨书"蔡顺"二字。屯留宋村金代壁画墓中蔡顺图与之基本相同，只是蔡顺面前放的是两个篓子，而对面男子则坐在椅子上（见图五）。

图五　山西屯留宋村金代壁画墓蔡顺"拾椹供亲"（图引自《文物》2008年第8期）

---

① 王进先，朱晓芳. 山西长治安昌金墓[J]. 文物，1990（5）.

二十四孝文化专题

宋金时期"画像二十四孝"中蔡顺"拾椹供亲"孝行图像一直延续到元代，山西屯留县康庄工业园区元代壁画墓蔡顺孝子图像[①]依旧（见图六），山东平阴县南李山头村元代石刻壁画墓中蔡顺孝行[②]也是如此（见图七）。此外，从宋金元墓葬孝行图像题记看，这一时期有关蔡顺孝行文字也集中于"拾椹供亲"的情节，而蔡顺其他孝行行为则基本舍去了。如长治市魏村金代纪年彩绘砖雕墓中蔡顺图，画面上刻有三人，右侧一男子头戴黑色幞头，身穿白色圆领袍服，腰间束带，拱身作拜，左侧一男一女共二人，前为妇人，头梳髻，身穿桔黄色罗裙，与右侧男子作对话状，妇人身后的男子身穿红色圆领袍服（见图八）。画面右侧墨书"莱顺无父养母，□荒□郊外，□椹异者盛之，贼问顺，曰：'黑者供母，赤者自食，贼□其□，□□□□□□中归，□□□□□□'。"[③]该题记表明宋金时期人们开始将典型孝子的孝行逐渐集中至其最典型的行为之中，并将其唯一化，元代之后文本"二十四孝"人物孝行文字基本上沿该方向发展，蔡顺孝行也不例外。

图六　山西屯留县康庄工业园元代壁画墓蔡顺"拾椹供亲"
（图引自《考古》2009年第12期）

---

① 山西省考古研究所，等. 山西屯留县康庄工业园区元代壁画墓 [J]. 考古, 2009（12）.
② 刘善沂. 山东长清、平阴元代石刻壁画墓 [J]. 文物, 2008（2）.
③ 长治市博物馆. 山西长治市魏村金代纪年彩绘砖雕墓 [J]. 考古, 2009（1）.

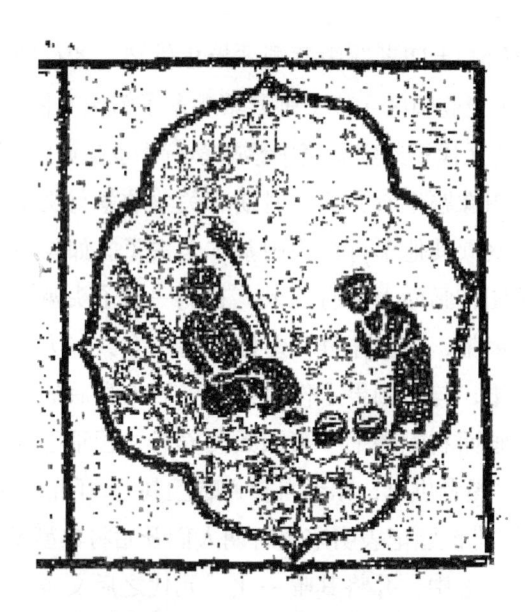

图七　山东平阴南李山头村元代壁画墓蔡顺"拾椹供亲"

（图引自《文物》2008 年第 2 期）

图八　山西长治魏村金代纪年彩绘砖雕墓蔡顺"拾椹供亲"

（图引自《考古》2009 年第 1 期）

宋金元墓葬"画像二十四孝"中蔡顺孝行图像除"拾椹供亲"画像外，六朝画像中就存在，孝子蔡顺的另一孝行"闻雷泣墓"故事也偶有出现。如洛阳洛龙区关林宋代砖雕墓[①]、巩县西村墓石棺[②]中都为"闻雷泣墓"画像，前者题记为"蔡顺"（见图九），后者榜题为"蔡母怕雷"。需要特别指出的是，通常人们多把宋金墓葬中"闻雷泣墓"孝行画像与孝子王裒联系在一起。事实上，我们今天所见到的大量有孝子榜题的宋金墓葬中，只有山西永济金代石棺一例[③]，该石棺有"蔡顺"和"王怖"题记。到现在为止，还没有第二例准确的"王裒"题记。需要说明的是，该题记中"怖"是一个错别字，表明其孝行还没有完全为普通民众所熟悉和认知。那些所谓"王裒行孝"图像实为报告发表者和考证者根据元末郭居敬所编《二十四孝》作出的一种推测，而并没有整体考察宋金墓葬孝行图像。[④]王裒"闻雷泣墓"故事在《晋书》本传有载[⑤]，除了"闻雷泣墓"，亦有"攀柏孝子""蓼莪孝子"之誉，以表其哀丧之孝。但王裒孝行在宋金之前一直不显，墓葬孝行资料中从没有发现，其孝行也只见于逸名《孝子传》有所记载，其他文本文献均不见。或许正是因为宋金墓葬中蔡顺"闻雷泣墓"孝行的流行和存在，当元末郭居敬重新订正《二十四孝》时，王裒借助蔡顺的力量，从而一跃成为流传后世"二十四孝"之一。所以我们认为，那些宋金墓葬中没有榜题的"闻雷泣墓"孝行图像所表现的孝子也应该是蔡顺，而并非如有的研究者所认为"在宋金的墓葬中，'闻雷泣墓'相对'拾葚供亲'较少用于蔡顺图像的表现，应该与'闻雷泣墓'相对王裒的固定使用有关"[⑥]。

---

① 洛阳市文物工作队.洛阳洛龙区关林庙宋代砖雕墓发掘简报[J].文物，2011（8）.（该墓榜题"蔡顺"，图中一男子头裹巾，身穿圆领长袍，面对封树的坟头而泣，应为"闻雷泣墓行孝图"。）
② 巩县文物管理所，等.巩县西村宋代石棺墓清理简报[J].中原文物，1987（3）.
③ 张青晋.山西永济发现金代贞元元年石棺[J].文物，1985（8）.
④ 据笔者考证宋金元时期在北方民间已经形成了一套完整的"画像二十四孝"，其人物组合即：鲍山、蔡顺、曹娥、丁兰、董永、郭巨、韩伯瑜、姜诗、老莱子、刘明达、刘殷、鲁义姑、陆绩、孟宗、闵子骞、郯子、舜子、田真、王武子妻、王祥、杨香、元觉、曾参、赵孝宗。其间没有孝子王裒，表明其孝行影响力尚不深入，尚不在宋金元时期"画像二十四孝"之列。
⑤ 房玄龄，等.晋书[M].北京：中华书局，1974：2278.
⑥ 潘文芳."二十四孝"研究[D].福州：福建师范大学硕士学位论文，2010：80.

图九　洛阳洛龙区关林庙宋代砖雕墓蔡顺"闻雷泣墓"拓片
（引自《文物》2011年第8期）

总之，宋金时期出土的蔡顺孝子图以表现"拾椹供亲"的孝行为主，个别还能见到"闻雷泣墓"的故事，而六朝时期较为流行的"火起伏棺"孝行，以及其他孝行故事则完全抛弃。因此可以说，宋金时期蔡顺孝子图像的孝行大体具有稳定性，并为元末之后文本《全相二十四孝诗选》等文献中蔡顺孝行故事定格在"拾椹供亲"事迹上奠定了基础。宋金时期蔡顺孝行稳定并逐渐定格在"拾椹供亲"事迹上，可以向上追溯至唐代中期李翰所编著，以介绍掌故和各科知识为主要内容的儿童识字课本《蒙求》，该书中就提到了"王祥守柰，蔡顺分椹"[①]。唐李翰于天宝年间所撰《蒙求》，流传于唐宋时代，敦煌文献中就遗存三件抄本，后来在大陆佚失，但幸存于日本。[②]《蒙求》全书都用四言韵文，上下两句，成为对偶，读来顺口，听来悦耳，既易于记诵，所讲历史人物掌故，则巧妙地把历史教学与识字教学、伦理道德教育紧密糅合在一起，避免了历史知识教学目标的单一化，从而增加儿童阅读的兴趣。晚唐诗人杜荀鹤《赠李镡》诗中描述其友人李镡"自维扬遇乱，东入山中"，

---

① 李瀚.蒙求[M]//全唐诗.上海：上海古籍出版社，1986：2146.余嘉锡考证作者为唐之李翰，详见《四库提要辩证》"蒙求集注二卷"条，中华书局，2007年。
② 张娜丽.敦煌研究院藏李翰《蒙求》试解——与日藏古抄本之比较[J].敦煌研究，2002（5）.

在避难生活中还不忘"犹把蒙求授小儿"。[①] 这说明至晚唐五代，《蒙求》已流传至相距数千里的西北边陲的敦煌和江南的扬州，可见其流传范围之广。到了宋代，《蒙求》已是"举世诵之，以为小学发蒙之首"[②]，"孩幼入学，人挟此册，少长则遂讲授之"[③]，作为蒙学教育的首选教材盛行于世。因此我们可以这样认为，正是中唐之后，在学习《蒙求》这类蒙书启蒙教育的一代代儿童长大之后，自然而然逐渐熟悉传播并定格了蔡顺"拾椹供亲"的孝行故事，并频繁地出现在宋金墓葬孝子图像之中。当元末郭居敬首先编修文本《全相二十四孝诗选》时，蔡顺"拾椹供亲"的孝行故事顺利入选也就是"水到渠成"之事。目前所能见到《全相二十四孝诗选》较早版本有国家图书馆藏明代洪武刊本（元）郭居敬所编的《全相二十四孝诗选》[④]和日本影印嘉靖廿十五（1546年）抄本[⑤]（见图十），都在首页下方题有"延平尤溪郭居敬撰"，其中孝子蔡顺孝行构图都与前文提到宋代二式十分相似，一般左侧蔡顺拱手（或跪地）施礼，面前放两篮子，右侧为两军士，一坐一立，突出地表现蔡顺"拾椹供亲"时场景。

图十　《全相二十四孝诗选》插图（引自日本龙谷大学电子图书馆本）

---

① 杜荀鹤.赠李镡[M]//全唐诗.上海：上海古籍出版社，1986：1744.
② 陈振孙.直斋书录解题（卷一四）.上海：上海古籍出版社，1987：424页.
③ 元好问.十七史蒙求序[M]//遗山先生文集（卷三六），四部丛刊本.
④ 郑振铎.中国古代木刻画史略[M].上海：上海书店出版社，2006：30.
⑤ 赵超."二十四孝"在何时形成（下）[J].中国典籍与文化，1998（2）：41.

四、余论

通过以上汉代至宋金时期长时段考察蔡顺孝行变化的情况分析，可以清晰地看出历代蔡顺孝行流变的具体情况，制表如下：

表1　汉代至元代蔡顺孝行主要内容流变表

类型	两汉时期	六朝至隋唐时期	宋金元时期
传世文献	拾椹供亲	啮指心痛、火起伏棺、闻雷泣墓、为母尝毒、桔槔天固、拾椹供亲、为虎去骨	拾椹供亲、火起伏棺、闻雷泣墓等
出土图像		火起伏棺、闻雷泣墓	拾椹供亲、闻雷泣墓

就历史长时段纵向而言，孝子蔡顺孝行事迹从汉代时期的单一性，到六朝隋唐的传世文献与出土图像齐头并进的多样性，最后到宋金时期的稳定性，其间的流变情况是纷繁复杂的；从横向而言，传世文献与出土图像之间存在着不平衡性，两者没有绝对的一致，但主题性事迹基本相符，这或许与现实中存在着官方与民间，文本与图画两套语言系统有关。引申开来，我们还可以得出进一步的认识。

第一，单就蔡顺孝子事迹而言，出土图像受传世文献直接影响，存在"接受"现象。在两汉时期，由于蔡顺的孝行未显，众多出土孝子图像中尚没有蔡顺的形象；六朝至宋金元时期，我们认可从两汉就存在的官方正史和民间流传的两大孝行语言系统还在继续，故出土图像中的蔡顺事迹不能说直接来源于传世文献，但出土孝子图像中的主题性事迹与传世文献中的主题性事迹基本一致的现象，就从一定程度上可以说明出土孝子图像受传世文献的直接影响。东汉中期之后，蔡顺孝行事迹的官方版本开始流传，三国以后蔡顺事迹逐渐显露，传世文献中的蔡顺事迹日益扩充并形成了自己的孝行主题事迹，制作墓葬图像的工匠们则"接受"了传世文本并开始模仿选用传世文献中自己认为最有价值的主题进行二次创作，在客观上两者的主题走向了一致，这期间谶纬神学和道教感应思想发挥了推动作用。随着唐代中期之后，谶纬神学和道教感应思想逐渐消减，蔡顺"火起伏棺""为母尝毒""桔槔天固"等较强孝感色彩的孝行基本消亡，相反最能反映孩童天真灿漫、发自内心的"拾椹供亲"孝行得到发扬光大，并最终成为蔡顺孝行的"标准照"。

第二，从前文分析历代蔡顺孝行事迹情况看，"二十四孝"的孝子之间存在着孝行事迹"挪用"现象。即"二十四孝"故事在其自身发展演变过程中，孝子事迹之间的关系存在多重变化。比如把某一孝子为民众熟知的孝行移用到其它孝子身上的现象，或附会到不同的人物身上，并在不断的引述中出现了变体。如"闻雷泣墓"在出土宋金孝子图像中基本是蔡顺的事迹，但是到元末郭居敬编订《全相二十四孝诗选》之后则"挪用"成了孝子王裒的孝行。又如作为孝子曾参"标准"孝行的"啮指心痛"故事在六朝隋唐文献中也常出现在蔡顺身上，而曾参早期的出土孝子图像多是东汉武梁祠"谗言三至慈母投杼"的故事[1]和咸阳唐代契苾明墓出土三彩四孝塔式罐的榜题中曾参"抚琴悦父"和"汲水济母"孝行故事[2]，直到宋金元"画像二十四孝"时"啮指心痛"故事才作为孝子曾参的"标识性"孝行在宋金墓葬中的孝子图像广泛存在，元末文本"二十四孝"定型时"啮指心痛"孝行也就"定格"到曾参身上。相信此种孝行"挪用"现象在二十四孝形成过程中不在少数。

一般认为，民间故事在口口传播和文本传承的过程中，一些情节会在不断地完善、创新，而另一些情节也会渐渐被人们遗漏。从蔡顺孝行发展、变化的这种现象说明，二十四孝在其自身发展演变的过程中，孝子事迹之间存在移用、放大等现象，同时也存在把某一孝子更为民众熟知的孝行故事移用到其它孝子身上的现象，或附会到不同的人物身上，并在后世文本不断的引述中出现了变体。事实上，从前面所论的蔡顺孝子出土图像对传世文献的"接受"到孝子事迹之间的"挪用"的过程看，估计二十四孝各自故事从诞生那一天起，就一直贯穿着"接受与挪用"方式发展演变，直至元代二十四孝最终的成型，每位孝子的行为才真正形成一种约定俗成的行为模式的表述。

（该文与杨燚峰合作，发表于《故宫博物院院刊》2018年第1期）

---

[1] 巫鸿.武梁祠——中国古代画像艺术的思想性[M].北京：三联书店，2006：290.
[2] 解峰，马先登.唐契苾明墓发掘记[J].文博，1998（5）.

宋金"画像二十四孝"
——中国最早、最成熟的二十四孝

"二十四孝"流传甚广，影响极深。传统观点一般认为元代后期郭居敬最早订正《二十四孝》，所集的二十四孝孝子故事题材，就是汇集了唐宋时期以来民间流传的二十四孝故事内容。甚至有人简单地认为"元人郭居敬集以前各代孝道人物24个撰《二十四孝》，至此以后便形成了现在人们习惯上所称的'二十四孝'"[1]。事实上，有关文本《二十四孝》成书问题也非如人所言那样简单，大量考古资料表明，早在北宋时期，北方特别是黄河中下游地区就出现了相当成熟的二十四孝。因此"犁清"早期二十四孝发展演变过程，对我们正确理解二十四孝传统文化实有必要。

自20世纪50年代以来，考古工作者先后发掘了100多座宋金元时期带有孝子图像的墓葬，其主要分布在北方地区，特别是黄河中下游地区的河南、山西和山东等省，以及河北、辽宁和陕甘宁等地区。[2] 从山西长治市魏村金代天德三年彩绘砖雕墓[3]的墨书题记可以知道宋金元墓葬孝子图像名称实际为"画像二十四孝"。该墓墓室四壁均镶嵌砖雕，内容为二十四孝人物故事，

---

[1] 甘肃省文物考古研究所.甘肃会宁宋墓发掘简报[J].考古与文物，2004（5）.
[2] 其中河南地区共发现35座墓葬，豫北壁画墓6座、砖雕墓5座、石棺墓1座，除金代1座墓葬外，其他都为北宋墓葬；豫中地区壁画墓7座、砖雕墓1座、石棺墓1座，除金代3座、元代1座外，其他都是北宋墓葬；豫西北地区壁画墓2座、砖雕墓1座、石棺墓2座，除金代3座位，其他时代都是北宋；豫西地区壁画墓2座、砖雕墓2座、石棺墓5座，除1座时代为元代，其他都是北宋；山西地区共发现43座墓葬，其中晋南地区砖雕墓12座、壁画墓4座、石棺墓3座，另一座出土一组泥塑，其中金墓15座、元代墓5座，没有宋墓；晋东南地区砖雕墓10座、壁画墓12座，其中金墓12座、元代墓4座，其余为宋墓；晋中地区只有一座砖雕金墓；甘肃地区发现10座，其中砖雕墓7座、壁画墓3座，其中金代4座、元代2座、其余为北宋墓；陕西地区4座，其中砖雕墓2座、壁画墓2座，一座为宋墓、另3座为金墓；宁夏地区砖雕金墓1座；辽宁地区画像石墓5座，时代大致为辽金之际；河北地区发现壁画墓5座、其中金代墓1座，元代墓4座；山东地区砖雕墓4座，时代都是元代；此外巴蜀地区石刻墓3座，时代大致南宋时期（此类墓葬统计材料出自后晓荣主持的2009年度国家社会科学基金课题《考古出土历代孝行图像研究——兼论二十四孝文化流变史》结题报告）。
[3] 长治市博物馆.山西长治市魏村金代纪年彩绘砖雕墓[J].考古，2009（1）.

每壁6幅，每幅孝子图像都有文字叙述孝子孝行故事，共24幅，南壁砖雕墨书"画相（像）二十四孝铭"七字题款。

宋金元墓葬中"画像二十四孝"图像在不同时期、不同地域呈现出动态的变化，宋代（主要指北宋）该类图像墓葬主要出现在河南、山西两地；金代该图像墓葬则主要集中在山西、河南两地，同时在甘肃、辽宁等地也较多出现；元代则在山西、山东、河北、甘肃等地发现多例该图像的墓葬。此时该类图像有继续扩散的趋势，原来最早出现并流行"画像二十四孝"图像的河南地区基本上不再流行此类图像作为装饰墓葬题材，相反之前不甚流行该图像的山东、河北地区出现多例"画像二十四孝"图像墓葬，显示出二十四孝文化的传播和延续。[1] 在全面考察宋金元实际名为"画像二十四孝"的孝子图像资料的基础上，我们明显可以看到其呈现出以下特点：

孝子人物组成固定化。宋金元墓葬中"画像二十四孝"的孝子图像题材在该时期墓葬中的表现有四种形式：其一，以砖雕的形式嵌于墓壁上，通常一块砖雕表现一个孝子人物故事，甘肃清水箭峡宋墓则多为两块、甚至三块砖雕表现一个孝行故事，较为特殊；其二，以壁画的形式绘于墓壁上，一幅画表现一个孝子人物故事；其三，以陶塑的形式出现于墓内，一组陶塑表现一个孝子人物故事，如山西稷山4号金代砖室墓[2]就出土一套完整的画像二十四孝泥塑；其四，以阴刻或浮雕的形式出现于石棺棺帮上。其中大多数是壁画或砖雕形式，石棺线刻画也不少，另有少数泥雕塑的形式，尤其是河南、山西地区较为流行。孝子内容在墓中出现的故事图幅数量不等，少则一二个或数个，多至十几个、乃至二十余个，但最多是二十四个孝子故事。到目前为止，还没有发现一座墓葬中孝子图像超过二十四个孝子故事的例子。[3] 整体上说，北方地区墓葬中出现的孝悌故事图装饰，故事数量不一、但内容相当统一，基本上是反映历代孝子孝行内容，只是孝子人物的或多好少而已。

---

[1] 参见后晓荣的《考古出土历代孝行图像研究——兼论二十四孝文化流变史》2009年度国家社会科学基金课题。
[2] 山西省考古研究所. 山西稷山金墓发掘简报[J]. 文物，1983（1）；山西省考古研究所侯马工作站. 山西稷山马村4号金墓[J]. 文物季刊，1997（4）.
[3] 魏文斌等《甘肃宋金墓"二十四孝"图与敦煌遗书〈孝子传〉》（《敦煌研究》1998年第3期）一文认为该墓中孝子图像有26个，对一些孝行图像的解释存在"乱套"现象。

图一

从目前近一百多例的宋金元"画像二十四孝"墓葬案例中，其中拥有完整二十四孝图像的有21例，此外还有十来例缺一两个孝子图的"画像二十四孝"。分别是河南林县城关宋墓、河南林州市城西北宋雕砖壁画墓（有题记）、河南林州市李家池宋代壁画墓（有完整题记）、洛阳关林砖雕宋墓（有题记，缺舜子图）、荥阳孤伯嘴宋金壁画墓（有完整题记）、焦作中站麻地沟宋墓石刻二十四孝、河南林县皇统三年金壁画墓（有完整题记）、林州合涧乡大付街北地北宋砖雕彩绘壁画墓（皆有榜题）、河南洛宁北宋乐重进画像石棺（22幅，有题记）、洛阳北宋张君画像石棺（皆有榜题题记）、巩县西村宋代石棺墓（皆有榜题题记，特别是孝子蔡顺孝行不是表现其"拾葚供亲"孝行，而是其另一孝行行为"闻雷泣墓"）、汤阴北宋元丰十年薛方石棺墓、山西潞城县北关宋代砖雕墓、山西长治市故漳村宋代雕砖墓（有二十三幅孝行砖雕）、山西沁县西林东庄村金代砖雕墓（皆有榜题题记）、山西沁县金代1号砖雕墓、山西沁县金代2号砖雕墓、山西长治安昌金代壁画墓（有完整题记）、山西长治市故漳金代纪年墓（有题记共22幅）、山西稷山4号金代砖室墓（一套完整的二十四孝故事雕塑）、长治市魏村金代纪年彩绘砖雕墓（有完整题记，并墨书"画相（像）二十四孝铭"七字题款）、长子县石哲金代壁画墓（有完整题记）、山西屯留县宋村金天会十三年（1135年）壁画墓（有榜题，直接题写人物姓名。此墓人物组合中有王补（哀）无"老莱子"）、山西屯留县宋村1999M2（有完整题记）、永济金代贞元元年画像石棺（均有题记，其中孝子王怖（哀）替代孝子陆绩）、山西新绛县南范庄墓（原有题名及彩绘，但已漫漶剥落，字迹不辨）、山西芮城元代元宪宗六年潘德冲石棺（有完整题记）、甘肃清水电峡金代砖雕墓（有题记）。此外《甘肃宋元画像砖》一书中也记载了多套出自甘肃某地的完整的"画像二十四孝"砖，山东平阴县洪范池镇南李山头村元代石刻壁画墓中也应该存在一套完整的"画像二十四孝"。以上30多例宋金元完整的"画像二十四孝"中，大部分有完整题记，题记所指向的二十四位孝子人物都基本一致，其他没有题记的"画像二十四孝"中所表现的孝行画面也都可与有完整题记的"画像二十四孝"人物对读。无论是有题记者还是无题记者，二者所表现的二十四孝人物完全一致。

从以上有明确孝子题记的墓葬材料中，我们可以清楚地看出，汤阴北宋元丰六年薛方石棺墓（1083年）、北宋孟津张君墓（1106年）、北宋巩县西村墓（1125年）、金代屯留宋村墓（1135年）、长子石哲墓（1158年）、长治安昌崔忠墓（1195年）、金代沁县西林东庄、稷山马村4号金墓和蒙元时期芮城潘德冲墓（1256年）等，成套的"二十四孝"故事组合完全一致。其他尚有两例为孝子"王袌"替代某孝子人物，如山西永济姚氏石棺墓出现了"王怖（袌）"替代孝子陆绩、山西屯留县宋村金天会十三年（1135年）壁画墓人物组合中有"王补（袌）"无"老莱子"，而其他23位孝子人物则一模一样，显示出相当的稳定。① 在其他众多不完整的"画像二十四孝"资料中，无论是有题记、或无题记的，所表现的孝子人物也都惊人的一致。除山西兴县红峪村元至大二年壁画墓出现唯一一例有明确题记孝子黄香孝行图像外，其他孝行人物无一不在"画像二十四孝"人物范围之内。② 根据目前的考古资料发现，大约在北宋中期开始，可以在墓葬壁画砖雕中看到完整的二十四孝图像。到目前为止，现有资料所发现完整的"画像二十四孝"人物故事的墓葬，以河南汤阴北宋元丰六年薛方石棺墓（1083年）为最早。该石棺墓所表现的"画像二十四孝"人物在金代和元代的北方地区一直发现为相同的"画像二十四孝"人物故事版本，如山西芮城元代元宪宗六年潘德冲石棺中"画像二十四孝"人物就与汤阴北宋元丰六年薛方石棺墓中"画像二十四孝"人物一模一

---

① 在宋金元墓葬的"画像二十四孝"中没有孝子王袌题记，但山西永济姚氏石棺墓出现了"王怖"和屯留县宋村金天会十三年（1135年）壁画墓人物组合中"王补"，其图像所表现的行为实际上就是王袌"闻雷哭墓"孝行。"王怖"和"王补"实际上都是取王袌（póu）之音，反映了宋金元时期墓葬为职业的"画博士"们的草根行为。
② 宋金元典型墓葬壁饰所见"画像二十四孝"内容也多与此相同，仅长治故漳金墓有"梦见父面"的孝行，较特殊，但也与"画像二十四孝"有关，只是没有释读出为哪位孝子。

样。元代壁画墓中目前还不见全套的"二十四孝"人物故事内容，但河北涿州至元五年（1339年）李仪夫妇合葬墓的"二十四孝"人物故事图，是迄今所知年代较晚的考古发掘图像资料，其中所见19位孝子图像也都为宋金元"画像二十四孝"人物。到目前为止，在宋金元时期北方地区所发现的30多座有完整"画像二十四孝"这类墓葬形成了一套相当稳定，并大量流行的"画像二十四孝"人物组合，即鲍山、蔡顺、曹娥、丁兰、董永、郭巨、韩伯瑜、姜诗、老莱子、刘明达、刘殷、鲁义姑、陆绩、孟宗、闵子骞、郯子、舜子、田真、王武子妻、王祥、杨香、元觉、曾参、赵孝宗。①

孝子图像模式化。宋金元时期的北方地区墓葬大量存在着"画像二十四孝"人物故事图像，从画面设计看，主要都是突出孝子孝行故事情节的关键所在。通常每位孝子图像只选择其孝行事迹中一个环节来表示，画面反映出一定的故事情节，通常表现到一个主要人物。②无论是河南、还是山西、或者甘肃等地出土的"画像二十四孝"图像都非常雷同，大多数人物故事的表现形式较为相似，图像内容都已经模式化，如大舜驱象耕田、孟宗哭竹、王祥卧冰求鱼、元觉拉笆谏父、郭巨埋儿、杨香跨虎救父、丁兰刻木等。这些人物故事的情节特征鲜明，在墓葬壁画中较为容易识别。如宋金时期的孝子图像之中大舜故事基本都是选取其中"耕于历山"情节来表现这一孝子故事。在山西屯留宋村金代壁画墓四壁上部之舜子图，画面上一男子戴黑色高角暗幞头，着圆领长袍，手持木棍，正在驱赶一头大象，空中有群鸟飞过，画上题"舜子"二字。河南郑州荥阳司村宋代壁画墓西北壁绘有三组行孝图，中间一组墨书"舜子行孝"，舜子身着黄色团领宽袖袍，左臂下垂，右手持杆行走，身前

---

① 考古报道中很多在"画像二十四孝"组合之外的故事定名并不可靠，往往是解释者根据较晚文献的记载作出的推测，并没有题记作为确凿的证据。因此我们在利用这些考古资料时，应较为谨慎，不能完全是"拿来主义"的态度。正如刘未所言："目前，中原北方地区宋金墓砖雕壁画中极少发现上述25人之外的孝子图像，彼此之差异仅在于故事情节和表现形式方面。"（《尉氏元代壁畫墓札记》，《故宫博物院院刊》2007年3期）
事实上，我们整体考察宋金元"画像二十四孝"墓葬中存在的所有题记榜题，也没有发现一例有关所谓"韩氏、唐氏、茅蓉"等孝行人物的题记。
② 如果不加榜题，部分孝子图像还容易出现张冠李戴的可能。这表明孝子图像的叙事性功能在减弱，画面中人物的个人身份在逐渐淡化，这些孝子可能已经成为一种集体肖像，一种符号性图案。故有人认为，这些孝子图像存在于宋金元墓中，并不是让人们来根据其描绘来将其孝行作为榜样，而发挥着其他的作用（胡志明：《宋金墓葬孝子图像初探》，中央美术学院硕士研究生论文）。

一头野猪，身右一头大象，空中三鸟在飞播种子。此外同样的画面还出现在河南登封高村宋墓、山西长治故障村宋墓等墓中。根据画中榜题与描绘图像，很容易判断其表现的是大舜"孝感动天，象为耕，鸟为耘"的故事情节。

此外也有一些"画像二十四孝"人物的故事情节，在不同的墓葬壁饰中刻画得较为不同，有简化的倾向，如刘明达卖子的内容，多数表现为一男子骑在马上抱一儿童，身后立有一妇人的图像，如山西沁县西林东庄金墓等；有的表现为一男子抱一儿童，做欲离开状，右侧立有一妇女，如山西长治安昌崔忠父母墓等；而在山西壶关下好牢宋墓中，则更为简化，只是绘一男子肩扛一儿童的情形。姜诗孝行的图像在宋代的河南孟津张君墓的石棺上，刻的是夫妻面对老母恭敬而立的形象；在山西长治故漳金墓中，表现的则是姜诗妻挑担取水的情形。最为特殊的是蔡顺孝行，通常表现的是蔡顺分椹供母的内容，多描绘蔡顺遇到武装强盗，身旁放有二篮，表明分椹缘由的情节，如长治安昌金墓、涿州元代李仪墓等；个别孝行图像表现的却是蔡顺闻雷泣墓的情形，如北宋河南孟津张君墓和巩县西村墓的壁画上。极个别"闻雷泣墓"的画像故事或与王裒孝行（原文题记"王怖"）联系在一起的，如山西永济金代石棺。这种不规范的现象，或许反映了宋金元时期北方民间流传"二十四孝"人物故事的真实情况。"闻雷泣墓"孝行行为在蔡顺和王裒孝子之间发生了"互串"，在一定程度上反映了"闻雷泣墓"这种孝行行为在较大范围内得到宋元时期人们的认同。或许正是"闻雷泣墓"孝行在宋金元时期为人们所熟悉，所以在元代郭居敬订正《二十四孝》将此类孝子行为列为"二十四孝"之一，就是水到渠成之事。

笔者通过对宋金元时期 100 多座有"画像二十四孝"内容的墓葬中孝子图像的逐个考察，我们清楚地看出，无论是山西、河南，或是甘肃、陕西，此类孝行故事图像的图式已经高度模式化，画面构成基本相同，每位孝子图像所选取的故事情节基本一致。画面中通常都包含几个相对固定的元素传达情节中最为重要的信息，构成该孝子图像的基本图式。不同墓葬中同一位孝子的孝行图像之间的差别仅仅表现为这些元素间位置的变换，或者细节部分的增减而已。同时在区域内部、或区域之间，部分墓葬装饰内容，如河南地区的荥阳司村宋墓、孤伯嘴宋墓等，以及山西东南部地区的部分墓葬装饰中，孝行人物活动场景存在一定的相似性，说明其可能遵循了当时社会上较为流行的粉本，同时也侧面反映了"画像二十四孝"在民众中的熟悉程度。如前面所提到的舜子"耕于历山"孝行图中通常有舜子、大象（猪）、鸟等元素。此外从晋南屯留宋村金熙宗皇统年间壁画墓[①]的榜题中提到画匠李通就是泌州人氏。泌州在今山西沁县，从沁县到屯留将近六十多公里，可以推测当时画匠们携带各自的蓝本从事墓葬壁画、砖雕创作，各种绘画蓝本得以在不同地域传播。在传播过程中吸收、借鉴，使得孝子图像图式愈见程式化、模式化，其基本样式在流传中逐渐稳定下来。此外各类孝悌故事图之间明显还是存在一些差异，并有不同故事主题而装饰画面相似的情况，甚至会出现张冠李戴现象。这或许就是不同地域"砖博士""画师"们技术熟练、不熟练时留下的"杰作"。

孝行表述文字稳定化：宋金元时期孝子图像墓葬中存在不少题记文字，都与"画像二十四孝"有着密切的关系。从时空范围来说，北宋时期"画像二十四孝"榜题、题记主要见于壁画墓最为发达的河南地区。山西地区金代墓葬的砖雕壁画中大量的榜题、题记，内容丰富为宋、辽所未见，其他地区也有零散分布。入元后，榜题和题记相对减少，但仍以山西地区为集中，为金代传统之余绪。相反此时较多出现"画像二十四孝"内容的山东地区墓葬几乎没有题记或榜题，或许在一定程度表明"画像二十四孝"内容已经为普通民众所熟悉，无需题记说明"多此一举"。

宋金元"画像二十四孝"榜题一般位于壁画、砖雕的上方，也有位于其他位置的。基本上可以分为四类：第一种题榜有简单者仅题写孝悌人物姓名，如山西长子县石哲金代壁画墓只墨书"丁兰""元觉"等。第二种较为复杂者在姓名之后或之前加上"行孝"二字，一般为"××行孝"，如荥阳司村宋代壁画墓，人物上方书有"曾参行孝""董永行孝""王祥行孝"等榜题。这种榜题在河南、山西地区的使用实例较多，分布范围广，似乎不受地区影响。也有书"行孝××"者，如河南新密市平陌宋代壁画墓。第三种榜题为一短语，概况说出孝悌人物姓名及典型事迹。如大付街墓有"董永卖身行孝""陆绩求珠（术）行孝""王武子妻割股""丁兰服事木娘"及金皇统三年墓中"董永还妻"、"丁兰□木娘"等。其中四字短语格式，实开明清二十四孝标题之先河，特别是巩县西村宣和二年石棺上孝行题记，除"鲁义姑""赵孝宗""刘明达"三人外，其他孝子标题都是画龙点睛的四字短语，如"丁兰刻木""董

[①] 王进先，杨林中．山西屯留宋村金代壁画墓 [J]．文物，2003（3）．

永卖身""舜子事父""郭巨埋儿""炎子悲前""鲍山起熟""刘殷泣江"等。从现有资料看，在晋东南及豫北地区出现短语榜题的墓葬的时代多为金代。第四种是榜题为一段与图象有关且结合甚紧密的文字，但句子较长，如金皇统三年墓中"刘殷空求□物，天人赐谷□"，这种榜题格式显然是由汉画像叙事式延续下来的，内容是孝行故事介绍文字的一部分。最典型的例子莫过山西长治故漳魏村金代墓葬，该墓中"画像二十四孝"内容是图文对照，为典型的"左文右图"格式。以郯子孝行图为例，画面上刻有四人一马；右侧一武士头戴盔，身穿胄甲，骑于马背之上，马旁刻一兵士；左侧一男子头戴黑色幞巾，身穿红色圆领袍服，其旁有一身穿黄色鹿衣的男子坐于地上，似与骑马人对话。画面右侧墨书"郯子鹿皮为衣向山取水，遇君猎，射中郯股，因一箭杀三人也。王问之，郯曰：'父母并瞽耳。'王表其言，乃取郯父母养之"。文字较为完整地将郯子孝行故事表述。以上四种以第一种和第二种榜题较为多见，第四种仅极少例故事图中出现。以上四种题记方式都让我们清楚地知道画像所表达的孝子人物是谁。

孝行画像流行长期化。从现有所收集到的资料看，"画像二十四孝"图像在宋金元墓葬中出现是从北宋中期开始。其中有准确纪年的孝行图像墓葬就有38座，时间跨度从北宋元丰四年（1081年）到元代至元五年（公元1356年），近280来年之久。目前出现孝行图像确切较早年代墓葬为长治市五马村宋墓，从出土"上党马君预修墓志"可知该墓修建于宋神宗元丰四年，即1081年。该墓共有董永、王祥、田真、郭巨等15幅孝行图像，就表现较为成熟的"画像二十四孝"。之后北宋哲宗、徽宗时期都有该类纪年墓葬发现。到目前共发现了北宋纪年孝子图像墓葬有13例子，其中河南汤阴县所发现的薛方石棺墓（有完整二十四孝），上有题记"元丰六年"字样，为宋神宗时期，即公元1083年，也是目前所见到有完整二十四孝图像和题记的最早一例，表明早在北宋中期就已经出现完整成熟并流行的"画像二十四孝"。

金代（1115—1234年）有明确纪年的"画像二十四孝"墓葬有15座，如河南林县皇统三年金墓（1143年）、山西长治魏村天德三年金墓（1151年）、山西长治安昌金明昌六年墓（1195年）、河南焦作王封乡金承安四年墓、河南郧阳金代泰和四年石棺（1204年）等。目前所见纪年有皇统、天德、正隆、大定、明昌、承安、泰和，其中最早的一例为金熙宗皇统三年，又多集中于金世宗大定、金章宗明昌年间。此时也正是金朝国事平静、安宁时期。此外从宋金有纪年墓葬资料看，从洛阳市石寺李村宣和八年杨彪砖墓（1126年）到河南林县金皇统三年墓（1143年）之间，有近20来年的"空白期"（这段时间正是北宋灭亡，金朝刚进入中原地区之时），几乎没有发现孝行图像墓葬资料。究其原因，估计是随着金国统治北方的稳定，北宋中晚期出现的孝行图像风俗的丧葬习俗很快就重新流行并逐渐达到其高峰，这种变化也在一定程度上反映了宋金过渡时期北方激烈的社会变革。

元代（1271年—1368年）有明确纪年的"画像二十四孝"墓葬有7座，分别是山西芮城宋德芳石棺（宪宗四年迁葬所刻，1254年）、山西芮城宪宗六年潘德冲石棺（1256年）、山西屯留康庄2号元墓（至元二十二年至天德八年，1285年—1304年）、山西屯留康庄1号元墓（至大二年至至治元年，1309年—1321年）、山西兴县红峪村元至大二年墓（1309年）、山西新绛元至大四年墓（1311年）、河北涿州元墓（至顺二年至至元五年，1331年—1339年）、山东济南元至正十年墓（1350年）、山西交城县裴家山元代石室墓（"至正十六年三月吉日建"，公元1356年）。

从以上纪年墓葬资料看，元代孝行墓葬可以上溯到蒙元时期，并基本下延至元代结束之际。从这些有明确纪年题记的墓葬资料看，墓葬中"画像二十四孝"图像在北宋中期开始出现，北宋晚期和金代极为流行，元代在山西、山东、河北等地区仍然绵绵不绝。"画像二十四孝"图与开芳宴、杂剧表演及佛教故事图一起，构成了北方地区宋金元墓葬装饰的主要特征。从目前所收集的宋金元孝子图像资料看，最晚一例为山西交城裴家山元代至正十六年墓，即1356年。比对最早和最晚宋金元"画像二十四孝"墓葬案例，二者之间相差两百七十五年，即宋金元"画像二十四孝"文化在北方地区延续了近两百八十多年。考虑到任何事物都应该经历一个发生、发展、成熟、衰亡的过程，我们可以这样认为，宋金元时期的"画像二十四孝"文化在北方地区应该最少流行长达三百多年。

孝行传播平民化。宋金元时期存在"画像二十四孝"墓葬主要是仿木结构砖室墓和部分石棺墓。从大量有题记或地券文字的墓葬资料看，这些墓葬主人的身份多为普通百姓或中小地主，表明宋金元时期"画像二十四孝"主要流行于北方地区的下层民众，即其"草根"性质。如洛阳市新安县石寺乡李村宋四郎墓墓门上部的方形砖铭上有"宋四郎家外宅坟"题记；焦作市王封乡王庄金代邹夜功墓的墓壁题刻"大金承安四年六月二十有三日，天水郡秦氏谨修石墓一口，葬故夫范阳郡邹夜功毕。刊石人董晖，同刊人段显"等题记。① 洛阳北宋王十三秀才画像石棺②的棺盖中部楷书一行，"大宋宣和五年葵卯金紫光禄大夫孙王十三秀才寿棺"。河南洛宁北宋乐重进画像石棺前档左侧题刻"政和七年五月初一日殡葬父乐讳重进，儿男四人，大男乐宗义二男乐志良三男乐宗友四男乐宗曦"。从题刻可知，该墓主为北宋河南府永宁县招化乡大宋村大宋保人乐重进。河北涿州元代壁画墓是丰润县尹李仪夫妇合葬墓。③

从以上墓主宋四郎、邹夜功、王十三秀才、乐重进以及元代丰润县尹李仪这些有名有姓的人物看，多是较为富庶的普通百姓，极个别也不过是丰润县尹，基本上是没有品级的下级官吏。这种情况在山西晋城博物馆藏宋代王用石棺题记表现的非常清楚。该石棺一侧板上刻有一段文字，内容如下："泽州东北大张村王公讳用，夲非贵族，岂自寒微，终生三子，长男文次男义幼男肯，不终天年，文义协力，以集葬事，遂置石棺，其内别无宝物，然后世万一形迹彰露，使见者幸无损坏，若能安存掩覆。不胜幸甚，宣和庚子十月十八日孙男王戈书。"题记中"本非贵族"非常清楚地介绍了石棺的主人身份为平民。

事实上，从仿木结构砖室墓出现和流行的情况看，也非常清晰地反映出该类墓葬墓主人的平民特点。据秦大树研究，中原北方地区的北宋墓中，早期的平民墓葬中不使用仿木结构壁画装饰，仿木结构砖室墓主要为品官及其家人使用；北宋中期以后，品官墓葬中就不再使用仿木结构砖雕，甚至墓室内毫无装饰。相反，在富有的庶民当中，开始大量使用仿木结构砖室墓，而且墓内装饰随时代的推移而日益华丽繁缛，墓室装饰更多体现世俗化倾向。这种变化与官府明文禁止在墓葬中使用石棺椁和加饰装饰的规定有关，其对品官产生了明显的约束作用，但平民却不受限制。④《宋史·礼志》二十七卷"诏葬"条引《礼院例册》曰："诸葬不得以石为棺椁及石室，其棺椁皆不得雕

---

① 河南博物馆，焦作博物馆.河南焦作金墓发掘报告[J].文物，1979（8）.
② 黄明兰.洛阳出土北宋画像石棺[J].考古与文物，1983（5）；杨大年.宋画像石棺[J].文物参考资料，1958（7）.
③ 河北省文物研究所，等.河北涿州元代壁画墓[J].文物，2004（3）.
④ 秦大树.宋代丧葬习俗的变革及其体现的社会意义[M]//唐研究（第11辑），北京：北京大学出版社，2005.

镂彩画,施方牖槛,棺内不得藏金宝珠玉。"[1] 目前所知最早的仿木砖室墓例是河北武邑龙店村庆历二年(公元 1042 年)墓,与"画像二十四孝"出现的时间几乎同步。此后北宋中晚期仿木结构砖室墓成为北方地区最常见的墓葬形式,仿木斗拱和壁面装饰不断趋向复杂,约在金代后期达到顶峰。仿木构砖室墓在平民当中普及后,壁面装饰发展迅速,表现人们的生活、意识、文化和风俗方面等世俗化内容十分丰富,其中"画像二十四孝"图像题材就十分突出,成为北方最具代表性的墓葬装饰之一。元代仿木建筑砖雕壁画墓中仿木建筑部分也日趋简单,有些已变成示意性的,如侯马发现的延祐元年(1314年)马氏墓,壁画主要用花卉雕砖装饰,这表明从五代以来的仿木建筑雕砖壁画墓,发展到元代后期已接近于尾声了。[2] 仿木结构砖室墓从元代逐渐衰落,明代以后就较少见了,作为孝行图像存在的载体消失,在一定程度上也是"画像二十四孝"消亡的重要原因。

总之,从以上几方面分析,宋金元时期北方地区墓葬中长时间流行的"画像二十四孝"呈现出孝子人物组成固定化、孝子图像模式化、孝行表述文字稳定化、孝行传播平民化,以及孝行画像流行长期化等特点。相较之元代后期郭居敬所编订《全相二十四孝诗选》的时间,"画像二十四孝"要早几百年之久。事实上,元代郭居敬所编订的《全相二十四孝诗选》是在宋金元"画像二十四孝"基础上修订和补充,在整个二十四孝文化流变史中三部曲之一,是其中一个重要的环节[3],而并非是最早的二十四孝,也不是今天我们所熟悉的二十四孝版本。毫无疑问,在黄河中下游地区流行长达 280 多年之久的宋金元"画像二十四孝"才是中国最早、最成熟的的二十四孝文化。

(该文发表于《光明日报》2015 年 10 月 7 日版,
同时也发表于《西部考古》2015 年版)

---

[1] 脱脱. 宋史 [M]. 北京:中华书局,1985:2909.
[2] 中国社会科学院考古研究所. 新中国考古发现与研究 [M]. 北京:文物出版社出版,1984:608.
[3] 笔者认为,二十四孝文化流变史可以分成三个阶段——宋金元墓葬"画像二十四孝"、元代《全相二十四孝诗选》和明代《二十四孝日记故事》。具体内容参见笔者论文《二十四孝文化形成的三部曲——宋金元墓葬"画像二十四孝"、元代〈全相二十四孝诗选〉、和明代〈二十四孝日记故事〉三者之间的传承关系》。

高丽本《孝行录》版本来源问题

所谓高丽本《孝行录》是指在元代末期的高丽地区，曾刊行以中国历代孝子孝行事迹为内容的宣传二十四孝故事的书籍，用于教化民众。高丽本《孝行录》该书在明清之际的韩国和日本曾经大量流行，相当普及。此外在此基础之上，明代朝鲜李王朝时一再被刊行的、影响很大的《三纲行实图》中，也原封不动地采用了《孝行录》本二十四孝。

一般认为高丽本《孝行录》是元代末期的高丽人权溥、权准父子编撰的。今天留存在韩国较早的《孝行录》是明代永乐三年（1405年）权溥的曾孙权近加注后刊行的版本，分"孝行前赞"和"孝行后赞"两部分，上鱼尾下题"孝行录"，正文为楷体汉字。书前有元朝至正六年（1346年）益斋居士李齐贤所做的《孝行录序》曰："府院君吉昌权公，尝命工人，画二十四孝图，仆即图为赞，人颇传之。既而院君以画与赞献之大人菊斋国老。菊斋又手抄三十有八事，而以赞见诿。于是前后所赞凡六十四事。"根据权近于永乐三年（1405年）所做的注释得知，府院君吉昌权公就是高丽末期的权准[1]，菊斋国老就是权准的父亲权溥[2]。权准初献的"孝行前赞"有"二十四孝"图和赞，就是《孝行录》的前编"二十四孝"故事。[3]

这种以中国历代孝子孝行事迹为题材的文本，在韩、日两国以《孝行录》

---

[1] 权准的墓葬在韩国坡州瑞谷里已被发现，为一座石筑类椁式墓，有彩绘壁画。四壁绘有十二支神像图，顶部为星辰图。（韩国文化财管理局等：《坡州瑞谷里高丽壁画墓》，1993）根据墓志可知权准为元代高丽国三韩壁上功臣、三重大匡、吉昌府院君·、权准家族在高丽国为官宦世家，颇有名望。

[2] 《高丽史·列传第20》权附权溥："忠烈五年，年十八登第。明年又中殿试，累迁金议舍人。忠宣受禅，置词林院。溥与朴全之等俱为学士，宪幸无比，为人无圭角。久典铨衡，鬻爵营产。……子准、皋、鹫煦、谦，婿齐贤，宗室、皆封君。子宗顶祝发，亦封广福君，世号一家九封君。溥以冢宰退老，准领门生称寿，时人荣之。"权溥是权准的父亲，是高丽国著名的儒学家之一（高丽忠烈王在位1274——1308年，五年即1279年）。

[3] 本文所讨论高丽本《孝行录》的史料来源主要涉及该书前编"二十四孝"故事。

的存在，与中国本土没有这类文本存在的情况形成了鲜明的对照。高丽本《孝行录》是否是高丽人权溥、权准父子编撰？其本"二十四孝图"的来源是什么？它与郭居敬本"二十四孝"的关系又如何？关于这个问题，韩国学者金文京进行过一些推测，认为《孝行录》本"二十四孝"并非在高丽编纂成的，而是比郭居敬本更早，在宋金时代，主要流行于中国北方，此后又输入于高丽的。[1]事实上，宋金元时期北方地区大量存在孝行图像墓葬证明金文京先生有一定的先见之明。特别是山西长治魏村金代壁画墓的发现则进一步证明了高丽本《孝行录》前身实际为宋金元时期北方地区广泛流行的"画像二十四孝"[2]。而宋金元流行的"画像二十四孝"则是唐代以敦煌文书中"俗讲"为代表的最终产物。本文主要利用考古资料探讨高丽本《孝行录》中"二十四孝"史料来源和相关问题。

一、高丽本《孝行录》二十四孝故事标题来源

高丽本《孝行录》由"孝行前赞"和"孝行后赞"两部分组成，前者记载24个，后者记载36个，共60个中国古代孝子的孝悌故事。其中"孝行前赞"所讲的二十四个孝悌故事，分别称为"大舜象耕""老莱儿戏""郭巨埋子""董永赁身""闵子忍寒""曾氏觉痛""孟宗冬笋""刘殷天芹""王祥冰鱼""姜诗泉鲤""蔡顺分椹""陆绩怀橘""义妇割股""孝娥抱尸""丁兰刻母、明达卖子""元觉警父""田真谕弟""鲁姑抱长""赵宗替瘦""鲍山负筐""伯俞泣杖""琰子入鹿""杨香跨虎"。

从《孝行录》的标题看，该二十四孝悌故事经过了一定的文字加工，如赵孝宗、鲁义姑等多省中间一字，其形式为"人名加孝行"，四字一句，文

---

[1] 参见：（韩）金文京的《高丽本〈孝行录〉与"二十四孝"》，韩国中国学会《中国学报》，第34辑。（此外日本学者如川獭一马氏在其《二十四孝诗注研究》中主张，由高丽独自编纂的《孝行录》输入中国，变成了郭居敬本《二十四孝》；德田进氏在其著作《孝子说话集研究》中却一反其说，推测由郭居敬本，产生了后面将要提到的《群书拾唾》本"二十四孝"，再进而变貌为《孝行录》。这些观点今天看来都是错误的。）
[2] 参见：王进先等的《山西长治市魏村金代纪年彩绘砖雕墓》，《考古》2009年第1期。山西长治市魏村金代天德三年彩绘砖雕墓的墨书题记可以知道宋金元墓葬孝子图像名称实际为"画像二十四孝"。

字工整，更为通俗、易记，更加凸显每位孝子的孝行行为。

无独有偶，中国境内虽然没有发现类似韩国保存的古文献高丽本《孝行录》的文本，但中国境内的北方地区宋金元墓葬中流行的"画像二十四孝"人物与高丽本《孝行录》中"孝行前赞"的二十四孝人物内容完全一致。在宋金元北方地区的墓葬考古中，大量出现存在着"孝行"图像文物资料。我们曾经用大量的文字梳理了历代孝行图像的基本情况，并指出在多种因素的"合力"之下，北宋中期左右就出现了完整的、较为成熟的"画像二十四孝"[1]，并在黄河中下游地区长时间、广泛地流行和传播，一直延续金代至元代末。其特点可以概况为孝子人物组成固定化、孝子图像模式化、孝行表述文字稳定化、孝行传播平民化，以及孝行画像流行长期化等特点。[2]宋金元时期一套完整的"画像二十四孝"组成人员基本上是鲍山、蔡顺、曹娥、丁兰、董永、郭巨、韩伯瑜、姜诗、老莱子、刘明达、刘殷、鲁义姑、陆绩、孟宗、闵子骞、郯子、舜子、田真、王武子妻、王祥、杨香、元觉、曾参、赵孝宗。

上述宋金元"画像二十四孝"人物名单与高丽本《孝行录》中"孝行前赞"的二十四孝人物一模一样。二者之间不仅是孝子人物一模一样，而且高丽本《孝行录》的标题和宋金元"画像二十四孝"的题记也存在不少相同之处。

事实上，宋金元墓葬"画像二十四孝"的题记中也有类似四字一句的"标题式"题记，如巩县西村北宋宣和七年石棺墓（1125年）[3]的石棺左右两侧板中间分为十二格，格内线刻有二十四孝子图，每幅均有榜题。分别是左侧刻"丁兰刻木""董永卖身""舜子事父""郭巨埋儿""炎子悲前""鲍山起孰""刘殷泣江""子鸾谏父""伯瑜泣杖""曾参母齿指""武妻事家""陆绩怀桔"；右侧刻有"诗妻奉姑""元觉迴管""田真""曹娥泣江""孟宗哭竹""莱老奉亲""王祥卧冰""蔡母怕雷""杨香跨虎""赵孝宗""鲁义姑""刘明达"。该石棺中孝行图像为一套完整的"画像二十四孝"，除田真、赵孝宗、鲁义姑、刘明达四人外，其他孝子题记都是"人名加孝行"。其中郭巨、韩伯瑜、陆绩、杨香四人题记与《孝行录》一模一样。无独有偶，山西长子县小关村

---

[1] 后晓荣.考古出土历代孝行图像研究——兼论二十四孝文化演变史[R].2009.（国家社会科学基金项目结项报告）
[2] 后晓荣.画像二十四孝——中国最早、最成熟的二十四孝[N].光明日报，2015-10-7.
[3] 巩县文物管理所，郑州市文物工作队.巩县西村宋代石棺墓清理简报[J].中原文物，1988（2）.

金代大定十四年壁画墓[①]的墓室四壁绘16幅孝子故事。其中北壁阑下方横绘题记孝子故事八幅，并有榜题，从北到南为："丁兰刻木""鲍山背母""郭巨埋子""董永自卖""曾参问母""闵子谏父""菜（蔡）顺椹亲""刘殷泣笋"；西壁阑下方横绘题记孝子故事八幅，从南到北："郯子取□（乳）""武妻割股""舜子耕田""韩伯瑜泣杖""曹娥泣江""杨香跨虎""田真分居""王祥卧冰"。该墓中16幅孝子故事题记都为"人名加孝行"模式，其中郭巨、丁兰、韩伯瑜、曹娥、杨香等题记与高丽本《孝行录》一模一样。

比对高丽本《孝行录》中二十四孝故事名称和宋金元"画像二十四孝"题记，我们能清楚地看出，早在北宋晚期墓葬中就已经出现了记录"孝子名加孝行"模式，较为标准的四字一句的题记，并延续至金元时期。特别是山西长子县小关村金代大定十四年壁画墓的墓室四壁绘16幅孝子故事题记都是四字一句的题记，或许说明宋金元"画像二十四孝"也存在较为统一的四字一句的题记。与宋金元"画像二十四孝"题记相比，从《孝行录》的标题看，该二十四孝悌故事标题经过了一定的文字加工，如"鲁姑抱长"、"赵宗替瘦"中鲁义姑、赵孝宗二人分别省略了"义"和"孝"字，从而将二十四孝故事标题形式都统一为"人名加孝行"，四字一句，文字工整，更为通俗、易记，更加凸显每位孝子的孝行行为。从二者之间的延续性也可想而知，可见宋金元"画像二十四孝"中题记实际为高丽本《孝行录》中二十四孝故事标题的重要来源。

二、高丽本《孝行录》二十四孝故事文字来源

高丽本《孝行录》中二十四孝故事与宋金元"画像二十四孝"中孝子人物一模一样，其标题与宋金元"画像二十四孝"题记之间有着千丝万缕的关系。而长治市故漳乡魏村金大德三年壁画墓和甘肃清水箭峡宋墓的发现，则进一步证实了高丽本《孝行录》与宋金元"画像二十四孝"之间密切关系。特别是长治市故漳乡魏村金大德三年壁画墓中不仅有一套完整的"画像二十四孝"图像，图像之间还有大段的铭文题记，对我们认识高丽本《孝行录》中二十四孝故事的文字来源，提供了十分可靠的证据。其故事源头甚至可以追

[①] 长治市博物馆.山西长子县小关村金代纪年壁画墓[J].文物，2008（10）.

溯至唐代敦煌文书之中。

例证一：以孝子元觉孝行为例，宋金元"画像二十四孝"题记有"元觉行孝""元觉迥篑""原谷孝行"等，而高丽《孝行录》则标题为"元觉警父"。相较之下，我们明显看出后者概括元觉孝行准确、清晰，属后来居上。具体文字高丽本《孝行录》记述如下：

元觉之父悟，性行不肖。觉祖年老且病，悟厌之，乃命觉舆簀，而弃於山中。觉不能止，从至山中，收簀而归。悟曰："凶器何用？"对曰："留以异父。"悟慚，遂迎祖归。

山西长治故障金代墓葬中"画相（像）二十四孝铭"：

"元觉，悟之子，祖年老，悟以□簀舁。父入山，觉哭泣，乃收簀舁以□。父曰：此何用，觉告父曰：父年老，亦如此送，悟省，却令父归"。

孝孙元孝行故事最早见于敦煌文书的句道兴《搜神记》残卷，其中敦煌卷子斯525、斯6022、伯2656、伯5545等卷均录有《搜神记》，其中一段为：

《史记》曰："孙元觉者，陈留人也，年始十五，心爱孝顺，其父不孝。元觉祖父年老，病瘦渐弱。其父憎嫌，遂缚筐舆，异弃深山。元觉悲泣谏父。"

相对与宋代之前有关元觉孝行文献，特别是敦煌文书，高丽本《孝行录》和宋金元"画像二十四孝"在内容和情节上十分相似，二者都改用对话的方式，不仅有行为，还有语言思想，从而更为生动的方式表达孝行行为，同时后二者都在此多出了元觉之父"悟"，而在以前的文献从没有元觉父亲姓名。有关多出元觉之父叫"悟"的原因，韩国学者金文京推测"《孝行录》中父名作"悟"，似来自于《太平御览》此处的"父感悟"[①]，应该有一定道理。因此《孝行录》和"画像二十四孝"二者之间有关"元觉"文字如此相似，可见非常一般的传承关系。

此外敦煌文书中所谓"《史记》"中所出"孙元觉者"实为无厘头之事，估计是唐人为了将此故事说的有根有据，"出之与典"，杜撰出所谓《史记》曰"。同时把元觉改成了"孙元觉"，则可以看到汉代武梁祠中"孝孙原谷"和句道兴《搜神记》的影子。唐人在传抄的过程中，将"孝孙原谷"最后传抄成了"孙元觉"。元觉也就变成了姓孙名元觉了，其中以"孙"为姓这一点，与我们今天所能见到宋代较早纪年的"画像二十四孝"——洛阳北宋张君墓

---

① 金文京. 高丽本《孝行录》与"二十四孝"[J]. 中国学报（第34辑），.

画像石棺[①]之 13 的题记为"孙悟元觉"相一致。可见宋代元觉孝行文字来源是敦煌文书本《搜神记》。

例证二：宋金元"画像二十四孝"广泛存在名气之后二十四孝中所没有的鲍山孝行图像，其题记多为"鲍山孝行""鲍出孝行""鲍山行孝""鲍山"。相对"画像二十四孝"名称多样，高丽本《孝行录》概括题为"鲍山负筐"较为具体、准确。高丽本《孝行录》的原文：

鲍山字文木，京兆人也。养母至孝。汉末大荒，以筐负母，送往南秦。路逢群贼问曰："何故如是？"山以情告之。贼相谓曰："孝子也。"与绢数足。

山西长治故障金代墓葬中"画相（像）二十四孝[②]铭"：

鲍山，□木也，至孝，汉末大□□□母往南秦避难，涉山险以荆筐盛之，皆负往秦，逢贼为孝遗□数处□□山奉其母，出西汉书。

我们明显能看出后者故障金代墓葬中"画相（像）二十四孝铭"出自底层乡人"画匠，崔博士"之手，格式为标题"人名"，再孝行文字，文字直白，但不齐整；前者中鲍山孝行文字应经过了加工、整理，故格式为高度精准的标题，如"元觉警父""鲍山负筐"，文字较为优雅、齐整、朗朗上口，但两者情节基本相似，误抄相似。[③]高丽本《孝行录》和"画像二十四孝"中的"鲍山"实为敦煌文书中的"鲍出"的误记，"文才"则是"文木"之误抄。好笑的是，这种抄袭的错误也为高丽本《孝行录》所"继承"，可见二者之间的"亲密关系"。山西稷山县马村 4 号金墓出土的孝行雕塑就题记为"鲍出孝行"[④]。"鲍出孝行"事迹又见于敦煌文书"孝子传"曰：

鲍出字文才，京兆人也……將母避亂，欲往南陽。每歷山險，出次母，母年老不使搖動，乃與籠盛母，背負如（而）行，〔避於險難〕。出有力，

---

① 黄明兰，宫大中.洛阳北宋张君墓画像石棺[J].文物，1984（7）.

② 此元觉无疑是《太平御览》中引用自《孝子传》的原毅的误记。《孝子传》载：原毅者不知何许人。祖年老，父母厌患，意欲弃之。毅年十五，涕泣苦谏，父母不从，乃作舆，鼻弃之。毅乃随收舆归。父谓之曰："尔焉用此凶具？"乃云："恐后父老，不能更作，得是以取之耳。"父感悟愧催，乃载祖归养。（《太平御览》卷五百一十九"宗亲部"）。

③ 这种醒目式标题在宋金元墓葬中也存在，如山西长子县小关村金代纪年壁画墓中就有榜题"丁兰刻木""鲍山背母""郭巨埋子""董永自卖"等（长治市博物馆.山西长子县小关村金代纪年壁画墓[J].文物，2008（10）.）。

④ 山西省考古究所.山西稷山马村 4 号墓[J].文物季刊，1997（4）.

不畏险阻，路人见者，無不稱嘆。前漢靈末。魏文帝初時人也，出漢書。

与"画像二十四孝"、《孝行录》的鲍山相比较，敦煌文书中鲍出故事的前半部分"瞰人贼"的故事为两者所无，但是就其最后的背负母亲的部分而言，存在鲍出—鲍山、文才—文木、皆为京兆人、南阳—南秦等相似性文字来看，我们完成有理由相信两者就是同一人物。而敦煌文书"孝子传"中的"鲍出"孝行言"出汉书"，实际上也是唐代俗讲者无厘头之事，"鲍出"故事实际上是出自《三国志》，与《汉书》无关。这种无厘头之事也为宋金元"画像二十四孝"所继承，山西长治故障金代墓葬中有关鲍山孝行铭文结尾就是"出西汉书"。二者在这些细节存在惊人的相似。实际上，鲍山是三国人物，其孝行典出《三国志》，而并非是"汉书"或"西汉书"。这种幽默式的错误与前者孝孙元觉故事一样，是种杜撰行为。宋金元时期"画像二十四孝"中"鲍山孝行"在传承敦煌文书"孝子传"的鲍出故事时，将"鲍出"误抄成了"鲍山"，同时也把它的错误也一并收纳，只是"出汉书"变成了"出西汉书"。高丽本《孝行录》的鲍山则来源于宋金元时期"画像二十四孝"，同时也把"画像二十四孝"之误也接受，如"文才"变成了"文木"，可见三者之间紧密的传承关系。

例证三：宋金元时期"画像二十四孝"中"王武子妻"的题记多为"王武子妻割股奉亲""武妻事家""王武子行孝"；而高丽本《孝行录》中则概括为"义妇割股"。"王武子妻"孝行故事因出现较晚，在唐代之前的文献中找不到其出处，只记载于敦煌文书"孝子传"中。高丽本《孝行录》中"义妇割股"的内容如下：

王武子，河阳人也。官游未回，其妻至孝，姑病危，妇遂默祷，割股与姑食之，其病即瘥。国家知之，遂与母妻封爵。

长治市魏村金代纪年彩绘砖雕墓"画像二十四孝"王武子妻图左侧墨书：

王武子，河阳人，为国防御未回，其妻至孝秦家，家患瘦疾至甚□□□□□家食之，则愈，国家封母秦国夫人，妇为郡君，孝感于天地耳。

与此相对应的敦煌文书"孝子传"的内容如下：

口口口王武子者，河阳人也。以开元年中征涉湖州，十年不归。新妇至孝，家贫，日夜织履为活。武母久患劳（痔）瘦，人谓母日："若得人肉食之，病得除差。"母答人日："何由可得人肉？"新妇闻言，遂自割眼（股）上肉作羹，奉送武母。母得食之，病即立差。河南尹奏封武母为国太夫人，新妇封郑郡夫人，仍编史册，开元二十三年行下。

对比文字，三者表述的情节基本相同，开头都是"王武子，河阳人"叙述。其中"画像二十四孝"和敦煌文本"孝子传"之间相似处较多，如二者都记载王武子母病情一致，都是"患瘦疾"，行为都是"割股食而病愈"，最后皆大欢喜，其结果是母亲和妻子都有详细的受封。相对而言，高丽本《孝行录》则简单些，只是"母妻封爵"，一笔带过。可见"画像二十四孝"中"王武子妻"孝行出自敦煌文本《孝子传》应该没有什么问题。此外山西长子县石哲金代正隆三年（公元1158年）壁画墓[①]中也有部分题记"王武子为国防御未回其妻孝患瘦痰至其新妇"，与长治市魏村金代纪年彩绘砖雕墓中"王武子妻"的题记几近相似，估计宋金元"画像二十四孝"铭文有较为固定的话本。

例证四： 宋金元时期"画像二十四孝"中刘明达孝行题记多为"刘明达孝行""刘明达卖子"等，而高丽本《孝行录》中则称之为"明达卖子"，与"义妇割股（王武子妻）"一样，刘明达孝行出典较晚，一般唐代之前的文献中都找不到其出处，只记载于敦煌文书俗讲"孝子传"中。

高丽本《孝行录》介绍明达卖子的故事：

刘明达天性大孝，共妻奉母。时岁大荒，推车载母往河阳。在路，子侵母食。遂卖其子。妻遂割一乳与其子，相与成其孝。

长治市魏村金代纪年彩绘砖雕墓"画像二十四孝"刘明达图，左侧墨书：

刘明达至孝，养母时大荒，推车载母往河阳，子侵母食，恐母饥，遂卖其子，其妻曰："我子未乳，借刀切□□□乃割乳而死。"

对比二者文字，我们会发现两者之间文字基本完全相似，只是前者割乳成孝，后者"割乳而死"，为一悲剧事件。

与此相当的敦煌文书"孝子传"故事如下：

（首缺）由不足，更被孩儿减夺，老母眼见消瘦。遂将儿于半路卖与王将军。其[妻]见儿被他[卖]去，随后连声唤住，肝肠寸断，割弥身亡。

诗曰："明达载母遂（逐）农粮，每被孩儿夺剥将。阿口（耶）卖却孩儿去，贤妻割你遂身亡。"

比对三者文字，刘明达孝行情节基本相似，只是敦煌文书"孝子传"与"画像二十四孝"一样，刘明达妻是"割乳而死"。在敦煌文书中，作为卖儿子的对象，还出现了"王将军"，这点在宋金元墓葬的刘明达孝行图像中，常

---

① 山西省考研究所晋东工作站. 山西长子县石哲金代壁画墓 [J]. 文物, 1985（6）.

见一将军形象，应该就是敦煌文书中的"王将军"。可见二者之间的传承关系。此外，在敦煌文书"孝子传"和"画像二十四孝"中，刘明达之妻亦先是肝肠寸断，然后才割奶而亡。其妻因悲恸而身亡，这一点颇具合理性，但因悲剧行为却不能遂其孝道，故在《孝行录》中将其略去，而直接为"相与成其孝"。故在高丽本《孝行录》的李齐贤赞中进一步指出刘明达夫妻"专心孝养"。

李齐贤赞：昔刘明达，共妻挽车。年荒载母，就粟移居。恐侵母膳，持卖幼子。获钱五百，以备甘旨。妻不忍别，割乳而归。专心孝养，终始无遗。

例证五：宋金元时期"画像二十四孝"中老莱子孝行题记多为"老莱子孝行""老莱子娱亲"等，而高丽本《孝行录》中则称之为"老莱儿戏"。

高丽本《孝行录》中介绍老莱儿戏的故事如下：

老莱子至孝，行年七十，父母各百岁，著五彩斑斓之衣，为婴儿戏于亲侧，取水上堂足跌，因为儿啼，恐使二亲，忧其衰也。

长治市魏村金代纪年彩绘砖雕墓"画像二十四孝"西壁老莱子图。与东壁第6块砖雕内容大致相同，右侧墨书：

老莱子父母各年百岁，莱已七十，不敢言者，尝作欢悦之声，父母前与童服作戏，故悦父母，父母亡，陪坟，帝知孝，宣莱不至。

与此相对应的敦煌文书"孝子传"的内容如下：

老萊子，楚人也，至孝。年七十，不言稱老，恐傷其母。衣五彩之服，示為童子，以悅母請（情）。至於母前為兒童之戲。或眠伏，或眠與母益養腳，跌化（仆）地作嬰兒之啼。楚王聞名，與金帛徵之，用為令尹，辭而不就。六國時人。出孝子傳。

比对文字，我们能发现三者都是描述老莱子年七十，不称老，作儿戏娱亲孝行。但长治市魏村金代纪年彩绘砖雕墓"画像二十四孝"西壁老莱子图题记和敦煌文书"孝子传"的内容都有"孝行闻名，辞官不就"的表述，而高丽本《孝行录》和敦煌本《孝子传》在文字表述上有较多的相同，如"年七十""衣五彩之服""儿啼"等。究其之源，可以追溯至西晋徐广所著《孝子传》。西晋徐广《孝子传》曰："老莱子至孝，奉二亲，行年七十，著五彩斑斓衣，弄鸠鸟於亲侧。"此文字在唐初《初学记》卷十七中基本原文转述，可见三者之间的延续性。

例证六：宋金元时期"画像二十四孝"中杨香孝行题记多为"杨香行孝""杨香"等。高丽本《孝行录》概括为"杨香跨虎"。

高丽本《孝行录》介绍"杨香跨虎"的故事如下：

> 杨香，鲁国人也，笄年，父入山中，被虎夺去，欲伤其父，空手不执刀器，无以御之，大叫相救，香认父声，匍匐奔走，勇跨虎背，执耳叫号，虎不能伤其父，负香奔走，因而毙焉。

长治市魏村金代纪年彩绘砖雕墓"画像二十四孝"老莱子图，左侧墨书：

> 杨香者，鲁国人也，方□年，父入山被虎欲伤，其父□相救，香认父声，乃跃身跨其虎首，捻其耳哀□□□，虎□牙而不敢伤（此题文为杨香扼虎救父故事，与砖雕内容不符）。

杨香跨虎孝行故事实际源自《太平御览》卷四百一十五引南朝宋时期刘敬叔《异苑》曰：

> 顺阳南乡县杨丰与息女香于田获粟，父为虎噬，香年甫十四，手无寸刀，乃搤虎领，丰因获免。香以诚孝致感，猛兽为之逡巡。太守平昌孟肇之赐资谷，旌其门闾焉。

比对三者文字，原"顺阳南乡县"杨香变成了"鲁国人"。其中高丽本《孝行录》和"画像二十四孝"中叙述"杨香者，鲁国人也""父入山""香认父声""虎不能伤"等内容基本相似，二者之间的延续性一目可知。

以上通过高丽本《孝行录》与宋金元"画像二十四孝"之间六位同一孝子故事文字之间的比对，从二者所表现的孝行人物相同、所表现孝行情节相似，叙事风格相近，表述文字相同等方面，人们就会明显发现二者之间存在着密切的传承关系。其他孝子人物的孝行文字同样可以找到相同文字、相似情节的叙述，在此就不一一展开。特别是通过比对二者的内容文字，我们更会清晰地发现高丽本《孝行录》与宋金元"画像二十四孝"之间有着明显的"抄袭"和传承关系。即高丽本《孝行录》二十四孝故事文字来源实际上源自宋金元时期流行的画像二十四孝"。同样追溯宋金元"画像二十四孝"文字的来源，我们也会发现其与敦煌文书"孝子传"等也有着密切的延续和传承关系。

三、结语

以上通过对高丽本《孝行录》二十四孝的标题和文字来源的探讨，我们明显能感觉到高丽本《孝行录》一书中二十四孝实际上源自宋金元墓葬中"画像二十四孝"，而宋金元墓葬中"画像二十四孝"中孝行人物选择和文字改写依据又与唐代敦煌文书有着千丝万缕的关系。三者之间明显呈现出相互传承的关系。事实上，宋金元"画像二十四孝"和高丽本《孝行录》的二十四孝中的舜子、姜诗、蔡顺、老莱子、孟宗、曾参、闵子骞、董永、郭巨、鲍出（山）、王祥、赵孝宗、刘明达、王武子、丁兰、闪子（郯子）、元觉等17人，在敦煌文书"孝子传"中都已经出现。此外敦煌文书《类林》载有田真、曹娥；《语对》载有田真、韩伯瑜、陆绩、刘殷等孝子事迹。除鲁义姑和杨香二位孝行事迹不见于敦煌文书之外，即宋金元"画像二十四孝"中22位孝子人物都可在敦煌文书残卷中见到，可见二者关系之深。由此可以看出，宋金元"画像二十四孝"和高丽本《孝行录》本二十四孝的来源，实源自敦煌文书中的唐代民间孝子故事。

比对宋金元"画像二十四孝"有关文字，高丽本《孝行录》明显能感觉到存在文人参与、订正的痕迹。相对而言，高丽本《孝行录》二十四孝都有统一四字的标题，都为孝子加事迹组合，言简意赅，较为准确地表达了人物孝子和孝行事迹，这种较为精炼的概括不是一般宋金"砖博士""画博士"所能为之，而应该是有文人、知识份子参与的结果。考虑到高丽本《孝行录》中提到"元至正六年"（1346年），以及书籍传播到朝鲜的时间差，我们完全有理由相信在"元至正六年"之前的更早时间，特别是宋金时期的中国北方在"画像二十四孝"的基础之上，已经出现或流行类似"孝行录"书籍，记录着宋金元时期墓葬中"画像二十四孝"相关内容，在时间上远早于成书元代后期的郭居敬《全相二十四孝诗选》。事实上，我们今天还能见到宋人所作两种名为《孝行录》版本，如《宋史·艺文志》中有关劝孝文献，即有胡讷《孝行录》[①]二卷、刘裴《孝行录》二卷。只是我们今天无缘看到其直接的版本，其真实内容不得而知，或许只能借助墓葬中"画像二十四孝铭"和高丽本《孝行录》中有关孝行记录，了解宋金元时期特别是北方地区最流行的"画像二十四孝"实际为宋金时期"孝行录"的另一版本的庐山真面目。

以"画像二十四孝"为基础的高丽本《孝行录》在中国本土全然不见，反而保存在韩、日两国，这亦即是中国人爱说的"礼失于朝而求诸于野"现

---

① 《文献通考》卷一百九十九：《孝行录》三卷，陈氏曰："京兆胡讷撰。始得此书，不知讷何人也。所记多国初人。已而知其为安定先生翼之之父，仕为宁海节度推官。"（马端临约生于1254年，卒于1323年，其大部分时间在元代度过。他宋亡不仕，教授乡里，以授徒著作为事。该书既著录于《文献通考》，当最迟成书于元初。）

象。事实上，高丽与宋金元时期中国北方地区的文化传统有着密切的联系。如著名的《高丽藏》就是直接照录辽代的《大藏经》。元代时期，高丽国从中国输入了大量书籍，其中包括程朱理学、佛教经典等。高丽本《孝行录序》曰中就提到"府院君吉昌权公，尝命工人，画二十四孝图，仆即图为赞，人颇传之"。从此文字我们或许可以读出高丽官吏府院君权准获得了自中原传入的某"二十四孝"后，叫画工作图，令李齐贤补赞。因此，我们推测权准所辑的二十四孝故事，也很可能就是转录中国北方地区流行的二十四孝故事版本。[①] 故我们有理由相信，高丽本《孝行录》中有关"二十四孝"就是宋金元版的"孝行录"，就是中国最早、最成熟的二十四孝——"画像二十四孝"的修正版。正是宋金时期普通民众最早完成对"二十四孝"故事进行增删、取舍、整理，最终使之成为一种存在于宋金元北方地区的"流行读物"，也是最早、最完整、最成熟版的"画像二十四孝"。[②]

[①] 董新林.北宋金元墓葬壁饰所见"二十四孝"故事与高丽《孝行录》[J].华夏考古，2009（2）．

[②] 后晓荣.中国最早最成熟的二十四孝——画像二十四孝[N].光明日报，2015-10-7.

二十四孝文化在东亚等地区的文本传播和演变[①]

孝文化是中国传统文化的重要组成部分，具有举足轻重的地位，甚至可以看作是中国传统文化的象征，其核心内容和经典理论都集中于《孝经》一书。作为以儒家所倡导的孝道为理论基础的文化产物——《二十四孝》在某种意义上是阐发"孝"这一恒古不变之大经大法的著作《孝经》的通俗版。《孝经》与《二十四孝》之间的关系就是理论与实践、根与果的关系。《孝经》是《二十四孝》的理论根据和指导思想，《二十四孝》则是《孝经》的具体实践和成功典范。笔者指出，从《孝经》到二十四孝文化发展演变的过程中，明显经历的理论经典化（春秋战国时期）、经典故事化（两汉魏晋南北朝）、故事典型化（隋唐五代）和典型整齐化（宋金元时期）四个阶段，之后在中国最早、最成熟的二十四孝——宋金元"画像二十四孝"[②]的基础上，又经历了元末郭居敬所编订《全相二十四孝诗选》，再到明代嘉靖年间《日记故事二十四孝》两次蜕变，从而最终完成整个二十四孝文化流变史。

长期以来，二十四孝文化不仅深远地影响着我国，同样也受到我国周边国家，特别是日本、朝鲜、新加坡、越南等国的重视，并将它作为向本国人民进行"孝"行教育的教材。很长时间，这些地区和国家都受到大中华文化的影响，在文化方面有较大的认同性，因此作为中华文化之一的孝文化核心——二十四孝文化在这些国家也广泛地传播。

一、二十四孝在朝鲜

朝鲜半岛与中国山水相连，两国文化交往历史源远流长，早在唐朝孝文

[①] 该论文为国家社会科学基金课题《二十四孝文化流变史》的阶段性成果。作者后晓荣是首都师范大学历史学院教授、博士生导师，以及首都师范大学文明区划研究中心兼职研究员。
[②] 后晓荣.画像二十四孝——中国最早、最成熟的二十四孝[N].光明日报，2015-10-7.

化的影响下，新罗社会上也形成了行孝之风。高丽王朝时期的名僧一然所著《三国遗事》一书中就记载了多则新罗时期的孝子故事。如《向得舍知割股供亲》记载"景德王代，熊川州有向得舍知者。年凶，其父几于馁死，向得割股以给养。州人具事奏闻，景德王赏赐租五百硕"[1]。这则故事不仅反映了在唐代流行的割股奉亲的现象也为新罗社会所仿效，新罗政府也将其视为孝道之表现而予以表彰。另一则故事《孙顺埋儿》记载，兴德王时代一有个叫孙顺的人，父亲早亡，他与妻子靠当雇工赚取米粮供养母亲。他的小儿子经常夺取母亲的食物。为了使母亲吃饱肚子，他和妻子商议把小儿子背到山脚下埋掉。就在他挖坑时得到了一口奇特的石钟，于是把儿子和石钟一起背回家，并将石钟挂在屋梁下敲击，声音传到了王宫。兴德王听说了这件事后说："昔郭巨瘗子，天赐金釜。今孙顺埋儿，地涌石钟。前孝后孝，覆载同鉴。"于是"乃赐屋一区，岁给粳五十硕，以尚纯孝焉"[2]。这则故事与"郭巨埋儿"如初一辙，实际上是在中国"郭巨埋儿"故事的基础上编造的。

元代之际，由于元朝皇室与高丽王室之间的长期婚姻关系，使得两国关系比以往任何朝代都密切。元世祖忽必烈至元二十六年（高丽忠烈王十五年），高丽儒学提举、集贤殿大学士安晌侍高丽忠烈王之世子王璋赴元，赐得"中原画先圣及七十子像，并求祭器、乐器、六经、诸子史以来。"元仁宗延佑元年（高丽忠肃王元年）六月，高丽"判典校寺事洪沦以太子府参军，在元南京遣衍宝钞一百五十锭，使购得经籍一万八百卷而还"[3]。七月，元"帝赐王书籍四千三百七十一册，共计一万七千卷，皆宋秘阁所藏"[4]。纵观以上史料，元朝立国虽短，但是因为高丽与其的亲缘关系，汉籍流入高丽的情况不少，且数量上还是相当可观的，其中大部分为宋代的珍本汉籍。估计前文提到的高丽本《孝行录》之原本就是此时流传至朝鲜。元代至正六年（1346年），在高丽（朝鲜）编纂有《孝行录》一书流传。

明朝建立以后，与朝鲜之间的关系更为密切，文献记载，明政府多次赐书给朝鲜，其中不少劝善行孝之书。明成祖永乐二年，李朝太宗四年三月，

---

[1] 参见：（韩国）金富轼《三国史记》卷《新罗本纪》第《圣德王》，韩新华社。
[2] 同[1].
[3] 郑麟趾，等.高丽史（上卷·忠肃王世家）[M].汉城：韩国亚细亚文化社，1972：699.
[4] 同[3].

朱棣"钦赐历日、书籍事，永乐二年大统历一百本，古今列女传一百一十部"[①]。十一月，李朝进贺使李至、赵希阁"赍明帝赐列女传五百部、药材、礼部咨文，回自明京师"[②]。永乐六年年，李朝太宗八年二月，明朝使节陈敬、李宾等"赍礼部咨来…………一钦赐大明孝慈高皇后传书五十本，并永乐六年大统历日一百本"。四月，李朝世子提回自明京师，"明帝赐世子仁孝皇后劝善书一百五十本，孝慈皇后传一百五十本"。明英宗正统四年，李朝世宗二十一年九月，李朝"遣同知中枢院事李思俭如明京师贺圣节，其赍去事目……礼乐制度之书多矣，而偶未之见也。今见家礼易览，余又有御制孝子录、稽古定制书、丧礼图等诸书矣。凡干礼乐制度诸书，广求而来"[③]。

以上几次见之历史文献记载的明朝皇帝赐书中，除了李朝喜爱的史类、奏议之外，还有风靡李朝朝野的劝善书、列女传、神僧传和佛曲等，这些都有力地说明了汉文化对朝鲜李朝广泛而深远的影响。在吸收汉文化的基础之上，当时的朝鲜权贵和文人也整理撰编宣扬的孝文化著作，如高丽诗人李世贤《前后孝行录》、高官权近《注解前后孝行录》、李朝出版的《三纲行实图》、《五伦行实图》等。这些作品都是在扩大中国孝子故事的基础上编写而成，甚至个别就是来之中国的抄本，如高丽本《孝行录》之前身实际为宋金元"画像二十四孝"[④]，后来为李朝时期的《三纲行实图》所吸收，强调的是其伦理教育性的方面，而不是文艺和艺能的素材。这些朝鲜版的孝文化著作最后都又传入隔海相望的日本，如近世狩谷棭斋藏本、南葵文库藏本都收藏以上朝鲜孝行书籍。[⑤]

二、二十四孝在日本

日本与我国隔海相望，自古两国之间的文化交流十分活跃，中国文化大量通过各种途径传播到日本，其中汉籍就是一种重要的方式，自然包括

---

① 朝鲜李朝太宗实录·卷七[M].东京：日本学习院东洋文化研究所，1953：411.
② 朝鲜李朝太宗实录·卷八[M].东京：日本学习院东洋文化研究所，1953：496.
③ 朝鲜李朝太宗实录》·卷八十六[M].东京：日本学习院东洋文化研究所，1953：56.
④ 参见后晓荣的《高丽本〈孝行录〉的文本来源问题研究》，待刊稿。
⑤ 德田进.二十四孝在日本的传播与衍变[M]//中国典籍在日本的流传与影响，杭州：杭州大学出版社，1990.

二十四孝在内的孝文化书籍也传入到日本。中国古代孝子故事传到日本的年代非常早。成书比《源氏物语》还要早的日本古代长篇小说《宇津保物语》，就以遣唐使俊荫为主人公，重点写俊荫死后，其子仲忠孝敬母亲，从中可以明显地看到中国古代孝子王祥、孟宗、杨香等人故事的影子。成书于平安时代末期的《今昔物语》收有大量民间故事，其中中国部分"震旦"第九卷是孝子专辑，其中有两个后来被收录进二十四孝故事系列中，并在日本祇园祭中出现的"孟宗哭笋"和"郭巨埋儿"。可见，这两个孝子故事传入日本年代之久远，影响之深广。特别需要说明的是，在日本传入的汉籍中，保留了中国境内已经失传了的两部《孝子传》。即日本学者黑田彰在其著作《孝子传图概论》一文中提到："在中国本土被认为已经亡佚的完本古孝子传，有两种至今仍然流传在日本。其中一本为京都近卫家阳明文库所存（即所谓阳明本"孝子传"）。另外一本也在京都，为船桥本（原清原家）所传而现藏京都大学附属图书馆清家文库（即所谓船桥本"孝子传"。亦或根据现藏文库的名字而称之为清家本）。"[①] 原来在宋元时期流行的《孝行录》在中国基本失传，但在今天在日本还可以看到不同版本的《孝行录》，如日本古写本《真本孝行录狩》（谷木夜斋旧藏本，南葵文库所藏）；《孝行录校本》（冈本沉斋《沉斋丛书》第五十六册）；室叮时代崇传写《孝行录》（德田进氏所藏）；正保四年（1647）郡山某氏写权近校注《孝行录》重刊本（德田进氏所藏）；江户中期写本《孝行录》（德田进氏所藏）等。此外日本室叮时期禅僧通恕的《猿吟集》中，收入了吟咏老莱子、田真和刘明达的诗来看，应认为是应永年间（1394—1428年）以前的事。

元代郭居敬编撰的《全相二十四孝诗选》图文并茂，流传到日本后很快就后来居上，成了孝子书中影响最大的版本。日本镰仓末期至室町初期（1300—1338年），《全相二十四孝诗选》已传入日本。黄宇雁曾指出，虽然公元九

---

① （日本）黑田彰：《孝子传图概论》，《中国典籍与文化》，2013年第2期。需要说明的是，作为传抄之物，对待日本流传的两部《孝子传》，我们在研究、使用时应当谨慎。这种情况与日本流传和刊印《孝经》本子不够谨慎情况相似。有关这一点，清代经学家阮元在接触诸多《孝经》本子之后，指出："《孝经》有古文，有今文，有郑注，有孔注。孔注今不传。近出千日本国者，诞妄不可据。要之孔注即存，不过如《尚书》之伪传，决非真也。郑注之伪，唐刘知几辩之甚详，其书久不存。近日本国又撰一本，流入中国，此伪中之伪，尤不可据者。"

世纪二十四孝中的"郭巨埋子"与"孟宗哭笋"已传入日本,但是"真正意义上的二十四孝传入日本,应是郭居敬的《全相二十四孝诗选》传入日本之后"①。因为,当时的日本正处于不安定时期,需要中国儒家的"孝悌"思想为其所用。在日本迅速出现了根据《全相二十四诗选》改编的各种《二十四孝》书籍。现能见到的就有日本庆长(1596—1615 年)年间的"嵯峨角仓氏刊本"《二十四孝》、明历二年(1656 年)的《新版二十四孝》、宽文五年(1665 年)《二十四章孝行录抄》、元禄版《二十四孝谚解》、宽永版《二十四孝绘抄》等等。其他还有日本宽久九年(1669 年)复刻版的《二十四孝》中,仿明代之后流行的《日记故事二十四孝》。正保本《二十四孝》,上图下文,文字已经是日文。同时,根据中国二十四孝改编的日本本土《二十四孝》故事也纷纷出笼,有《皇朝二十四孝》《今样二十四孝》《大倭二十四孝》,及井原西鹤根据二十四孝创作的《本朝二十不孝》等。

日本出整理出版各类二十四孝书籍外,日本社会还以各种文字方式传播二十四孝。当时不仅和中国文化传播密切相关的五山诗僧,就连当时的贵族家都对二十四孝非常关心。15 世纪贵族家日记的代表《凉荫轩日记》在其 7 月 17 日(1458 年)条云:"能阿弥,依二十四孝之绘来而有评议也。"另一本由山科言经所写的公家日记《言继卿记》,也多次提到二十四孝的和注问题。当然最著名当属日本人创作的《御伽草子集》,该书收录了《全相二十四孝诗选》,虽然和中国的原作采用了相同的人物,但有些故事的情节却很不同。高誉对中日间《二十四孝》进行较好的比较研究,部分引申如下:"在中国古代,妻子对丈夫的父母不孝顺时,是允许丈夫与妻子离婚的。此外,女子的再婚是不被社会所接纳和认可的,被认为是非常不光彩的一件事。因此,离婚对于女性来说是很严重的惩罚。基于此,中国的《二十四孝》丁兰的故事中,不孝顺父母的妻子受到了离婚的惩罚。而在日本,和离婚相比,让妻子真心实意的改正自己的错误显的更为重要。离婚的女性并没有被人看不起,并且是可以再婚的。所以日本的《丁兰》的故事把中国的离婚情节改成了真心实意的悔过三年。"②这种现象实际上反映了日本的编辑者根据自己的喜好、审美观等对中国的二十四孝故事进行了一些改编、修正,从而使之更适合日本人。

---

① 参见黄宇雁的《祇园祭山鉾巡行与"二十四孝"》,浙江大学日本文化研究所网页。
② 高誉 . 中日间《二十四孝》比较研究 [D]. 吉林:吉林大学硕士研究生毕业论文,2001.

图一　日本狩野派二十四孝屏风

以日本为例，据日本学者德田进统计，自南宋后期至清的 600 余年间，从中国传往日本的"二十四孝"读物有 84 种，从朝鲜传往日本的"二十四孝"读物有 19 种，纯日本的"二十四孝"读物有 518 种。此外，与"二十四孝"有关的日本读物尚有 683 种。直至今天，孝行故事在日本仍大受欢迎，歌舞伎院上演的《本朝二十四孝》，也常常客满。剧中武士山本勘助冒着纷飞大雪到竹林为母亲挖笋，却未见一株竹笋，于是他仰天大哭，最后，地上突然冒出许多笋来。这里的山本实际上就是我国"二十四孝"故事"哭竹生笋"中孟宗的化身。[①] 正是由于受到儒家文化这种孝行观的潜移默化，日本社会深受其益。

三、二十四孝在琉球

众所周知，现在的冲绳群岛，在 19 世纪 70 年代以前，是东亚地区的一个著名岛国——琉球王国。因位置的优势和民众祖籍等因素，在其亡国之前，与中国文化交流、特别是与福建地区尤众。文献记载，琉球国所演戏文，大多以福建子弟为多。明朝使者去琉球，琉球国每当宴请明朝廷使者时，就以

---

① 德田进.二十四孝在日本的传播与衍变 [M]// 中国典籍在日本的流传与影响.杭州：杭州大学出版社，1990.

演戏款待，所演之戏，多为反映华人节孝之戏，如《姜诗》《王祥》《荆钗》之类。^①至今此地仍然能看到不少琉球本汉籍，其中就有一本1879年琉球人手抄本《二十四孝》。^②该琉球手抄本收藏在八重山博物馆，在内封右侧有琉球抄写者的题署："大清光绪五年已卯六月十日书之也。"即此抄本的抄写时间为公元1879年。书中所收二十四孝名单，保留了"张孝、张礼"和"田真、田广、田庆"两个兄弟友爱的故事，属于元代郭居敬《全相二十四孝诗选》本，而并非明后期出现，清代最为流行的《日记故事二十四孝》本。这种现象实际上与高丽本《孝行录》基本上属于同一类现象。这或许是与《全相二十四孝诗选》同属福建籍人士在琉球长期活动的反映。据陈正宏考证八重山博物馆所藏的这部《二十四孝》琉球抄本，均为纯汉文的写本。和中国国家图书馆藏明初刻本《全相二十四孝诗选》略加校勘，又发现二者也不无文字上的出入；且该琉球抄本的篇章排次，也和《全相二十四孝诗选》相同，无不反映其文化地域特点（见图二）。

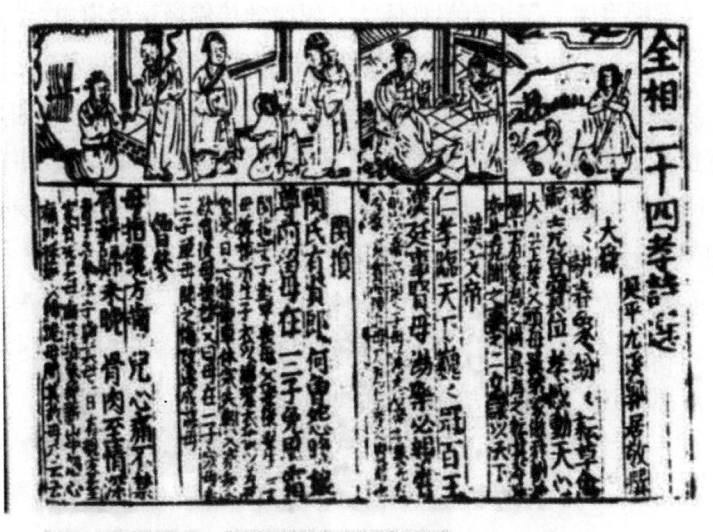

全相二十四孝诗选　明洪武间(约1395年)刻本

图二

---

① 陈宝良. 中国风俗通史明代卷 [M]. 上海：上海文艺出版社，2005：36.
② 有关琉球本"二十四孝"参考了陈正宏的《琉球本和福建本——以〈二十四孝〉、〈童子庶谈〉为例》，中华典籍与文化，2012年第1期。

四、二十四孝在越南

与中国山水相连的越南也长期在中华文化的侵浸和影响下，以《二十四孝》为主的孝文化也较为盛行。早在汉武帝平定南越，设置岭南九郡之时，儒家文化就通过兴办教育、移风易俗及派驻官员等措施传播到越南。据《越南汉喃文献提要》的著录统计，现存汉喃文献中有四种《孝经》的重抄重印本，三种《孝经》喃译本，一种对《孝经》的评论著作，以及大量劝孝书类作品。越南独立以后，越南统治者沿袭中国教育制度，将儒学定位为"国学""国教"，以儒学的伦理道德教化百姓。孝道作为儒家的基本伦理道德，在各时期均得到支持和推广，使得越南社会具备了深厚的孝道文化背景。借助儒学教育的推行，汉人孝文化书籍等资源得以传入越南。越南文献记载，明王朝颁赐给越南的图书中，就有孝子故事的书籍。《大越史记全书》本纪卷十载"黎太祖"：

己亥（1419）春二月，明遣敷生唐义颁赐《五经四书》《性理大全》《为善阴骘》《孝顺事实》等于府州县儒学，俾僧学传佛经于僧道司。①

《孝顺事实》是明太宗朱棣命翰儒侍臣辑录古今史传所载孝顺之事而成，收录孝行卓然可述者207人。这一记载表明，至迟在明朝永乐时期，中国孝行故事就整体地传入了越南。儒学教育的长期全面推行和孝子故事的广泛流传是二十四孝故事得以在越南传播和接受的基础。② 其中最著名的莫过越南地区流行的《二十四孝演音》。据《越南汉喃文献目录提要》载录，《二十四孝演音》及其相关文献共有六件：《辍拾杂记》抄本一种，合抄李文馥所撰五种作品，其中《二十四孝演音》为第四种，题明命十六年（1835年），该书汉喃文对照讲述二十四孝故事，并附有李氏与友人的唱和诗文；嗣德辛未年（1871年）锦文堂印本《二十四孝演音》，又名《二十四孝咏》，与《文昌帝君劝孝文》合订的《劝孝书》，共存八种印本，其中一印本附载《二十四孝诸公述怀诗》；收录于《骧州风土话》附于《杂篇》中《二十四孝演音》；附于抄本杜发撰《孝顺约语》中的《二十四孝咏》；附于《诗文并杂纸》诗文集下的《二十四孝歌》。

据考证《二十四孝演音》阮朝著名文人李文馥根据中国传入的明代《日

---

① 参见：（越南）吴士连的《大越史记全书》，国文社（日本明治18年、1885），第517页。
② 朱瑶. 汉喃《二十四孝演音》考辩[J]. 民族文学研究，2011（2）.

记故事二十四孝》所撰。陈益源就认为李文馥在明命十六年（1835年）出使中国广东之行中，就创作了《二十四孝演歌》等作品。①《二十四孝演音》保留有仲由和江革故事，与明代《新锲类解官样日记故事大全》卷一之《廿四孝》故事条目一样，可以确知其本源于《日记故事二十四孝》。然而其中"啮指痛心"多出曾参事父，"闻雷泣墓"多出王裒为父誓不仕魏的内容，可知其并不完全同于此版本。朱瑶推测李文馥《二十四孝演音》为参照《日记故事二十四孝》不同版本而成。②《二十四孝演音》既有汉文故事及汉文题诗，又有喃译诗歌。其中喃译诗歌体现了二十四孝在越南被接受和改造的本土化过程，它运用诗歌形式，真正把二十四孝变成了越南的民间文学，成为民众自我教化的伦理依据，使得孝道思想携带统治阶级的印记融入越南普通民众的精神世界。

五、结语

从以上的一些事例看，二十四孝文化在海外的传播也呈现出一定的地域性，在韩日两国的《孝行录》的存在与中国本土没有情况形成了鲜明的对照：除了如前所说的《群书拾唾》中可见其痕迹这一例外外，反映中国最早、最成熟的画像二十四孝内容的高丽本《孝行录》系统的版本在中国本土全然不见。相反，琉球地区由于受到福建文化影响较深，故明清时期郭居敬版《全相二十四孝诗选》在琉球地区一直流行。越南地区则流行以《日记故事二十四孝》为基础，经越南文人改编后的《二十四孝演音》。一般来说，在中国本土已经失传的过去的文化，常常被保存在韩、日两国，这亦即是中国人爱说的"礼失求诸野"现象。于此亦可见这种现象之一斑。

（该文发表于《南都学刊》2020年版）

---

① 陈益源. 越南汉文学中的东南亚新世界——以1830年代初期为考察对象 [J]. 深圳大学学报（人文版），2010（1）.
② 朱瑶. 汉喃《二十四孝演音》考辩 [J]. 民族文学研究，2011（2）.
也有另外一种可能，或许是李文馥出于某些目的或心理而增列的情节，并非一定参照所谓《日记故事》的不同版本而成。

历史文物研究专题

按语：中国古代文物琳琅满目，各种类别物质、各朝各代的文物都自成体系、又有强烈的时代特征。这些异彩纷呈的文物都是各个时代历史文化的见证。笔者一直主张"文物就是文献"的理论，认为历代文物也具有证史、补史、究史等文献功能。在长期的教学科研过程中，也一直本着文物即文献的理念，先后开展了古代铜镜、钱币、青铜器、瓷器等研究，进而讨论这些文物背后的历史文化。其最终目的就是努力实现自己对文物研究的认识——纠其误，明其理，说清现象，总结规律，从而更好地认知了解古代社会文化。

镜背人——中国早期人物铜镜初论

铜镜是中国古代人照面饰容的器具,据目前考古发现,新石器时期的齐家文化就出土了铜镜,具有照面容功能的铜镜至迟在商代也已经出现。中国古代铜镜背面多装饰有花纹,题材广泛,丰富多彩,有人物、动物、植物、器物、天象、地理、建筑、几何纹等,其中有关人物的题材尤为广泛和精美,有鲜明的时代特征。孔祥星先生曾较详细讨论了中国古代人物镜的特点[1]。本文所称的早期人物镜主要指战国至西汉时以人物为主题(或主要)纹饰的镜子,不包括东汉时大量出现的神仙人物图像题材的人物镜。

一、早期人物镜考古发现

中国古代早期的人物镜发现较少,数量有限,即不完全统计,目前考古出土和传世的早期人物镜有以下几枚。

1. 洛阳金村金银错狩猎人物镜[2]

相传河南洛阳金村古墓出土,现于流失日本。此镜时代为战国中期,镜背三组纹饰,其中一组表示骑士与猛虎博斗冲刺的图象,骑士戴盔穿甲,骑跨奔马,一手持剑,一手执缰,正向猛虎冲刺而去。猛虎则张口露齿,回首反顾欲扑。另两组为两兽相斗纹和一只展翅的凤鸟纹。此镜内容丰富,人物形象生动,而且采用金银错技法,色彩对比鲜明。这是目前所能见到第一次正面将人物形象表现在铜镜上(见图一)。

---

[1] 孔祥星. 略论中国古代人物镜 [J]. 文物, 1998 (3).
[2] 梅原末治. 汉以前的古镜的研究 [M]. 北京:东方文化学院京都研究所, 1936.

图一　洛阳金村金银错狩猎人物镜中的骑士博虎图

2. 云梦睡虎地狩猎人物镜[①]

1975 出土于湖北省云梦县睡虎地 9 号秦墓，直径 10.4 厘米。主体纹饰是两武士与双豹博斗之纹，两武士头戴盔穿甲，赤膊赤足，裤挽于膝上，手持长剑，分别与豹进行紧张的博斗。一豹昂首跳跃，另一豹作回首反顾之状，武士则作追击豹之姿态。武士脸上刻画出眼鼻，豹身也刻画出花纹，纹饰细致传神。

图二　云梦睡虎地狩猎人物镜

---

① 湖北孝感地区第二期亦工亦农文物考古训练班. 湖北云梦县睡虎地十一座秦墓发掘简报[J]. 文物，1976（9）.

3. 白家口彩绘人物镜[①]

1954年西安市北郊白家口西汉墓出土，中国历史博物馆藏。铜镜直径28.4厘米，边厚0.5厘米，三弦纽，由四叶纹及带圈组成纽座，背部分为四区，施有红、白、黄、墨色彩绘，画面中有人物、马匹等图案。因蠔蚀严重彩绘剥落，图案模糊难识，似为一组故事画面。

4. 红庙坡彩绘车马人物镜[②]

1963年西安市红庙坡出土，西安市文物保护考古所藏。铜镜直径28.2厘米，边厚0.45厘米，三弦纽。铜镜彩绘分为内外两区，内区涂白绿底色，绘四朵红花图案，间以云气蔓草饰为底纹。外区以云纹烘托的四个形似圆璧图案将外区等分为四个间区。间区内以树木、草坪为背景，上面绘有十九个人物，七马、一车、六树，描绘四组富于变化而又故事连贯的画面。其内容是反映汉代上层社会贵族生活的出行、狩猎、对话、谒见图。

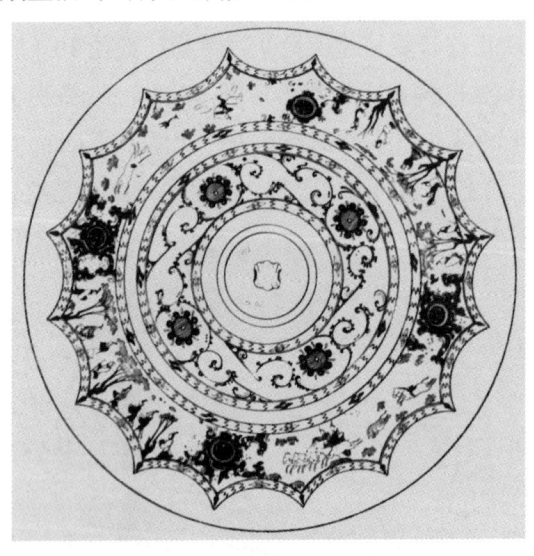

图三 红庙坡彩绘车马人物镜

5. 南越王墓彩绘人物镜[③]

1983年广州南越王墓出土，南越王墓博物馆藏，直径41厘米，缘厚0.5厘米，三弦纽。铜镜彩绘分为内外两区，内区绘卷云纹，外区绘人物图象。

---

① 陕西省出土铜镜[M].北京：文物出版社，1959.
② 傅嘉仪.西安市文管处所藏两面汉代铜镜[J].文物，1979（2）.
③ 中国社会科学院考古所，等.西汉南越王墓[M].北京：文物出版社，1991.

外区人物分四组，其主题为两人弓腰跨步作击剑表演，两侧各有站观者，均笼手而立。这是目前国内考古发掘所见最大的一面西汉绘画纹铜镜。另此墓出土的两件彩绘镜彩绘剥落严重，图像不清。

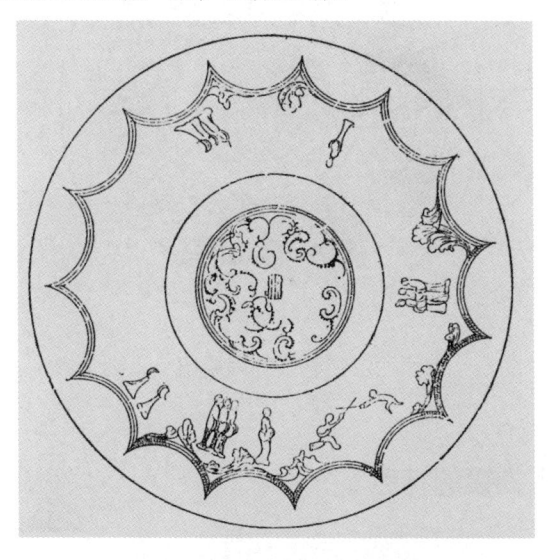

图四　南越王墓彩绘人物镜

6. 徐州西汉宛朐侯刘埶墓出土人物画像镜[①]

1994年徐州市西汉宛朐侯刘埶墓出土，徐州市博物馆藏。直径18.5厘米，缘厚0.85厘米，三弦纽。龙龟合体纽，纽座外为4条驰走的虺龙，龙首昂起，张口疵目。主体纹为人物画像。画像共分4组，每组均以不规则菱形或树叶纹构成博山纹表示山峰。每组画面分上下两排。上排3组画面，每组人物间均以参天古木相间，有对话、听琴、驯虎图。下排两组画面以博山纹相间，有驯虎、驯豹图。整个画像带四组画面内容和姿态均相同。四组画共有38人、8虎、4豹、14树、13座山峰，咫尺之中共刻画72个物象，可谓匠心别运。

另与此镜纹饰相同镜子，近代金石著录中见多件，《小校经阁金文拓本》[②]收录一件，形制、尺寸纹饰均同此镜。黄睿《尊古斋古镜集景》[③]收录一件，直径15厘米。梅原末治《汉以前的古镜的研究》亦收录一件，直径18厘米多。

---

① 徐州博物馆. 徐州西汉早期宛朐侯刘埶墓[J]. 文物，1997（2）.
② 刘体智：《小校经阁金文拓本》，1935年石印本。
③ 黄睿：《尊古斋古镜集景》，1936年影印本。

图五　徐州西汉宛朐侯刘只墓出土人物画像镜

二、早期人物镜的特点

在中国古代铜镜的纹饰中，人物形象一直是一个重要的题材，但是主要流行于东汉后期，早期人物镜不多见。其内容大致可分三类：一类是反映现实生活的人物，如狩猎、织布、泊海、蹴鞠等；第二类是历史上的传说故事人物，如伍子胥、孔夫子问答荣启期等；第三类也就是最常见一类即神话故事人物，如东王公、西王母等。在前述9枚早期人物镜中，属于战国、秦的有两枚狩猎人物镜，属于西汉早期的3枚彩绘人物镜和4枚人物画像镜。其内容主要是反映现实生活的人物图象。战国和秦时期的人物狩猎图纹镜是人物形象出现于铜镜上的早期例证。其人物形象都是头戴盔甲，手执利剑，与虎豹猛兽等搏击状。武士多刻画出眼鼻，表现勇猛有力，虎豹多刻画出花纹。整个画面层次丰富，结构严谨对称，人物和虎豹的造型生动有力，场面动人心弦。在出土众多的战国铜镜中，目前所见狩猎人物镜数量很少，说明当时铜镜上人物纹饰并不流行。但人物狩猎纹镜的出现，打破了该时期铜镜纹饰由商周礼器花纹演化继承下来的云雷纹、蟠螭纹、饕餮纹等传统的格局，给铜镜艺术灌注了新的血液，使之表现出了一种新的生活气息，是铜镜花纹题材的一次变革[①]。在两汉早期出现的3枚彩绘人物镜中，均以人物为主要题材。

---

① 赵丛仓.古代铜镜[M].北京：中国书店，1997.

镜背分为内、外两区，内区绘卷云、蔓草花卉等，外区则以树木或圆壁等为基点，将镜背均匀分成四区，其间布置主题纹饰。人物纹饰分绘狩猎、车马、出行、谒见对话、斗剑竞技等内容。西汉彩绘人物镜的人物活动画面，多具连续性，似为一组故事画面。红庙坡彩绘人物镜中"谒见""对话""狩猎""归游"四个画面连成一组，容易使人联想到绿荫苑囿，宾主相见，击瓮叩缶的情景，也使人联想到谒拜、对话之后，绿野荒郊，驰马射猎，凯旋归来的场面。四组画面高潮在"射猎"和"归游"两图。[①]这种连续性成组的故事画面在白家口彩绘人物镜和南越王墓彩绘人物镜上都有表现，或许是西汉彩绘人物镜的一个特点。西汉彩绘人物镜的彩绘技法都较成熟，对于"块、面、线、点"的表现手法，掌握得都较灵活。一般先用淡线起稿，然后平涂颜色，在色彩相近，易模糊的地方，用简单的线描法勾勒出人物形态神韵。彩绘所用颜料，既有用漆调配的，也有其他矿物质颜料，颜色有红、绿、白、红、黑等4种，出土时极为鲜艳。徐州等地出土或著录的早期人物画像镜的纹饰特点则为另一种风格。此四枚铜镜也是采用四分法来配置图纹，纹饰内容也比较明显地反映当时的社会生活。但此类人物镜一个特点是四组画面内容完全相同，姿态亦相同，只是个别位置有细微变化。此类镜用细线条浅浮雕表示地纹，较高的浅浮雕表示主纹，地纹简约，主纹整齐，并采用剔刻法刻画出物象的细部衣纹和纹饰，层次分明。

除去战国两枚人物狩猎镜外，其外7枚西汉早期人物镜的面径尺寸都较大，镜缘较厚，一般都在18厘米~28厘米，其中南越王墓出土的彩绘人物镜直径41厘米，是目前国内考古发掘所见最大的一面人物铜镜。从几面铜镜的出土状况看，白家口彩绘人物镜出土西汉大方坑土室墓，广州彩绘人物镜出土于南越国第二代王赵胡墓中，徐州人物画像镜出土于西汉宛朐侯刘埶墓，墓主都是王侯贵族。结合当时此类镜数量稀少，可推之两汉早期人物镜仅限于中原地区及周边地区的诸侯王、列侯等高级贵族使用。

三、早期人物镜出现的原因和历史背景

春秋战国时期为中国青铜艺术行将没落之际，但此时的铜镜以其绚丽多

---

① 傅嘉仪. 西安市文管处所藏两面汉代铜镜 [J]. 文物，1979（2）.

姿的纹饰，精致轻巧的形态达到了当时青铜工艺的高峰。[1]人物狩猎镜出现则更是春秋战国时社会大变革的现实反映，其纹饰与东周时大量出现的狩猎纹铜壶的纹饰相似。此类铜壶发现地点较少，河南辉县琉璃阁战国墓[2]、洛阳西工区战国墓[3]曾出土，另台湾古越阁也收藏1件。这种铜壶出土地点集中于河南一带，即"狩猎纹壶这种器物只在战国早期一段时间盛行于中原地区"[4]。狩猎纹壶中常见的主题纹饰是一人持剑与猛兽相斗和二人挽弓持剑围攻一兽。这种人与兽搏斗的图纹应是反映当时的现实生活。狩猎活动是人类最早获得生存资料的手段之一。随着"废井田、开阡陌"的封建农业发展，到战国时，在中原地区，狩猎已经不再是人类获取生存资料的手段，而成为贵族娱乐活动一个组成部分。另外战国时期征战不休，战争不断，所谓"操吴戈兮披犀甲，车错毂兮短兵接"[5]。人们只有尚武有力才能自保，才能高迁。所以披盔戴甲的武士与兽搏斗的图象出现在铜镜上，既体现了当时人们征服自然，战胜自然的人定胜天的战国变革思想，同时也从另一个侧面发映了当时尚武精神。特别是在战国金银错狩猎人物镜中，人的主体地位尚没有得到确立，三组图案中，人与兽搏斗仅占一组，其余两组都是动物象形。在人虎相博图中，人骑马上，剑刺猛虎，虎张口露齿，回头欲噬状。人生还是虎死，仍在两可之间。秦云梦睡虎地狩猎人物镜中，已是兽在逃，人在追，二者之间胜败之局已经形成，反映了人胜自然，人的主体地位的确立。

轻盈灵动的战国人物狩猎镜发展到西汉时，人物写实风格更为现实，内容更为丰富。以红庙坡彩绘人物镜为例，十九位人物都峨冠束发，长裙曳地。其发式、服饰、手势都表神采飞扬，生动逼真，真实反映西汉早期贵族清静无为的悠闲生活。秦汉对贵族所戴的头衣为冠、冕、妍等。戴冠不仅是贵族男人进入成人的标志，而且是显示贵族身份的常服，而一般百姓则不能戴冠，以布包头，称布为"巾"。[6]镜中贵族人物形象与战国帛画中的长裙曳地和西汉帛画中的危冠绣衣人物都近相似，有舒展流畅的楚地风格。秦汉之际刘邦

---

[1] 孔祥星，刘一曼. 中国古代铜镜 [M]. 北京：文物出版社，1984.
[2] 郭宝钧. 山彪镇与琉璃阁 [M]. 北京：科学出版社，1959.
[3] 蔡运章，梁晓景，张永森. 洛阳西工131号战国墓 [J]. 文物，1994（7）.
[4] 李学勤. 论古越阁所藏三件青铜器 [J]. 文物，1994（4）.
[5] 屈原. 楚辞·国殇 [M]. 北京：中华书局，2009.
[6] 王仁波. 秦汉文化 [M]. 北京：学林出版社，2001.

灭秦称帝，以楚人为主体的南方军民大量入主中原成为北方乃至全国实际上的政治统治阶层。与此相关，以荆楚为代表南方文化也涌向河朔大地，并与原本地文化交织混融，并极盛一时。另荆楚之地自古漆器制作发达，其彩绘技术平相当高，类似彩绘人物图象在楚地漆器中也有出现。1986年湖北省荆门包山2号楚墓出土一件车马人物出行图彩绘漆奁。[①] 该漆奁盖壁绘制一组叙事人物故事场面，由26个人物、4乘车、10匹马、5株树、一头猪、两条狗和9只大雁组成一幅精彩的车马人物出行图面，勾画出活生生的楚国贵族现实生活的场面。全图用随风摇拽的柳树分隔为五段，各段依场景内容的不同或长或短，分别绘对话、迎送、出行等情节，人物或昂首端坐、或俯首倚立、或扬鞭催马、或急速奔跑，俱皆神态逼真，显然源于对现实生活的直接观察，反映了这个时代对现实生活的极大热情。西汉彩绘人物镜与包山2号楚墓出土的车马人物出行图彩绘漆奁在内容、分段布图上有很多相似之处，其图画价值正如人称是西汉时期蓬勃发展的中国古代写实性绘画的滥觞[②]。另彩绘镜最早出现和流行时代为战国早中期，目前考古多发现为河南、湖北等原楚地，因此可推之，西汉早期人物镜是在楚地文化影响下发展而来的新品类。其特点同时也明显有别于东汉时大量流行的神仙人物故事镜。当然，徐州人物画像镜中出现的骑虎、驯豹图则可以认为是人物戏龙、戏虎、羽化升仙的一种表现，是东汉时神仙人物故事镜大量出现的先声。

总之，从战国晚期出现了金银错的人物狩猎镜，到西汉早期出现的彩绘人物画像镜，这是铜镜装饰中出现人物主题的第一阶段，也是风格写实、色彩丰富的阶段，与后世的人物画像镜在装饰手法和表现主题上有很大区别。西汉后期，随着西汉初黄老学说的衰退，阴阳五行和谶纬说进一步流行，表示现实意义的人物镜没有得到进一步的发展，而神话仙人故事开始频繁出现在铜镜花纹上，从而把中国古代人物镜的发展推向了另一个方向和高潮。

（该文发表于《艺术考古》2007年）

---

① 湖北省荆沙铁路考古队包山墓地整理小组.荆门市包山楚墓发掘简报[J].文物，1988（5）.
② 皮道坚.楚艺术史[M].武汉：湖北教育出版社，1995.

十二生肖铜镜初探

铜镜是中国古代人照面饰容的器具，与人们的日常生活有着密切的关系。在中国铜镜发展史上，各时段铜镜的时代特征相当明显，其镜背所装饰的各种花纹和铭文实际与当时的政治、经济、思想文化、社会风尚等有密切的关系。在众多类型的中国古代铜镜中，出现于隋、盛行于唐、延续至宋辽，直至明代的生肖铜镜就是一个非常典型的例子。此类铜镜出现的背景，以及持续时间久远的原因与人们赋予此类铜镜的特殊功能有很大关系。目前有关生肖铜镜的讨论不多，除孔祥星等作了初步论述外，几乎没有专门的讨论。[1] 本文将在收集整理历年各地考古出土的十二生肖铜镜的基础上，结合文献记载，展开相关讨论。

一、生肖铜镜分类

在目前考古发掘出土和传世的生肖铜镜中，根据生肖图像与其他纹饰的组合情况，大致可分为三大系统：第一类是以四神、瑞兽与生肖组合的纹饰；第二类是飞仙形象与十二生肖结合的纹饰；第三类是以八卦与生肖组合的纹饰，晚唐时还出现四神、八卦，甚至还加入了二十八宿共同与生肖组合。

（一）第一类生肖纹铜镜

第一类生肖纹铜镜又可以分两种亚型：

第一亚型为十二生肖镜：

这类铜镜形制为圆形，圆钮，连环纹钮座，素宽缘。主体纹饰是写实动物生肖纹饰与缠枝花纹组合。通常镜背分内外区，内区为一圈曲折盘绕的变形忍冬纹。外区由斜立双线分为十二格，每格内各置写实生肖动物一个。个别此类铜镜还有铭文。在考古出土文物中，十二生肖铜镜在陕西西安隋大业

---

[1] 孔祥星，刘一曼. 中国古代铜镜[M]. 北京：文物出版社，1984.

四年（608年）李静训墓[①]和唐太宗贞观四年（630年）李寿墓[②]均有出土。李静训墓出土的十二生肖铜镜钮座间有八字铭文"光正随人，长命宜新"。两周弦纹形成的内区为一周缠枝卷叶花纹。大弦纹圈向外均匀放射出的双线，将外区分为十二区，每区分别配置鼠、牛、虎、兔、龙、蛇、马、羊、猴、鸡、狗、猪十二生肖。外区为三角锯齿纹带（见图一）。从目前考古出土资料看，单独以十二生肖为主题纹饰是最早的生肖镜类型，主要流行于隋和初唐，地域以当时的西安和洛阳两京地区为主。

图一

第二亚型为瑞兽生肖镜：瑞兽包括传统的青龙、白虎、朱雀、玄武四神、以及其他不知名的四兽、五兽、六兽等瑞兽。写实动物生肖纹饰与瑞兽纹组合的瑞兽生肖镜，按镜背纹饰有无规矩纹饰布局可分为规矩配置瑞兽生肖镜和四方配置瑞兽生肖镜两种。

规矩瑞兽（四神）生肖镜：圆形，圆钮，伏兽或龙纹钮座，内区布局有规矩配置，即由大方格和V纹分成四区，每区内置四神或四兽各一。中区为窄铭文带，铭文有"熔金""炼形""阿房""仙山""绝照"等。外区为十二生肖环绕奔跑，由叶瓣纹或变形云纹分隔，几何纹缘顺时针排列，动物面向与环列方向相反。此类生肖铜镜流行于隋和初唐，广西、湖南、江苏、安徽均有出土。如湖南长沙出土的"仙山四神十二生肖"镜[③]，辰龙与四神中

[①] 唐金裕.西安西郊李静训墓发掘简报[J].考古，1959（9）.
[②] 陕西省博物馆，等.唐李寿墓发掘简报[J].文物，1974（9）.
[③] 孔祥星.中国铜镜图典[M].北京：文物出版社，1992.

青龙形态各异，可能由于四神为主要纹饰，所占镜面面积较大，形象刻画更为生动，而生肖龙处于配角位置，仅简单刻画，顺时针环列，但生肖均右向，与环列顺序相反，其间填补不同花纹（见图二）。此类镜中四神占镜面比例较大，生肖处于配角，可能是四神镜发展到隋至唐初开始与当时流行的十二生肖纹饰结合的产物。

图二

四方配置瑞兽生肖镜：此类铜镜有四神、六兽等形象，形制为圆形或方形，圆钮或兽钮，瑞兽无分区，环钮四方（或六方）而置，外区由斜立双线分为十二格，每格内各置写实生肖动物一个。此类铜镜流行时间较长，从隋唐一直到宋代都有出土。其中四神与生肖的对应位置固定，在唐代均为：青龙—卯兔、白虎—寅虎、朱雀—午马、玄武—子鼠。宋时有所变化，为青龙—寅虎、白虎—申猴、朱雀—亥猪、玄武—巳蛇。宋时江西九江出土方形无规矩四神镜，四神与生肖就对应为：青龙—寅虎、白虎—申猴、朱雀—亥猪、玄武—巳蛇。此类铜镜也有"熔金""炼形""淮南"等时代特别明显的铭文，主要在隋和初唐时流行，河南、陕西、广西、江西均有出土。如河南洛阳出土的四神生肖镜[1]，内区四神环钮排列，外区双线分十二格，分置十二生肖各一（见图三）。江苏扬州出土有六瑞兽生肖镜，内区分为六区，各区一兽，兽或走或立，似虎、豹、鹿形，中区铭文"仙山齐照、智水齐名，花朝艳彩，月夜流明，龙盘五瑞，鸾舞双情，传闻仁寿，始验销兵"，外区以双珠莲纹分隔十二生肖，

---

[1] 孔祥星. 中国铜镜图典 [M]. 北京：文物出版社，1992.

生肖造型粗略。（见图四）

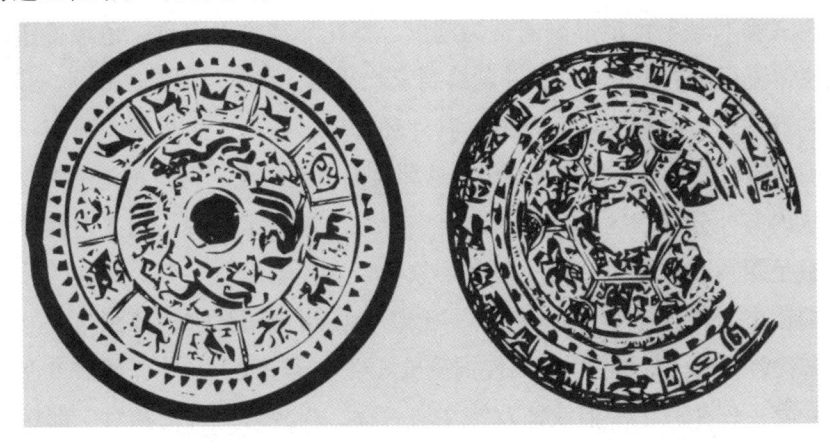

图三　　　　　　　　　图四

(二) 第二类飞仙十二生肖镜

在众多的唐代铜镜中，神仙人物故事镜中的飞仙内容与十二生肖结合，形成了飞仙十二生肖镜。飞仙镜有菱花形、葵花形、方形三种，通常飞仙飘带舒卷为主题纹饰，写实的十二生肖作为辅助纹饰环列其间。以梁上椿旧藏十二生肖飞仙镜为例[①]，圆形，龟钮，钮外三重方格环绕，最里面方格为水波纹，中外两方格夹写实生肖纹，外方格与镜缘相切形成的四区内配置飞仙纹（见图五、图六）。

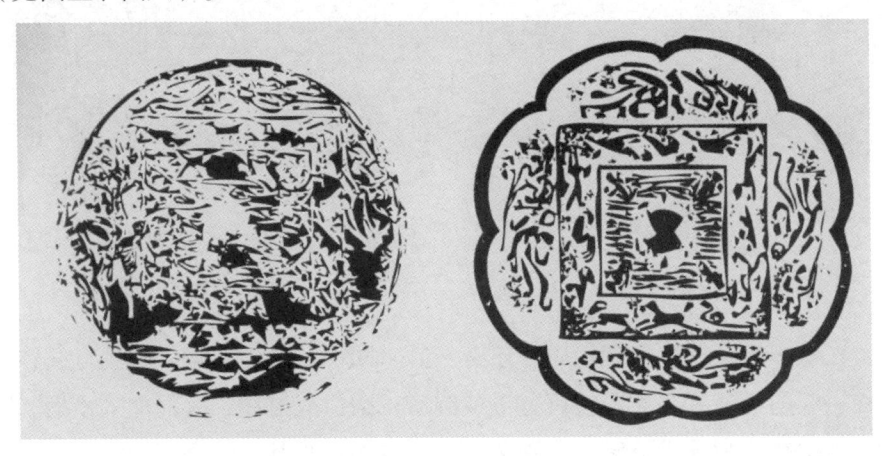

图五　　　　　　　　　图六

---

① 孔祥星，刘一曼. 中国古代铜镜 [M]. 北京：文物出版社，1984.

（三）第三类八卦生肖镜

第三类八卦生肖镜形制通常为圆形、葵花形或方形多种，龟或兽钮，葵瓣钮座，流行于唐代中晚期，并延续到宋。湖北、河南、湖南、江苏、江西、四川均有发现。一种为内环八卦，其外环绕十二生肖，生肖形象写实。如河南偃师杏园村唐会昌五年（845年）墓葬就曾出土一面。另一种为圆圈纹样布局，从内向外分成四区，分别为八卦、十二生肖、铭文带。铭文内容通常为"水银呈阴精，百炼得为镜，八卦寿象备，卫神永保命"等。在这两种八卦生肖铜镜中，八卦与生肖对应基本一致，如四川德阳县宋代窖藏与大邑县安仁镇宋代窖藏出土的铜镜[①]，两件铜镜虽规格差异较大，一件直径27.8厘米，另一件直径仅8厘米，但纹饰及铭文均一致，八卦与生肖动物对应都相对固定：通常正北为坎卦，属子鼠；正南为巽卦，属午马；正东为震卦，属卯兔；正西为兑卦，属酉鸡。八卦生肖镜以八卦、生肖为主题纹饰，出现于唐前期，流行于中晚期，到宋代时已较少见，代之八卦地支镜，生肖动物形象被地支名称所取代（见图七）。

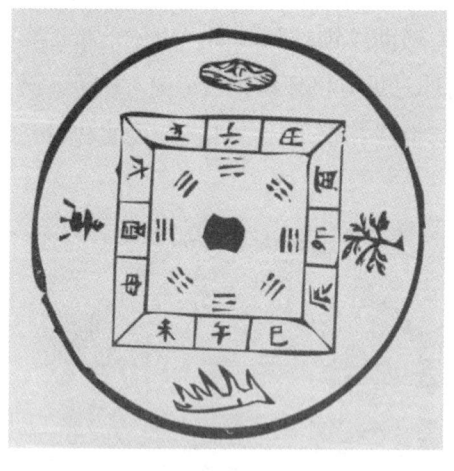

图七　　　　　　　　　　　　图八

在众多类型的生肖铜镜中，还有八卦、四神、二十八宿以及生肖纹饰结合在一起的铜镜。此类铜镜有方形或圆形，圆钮或兽钮，有的加入手柄。通常用方框线或圆环带分区，分别按区设置四神、八卦、生肖等纹饰，有的配置二十八宿图。最早出现于隋代，流行于晚唐至金，甚至明代墓葬中都有出土。

---

① 孔祥星.中国铜镜图典[M].北京：文物出版社，1992.

如陕西西安东郊唐墓出土的方形四神八卦生肖镜[①]，镜背花纹以方框线分为三区，镜纽周围是四神纹和八卦符号，中区为浮雕十二生肖动物图象，外区是一圈二十四字铭文（见图八）；吉林出土的金代手柄生肖镜，生肖与二十八宿文字组合[②]。《中国铜镜图典》记载一面元代的十二生肖二十八宿纹镜，圆形，圆钮座，内区为十二生肖，外区配以二十八宿（见图九）。美国学者爱伯哈德《中国文化象征词典》一书也记载了一面唐代四神八卦十二生肖二十八星宿铜镜，纹饰从内到外分别是四神、八卦、十二生肖、铭文、二十八星宿，以及铭文圈（见图十）。[③]通常四神、八卦与生肖分别对应如下：青龙—卯兔—震、白虎—酉鸡—兑、朱雀—午马—巽、玄武—子鼠—坎。将四神八卦甚至二十八宿各种符号均结合起来，构成类似于《周礼》中用于驱邪的方形板。其意义如同古代占卜用的式，将表示天与地、空间与时间的符号组合，使铜镜具有想象中的趋吉避邪的力量。此种观念在文献中也有记载。《太平广记·王度》篇中叙述了"隋汾阴侯生，天下奇士也。王度常以师礼事之。临终，赠度以古镜曰：'持此则百邪远人。'度受而宝之。镜横径八寸，鼻作麒麟蹲伏之像。绕鼻列四方，龟、龙、凤、虎，依方陈布。四方外又设八卦，卦外置十二辰位而具畜焉。辰畜之外，又置二十四字"。即此镜纹饰有四神、八卦符号、十二生肖以及象征二十四节气的二十四字。西安东郊唐墓中出土的生肖镜与此文献中记载几无差别，可见此种图案铜镜，已不仅作照容实用，也具有能使百邪远人，趋吉避邪的含义。事实上，辽宋时期是十二生肖形象复苏的时期，特别是北京、河北、辽宁、四川等地，在墓志、陶俑、墓室壁画上均有较多运用。同时与天文及宗教联系特别紧密，如河北宣化辽代墓的天文图，生肖与二十八宿、十二宫结合，实际是铜镜中八卦生肖为主纹配以星象的一种侧面反映。[④]

---

① 陈安立，马志祥. 西安东郊发现一座唐墓 [J]. 考古，1991（3）.
② 张英. 吉林出土铜镜 [M]. 北京：文物出版社，1990.
③ 爱伯哈德. 中国文化象征词典 [M]. 陈建宪，译. 长沙：湖南文艺出版社，1990.
④ 张家口市文物事业管理所. 河北宣化下八里辽金壁画墓 [J]. 文物，1990（10）.

图九　　　　　　　　　　图十

二、出现的背景和相关问题

在众多类型的中国文物中，十二生肖概念出现的较早。在湖北云梦睡虎地和甘肃天水出土的战国秦简牍中的《日书》里就有较为完整的有关十二生肖的文字记载。汉代铜镜中的规矩博局镜常铸有十二地支铭文："子丑寅卯辰巳午未申酉戌亥。"借用《太平广记·王度》中"十二辰位而具畜焉"的话，汉代规矩博局镜"十二辰位"齐全，只是尚未出现"而具畜焉"的例子，即铸的是"子丑寅卯"，而非后来的鼠牛虎兔等十二生肖图。在文物中真正出现生肖图象较晚，北朝才开始大量出现各种类型的十二生肖陶俑。目前以山东临淄北朝崔氏墓出土的写实性生肖动物俑为最早，有虎、牛、羊、鼠、蛇等，均为手制，无彩。估计此时十二种生肖动物形象已经成形并成熟。[①] 隋唐时期，十二生肖题材在陶俑、墓志、壁画等文物上大量流行，并广泛运用。其基本类型可以分成写实动物生肖、兽首人身生肖和人物带生肖三大类型。与此同时，此时期的铜镜也在沿袭传统纹饰基础上有所创新，新出现生肖形象与汉代就开始大量流行的四神（瑞兽）镜结合，成为新的镜饰。盛唐时期，成熟的十二生肖形象又与当时流行的八卦镜、飞仙镜结合，形成其他两类生肖铜镜。但铜镜中的十二生肖形象一直是写实动物生肖，其他两种类型没有出现。铜镜中十二生肖的设置严格遵循子、丑……戌、亥地支顺序安排，或

---

① 临淄博物馆，临淄区文管所.临淄北朝崔氏墓地第二次清理简报[J].考古，1985（3）.

许也在一定程度上说明由汉代十二地支铭文镜到隋唐流行的十二生肖镜，二者之间有一定的联系。

如唐太宗所言："以铜为镜，可以正衣冠。"事实上，照面饰容并不是古人赋予铜镜的全部功能。十二生肖镜产生后，在古人心目中此类铜镜还被视作具有驱妖避邪作用的神异法器。《太平广记·王度》记载侯生获赠古镜后，"乃列举征验异迹，凡遇精魅，照之无不变形立毙，魔怪称之'天镜'。每夜光彩如月，或日月薄蚀，镜亦昏昧，又能除人病"。此段文字对铜镜的神奇作了细致的描写，此镜可以感应日月，能为人医病，更主要可以"持此则百邪远人"。自古以来，四神、八卦、十二辰等就被古人赋予神秘符号色彩。《周礼·天官篇》记载："以方书十日之号，十有二辰之号，十有二岁之号，二十有八星之号，悬其巢上，则去之。"即要想驱除不吉祥的恶鸟，就要在方形板上书写甲乙丙丁十天干、子丑寅卯十二地支、一年十二月份名、一纪十二年份名，以及二十八星宿名，并悬挂于鸟巢之上。在古人看来，这些名号具有避邪驱魔的作用。当这些符号与铜镜联系到一起后，铜镜就具有了古人所谓的"照妖镜"功能。晋代葛洪的《抱朴子·登涉》中说："古之入山道士，皆以明镜径九寸，悬于背后，则老魅不敢近人。或有来噬人者，则当顾视镜中，其是仙人及山中好神者，顾镜中故如人形。若是鸟兽邪魅，则其形貌皆见镜中矣。"当十二生肖动物形象真正在北朝后期形成并成熟后，很快就和铜镜结合起来。同时人们把四神、八卦、十二生肖、二十八星宿等表示天与地、空间与时间的多种图象符号归于一起，从而使得铜镜更加具有想象中的趋吉避邪的神秘法力。云南大理市浮屠寺塔出土，现藏于大理市博物馆的龟钮八卦十二生肖镜，其外区铭文有："水银是阴精，百炼得宝镜，八卦气象备，卫神保永命。"或许这就是古人对此类铜镜的最好解释吧。这点有助我们理解生肖八卦铜镜从隋代开始出现，唐代盛行，并一直到宋辽、甚至明代都有所延续的原因，很可能与古人赋予此类铜镜具有趋吉避邪的功能有很大关系。

（该文发表于《四川文物》2008年第4期）

两汉三国弩机铭文综述

两汉三国金文中有铭文的弩机,是研究两汉三国兵器史珍贵的实物资料。特别是许多弩机刻铭带有明确的纪年和监作机构等内容,为该时期弩机的断代及官营业中工官体制的了解提供可靠的依据。其中杨综先生[①]和其他一些学者对此作了一些有益的探讨,然相较之下,宏观上综合研究论述尚仍感一点缺憾。本文依据近五十年来考古发掘的资料,以及文献著录中两汉三国弩机铭文梳理耙正,试作系统整理。

一、两汉三国弩机铭文著录和年代问题

两汉弩机刻辞最早著录的是南宋薛尚功《历代钟鼎彝器款识法帖》。至于清朝和民国的著录就更多。计《善斋吉金录》收录12件;《陶斋吉金录》收录4件;《秦汉金文录》收录48件,《小校经阁金文拓本》收录63件等。近五十年来所新发表的考古资料还有64多件。现将上述种种,去除重复和伪者,择其主要(秦1件,西汉5件,东汉12件,三国9件,东晋1件)进行梳理列表(见表1)。两汉三国弩机铭文其书体有隶,楷两体,且以楷体为多,极少篆体,这正与当时的文字发展时代特征相合。方式基本上是刻铭。从新出土的考古资料看,前人是将其主要内容刻在弩机主体的铜郭侧面,悬刀、牙等其他部位大多只刻些简单编号,工匠姓氏等。

表1 两汉三国弩机刻辞表

器名	铭刻文字	年代	著录
廿二年弩	廿二年	秦	《马王堆二、三号墓发掘报告》《文物》1974.7
R尚方弩	□尚方	六十一	偃师商城馆藏铜器《考古与文物》1997.1

---

① 杨综.河内工官弩机及其生产问题[J].文物,1994(5).

器名	铭刻文字	年代	著录
河内工官弩	河内工官四千三百五十二个石	内蒙古介绍新征	集几件文物《考古》
十五年弩	十五年八月卅日督刘钧将刘金队（）王善佐向小所作	文帝	武功出土汉代铜器《考古与文物》
元康元年	元康元年考工：贤作六石布矾主命长平丞义右尚方乘廿三	汉宣帝（公元前65年）	《金石索》
永光元年弩	永光元年七月廿日右尚方造工忠第八百十	元帝（公元前43年）	《八 室金石录》
建武十二年弩	建武十二年四月□日强弩司马匡丹造，赤间卅人	光武帝（公元前36年）	《梦坡获古丛编》
建武卅二年弩	建武卅二年二月，虎贲官冶十湅铜濡钅岸钅几百一十枚工李岩造，部郎丙彤朱，椽主，右史郎刘伯录	光武帝（公元56年）	《定县北庄汉墓出土文物简报》《文物》
永平元年弩	永平元年二月二日中尚方造第二十四	明帝（公元58年）	《小校经阁金文拓本》
建初五年弩	工郎造八百钅几郭工张祖初作祭酒史仲时临椽福令延丞 椽史扶	章帝（元80年）	《小校经阁金文拓本》
永元五年弩	永元五年考工所造六石矾，郭工锼佰作造工苏，太仆护工椽，令恭丞霸椽闰史成主	和帝（公元93年）	《甘肃环县发现一件东汉弩机》《考古与文物》
元初二年弩	元初二年四月造作偿边发六石矾，郭千八百廿四具辈工□山令福丞 椽史神虎猛别监，六石中尚方监作	安帝（元115年）	《小校经阁金文拓本》
汉安元年弩	汉安元年三月书言府作偿乙酉四石矾郭工文令椽丞巡□史放主临椽石	顺帝（元142年）	《小校经阁金文拓本》
永寿二年弩	永寿二年七月已卯诏书作四石矾郭工童广史忠椽记丞言令 监作	桓帝（元156年）	《贞松堂集古遗文》
永元八年弩	永元八年考工所造四石矾，郭工鲁少作造工王少大什监右工椽湛令恭丞高椽闰史珍主	和帝（元96年）	《双剑讠多吉金图考》
延熹四年弩	延熹四年十一月戊午五年九月丁丑诏书遗作六石矾，郭工鲁甫史路肆椽东丞亮令熹临椽卅明，王廿二，王甲	桓帝（公元161年）	《金石索》
延熹五年弩	延熹五年八月书言府丁未诏书六石矾，郭工李史韩忠椽张氾丞赵龠禾令王赏大什监椽郭监登作	桓帝（公元162年）	《小校经阁金文拓本》
建安元年弩	建安元年八月六日书言府作六石矾，郭工马□令穆守丞李椽考史广主	献帝（公元196年）	《长安获古编》

器名	铭刻文字	年代	著录
景初二年弩	景初二年二月一日，左尚方造骑□□监作，史苏□司马张□臂师王容耳阝市（师）□□，牛三，二百卅	魏明帝（公元228年）	《四川江油出土有铭铜弩机》《文物》
正始二年弩	正始二年五月十日左尚方造，监作吏明泉，耳匠马广，（师）王丙，臂匠江子（师）宋阿主百十七	魏齐王（公元241年）	《河南新乡县发现三国铜器》、《考古与文物》
正如二年弩	正始二年五月十日左尚方造监作史泉牙匠马广师马俊臂匠江子师宋始，马，九十四、王六十人	魏齐王（公元241年）	《小校经阁金文拓本》
章武元年弩	章武元年巧工司马作	蜀汉（公元221年）	《小校经阁金文拓本》
建兴年弩	建兴八年七月廿廿□□卓业吏陈至魁郭道作阝市张建工钅句奠所作十三石重四斤一两	蜀汉（公元230年）	《小校经阁金文拓本》
景耀二年弩	景耀二年四月十三日中作部左兴业刘纯业吏陈深工蒲细所作八石重三斤	蜀汉（公元259年）	《小校经阁金文拓本》
景耀四年弩	景耀四年二月卅日，中作部左兴业刘纪业吏陈深工杨安作十石矶，重三斤十二两	蜀汉（公元261年）	《蜀汉铜弩机》《文物》
黄武元年弩	藏□□□枚，黄武元年作师陈香臂师□李，校尉董嵩士陈奴弩，都尉董嵩工谢举弩，陈香	东吴（公元222年）	《江陵纪南城出土的黄武元年弩》《文物》
嘉禾六年弩	嘉禾六年十月□陈太□□□□直一万司马王随平	东吴（公元237年）	《嘉和六年弩机》《文物资料丛刊》
太和元年弩	太和元年十二月三日左尚方冶弩□监作吏昃亻隽司马杨式臂师黑所置紫间	东晋废帝（公元366年）	《金石索》

图一

两汉三国弩机绝大部分刻有制作时间，多为帝王年号。其他没有具体纪年弩机则需具体分析。表中没有具体制作时间的弩机分两类：1）河内工官弩机和南阳工官弩机，2）十五年弩机和廿二年弩机。后者铭刻风格与西汉早期铜器刻铭相似，简单不甚工整，纪年是数字纪年。廿二年弩机出土于马王堆二号墓，墓主是车大侯利苍，下葬时间是文帝前元十二年，原文断其为秦遗物，有理。[①] 西汉前期皇帝，高祖和景帝纪年都没有"十五年"，文帝在位二十三年，其纪年分前元十六年和后元七年。故推之，十五年弩机为文帝十五年造。

河内工官弩机和南阳工官弩机刻铭风格基本一致：先刻工官名，再刻编号数字，二者略不同之处是南阳工官弩机没有"甲""乙""丙"等字的规格号。南阳工官弩机见于文献的有陈介祺《斋吉金录》，称"南阳工官弩机残件"，定为"汉器"，长安城未央宫第三号遗址[②]有考古发掘品出土。河内工官弩机见于著录有14件，考古出土有21件，多出于西汉边境、中央官署。如福建崇安汉城遗址[③]、云南李家山西汉墓[④]、广西贵县汉墓[⑤]和长安城未央宫第三号遗址。关于河内工官弩机制作年代有多种说法，杨综先生从汉崇安城遗址存废时间入手，结合遗址出土物的"共生"现象推断，"可以肯定，该城址出土的河内工官弩机，均为汉武帝元封元年（公元前110年）以前物。崇安城出土甲乙丙丁不同规格的弩机，编号从"千四百五十八至四千五百四十四"，大量青铜弩机表明河内郡怀县工官设置和生产有较长时间"[⑥]。方诗铭先生考证制造兵器是西汉东部六郡工官主要任务，最迟汉景帝后元年，郡国地方已有工官设置。[⑦] 同理可推南阳工官和河内工官应为西汉早期弩机主要供应地。

武帝后，开始有年号纪年，表现在弩机上就有明确的制作时间，其年代刻款方式有三种：①表示年号，没有具体的月日，如永元五年弩机；②表示

---

① 马王堆二、三号墓发掘简报[J]. 文物，1974（7）.
② 中社科院考古所汉城工作队. 汉长安城未央宫第三号建筑遗址发掘简报[J]. 考古，1989（1）.
③ 福建文物管理委员会. 福建崇安城村汉城遗址试掘[J]. 考古，1960（10）.
④ 云南博物馆. 云南江川李家山古墓群发掘报告[J]. 考古学报，1975（2）.
⑤ 广西贵县罗泊湾一号发掘简报[J]. 文物，1978（9）.
⑥ 杨综. 河内工官弩机及其生产问题[J]. 文物，1994（5）.
⑦ 方诗铭. 从出土文物看汉代"工官"的一些问题[J]. 上海博物馆馆刊（第三辑），.

年号和月份，如建武卅二年弩机刻"建武卅二年二月"；③表示年月日，如建安元年弩机刻"建安元年八月六日"。几种方式相间出现，一直沿续至东晋太和元年，其时间跨度达五百余年。

二、两汉三国主管弩机制作的官署

两汉三国弩机刻辞中都刻有弩机制作官署，其发展变化可分三个阶段。

1. 汉武帝之前

武帝之前弩机所见制作官署主要有河内工官和南阳工官。《汉书·地理志》河内郡条"冶怀，有工官"；南阳郡条"冶宛，有工官，铁官"。地方工官为中央派督地方，主持官办手工业生产，直属中央大司农。《史记·平准书》载："召工官治车诸器，皆仰给大司农。"

2. 武帝至东汉献帝

武帝即位后，对社会财富重新分配，实行"盐铁官营"为中央监管。表现在弩机刻辞上为弩机主造官署都为中央官署机构："尚方，考工，书言府"，地方工官弩机生产基本停止。

尚方——尚方为少府属官，少府本为"秦官，掌山海池泽之税，以给供养"。①《后汉书·百官志》载："少府有尚方令一人，六百石。"本注曰："掌上手工作御刀剑诸好器物，丞一人。"即尚方负责制作各种御用和宫廷所需铜器，同时参与生产刀剑弩机等兵器供宫禁之需。估计武帝之前尚方已负责督造兵器，武帝后此职继续保留。武帝时尚方分为左、中、右三尚方，三尚方设置一直延续至三国东晋时。铭文观察可纠正《通典》载："秦置尚方令、汉因之……汉末尚方为中、左、右尚方，魏晋因之"有误。三尚方在此阶段都参与弩机生产，如永元元年右尚方弩机，永平元年中尚方弩机。

考工——考工一职亦为少府属官，武帝之前名考工，武帝太初元年更名考工室，主作兵器弓弩及织绶诸杂工。《续汉书·百官志》载："考工令一人，六百石。"本注曰："主作兵器弓弩刀铠之属，成则传执金吾入库。"考工主要造作兵器，同时和尚方丞一样制作铜器供宫廷之需，如永始三年乘

---

① 《汉书·百官公卿表》。

舆鼎[1]、元康雁足灯[2]。作为少府属官考工令在东汉时改为太仆之属官,归太仆管辖。《通典》卷二十七职官九:"西汉有考工令主作兵器,初属少府,中属主爵,光武时属太仆。"弩机刻铭有东汉和帝永元八年弩机刻"考工所造""太仆监","太仆监"即永元八年弩机为太仆铭监督下考工令主造。

书言府——书言府一职不见《汉书·百官公卿表》,具体不详。书言府弩机宋时就有记载,其后金石文献多有收录。从表中汉安元年书言府弩机,一直至建安元年书言府弩机,其间五十多年,书言府弩机一直存在。似推知其为东汉专主作弩机官署,不似尚方和考工,在生产弩机时,同时主造宫廷和官府之需铜器。《汉书·薛宣朱博传》载:"长吏自击书言府,贼曹掾史自白清至姑幕。"从文献中证明西汉职官中有书言府一职,应为《汉书·百官公卿表》漏载。薛尚功曰:"书言府者所谓言则左史书之义,天禄石渠之属,盖汉之下武库随库有之"。[3]即所谓书言府为武库之属官,专主制作弩机。因制作器物划一,且为专供战争之需物,故影响不大而未载或漏载,可补汉职官之遗。

总之,武帝至东汉这一时期,因军事大量需要,中央官署中尚方、考工、书言府都参与主作弩机,为该时期主要的监作官署。

图二

3. 三国东晋时期

东汉末年,黄巾起义大乱天下,地方豪强拥立的三股势力,一分东汉为魏、蜀、吴三国。三国的制度不尽相同,因而在监作弩机官署设置也多有不同。

---

[1] 参见:《秦汉金文录》中《汉金文录》卷一鼎26,卷三灯243。
[2] 同[1].
[3] 薛尚功:《历代钟鼎彝器款识之法帖》。

魏晋——曹魏继承东汉中原正统,政治等各项制度都继承汉制。《通典》载:"汉末尚方为中、左、右尚方,魏晋因之。"即魏晋时兵器器械由尚方令监作。从考古资料和传世品铭该中知,魏晋左、中、右三尚方主作器物时有明确分工,不似两汉时三尚方都主造各种器物。魏晋左尚方专主作弩机兵器,如正始二年左尚方弩机,太和元年左尚方弩机。魏晋时,中、右尚方则主作宫需之器物,如魏中尚方熨斗、晋右尚方釜。

蜀汉——四川和汉中地方豪强拥立蜀汉政权,为示与中原曹魏有别,在职官上有一定更改。弩机的监作者先期较混乱,后主刘禅主政后,中作部就专事弩机等兵器监作,如景耀二年弩机、景耀四年弩机。

东吴——江南豪强拥立的孙吴政权,其出土弩机不多,目前所见有四件,多不载监作者,从现所见四件弩机刻铭看,东吴弩机刻使用者姓名、系私人所有,故推之兵器弩机为将领自己监作,具体讨论可以参见笔者有关论文。[①]

综上言之,两汉三国主管兵器械制作官署因时代政治变化而发生变化。

三、两汉三国弩机制造工序和监管组织

两汉三国弩机铭文资料较为清晰地反映出各时期弩机制造工序和监管组织变化情况,是此时期"物勒工名"制度的产物。

1. "物勒工名"制度的发展和变化

两汉三国弩机制作工序的变化表现在"物勒工名"上。"物勒工名"制度战国时即有,其主要目的是为了便于考稽、监管。武帝之前,"汉之初兴,承继大乱,兵不及战,法度草创"。反映到弩机刻铭上,就是铭刻制度不完善。河内工官弩机和南阳工官弩机刻铭都没有工师名、监作者等内容,刻铭中只表明器物系中央直辖下地方工官督造,侧面反映西汉前期弩机制作分工不细。

武帝后弩机刻辞呈复杂化趋势,反映兵器督作机构日益完善,以及"物勒工名"制进一步成熟。

从有关铭刻可知,一件弩机制作工序并不复杂,不似漆器制作,"一杯

---

① 后晓荣. 从出土弩机铭文看三国孙吴世袭领兵制度 [J]. 东南文化,2002(5).

才卷用百人之力，一屏风就万夫之功"①。弩机制作按部件分工，有郭工、牙工、臂工等。弩体的主体部件铜郭制作好坏直接影响弩机性能，故郭工责任很大。刻辞中首先提到"郭工某某（作）造"之辞，且多是姓名俱全，不似其监护和审察者多只刻名，反映弩机直接生产者地位低下。牙工、臂工协助郭工制作弩机，身份多工徒。秦简记"新工初事工""工师善教之"。②其主要协助郭工制作器械，同时学习技艺。三国时，魏弩机制作按部件分工生产，郭件有郭匠，牙件有牙匠，臂件有臂匠，如正始二年弩机。这反映工匠分工细致，同时流水性协作制做，有利于工匠技术熟练化，成为单纯的专门性手工劳作者。

2. 监管组织的变化

作为一种关系到国家利益的战略物资，其监管程序十分复杂。两汉三国不论是工官主营手工业，还是少府内官主营皇室御作手工业，都有一套严格的审察和监护制度，并逐渐向多级监审发展。表现在考工、尚方或书言府主作弩机，都详细刻有各级监管和审察官职，三者监管属官基本相同。具体监管属官基本上都是"令—丞—掾—史"四级监管，负责弩机监管的具体工作。令即考工令，或尚方令，或书言府令，其秩禄相当于县令。"丞"，《汉书·百官公卿表》说"丞，助也"，即辅传之义，是令之属官，起辅助监管作用。掾是下设从旁协助的低级官吏。史是令史，即令吏，《汉旧仪》说："更令吏曰令史。"掌文书纪录之事。令、丞、掾、史四级官吏在上级官的支持下，负责具体监管审护工作。

东汉时，考工属太仆属官，作为上级官太仆，象征性监察考工制作弩机，其监管属官组织与另二者不同，为五级监管，"护工掾—令—丞—掾—史"。"护工"一词多见于工官所监作的漆器，为"护工率史"，是郡守派驻工官作坊代表郡守的监察官吏，表明郡守参与工官监管，太仆监管代理人就是护工掾。③如永元八年考工弩机表明太仆监察，刻铭中"右工掾"是考工属官，表明考工有左、右室之分，与《封泥汇编》中汉封泥"右工室丞""左工室丞"互证。④

作为当时重要的战略物资，弩机除以上主要监造者之外，从弩机铭文看

---

① 《盐铁论》。
② 睡虎地秦墓竹简 [M]. 北京：文物出版社，1978.
③ 宋治民. 汉代铭刻所见职官小纪 [J]. 考古，1979（4）.
④ 《封泥汇编》第64页。

还有其他监作者。弩机有时因势所迫,由军队等其他属官直接制作,以应战争之需。

虎贲官——建武卅二年弩机由虎贲官监作。虎贲官主掌执兵送从,属郎中令,掌宫殿掖门户,直接参与帝王的护卫工作。《汉书·百官公卿表》云:"期门掌执兵送从……平帝元始元年更名虎贲郎,置中郎将,秩比二千石。"

强弩司马——建武十二年弩机由强弩司马造。汉代将军置幕府,属官有校尉,司马等。强弩司马为强弩将军之属官,与"强弩都尉"① "强弩司马"②印互证,可补后汉职官史载之漏缺。

巧工司马——蜀汉章武元年弩机为巧工司马制作,章武是先主刘备纪年,即先主时设此官。汉铜镜铭多有"尚方御镜大毋伤,巧工刻之成文章"。即汉时已有此官,主作工之事,属尚方令。此弩刻辞可补洪氏《三国职官表》之缺。

此外居延汉简记有部分弓弩由左弋令丞制作。③左弋令属少府,《汉书·百官公卿表》云:"少府,秦官……有六丞,属官有尚方,符节……考工室,左弋,居室……"

四、两汉三国弩机性能和应用

"弩生于弓""横弓着臂,施机设枢"④,乃成为弩。弩机作为一种重型远射兵器,依靠机械力量发控矢镞。两汉三国弩机多以石作为计算强度单位,引满一石之弩,相当提起一石重物。《春秋传》载:"颜高之弓六钧。"服虔注:"三十斤一钧。"汉弩强度除四石、六石、八石等多见,还有属于古代"强弓劲弩"。如长安城未央宫第三号遗址3:13547骨签刻:"大黄力廿廿石。"⑤为目前所知汉代力量最大的弩记录,其分量非臂力能升张。

两汉在对待匈奴战争中,广泛应用弩器,对付骠悍的匈奴骑兵。《汉书·李陵传》说:"发连弩射单于。"两汉时专门设置"强弩将军"一职,西汉李

---

① 《秦汉南北朝官印征考》。
② 《秦汉南北朝官印征考》。
③ 引自孙慰祖《秦汉金文汇集·序》,上海书店出版社。
④ 《武备志·军资编》卷103。
⑤ 汉城考古队.长安城未央宫第三号遗址发掘报告[J].考古,1999(11).

沮和东汉陈俊官号都是"强弩将军"，其所部可能均以用弩步兵为主。传世西汉"强弩将军"封泥[①]，"蹶张司马"印和建武卅二年弩机中"强弩司马"都反映这一兵种当时相当活跃，并经过专门训练。《汉书·地理志》南郡有"发弩官"，颜注"见教放弩也"，为训练弩手的教官。汉代封泥中"南郡发弩"[②]正是此官所遗物。

三国时，出现十石、十三石等重型远射弩机，杀伤力较汉一般弩更强大，如建兴八年弩机，景耀四年弩机。从资料分析这些强弩多出现于蜀汉，这些无不与诸葛亮有关。《三国志·诸葛亮传》注："《魏氏春秋》曰：（亮）损益连弩，谓之元戎，以铁为矢，矢长八寸，一弩十矢俱发。"经过诸葛亮改良，弩机性能得到进一步提高，强度进一步增大，在魏蜀战争中发挥重要作用，魏名将张郃就死于蜀汉连弩下。[③]

五、两汉三国弩机的其他刻辞

文献记载两汉三国弩机有不少自己的名称，如《汉书·李广传》注"古弩有黄间者，又有名紫间者"。这种情况在此时期的弩机铭文中也有所反映。

居延汉简有名"大黄"弩机[④]，如：入大黄具弩十四（四三三·二）、今毋余大黄弩□□（二三六·一三）

《集解》引韦昭注："大黄为色黄而体大"，当是一种强弩。本文列表中的右中郎将弩机名"黑间"；建武十二年弩机名"赤间"；太和元年弩机名"紫间"，以上皆多取其快捷迅猛之意。陆机《七导》云："操紫间之神机是也。"这种劲弩多为郎将官所用，非一般步卒之弩。《汉书·李广传》记，危急时刻，"广乃令士持满毋发，而广身自以大黄射其裨将，杀数人，胡虏益解"。

除大黄弩机外，汉代弩机还有一类诏书弩和偿边弩。汉弩机刻辞中有直接表明弩机制作原因，如元初二年弩机作"偿边发"，即此弩为边境将士制作并发往边境。有些弩机为皇帝亲自下诏书制作，所谓"诏书弩"。其多见于延熹、永寿年间，如永寿二年弩机，延熹四年、五年弩机。桓帝时内忧外患，

---

① 罗福颐：《秦汉南北朝官印征考》36-2、36-3，文物出版社。
② 同①.
③ 《三国志·魏书·张合传》。
④ 中国科学院考古研究所.居延汉简甲、乙编[M].北京：科学出版社.

边境民族矛盾激化，羌人多次反叛，"覆没营坞，冠患转盛，烧民庐舍"[①]。"诏书弩"就反映这一背景。

相对两汉弩机铭文较为规整外，三国弩机铭文则各自有些特色：魏国弩机除在郭上刻有监作吏、匠师名及制作年号等外，为突出工师责任，多在其他部位如悬刀、牙等处刻上工师姓氏，单独刻划，字体大而醒目。如正始弩机的悬刀等处多独刻"常""马""徐""戴"等姓氏。这种突出弩机直接制作人的作法是魏弩机一特点。

东吴弩机刻铭最大特点是刻有使用者的职务和姓名。如黄武七年弩机刻有"校尉董嵩士陈奴弩""都尉董嵩士谢举弩"，即校尉董嵩下属有谢举、陈奴两人是此弩直接使用者。类似情况有武昌东吴砖室墓出一件弩机[②]，其悬刀两侧刻有"将军郑贵私弩""郎吏缪私弩"，以及鄂州东吴墓出另一件吴弩[③]，其悬刀刻"将军孙邻弩一张"。《三国志·宗室传第六》有孙邻身世，为东吴豪族。这种刻铭当与东吴的"世袭领兵制"有关。吴弩归私人所有，估计其督造者很可能为各世袭豪族将军。吴弩同时并刻上级军官使用者姓名，一反映当时吴军弩机是由专人管理和使用，平时便于保养，战时便于使用。二标明隶属关系，起着与现代军队编有番号相类似的作用。

六、结语

通过上述对两汉三国弩机刻辞的归纳综合和多角度的分析，可获得几点认识。

1.两汉三国时，弩机的生产组织机构因时代不同而相应变化，西汉前期主要是地方工官制作，武帝后则主要是中央官署的尚方、考工、书言府三大机构主作。三国时，魏国主要由左尚方监作；蜀汉则由中作部负责；东吴督作者为各豪族将军。

2.两汉三国弩机刻辞反映出其物勒工名制的发展，并形成一套完整的铭刻制度，即汉中央督作手工业严格地分为三级督作：主作者—监造者—制造者，

---

① 《后汉书·桓帝纪》。
② 监蔚.武昌石嘴出土的铜弩机[J].武汉春秋，1982（1）.
③ 湖北鄂州发掘报告[J].考古学报，1998（1）.

其中监造者又可细分四级监管或五级监管。

3. 通过对两汉三国弩机刻辞的分析，可窥管两汉三国时官营手工业部分面貌，有助于我国古代手工业史深入研究。

（该文发表于《陕西历史博物馆馆刊》第 11 辑，2004 年）

从出土弩机铭文看三国孙吴世袭领兵制度

东汉末年，黄巾大乱天下，地方豪强拥立的三股势力，分东汉为魏、蜀、吴三国。魏、蜀、吴三国在许多制度上虽有不少相似和一致之处，但也有较多明显不同点。曹魏继承东汉中原正统，政治等各项制度大都沿袭汉制。《通典》载："汉末尚方为中左右尚方，魏晋因之。"四川和汉中地方豪强拥立的蜀汉政权，与东汉政权的血缘关系较密，基本上仿照汉朝，但为示与中原曹魏政权有别，职官上有所更改。[1]这种现象在出土的三国文物中也有所反映，特别作为保证当时三国争战的先进武器——弩机。其铭文明显地反映了三国兵器制作和监管制度不同。曹魏的正始弩机存世较多，铭文反映魏晋时尚方令主作兵器弓弩，系统分工基本同于两汉，为督—省—造三级监管审察制。蜀汉情况差不多，只不过最高监造者为中作部，而非汉魏尚方令。[2]孙吴弩机刻铭多为具体使用者姓名和职务，表明系私人所有，具体监造者不详。本文拟就考古出土孙吴弩机材料，结合三国时孙吴政权历史背景，探讨孙吴政权中具体制作弩机兵器的监造者和相关问题。

一、考古所见孙吴弩机资料

江南豪强拥立的孙吴政权，出土带铭弩机不多，目前所见统计为7件。其出土的地域为武汉、鄂州、江陵、南京、镇江等地，大致为孙吴时统治范围。具体情况如下。

1.武元年弩，湖北江陵纪南城出土。刻铭："□□□□枚黄武元年七月作币陈香臂师舍李，校尉董篙士陈奴弩，都尉董篙士谢举弩，陈香"[3]。

---

[1] 后晓荣.汉金文研究·两汉三国弩机刻辞综述[J].陕西历史博物馆馆刊，2004.

[2] 同[1].

[3] 张吟午.江陵纪南城出土黄武元年弩[J].文物，1991（1）.

2. 黄武六年弩，南京象山东晋王氏家族墓 10 号墓出土。刻铭："黄武六年…司马冯图…作弩铜…要作巢…付藏吏吴厚。"（共 31 字）[①]

3. 嘉禾六年弩，镇江市东晋墓出土。刻铭：'"嘉禾六年十月口陈太口口口口直一万司马王随平。"[②]

4. 将军孙邻弩，鄂州市东吴砖室墓出土。刻铭："将军孙邻弩一张。"[③]

5. 将军郑贵弩，武汉市洪山石嘴东吴砖室墓出土。刻铭："将军郑贵私弩，将军赵灌私弩，郎吏缪腰私弩。"[④]

6. 王勇弩，南阳市博物馆征集。铭刻："征北朱将军士王勇。"[⑤]

7. 相君吏彭雕弩，鄂州市东晋墓出土。刻铭："相君吏彭雌弩。"[⑥]

这批出土孙吴弩机都是实用器物。黄武元年弩的铜机郭全长 17.3 厘米、宽 4.1 厘米；王勇弩则全长 19 厘米、通高 21 厘米、厚 3.1 厘米；将军孙邻机郭体错金纹饰和错银刻度，长 17.6 厘米、宽 3.7 厘米。推之孙吴弩机一般长 17—19 厘米、宽 3—4 厘米左右。孙吴弩机最大特点是刻有具体的使用者姓名和职务。如黄武元年弩刻有 "校尉董篙士陈奴弩，都尉董篙士谢举弩"，即校尉董篙下属有谢举、陈奴两士兵，是此弩直接使用者。类似情况的郑贵弩，曾经分属郑贵、赵灌、缪缪三人。"征北朱将军"和"将军孙邻"在《三国志·吴书》中有传。"征北朱将军"即孙吴征北将军朱然。[⑦]《三国志·吴书》卷十一《朱然传》云："朱然字义封…黄武元年，刘备举兵攻宜都，然督五千人与陆逊并力拒备。然别攻破备前锋，断其后道，备遂破走。拜征北将军，封永安侯。"将军孙邻在《三国志·吴书》卷六《宗室传》载："（孙邻）年九岁代领豫章，进封都乡侯，在郡垂二十年…召还武昌，为绕帐督，…赤乌十二年卒。"

---

① 南京市博物馆.六朝家族墓地考古有重大收获[N].中国文物报，1999-1-17.
② 镇江博物馆.镇江东晋墓[J].文物资料丛刊·8，
③ 鄂州博物馆，湖北省文物考古研究所.湖北鄂州鄂钢饮料厂一号墓发掘报告[J].考古学报，1998（1）.
④ 蓝蔚.武昌石嘴出土的铜弩机[J].武汉春秋，1982（1）.
⑤ 王广礼，崔庆明.王勇弩机考[J].中原文物，1986（1）.
⑥ 湖北省博物馆.鄂城两座晋墓发掘[J].江汉考古，1984（3）.原作者认为 M2 为晋墓，笔者认为不排除吴墓可能。理由如下：①M2 这种前后弯窿顶的结构，一般说来是孙吴中后期流行的建造方法；②弩机与孙邻弩相似，有错银菱形格纹和错银对鸟纹，以及错银刻度；③铭文风格与孙吴弩风格相同；④出土地点为鄂州。故将其归为吴墓吴弩。
⑦ 同⑤.

现在鄂州城即东吴时武昌，曾是吴西部要地，处于"左控肥庐，右连襄汉"，"扞御上流，西藩建康"的战略要冲之地，经常"万骑云屯"驻以重兵。吴主孙权的宗室孙邻镇守此地，其器出土于此也在情理之中。

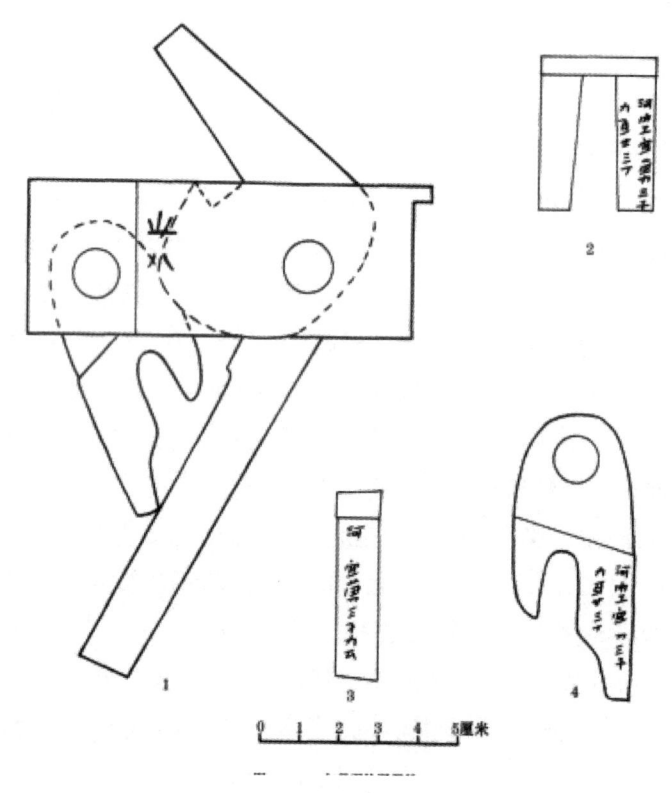

1.弩机全貌；2.郭后端铭文摹本；3.铜枢铭文摹本；4.弩牛铭文摹本
图一　1998年洛阳都城博物馆征集弩机

二、孙吴世袭领兵制

孙吴弩机刻铭特点应与世袭领兵制有关。以孙氏父子为首的集团，早年只是江南地区的一般豪强，并无特殊的政治地位和社会声望。所谓"部曲缘起，本因军事"。在孙氏父子起兵割据江东的过程中，一大批江南豪族地主带领他们原有的或临时召募来的由宗族、亲党、宾客、佃客甚至奴仆组成的家兵、部曲投依于孙氏父子麾下。为了依靠或利用他们的力量，以便在江东开拓地盘和站稳脚跟，孙氏父子按照豪族原有私兵的多少任以军职。如甘宁"将僮客八百人",初投刘表,后归孙氏父子,因得为将。[①] 吾聚以"募合人众,拜昭义中郎将"[②]。孙坚的季弟孙静,当"坚始举事时",他"纠合乡曲及宗室五六百人以为保障"而拜将"。[③] 这些江南豪族凭借宗族势力的强弱和拥有私兵、部曲的多寡,从而与孙吴分享权利,构成以孙氏豪强为主的中央集权制和其他东吴大族的地方分权制的政权联合体。[④]

这些依靠其宗族、部曲多少而分享权力的地方豪族,为保障自身的利益,在其死后,子弟自然都继承其父兄所统领旧兵(即家兵、私兵)的权利,形成孙吴政权中非常有特色的世袭领兵制。即东吴领兵将领死后,子弟继承其父兄者,不仅包括"为将"与"领兵"的特权,还包括其父兄所直接统领的"故兵"。[⑤] 换言之,包括将领的身份、地位、兵士的指挥权和私有兵士的世袭内容,甚至可以象亲兄弟瓜分私有财产一样"分领"其父兄统领的兵士[⑥]。典型的世袭领兵制如凌操、凌统、凌列、凌封三代的子继父兵、弟领兄兵制一例。《三国志·吴书》卷十之《凌统传》云:"父操…孙策初兴,每从征战,常冠军履锋。…中流矢死,统年十五,左右多称述者,权亦以操死国事,拜统别部司马,行破贼都尉,使摄父兵。…会病卒…二子烈、封,年各数岁。权内养于宫,爱戴与诸子同。…追录统功,封烈亭侯,还其故兵,后烈有罪免,封复袭爵领兵。"

孙吴政权的世袭领兵制在实行过程中形成将领和士兵之间的指挥和被指挥、统治和被统治的隶属关系的凝固,以及士兵对于将领人身依附关系的强化,从而导致了兵士身份的世袭化和私兵化。曹魏的汝南太守邓艾曾对司马师说:"孙权已没,大臣未附,吴名宗大族,皆有部曲,阻兵仗势,足以建命。"[⑦] 世袭领兵制的实行和士兵的家兵、私兵化,导致了将领必须解决所领军队的粮食和军费供给问题。孙吴政权为了解决这个问题,实行奉邑制,即将领所领家兵、私兵的供养和军费均由将领自己解决,国家并不统一供给。唐长儒先生认为孙吴将领"所领的兵可以世袭,又有奉邑,奉邑的长官由封君自行

---

① 《三国志·吴书》卷10《甘宁传》。
② 《三国志·吴书》卷12《吾聚传》。
③ 《三国志·吴书》卷6《孙静传》。
④ 高敏:《孙吴世袭领兵制度探讨》,《北朝研究》,1990年上半年刊。
⑤ 同④.
⑥ 同④.
⑦ 《三国志·魏书》卷28《邓艾传》。

署置，有时连太守之职也可世袭"[1]。《三国志·吴书》卷十之《周泰传》云："与蒋钦随孙策为左右，服事恭敬，数有战功……策深德之，补春谷长，后从攻皖，及讨江夏，还过豫章，复补宜春长，所在皆食其征赋。"周泰以将领身份，其"所在皆食其征赋"，明显系由春谷县及宜春县的征赋之人作其俸禄和军费开支。孙吴的领兵将领自己自筹养兵之费，解决军械军费的另一例是吕蒙。《三国志·吴书》卷九之《吕蒙传》云："权统事料诸小将兵不用薄者，欲并合之。蒙阴赊贷，为兵作绛衣行縢，及简日，陈列赫然……"孙权之所以要对"诸小将兵少而用薄者"进行合并，就是因为将领负担不了养兵的费用；吕蒙"阴赊贷"，改善军队装备，是为了保全其领兵权。如果不是由将领自己解决其所领兵士供养费用，而是由国家统一供给。怎么会有"用薄"之兵，吕蒙也不必自己去"阴赊贷"财物。另《三国志·吴书》卷十之《陈武传附子表传》云："（陈表）家财尽于养士，死之日，妻子露玄，太子登为起宅屋。"也反映了孙吴将领负担家兵的军粮、军费包括军械等开支的状况。

三、弩机铭文中世袭领兵制度

孙吴将领以世袭领兵制为起点，以奉邑制为基础，以奉邑的租赋收入作为俸禄和军需，逐渐发子展为集军、政、财权于一身的世将和世官的结合体。兵士对将领则私兵化和世袭化，人身依附性鉴强。这些情况反映在弩机刻铭上就表现为：吴弩机习惯于铭刻具体使用者职务和姓名。黄武元年弩同时刻上级军官和使用者的姓名和职务，明确标明隶属关系，起着与现代军队编有番号相类似作用。[2]其深层意义是：士陈奴、谢举是校尉董篙两位下属，实际上是"兵随将走"的将领董篙的私兵、家兵。从弩机刻铭分析，其铭文非一次刻成，陈奴、谢举两段明显为分刻。推之，董篙为都尉时，其将弩机赏给家兵谢举使用；随着董篙官职升迁为校尉时，（或家兵谢举战死，或其它原因）他又将弩机转赏给家兵陈奴使用。史籍载："校尉，官名，秦汉为统兵武官，略次于将军，高于都尉，……魏晋南北朝名号极繁，品秩高低不等。"[3]否则

---

[1] 唐长孺. 魏晋南北史论丛 [M]. 北京：商务印书馆，2010.
[2] 张吟午. 江陵纪南城出土黄武元年弩 [J]. 文物，1991（1）.
[3] 张政琅. 中国历代职官大辞典 [M]. 上海：上海辞书出版社，1998.

就不会有这样"私有化"属性明显的刻铭。因兵士对将领的人身依附性、固定性，以及孙吴将领对士兵的私有性，所以孙吴弩机中就有标明隶属关系的含意。另一件王勇弩也说明了这一点，即"士王勇"是征北将军朱然部下一家兵、私兵。孙吴弩机铭刻表明当时吴军的弩机归个人所有，系"私弩"，而非国家统一配供。吴弩"私弩"化现象具体责任到人，平时便于保养，战时便于使用。《二国志·吴书》卷十一之《朱然传》云："…然长不盈七尺，气候分明，内行修洁，其所文采，惟施军器，余皆质素。"表明将领朱然在军器方面非常注重，其它方面较简单。

另嘉禾六年弩铭刻"直一万"，也从另一方面反映了吴弩私有化情况。该弩值一万，具有商品性，允许流通买卖。类似刻铭在汉器中常见，汉邓次严铜钟铭[①]，"主师作上牢，宜子孙，邓次严铜钟一只，直钱六千五百册，主人相宜"。这种具有商品性质的弩机也证明孙吴军队的军器供给并非国家统一配供，是允许如商品自由买卖的。

吴弩制造的私有化、商品化，其监管就相应地提高弩机的质量性能。孙吴将领钟离牧曾对朱育说："大皇帝以中国多骑而当之，然不若吴神锋弩，射三里贯洞，三四马骑敢近之乎。"[②]这种说法虽有夸大"弩"的效能，但也反映了吴弩在当时是一种较为先进的武器。"吴神锋弩"的说法也许能解释嘉禾六年弩、黄武六年弩、彭雕弩等吴弩常出土于东晋墓的原因。

从这些吴弩明确铭刻孙吴将领—孙邻、征北朱（然）将军及其下属等特点，以及孙吴政权实行的一系列世袭领兵制、奉邑制的政治制度分析，孙吴弩机的实际主作者并非类似汉魏一样，由某一具体国家机构生产供应。以吴弩为代表的军械实际监造者应是孙吴的世袭豪族将军。

（该文发表于《东南文化》2002年第5期）

---

① 湖南省博物馆.介绍几件从废铜中检造出来的重要文物[J].文物，1960（3）.
② 《渊鉴类函》卷二百二十六引《会稽典录》。

汉金文研究简史

"文以载道"，中国历来有重视文字研究的传统。早在春秋战国时就有人对古代遗留的金石进行考证。先秦著作《墨子·尚贤》载："古者圣王……书于竹帛，镂于金石。"传统上，宋代之后兴起的金石学一般多关注商周青铜器铭文和汉魏碑石文。作为汉代遗物——汉金文相对其他金石而言，向来关注度不高，本文在收集资料的基础上，结合前人有关成果，从学术史角度梳理汉金文研究历史，以期引起人们对汉金文学术价值的重视。

一、三国至两宋时

有关汉金文的研究，从现有资料看，早在三国时期就开始为人研究。三国魏晋隋唐时，开始有人分门别类整理古器物，其中不少涉及汉代器物，如：晋虞荔著《鼎录》一卷，录自汉景帝至王羲之共七十二器。

晋陶宏景著《古今刀剑录》一卷，自夏启至梁武帝七十二器，其间应不乏汉器物。这些著作仅见载于史册[①]，其书失佚。具体内容不详。

此期除专门器物收录研究外，对两汉个别器物也有专门的研究，特别是新莽量器。新莽时颁布的一系列官定度量衡标准器，因制作精美、规范、统一而尤为人所嗜好，更多为后人考订度量衡制而奉为标准。其中新莽嘉量就经过数次研究，魏陈留王景元四年，刘徽注九章商功曰："王莽铜斛于今尺为深九寸五分五，经一尺三寸六分八……"

《汉书·律历志》注引郑氏曰："今尚方有王莽时铜斛，制尽与此同。"王国维考证，案臣瓒：晋灼皆西晋人，已引郑氏说，则其人当为魏晋间。唐李淳风《九章算术注》曰："晋武帝有汉时王莽所铜斛。"（以上见《中国考古小史》）

---

① 卫聚贤.中国考古学史[M].北京：商务印书馆，

当时人好新莽器在考古工作中也有证实。1957年，河南陕县一隋墓出土一新莽始建国铜撮[①]，就反映了这种现象。墓主刘伟系汉太尉刘宽十三世孙，隋朝人，始建国铜撮系生前喜爱之物，故死后随葬。总之，三国魏晋隋唐至五代的整个阶段，金文研究水平（包括汉金文研究）整体不高，为汉金文研究的开始阶段。

经过三国至隋唐五代将近700多年金文研究探索起步，宋朝时迎来中国金石学研究、著录的第一高峰，也是汉金文比较系统研究的真正开始。容媛《金石书录目》列两宋的王俅至薛尚功二十二人，加上佚名，存著书目录三十多种。

现择宋金石学中与汉金文研究有关著录要者，分述如下：

吕大临著《考古图》二十卷，是我国现存最早的古器物图录，其中收录汉17器。此书发凡起例，按器物用途分类，每器摹刻图像，有铭文者摹刻铭文，同时记录器物各部分尺寸、重量、容量，以及当时能够知道的出土地点、收藏者。此外对重要青铜器还作简要论述或考证，每器有一符合统一规格的定名。这些工作是青铜器研究中的创造性工作。

赵九诚著《续考古图》收有汉器6件，体例仿《考古图》。王黼甫编《博古图录》三十卷收汉器9件。每器有图像、并摹写铭文、文字说明尺寸、容重及铭文的考释。薛尚功著《历代钟鼎彝器款识法帖》二十卷收录汉器42件，摹写铭文和释文，属铭刻集录性质。王俅著《啸堂集古录》，收录汉器17件，上摹铭文，下列释文，铭文多有删节。宋代之所以出现金石研究的高峰，与汉唐时对于古代钟鼎彝器的迷信崇拜心理随古代器物不断出土流散而被逐渐打破有关。清代学者毕沅分析："自汉至唐，罕见古器，偶得古鼎（或至改元），称神瑞，书之史册，儒臣有能辨之者，世惊为奇……北宋之后，高原古冢搜获甚多，始不以为神奇祥瑞，而或以为玩赏加之，学者考古释文日益精核。"[②]

总之，萌芽于汉朝的金石学，至宋朝时已经十分繁荣。清学者潘祖荫说："钟鼎彝器学者萌芽于汉，昌于宋。"[③] 此期汉金文研究的识、器物断代运作的方法、纹饰定名和描述以及器物术语的确定等方面都有体现，并相当精确，为后世所沿用。金文研究的方法和目的正如吕大临《考古图》自序云："观其器，

---

① 1956年河南陕县刘家渠汉唐墓葬发掘简报[J]. 考古通讯，1957（4）.
② 朱为弼. 积古斋钟鼎彝器款识, 商周铜器说下篇[M]. 石印本，1906.
③ 参见：潘祖荫的《攀古楼彝器款识自序》.

诵其言，形容仿佛，以近三代之遗风，如见其人矣。以意逆志及探其制作之原，以补经传之阙之，正诸儒之谬误。天下后世君子有意于古者，亦将有考焉。"此理论基本上为后世金石研究指明了方向。

二、元、明、清、民国时

元明两代，金石研究水平不高，无法与宋朝相比。此两朝汉金文研究值得一提的是元代扬钅句《增广钟鼎篆韵》一书。该书以韵为纲，将同韵的古文字收录到一起，其中收录了一些汉代铜器铭文，是目前所能见到的收录有汉代铜器铭文文字的第一部字典性著作。

清朝盛行考据学，同时也是金石学极盛时期。清人精于鉴别，考证严谨认真，研究范围较广泛，特别是做了大量的综合汇集工作，收录数千件器物铭文的著录很多。此时汉金文研究在著录中常有反映，现择要者简介：

钱坫的《十六长乐堂古器款识考》四卷，收录秦汉16器，铭文均钩摹原文，同时分别考释。特别是对汉虎符的考证，考出其源流。

阮元的《积古斋钟鼎彝器款识》十卷，收录汉晋100多器，有详细考释。刘喜海《长安获古编》二卷，收录秦汉及唐36器。

吴云的《两罍轩彝器图释》十二卷，收录秦汉以后51器，每器皆记大小、重量及铭文，并有详细考释。

刘心源的《奇觚室古金文》，收录秦汉58器。

端方的《陶斋吉金录》八卷、续录二卷。每器皆绘图，并记大小尺寸。另有乾隆朝开始御纂《西清古鉴》《宁寿古鉴》《西清续鉴》甲、乙编四书，体例摹仿《宣和博古图》，收录清宫所藏汉器三百多件。

清金石学著录虽多，但体例基本继承宋代体系。除《西清四鉴》既摹绘图形又摹写文字，模仿《宣和博古图》外，以阮元《积古斋钟鼎彝器款识》为代表的另一类，仿薛尚功的《历代钟鼎彝器款识》，着重于铜器铭文的收录、摹写和考证。民国期间，汉金文整理收集和著录工作都取得丰硕成果，择要如下：

吴大澂的《愙斋集古录》二十六册，收录秦汉以后96器，考释或有或无。罗振玉的《贞松堂集古遗文》十六卷，收录秦汉以后器400多件，后有考释。

容庚的《秦汉金文录》七卷，收录汉器（部分魏晋器）拓本，摹本749篇，分鼎、钟钫壶、度量衡、灯乐器、杂器、洗、兵器等几部分。每卷卷首有目录，器物排列以器铭中年号为序，无年号以铭文字数多寡为次，列于有年号器之后。器物下注明字数，诸家著录情况，及所用之本等。卷末有释文。另附"汉金文录未收器目"一章（疑伪）。该书作为第一部专门著录汉铜器铭文的著作，不但具有开创之功，其收录之多，甄别之严谨可靠，著录体例完善，可谓是汉金文著录之范本。另容庚作《金文续编》，以汉金文为基础，是第一部专门收录汉金文字典性著作。

方濬益的《缀遗斋彝器款识考释》二十卷，共收青铜器1382器，其中汉以后器数量不详。考释矜慎，但收录部分伪器。

刘体智著《小校经阁金文拓本》十六卷，分乐器，酒器，食器等多类，其中汉器900多件。每器有释文，但多有伪器。

台湾故宫博物院、中央博物院编著的《故宫铜器图录》三册，其中上编收录汉以后70器（此书成书于1958年，收录的铜器基本上是历代宫廷藏品和传世品，承继了传统金石学的研究资料和方法）。每器有图像和铭文拓影、尺寸、重量和说明。书前有《概说》叙述青铜器的制作、种类、形制、铭文与文体、花纹、时代等。

值得注意的是，此时汉金文研究范围得到扩大，除中国学者关注汉金文外，日本学者也开始汉金文研究。

滨田耕作《泉屋清赏》六册，收录汉唐后40器，每器有图像及铭文拓本，记录尺寸重量；梅原末冶《欧米鬼储支那古铜精华》三册，收录早年流散在欧美中国青铜器，其中秦汉以后87器。每器有图像及线图、铭文和花纹拓本、尺寸、器物收藏处等；另1959—1962年，梅原末冶《日本鬼储支那古铜精华》六册，收录早年流散在日本的中国青铜器，其中汉唐时88器，体例仿《欧米鬼储支那古铜精华》。

总之，该期汉金文研究在前人基础上，资料的整理和收集、数量和著录等方面较之丰富。特别是清代汉金文研究和考据学相参照，金石文字价值通过考据学而显现出来，是对汉代史籍的贡献，如钱坫对汉铜虎符的考证释源。[①]民国时汉金文研究影响继续扩大，海外特别是日本也有专门对汉金文研究的书集。该时另一特点是汉金文数量大大增加，收录几百件的著作较多，特别

---

① 潘祖荫：《攀古楼彝器款识自序》。

是容庚先生《秦汉金文录》和《金文续编》两部著作标志着汉金文研究在当时的最高水平。

三、新中国七十年

新中国成立后，随着科学考古工作的全面展开，汉金文出土数量十分丰富，其科学考古所得价值更高。根据具体情况，基本上可将七十年分两段：五十年代至七十年代末、八十年代至今。五十年代至七十年代末这一阶段，汉金文研究处于资料积累阶段。除一些简单考证外，此期较引人注意是陈直先生《汉书新证》《史记新证》较广泛利用汉金文研史论史，得出许多新鲜的结论，如《汉书新证》"外戚恩泽侯表"下列不见于传世文献而见于铜器铭文的侯爵，即"汉代侯爵，不见于侯表甚多"[1]。《汉书新证》"百官公卿表"下以太初二年中尚方造骀荡宫铜壶等证明杜佑《通典》"汉末分中、左、右三尚方"之说不符合实际，即三尚方之分始于武帝时。[2]

进入八十年代后，汉金文研究日益深入，许多学者投入其中，获得丰硕成果。该阶段汉金文研究在以往零散局部研究基础上，走出汉金文传统的释读考证范围，开始转向综合性的研究。现就职官、地理、度量衡、辩伪等几个主要研究方面的情况作大体概述。

职官方面——汉金文中职官研究一直是研究的热点，此阶段取得较多的成果。如方诗铭《从出土文物看汉代"工官"的一些问题》[3]，用地下史料和文献史料相结合，论述制造兵器是关东六郡"工官"的主要任务，以及工官的沿革和职能等问题；李光军通过两广出土两汉器物铭考证两广地区的汉职官，指出"啬夫"不仅是一种乡官，还是秦汉时广泛用于各官署中的一种传吏之官等。[4] 这些资料都从不同角度对汉职官进行总结和补充。

地望和物主——汉金文地名丰富，计有二百多条。通过铭文考证地望和封邑是汉金文研究中另一热点。赵化成先生《成山考》[5]利用器物铭和历史史

---

[1] 陈直.汉书新证[M].天津：天津人民出版社，1979.
[2] 同①.
[3] 方诗铭：《从出土文物看汉代"工官"一些问题》，《上海博物馆馆刊》第三辑。
[4] 李辉.两广出土两汉器物铭文官自考[J].文博，1987（3）.
[5] 赵化成：《成山考》，《陈直纪念文集》。

料考证"成山"不是东郡不莱山,而是陈仓成山宫,解千年之惑。另外尚有《南宫钟再释》[①]等有关地望文章。

有关物主讨论,特别是"阳信家"问题是此期一个热点。茂陵无名冢一号陪葬坑所出一批"阳信家"铭铜器,物主归属基本分两种观点:一认为是武帝姊阳信长公主;一考证为阳信夷侯刘揭父子。

度量衡问题——此期学者们利用更多的、具体记年详细的汉金文资料,重新探索汉度量衡制,其中以丘光明先生成就最突出。《中国古代度量衡考》[②]是其研究古代度量衡成就的集中体现。该书收录一百十五件两汉魏晋铜器,利用其记容、记重的有关数据,结合实测结果,考定汉魏度量衡值,研究汉魏度量衡制的发展。

器物辨伪——器物辨伪是文物研究中一重要工作,汉金文研究同样存在"去伪存真"。汉铜器辨伪随着汉器认识水平的提高,为该期汉金文研究新开辟的领域。汉铜器辨伪首推罗福颐先生。《商周秦汉青铜器辨伪录》[③]从器物铭入手,真伪对照,总结汉器作伪手法,并用列表手法将《小校》中存疑汉器一一列表。赵化成先生《汉"建元""元光""元朔"诸器辨伪兼及武帝前期年号问题》[④]从汉建元、元光诸多传世品辨伪入手,推定汉武帝前期没有年号。

综合研究——此期从整体把握汉金文的研究工作同样取得显著成绩。孙慰祖先生《秦汉金文汇》中《秦汉金文概述》[⑤]从秦汉铜器制作概况,铭刻内容,书法特点,和辨伪等多角度,探讨汉金文特点。同时该书收录秦汉器546件,并释文,以及字典性的金文字汇。另周世荣《战国秦汉湖南铜器研究》[⑥]对湖南所出汉代铜器金文作了一次总结,开创汉金文地域研究的先例。

总之,该期是汉金文研究最深入的一时期,基本上可分两小时段,前时

[①] 后晓荣.南宫钟再释[J].考古与文物,2000(3).
[②] 丘光明.中国古代度量衡考[M].北京:科学出版社,1992.
[③] 罗福颐.商周秦汉青铜器辨伪录[M]//古文字研究(第11辑).北京:中华书局,1985.
[④] 赵化成.汉"建元""元光""元朔"诸器辨伪兼及武帝前期年号问题[J].文博,1996(4).
[⑤] 孙慰祖.秦汉金文概述[M]//秦汉金文汇编.上海:上海书店出版社,1997.
[⑥] 周世荣.战国秦汉湖南铜器研究[M]//古文字研究(第19辑).北京:中华书局,1985.

段以陈直先生为代表，利用汉金文研究《史记》《汉书》等取得丰硕成果。后时段则在长期的积累整理研究的基础上，逐渐达到汉金文研究的比较全面深入时期，汉金文研究学者利用这些新旧资料，在汉职官、地望、度量衡等领域取得很多成果，同时开辟了"辨伪打假"等新领域。这样使得汉金文研究价值进一步得到充分的利用，对汉金文研究的认识水平也有了进一步提高。

（该文发表于《陕西历史博物馆馆刊》2003年第10辑）

有关海昏侯墓葬出土的商周青铜器

在南昌海昏侯墓出土的众多文物中，两件商周青铜器——青铜提梁卣和青铜缶十分引人注目。这两件花纹繁缛的精美商周铜器，铸造工艺十分精美，出土于几百年之后的汉代墓葬，实属罕见。通常人们认为刘贺爱古董、喜收藏之例证，此几件青铜器非常有可能是皇室刘家的传世之宝。此外有关这件青铜凤鸟纹提梁卣的时代一般都认为是西周早期之物。事实是否如此，或许可以重新考虑？

先说说那件青铜凤鸟纹提梁卣，从造型上看，该青铜卣器身上的扉棱非常突出，这种铸造手法只盛行于商末周初，西周中期以后的青铜器上很少见到。这种铜器陶范目前只在河南安阳市殷墟孝民屯遗址中发现过。从纹饰装饰手法上看，该卣腹部是较为典型的长尾大凤鸟纹（见图一）。一般认为长尾大凤鸟纹装饰手法是西周早期铜器的典型特征，陕西宝鸡石鼓山西周墓地就出土一件凤鸟纹簋[1]，此簋器身和器盖上纹饰与海昏侯墓中出土青铜凤鸟纹提梁卣一样，都是长尾凤鸟纹。从这些角度看，该件青铜提梁卣时代定为西周早期之物不无道理。但是结合铭文释读，此结论或可商榷。这件青铜凤鸟纹提梁卣出土时，其器与座已经分离，底座有清晰铭文。据陈致先生释读为"子允父乙"，并指出这种"子某父乙"格式铭文是殷商人常见的子姓贵族名称。[2]这种格式的青铜器铭文在《殷周金文集成》[3]多见，如子刀父乙（《集成》8861）、子眉父乙（《集成》3420）、子鼎父乙（《集成》1828）、子皿父乙（《集成》1827）、子执着父乙（《集成》6373）、子步父乙（《集成》5726）。以上《集成》铭文的青铜器时代都是商代，且集中在晚商时期。因此从铭文的角度看，以及前文我们提到安阳市殷墟孝民屯遗址出土带扉棱铜器陶范等因素，这件

---

① 刘明科，等.陕西省宝鸡市石鼓山西周墓[J].考古与文物，2013（1）.
② 陈致.海昏侯墓所见子允父乙卣试释[C]//"南昌海昏侯墓发掘暨秦汉区域文化"国际学术研讨会论文集.
③ 中国社会科学院考古研究所编.殷周金文集成[M].北京：中华书局，2007.

青铜凤鸟纹提梁卣的时代定为晚商,或许更为准确。商人与周人的祖先起源都与鸟的图腾崇拜有关,反映在青铜器上,凤鸟纹多饰于鼎、簋、尊、卣、爵、觯、觥、彝、壶等器物的颈、腹、足等部位。一般认为,商代鸟纹多短尾,西周鸟纹多长尾高冠,大多作对称排列。考虑到宝鸡石鼓山西周墓出土青铜器中较多商文化因素,以及这件海昏侯墓出土的晚商凤鸟纹提梁卣,我们或许可以认为长尾高冠凤鸟纹并非是西周"专利",其时代可以追溯至晚商。

图一

再说说那件所谓的青铜缶(见图二),"东周,出土于北藏椁东部酒具库"①。该器体高略大于体宽,平口折沿,束颈,圆肩,鼓腹平底,肩上有二鼻作兽首状。腹部纹饰分三层,下部两圈蟠螭纹,中部一圈蟠螭纹,其间均匀分布八枚以窃曲纹为间隔的圆涡纹,上部为两圈蟠螭纹。盖通体为蟠螭纹,上有四个兽面状钮,盖沿有三个兽面衔卡,子母口。②有关该件青铜缶器物所反映的文化因素需要解读。

一般认为古代缶亦作瓿,按《说文解字》解释:"缶,瓦器,所以盛酒浆,秦人鼓之以节歌。"缶是古代汉族的陶制乐器,在中国古代典籍中,多

---

① 江西省文物考古研究所,首都博物馆编.五色炫曜——南昌汉代海昏侯国考古成果[M]. 南昌:江西人民出版社,2016:64,65.需要说明的是非"酒具库",而是"酒器库",此称呼或更为合适。
② 该器物具体材料还没有完全公布,不知有否铭文。

次提到击缶。最著名的事件莫过于"渑池之会"中的秦王为赵王击缶。[1]历年的考古发掘发现，到目前为止只有少数较大墓葬中才出土青铜缶，且多出自楚文化系统墓葬中，主要分圆尊缶和方尊缶两类。有关青铜缶的相关论述，刘彬徽就认为"圆尊缶在楚文化中心区出土最多，从春秋中晚期到战国晚期，有连续不断的发展系列，称为这一时期楚墓器类基本组合的器种之一，无疑是典型的楚式器"；"楚系铜尊缶使用规格较高，目前只出土于大夫以上等级的高级贵族墓内"，他进一步论述"缶是属于南方楚文化系统之器类，可称之为`楚式'器物"。[2]因此该件海昏侯墓出土的青铜缶也应该原属于楚器，来自楚文化系统。需要说明的是，楚地出现的青铜缶与商周时期流行的青铜罍有着千丝万缕的关系。春秋中期以后一直至战国时期，南方楚地出现并流行的圆尊缶和方尊缶，其形制和传统上的青铜罍非常相似，特别是一些自名为"浴缶"或"盥缶"的器物，甚至湖北谷城县砖瓦厂出土的楚国青铜洍儿缶，就竟然自名为"罍"[3]。此现象的出现，或许是楚文化兴起以后，长江流域的楚人在学习和模仿中原文化的同时，创造出青铜缶这类新物种，但是在命名的时候，有时候又自觉地继续沿用了中原的称谓——罍。

图二

除以上两件青铜器有十分明显的商周青铜器特征之外，海昏侯墓葬中还

---

[1] 司马迁. 史记[M]. 北京：中华书局，1959.
[2] 刘彬徽. 论东周青铜缶[J]. 考古，1994（10）.
[3] 陈万千. 洍儿罍及鄀国地望问题[J]. 考古与文物，1988（3）.

出土了一件春秋时期的青铜錞于，笔者已经考证该器物是春秋时期山东东夷系列錞于[1]，在此不再多叙。最后说说海昏侯墓出土这几件商周青铜器的来源，它们应同已见诸报道的有"昌邑"内容的漆器、金币一样，或来自汉武帝班赐昌邑王，或为昌邑王收藏——即文献所载的刘贺被废皇帝后"故王家财物皆与贺"——这里的"故王家"即包括刘贺也包括其父刘髆，当然也有一种可能是海昏侯被贬江南，至此地后逐渐收藏之物。具体究竟何种来源，今已不得而知。

---

[1] 后晓荣，胡婷婷.南昌海昏侯墓出土青铜錞于属性等相关问题讨论[J].南方文物，2019（6）.

汉代金币的三个问题
——从海昏侯墓出土的金币谈起

在江西南昌海昏侯墓的众多出土文物中，金器的出土尤为引人注目，从金光灿灿的所谓马蹄金、麟趾金和金饼到几乎百分百纯金的金板；从实打实的金器再到数量众多的鎏金器，如两件精美的错金当卢等，无不是耀眼的"明星"文物。中国社会科学院考古研究所副所长白云翔表示，这是迄今我国汉墓考古发现金器数量最多、种类最全的一次。这批金币出土时，考古人员和相关新闻报道者都习惯称这批金币为马蹄金、金饼等，其实非常不准确，也欠妥，不符合文物定名的原则。这批金币实际上应该分别称之为饼金、麟趾金、褭蹄金。本文就主要涉及汉代货币性质的金币命名问题、文字问题和使用问题，其他内容在此不讨论。

一、汉代金币的命名问题

根据《南昌市西汉海昏侯墓》一文最后披露有关金器资料为"478件，约115公斤，有金饼、马蹄金、麟趾金、金版等"[①]，具体更为详细的资料并没有进一步说明。南昌海昏侯墓出土的汉代金币数量之多，种类之全，实属罕见，但所谓"金饼、马蹄金、麟趾金"等名称叫法实有不妥。事实上，汉代金币在历史上有多次发现，新中国考古工作中也多次发现，但相关汉代金币名称叫法多样，相当混乱，尚有待明确，以待视称。

有关汉代这些金币的名称早在唐代人们就无法将其区分。《汉书·武帝纪》注文中颜师古就讲到："今人（唐时）往往于地中得马蹄金，金甚精好，而形制巧妙。"此外，在北宋沈括的《梦溪笔谈》中也有关于汉代金币出土记述的文字。《梦溪笔谈》所述："襄、随之间，故舂陵、白水地，发土多

---

① 江西省文物保护研究所，等. 南昌西汉海昏侯墓 [J]. 考古，2016.

得金麟趾……四边无模范迹，似于本物上滴成，如今乾（干）柿，土人谓之柿子金。"该书所述"金麟趾"并非后世所谓的麟趾金，而与所谓"柿子金"相混。文中所言的"柿子金"是描述其外形，实际就是我们今天习惯称之"金饼"。可见到唐代颜师古和宋代沈括等人已将金饼与马蹄金、麟趾金作为同一物对待了，这种误解一直延续至清代。元人所编《居家必用事类全集》中就认为马蹄金是人工铸造的金块；明代方以智《通雅》卷48金石条则也认为"山金为马蹄金"；清代屈大均的《广东新语》亦有马蹄金是生金的记载。即使今日专家所写《中国货币史》注"马蹄作圆饼，四边无模范迹，以平物上滴成，如今干柿，土人谓之柿子金"，其中也将马蹄金与金饼二者混为一谈。考古学家安志敏当年也认为"金饼一般系指汉代的麟趾金和马蹄金而言"。[①]

秦汉时期出土金币的类型主要是金饼，包括海昏侯墓出土的，不完全统计大致七八百枚，圆形，正面凹陷，背面隆起，多数打有戳记、戳印，部分还兼有刻铭和刻划的文字、符号等。出土数量最多的除了窖藏就是大型诸侯王墓，西安市北郊谭家乡金饼坑出土金饼219枚，江苏盱眙南窑庄窖藏1件铜壶内装有25枚金饼，共重7463.4克。满城汉墓两墓共出金饼69枚，定县40号汉墓出土金饼也有60枚之多，另外山东长清双乳山一号汉墓和湖南望城风篷岭M1各出土金饼19枚。考古工作者对西安北郊谭家乡发现的219枚金饼经过系统个体称计算，这批金饼形状基本一致，一面稍隆起，而另一面稍内凹，外观均呈圆饼形，直径在5.67~6.60厘米之间，平均直径6.30厘米，个体称量多在247克左右，其中处于245~249克之间的金饼140枚，等于和超过250克的有31枚，最重的为254.4克，而低于240克的仅一枚，为227.6克，全部金饼总重为54116.1克，平均重量约247.11克。事实上，早在上世纪七十年代中期，萧清先生经过研究认为，西汉时一斤约合今天的250克。而包括海昏侯墓在内各地出土的汉代完整的金饼，亦多以250克左右最为常见；此外汉代度量衡研究表明，汉尺一寸约合今23.5厘米，以一寸的体积乘以黄金的比重：19.3，即23.53×19.3=249.5655克，大量的汉代金饼实物与此结果比较相符合。即一枚完整的汉代大金饼约为汉代一斤黄金。当然汉代除大金饼外，满城汉墓还出土了数十枚小金饼，直径1.7~2厘米，重14.2~21.5克，即是汉代一两的小金饼（见图一）。

---

① 安志敏. 金版与金饼——楚汉金币及其有关问题[J]. 考古学报，1973（3）.

图一　海昏侯墓出土饼金

今天我们习惯从器物形制角度称这些外形圆形，正面凹陷，背面隆起的金币为金饼，俗称为"柿子金"，其实汉代人多言之为"饼金"。如《后汉书·乐羊子妻传》载："羊子尝行路，得金一饼。"《三国志·陈矫传》载："以五金饼授之。"延至六朝，仍以饼金连称，如《宋书·符瑞志》曰："法义以十三年七月于篙高庙石坛下，得玉璧三十二枚，黄金一饼。"《南史·褚彦回传》曰："有人求官，密袖中将一饼金。"《神仙传》张道陵条："具行道，忽见遗金三十饼。"文献记载汉代和三国时期，金皆以饼相称。按照文物定名原则中，其中一条重要原则就是约定俗成定名原则，即某器物已在史籍著录中定过名，一般不再另取新名，以免与旧称相混淆。根据此原则，所谓汉代金饼早在魏晋时期就称之为"饼金"，并为相关史籍著录，故该类金币称之为饼金或许更为恰当、准确。对此黄盛璋先生早在上世纪八十年代就主张称之为"饼金"。① 现代人们习惯将汉代饼形金币称之为金饼，而没有遵从文物定名原则称为饼金，或许还是顺口好听等原因。

西汉时期金币除了饼金之外，在不少地点考古发现了所谓马蹄金和麟趾金。有关其得名原因，人们多习惯引用汉武帝太始二年诏书。《汉书·武帝纪》太始二年（前95年），"三月，诏曰：'有司议曰，往者朕郊见上帝，西登陇首，获白麟以馈宗庙，渥洼水出天马，泰山见黄金，宜改故名。今更黄金为麟趾、褭蹄以协瑞焉。'因以班赐诸侯王。"东汉应劭在为《汉书》作注时指出，"获白麟，有马瑞，故改铸黄金如麟趾、褭蹄以协嘉祉也。古有骏马名要褭，赤喙黑身，一日行万五千里也。"同样按照文物定名原则，如一有自名的器物，

---

① 黄盛璋.关于马蹄金、麟趾金的定名、时代与源流[J].中国钱币，1985（1）.

一般依自名定名；二约定俗成定名，即某器物已在史籍著录中定过名，一般不再另取新名，以免与旧称相混淆。根据此原则，所谓汉代麟趾金和马蹄金应该称之为麟趾金、褭蹏金则应更为恰当、准确。一般认为褭蹏二字的"褭"字是指一种奔跑如鸟飞的一样快的宝马，读 niao；蹏是蹄的异体字，也念 ti。麟趾，是指白麟（和麒麟一样是古人想象中的动物）蹄趾。二者之间的区别在于麟趾金是椭圆形的内中空，显得细长，其上部后端有一小趾；褭蹏金成圆形，内中空，显得短粗，后跟略内收。或许因"褭蹏"二字难识难写，后世就俗称马蹄金，当然也有颜师古的功劳。早在唐代颜师古就给《汉书·武帝纪》中相关记载作注曰："武帝欲表祥瑞，故普改铸为麟足、马蹄之形以易旧法耳"，其中就提到了"马蹄"。估计后世以讹传讹，"褭蹏"金就逐渐演变为马蹄金。大量考古资料表明，汉代麟趾金、褭蹏金（马蹄金）只是圆底与椭圆底的区别，前者主要是椭圆底，后者主要是圆底，二者在形体大小、重量、含金率、使用手段等方面都没有不同之处。二者形制基本相同，首端都有掐丝贴花工艺，个别还镶嵌有琉璃，如定县东汉刘修墓出土的麟趾金和褭蹏金首部都镶了一面琉璃，海昏侯墓出土的一些褭蹏金（马蹄金）也镶嵌有琉璃（见图二、三）。

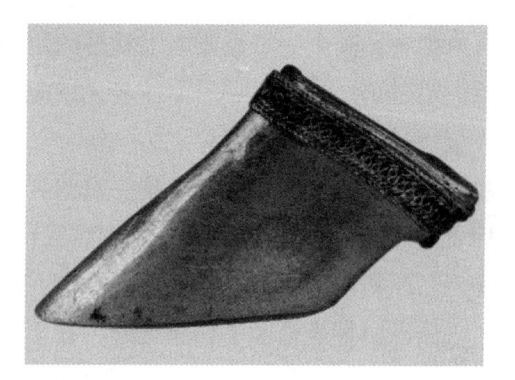

图二　褭蹏金　　　　　　　图三　麟趾金

现代考古和相关研究已经较为清晰地了解了秦汉金币的基本情况，因此相关讨论也可以开展，即汉代金币主要品种包括饼金、褭蹏金（马蹄金）、麟趾金三种类型，其中最为常见的金币为饼金。除以上三种最为主要的汉代金币之外，在汉代金币的实物中，还有一种金五铢金币。1980 年陕西咸阳出土的金五铢，现珍藏于陕西历史博物馆，其形制为方孔圆钱。钱的正面左右横书篆文"五铢"；"五"字交笔缓曲，上下两横较长；"铢"字的金字头呈三角形，朱旁上下两笔圆折。另外洛阳巩义市也出土了一枚金五铢，其形制、铸文笔法和咸阳出土的都极其相似、仅在重量和尺寸大小上略有差别。[1] 汉代金五铢出土的虽然不多，但金五铢的出现，是古代金银货币形制演变中的一个重大飞跃，在古代金银货币发展史上却具有划时代的意义。汉代金五铢的出现，表明它已经从低级的称量货币发展成为黄金铸币，是金银货币形态由低级向高级发展的必然规律（见图四）。

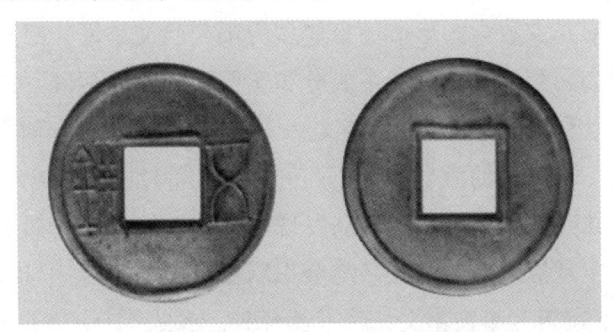

图四　洛阳发现的西汉金五铢

二、汉代金币的文字问题

汉代金币无论是饼金、裹蹏金（马蹄金）、麟趾金，还是金五铢，金币上都有一些文字，内容涉及器物主人、记重、刻数等。如1995—1996年，在山东长清县双乳山发掘的一号西汉初年济北侯国最后一位诸侯王墓中发现了20枚金饼，其中19枚大金饼置放在墓主人头下玉枕南侧，呈东西向一字排列，而1枚小金饼则置于墓主人腹部。19枚金饼总重4262.5克，最重的228.7克，最轻的重178克，直径36.6厘米，小的重6.25克，平均重量为220.482克，金饼最大平均直径6.4厘米。最小的金饼直径2厘米，重66.5克，大部分金饼凹面有刻划文字或符号，有的并戳划有印文，多为"王"字，少数有"齐""齐王"等字。[2] 上世纪七十年代初西安鱼化寨汉上林苑出土金饼上刻铭有"斤六铢""十五两廿二铢"；[3] 1978年陕西咸阳毛王沟五队发现的金饼上刻铭为"斤

---

[1] 李运兴．洛阳新发现的西汉金五铢初探[J]．中国钱币，1991（4）．
[2] 山东大学考古系，等．山东长清县双乳山一号汉墓发掘简报[J]．考古，1997（3）．
[3] 李正生，等．西安汉上林苑发现的马蹄金和麟趾金[J]．文物，1977（11）．

一两廿三铢""十五两十铢"[1]，这些饼金自身都有重量刻铭。

汉代金币上的文字除内容复杂外，其书写方式也是多样的，主要有铸文、戳印、刻划和墨书四种形式。1999年西安北郊谭家乡汉代窖藏出土的219枚饼金，其中大部分有戳记和戳印文字，就属于戳印系列。"从全部金饼实物看，打戳记现象较为普遍，总计占到182枚。戳记有近似'V''U''T''S'形等四种"；"钤戳印现象比戳记更为普遍，总计占到208枚。戳印绝大多数为方（矩）形，少数为圆形……字体多为阳刻凸文小篆，部分介于篆隶之间，仅三方印为阴刻凹文。戳印主要分布于凹面内、外两区"，戳印主要有"租""黄""千""且""全"等文字[2]，具体意义不详；前文提到的山东长清济北诸侯王墓出土的戳划有"王""齐王"等铭文的饼金铭文，以及西安鱼化寨汉上林苑和咸阳毛王沟五队发现的金饼上的铭文则都主要属于刻划铭文。所谓铸文是指金币上的文字与金币制作时同步进行，与戳印、刻划、墨书铭文相比，前者为事前铭文，后三者为事后铭文，其中金五铢中"五铢"二字就是典型的铸文。到目前为止，汉代金币上铸文形式的铭文只见于裹蹏金（马蹄金）、麟趾金和金五铢三种金币之上，几乎所有的饼金都不见此类铭文。汉代金币的墨书铭文不多见，目前只见于江西南昌海昏侯墓出土的饼金上，其中一枚饼金上墨书"……海昏侯臣贺……酎黄金……"的字样（见图五）。

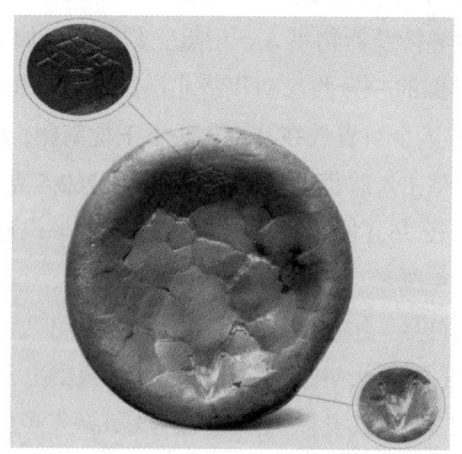

图五　西汉"齐""V"字（背）铭文金饼

---

[1] 王王忠，等.咸阳发现的麟趾金和马蹄金[J].考古，1980（4）.
[2] 陕西文物局文物鉴定组.谭家乡汉代金饼整理报告[J].文博，2000（3）.

最后顺便说一下海昏侯墓出土的麟趾金和裹蹏金中的铭文，其中部分金币铸有"上""中""下"字铭文的相关问题。有关此铭文的解释有多种不同说法，如或与"白金三品"有关，或与上林苑有关，或如黄今言先生认为马蹄金的"上""中""下"字铸文，应该是黄金成色或纯度、质量的标记。汉代各地所产的黄金成色不一样，既有"山金"，也有"沙金"，其含金量各有不同。加之当时铸造"伪金"盛行，故汉府设有专门机构人员，审定黄金成色，区分等级。马蹄金的"上""中""下"字铸文是黄金价值尺度的一个标志。此外戴志强先生认为古钱的铭文，除记地、记年、记重、记值之外，还有一种是记方位、记炉座的。如战国燕刀币的背面分别有铸"左""中""右""内""外"炉的，含义是指不同炉座的方位，方位之下再记数，即指炉次。因此认为刘贺墓出土马蹄金和麟趾金的铭文，"上""中""下"分别铸于不同的金币上，且字体大小不完全统一，说明它们不是出于同一匠人之手，而是出于不同的作坊，所以"上""中""下"应是不同作坊的代号，是记作坊所在地（见图六）。

图六

笔者认为以上这些解释除戴志强先生解释有点道理外，其他都缺少说服力而不确，当然戴志强先生的不同作坊代号说，也并非无懈可击，也有解释不通之处。至于有人认为"'上'字可能与汉代称金币为上币有关"；"刻有'中'、'下'字的金币，应该与其本身厚薄度、重量度以及黄金纯度有关"，进而认为"海昏侯墓葬中出土的刻有'上'字样的金币应为国家所赐，代表着象征着'皇权，刻有'中'字样的金币应象征'藩国王权'，刻有'下'

字样的金币象征着墓主人的身份地位再低一级别"[1]，此说法则是无稽之谈。

图七

事实上，根据目前已经公布海昏侯墓出土文物的资料，一套同等重量的大裹蹄金（马蹄金）上分别有"上"、"中"、"下"字铭文，同时还有一套同等重量的小裹蹄金（马蹄金）上也有"上"、"中"、"下"字铭文，以及一套麟趾金上也有"上"、"中"、"下"字铭文（见图七）。此外从西安北郊谭家乡汉代窖藏出土的饼金铭文看，其中也有不少戳印的"上""中""下土"铭文，以及刻划的"上""上三""上四""下一""下""下十"等铭文[2]，其具体意义不详。从目前所见，在同等重量的大、小裹蹄金等上分别发现"上、中、下"等文字的意义和区别，或许与重量、含金量均无关。反过来，我们很难想象同样一个大小的裹蹄金、或麟趾金的生产一定是分别在"上"、"中"、"下"三个手工作坊生产。目前我们对出土此类金币的情况了解尚有限，至于其真实含义还不便做过多的推研。

三、汉代金币的使用问题

秦代实行"黄金为上币，铜钱为下币"的货币制度，汉承秦制，也是"黄金为上币，铜钱为下币"。因此黄金在汉代货币制度中有着十分重要的地位和影响。考古事实表明，汉代最为常见的金币——饼金就是对战国、秦代金饼的继承和延续，如1982年江苏盱眙县南窑庄出土"窖藏金币铜壶内装金饼25块"；1974年河南扶沟古城村出土窖藏铜壶内装金币392块，其中金版195块，金饼197块等。此外湖北江陵与长沙楚墓也多出土冥币圆铅饼，而湖

---

[1] 陈静静.对西汉南昌海昏侯墓出土黄金货币相关问题的探究[J].中小企业管理与科技，2016（3）.
[2] 陕西文物局文物鉴定组.谭家乡汉代金饼整理报告[J].文博，2000（3）.

南长沙楚墓也出土冥币泥饼金，其形制"纯属地上饼金之模仿"。①这些现象都表明饼金的出现时间较早，并不是汉代所特有之物，其出现时间可以早到战国时期。

　　大量文献和考古材料都表明，汉代较大范围地使用作为上币的饼金。西汉司马迁在《史记·平准书》中关于当时物价的记载曾言："物踊腾粜，米至石万钱，马一匹则百金。"其中太史公把"金"与"钱"并列，且把金置于钱之上，客观地反映了当时"以黄金为上币，铜钱为下币"的货币流通体制下黄金与铜钱的关系。即当时货币流通领域大数用金，小数用钱。即大凡百姓日常生活均使用铜钱，而大宗交易，如购置田宅、大牲畜和贵重物品时，则多使用黄金支付。《汉书·东方朔传》有"丰镐之间，号为土膏，其价亩一金"的记载。②西安北郊谭家乡汉代窖藏出土的金饼表面有朱砂痕迹、有砂眼、切削、锤打、磕碰、添加碎片等痕迹。这批金饼上绝大多数有戳记、铃印及刻数、符号等，也发现有"齐"字刻文，这些现象都是这些饼金流通使用的最好例证。此外1971年在湖北宜昌前坪西汉墓出土1枚1/4块的饼金③，也是此类金币切割使用最好例证（见图八）。

图八　西汉·金饼实用品

　　1949年以后的中国大陆汉代考古发现层出不穷，在汉代各类遗址、墓葬

---

① 黄盛璋.关于马蹄金、麟趾金的定名、时代与源流[J].中国钱币，1985（1）.
② 土地田宅买卖用金交易可以追溯至战国，如《史记·赵括传》有"王所赐金帛，归藏于家，而日视便利田宅可买者买之"的记载；《史记·吕不韦传》有"复以五百金买奇物玩好"的记述。这些记载表明当时的大宗交易多用黄金支付。
③ 湖北省博物馆：《宜昌前坪战国两汉墓》，《考古学报》1976年2期。

等遗迹都发现不少汉代金币遗物。据不完全统计，大致有湖南长沙西汉墓和东汉墓、广西合浦望牛岭西汉墓、江苏铜山龟山西汉崖洞墓、河北易县西干坻遗址、河北满城汉墓、山西太原郊区的东太堡西汉墓、陕西临潼武家屯管庄村东南秦栎阳城遗址、安徽寿县、河南郑州市古荣乡古城村西的汉荥阳故城遗址、河北定县八角廊村的40号西汉晚期墓、广西贵县罗泊湾二号汉墓、江苏吁胎县穆店乡南窑庄汉代窖藏、陕西省咸阳市窑店乡毛王沟村、湖北宜昌前坪西汉墓、辽宁新金县花儿山乡张店汉城东南的西汉遗址，以及包括西安北郊谭家乡汉代窖藏在内西安多处都有或多或少的汉代金币出土。除在河北定县八角廊村的40号西汉晚期墓（五凤三年入葬的中山怀王刘修墓）出土45枚金饼，其中40枚为小金饼，其余的原报告者可以依形态分为两种，即五枚掐丝贴花镶琉璃面的裹蹄金（原文作马蹄金）和麟趾金外[1]，其他各地发现的汉代金币都为饼金。有关汉代金币发现的地点，尹夏清女士就有较好的总结，引申如下："东部地区发现的地点较多，西部集中发现于陕西关中的首都长安及其周围地区。长江以北地区多于长江以南，长江以北分布是较为密集的地区，主要集中在汉代的关东地区、河北区、徐州一带，辽宁、北京也有发现。长江以南则分布在湖南、湖北、广西和广东地区。西汉首都长安城及其周围发现的各类金饼数量最多，几乎占了现知发现金饼总数的一半以上。除汉代首都长安及周围地区之外，绝大部分金饼出土地基本是在汉代的诸侯国范围之内，有的还直接出于他们的陵寝之内。"[2]即使出土的大量金币的江西南昌海昏侯墓也没有超出其总结的地域范围。这样广大地域内都发现汉代饼金的存在，反过来也说明作为上币的饼金使用的广泛。除正式流通行用的货币功能外，从南昌海昏侯墓出土的饼金情况看，汉代饼金还扮演着酎金的角色。汉文帝始实行的"酎金"制度，规定各诸侯、列侯需按所辖人口数向少府缴纳黄金作为"助祭费"，不按质按量缴纳者将会受到王削县、侯免国的处罚。在南昌海昏侯墓出土的饼金中就发现了墨书"……海昏侯臣贺……酎黄金……"的字样，可见它们曾作为酎金，在祭祀太庙时，作为供奉的金子助祭过。

---

[1] 河北省文物研究所：《河北省定县40号汉墓发掘报告》，《文物》1981年8期。
[2] 尹夏清. 汉代黄金货币初步研究[D]. 西安：西北大学，2007.

图九

至于汉代裹蹏金和麟趾金的性质，或许正如戴志强先生所言是"纪念币（章）的性质"，不具有流通行用的货币功能。文献记载汉武帝太始二年（公元95）下诏将黄金铸麟趾金、裹蹏金，本意是要"表祥瑞"，并"因以班赐诸侯王"。即此两类金币主要赏赐给诸侯等高级贵族，并非一般民众所能拥有，自然也就不能流通行用。从考古发现的地点看，裹蹏金除在西安汉上林苑[①]和咸阳有发现外，第二例就是在河北定县中山怀王刘修墓发现裹蹏金两枚和麟趾金一枚，第三例就是江西南昌海昏侯墓的出土。从这两类金币出土数量少、出土地点少的实际情况看，汉代麟趾金、裹蹏金也不可能具有流通行用的货币功能。河北定县中山怀王刘修墓出土的裹蹏金、麟趾金和刘贺墓所出土的几乎一样，两者只是数量多少的区别。西汉中山怀王刘修死于汉宣帝五凤三年，即公元前55年。海昏侯刘贺死于公元前59年。二人去世时都处于汉宣帝刘询在位期间，前后相差四年。由此可见刘贺墓所出裹蹏金、麟趾金，和刘修墓所出土的应是同一时期制造的同类产品，是汉武帝"班赐诸侯王"的遗物。

（该文与赵慧群合作，发表于《地方文化研究》2019年第5期）

---

① 原文判断4枚裹蹏金（马蹄金）、2枚麟趾金，笔者从实物图片看，都是裹蹏金（马蹄金）。

南昌海昏侯墓出土青铜錞于属性等相关问题讨论

  2015年度全国十大考古新发现之一——南昌西汉海昏侯墓，是迄今考古发现的保存最好、结构最完整、功能布局最清晰、拥有最完备祭祀体系的西汉列侯墓园。海昏侯墓出土大量的文物，除主棺、钱库、酒厨具库及文书档案库发现了数以万计精美随葬品外，在甬道的乐车库和北藏椁的乐器库还出土了编钮钟、编磬、錞于、钲、瑟、琴、排箫等大量珍贵乐器，堪称21世纪初的中国音乐考古重大发现。[①] 目前对这批出土乐器研究主要集中于编钟、编磬等乐钟制度的讨论，而乐车库中出土一件青铜半环钮錞于的研究尚无人涉及。

  錞于是我国古代的一种青铜打击乐器，最早出现于春秋，盛行于战国两汉。有关錞于的民族属性问题，一般认为主要有巴人錞于和越人錞于两种，有关学者已经进行过讨论。[②] 无论是巴人或是越人，似乎錞于都与秦汉之际的少数民族有着密切的关系。也就是说，海昏侯墓出土青铜錞于的民族属性似乎非巴人，即越人。事实上，大量考古资料表明，有关海昏侯墓出土的青铜器錞于的民族属性问题并非如此简单。本文将通过对该錞于实物的观察，结合相关研究和文献资料，试对海昏侯墓中出土錞于的民族属性等问题进行探讨。

[①] 江西省文物考古研究所，等. 南昌市西汉海昏侯墓[J]. 考古，2016（7）.
[②] 学者林奇、邓辉等因为錞于这类器物多出土于两湖和巴蜀等地区，因此认为"这一地区在先秦时是巴人、巴民族生息繁衍的地区，錞于绝大多数出土于这一地区，自然是属于巴文化的器物当是无疑的了"。（《錞于刍议》，《江汉考古》1987年第4期）而学者傅举有则认为"錞于是古代越族的乐器，这可以从錞于的纹饰、起源、用途、出土地点和分布的地区得到证明。錞于主要流行于长江流域的百越地区；其它地区虽也曾使用，但它们当是从百越地区流传过去的"。（《古代越族的乐器——錞于》，《民族研究》1983年第5期）

一、有关巴人錞于的情况和特点

巴人，是指先秦至汉时期主要生活在长江中、上游地区的少数民族。《华阳国志》记载的巴人"其地东至鱼复，西至僰道，北接汉中，南极黔涪"。刘琳注《华阳国志·巴志》："'鱼复'今四川奉节。'僰道'今四川宜宾。'黔'指原属楚国、后属秦国的黔中郡，辖今湖南西北部及湖北、四川、贵州的临近地区。"张勋燎先生认为巴族发源于鄂西，除了一支人沿长江西上进入四川之外，还有其他的部分向其他地区移动，或逆汉水而进入陕西汉中，或顺大江而下直达湖北东部以至湖南的洞庭湖等地。[①] 上世纪六七十年代，考古学家就曾在四川、重庆、湖北等省市发现了典型的巴文化遗存，如巴县冬笋坝、昭化宝轮院、宜昌中堡岛、秭归朝天嘴等。巴文化遗存以墓葬为主，其中以具如两端上翘的船形而得名的船棺葬最具特色。出土器物中以巴式柳叶剑、巴式钺、无胡戈、矛、镞、图语印章等最具代表性，其中青铜器上常装饰有虎形纹，最具特色的当属巴蜀图语符号，如手心、花蒂纹、王等。

巴人随葬的乐器均为铜质，常见的有编钟、钲、錞于三类，其中以錞于数量最多。目前在巴人活动区域内共发现錞于近百件，年代最早为春秋时期，多集中于战国晚期，最晚可延续至汉代。这与巴人的活动范围、时间基本吻合。学者林奇等均认为此地錞于应为巴民族的遗物[②]，学界也基本达成共识。就目前发现的巴人錞于实物来看，尤以四川、重庆、湖南、湖北等省市分布最为集中。这些錞于大多出自墓葬、窖藏，也有部分为征集购买。如涪陵小田溪战国二号墓出土铜錞于顶平，侈口盘，盘内有虎钮，圆鼓肩，肩部以下斜收，下部近直筒状，通高47厘米（见图一：1）。同出土的铜钲刻有典型巴蜀图符[③]。湖南溆浦大江口镇战国墓出土錞于为侈口盘，盘内置虎钮，腹壁直下[④]（见图一：2）。湖南常德錞于为征集品，盘口外侈，平沿。盘中铸一虎钮。盘内虎钮四周刻有侧面人像、鱼纹、三角云纹和船形图案。时代约相当于西汉[⑤]（见

---

① 张勋燎.古代巴人的起源及其与蜀人、僚人的关系 [M]// 南方民族考古第一辑.
② 林奇，邓辉.錞于刍议 [J].江汉考古，1987（4）；陈四海，赵玲.试论巴人乐器——錞于 [J].音乐探索，2005（4）.
③ 四川省博物馆，等.四川涪陵地区小田溪战国土坑墓清理简报 [J].文物，1974（5）.
④ 张欣如.溆浦大江口镇战国巴人墓 [M]// 湖南考古辑刊（第一辑），1980.
⑤ 陆斐蕾.錞于及其文化区系研究 [D].北京：中国艺术研究院，2007.

图一：3）。湖北建始双虎纽錞于出土于二台子，器身横截面呈椭圆形，盘较深，唇沿稍宽，盘底饰弦纹一周。纽作双虎，张口露牙，尾端上卷，颈系项圈。两虎间有一环，吊痕明显。錞于通体素面，仅盘、纽有简单的刻划纹，如草叶纹、弦纹等，左虎前腿部刻有船形纹饰。年代约相当于东汉[①]（见图一：4）。

图一

从两湖地区到巴蜀地区这些属于巴人生活区域出土的錞于情况看，除了纽部稍有差异外，巴人錞于的形制基本一致。巴人錞于主要特点为盘口外侈，盘沿稍平，圆鼓肩，肩下部斜收呈圆筒状，肩部大于底口部。纽部形态多样，有环、虎、马等，以虎的形象最具特色。虎呈蹲伏欲扑状，昂首张嘴，尾下垂，尾端上卷。錞于器身多素面，盘内的纽部四周多阴刻有如人面纹、船纹、鱼纹、手臂纹、花蒂纹等，具有典型的巴文化特征。到了汉代，盘内还出现了五铢、货泉纹。墓葬中常见铜钲与錞于同出，应该是作为组合使用而出现。

二、有关越人錞于的情况和特点

越人主要指先秦时期生活在我国东南沿海和南方广大地区的原始民族，大致在今天的江浙皖粤一带。越人分布范围广、种姓成分繁杂，主要有大越、于越、闽越、瓯越、骆越、滇越等，因而也被称为"百越"。随着考古调查与发掘工作的开展，考古人员在该区域发现了一种以几何印纹陶为主要特征

---

① 陆斐蕾. 錞于及其文化区系研究[D]. 北京：中国艺术研究院，2007.

的物质文化遗存，可以看出百越族系的交流、融合。[①]越人文化遗存也以墓葬为主，其中土墩墓、石室土墩墓为主要形式。墓中随葬有几何印纹陶、原始瓷器及青铜器等，其中印纹陶器、原始瓷器和青铜越式鼎、剑、钺等为越人特色。越人的乐器种类繁多，除青铜乐器有甬钟、钮钟、镈钟、鼓、句鑃、铙、铎、錞于等[②]外，还有大批仿铜硬陶、原始瓷乐器，如编钟、编句鑃和錞于，均成组出现在墓葬。

现代研究表明，越人使用錞于的时代较早，主要集中于春秋中期至战国早期。在其活动范围内发现的錞于数量仅次于巴地，多出土于江浙一带越国墓。如江苏丹徒、盱眙大云山、无锡鸿山，浙江长兴鼻子山[③]、海盐黄家山[④]等。其中江苏丹徒北山顶土墩墓出土3件青铜錞于，造型和体量基本一致。体腔呈椭圆桶体，上粗下细。虎钮，平顶，直立浅盘，鼓肩，束腰，平口。盘内、肩部、口部饰云雷纹，下腹部饰由八条浮雕龙纹构成的方形图案，盘内饰云雷纹、交连纹等。时代约为春秋[⑤]（见图二：1、2）。江苏大云山西汉江都王墓出土青铜錞于整体呈椭圆筒形，鼓肩，腹部内收，底部稍外撇，平底。器身两侧有两道明显的脊线。顶盖为带纽圆盘，盘内浅浮雕满饰对称四龙，曲身成"S"形，身饰重环纹。钮位于圆盘中央，整体呈半圆状，钮身为对称双首龙形。肩部两道宽弦纹组成纹饰带，饰勾连龙纹。近口部双面饰长方形纹饰，中间饰双圈表示璧，四周为交连四蛇环绕。口部以双宽弦纹组成纹饰带，饰连续变形蟠虺纹，通高67.51厘米。根据器身鸟虫篆铭文及纹饰特点，确定其时代当在战国中晚期[⑥]（见图二：3、4）。

---

① 李伯谦.我国南方几何形印纹陶遗存的分区、分期及其相关问题[J].北京大学学报（哲学社会科学版），1981（1）.
② 此外绍兴坡塘306号墓中出土的伎乐铜屋内还有铜鼓、琴、筑、笙等乐器。
③ 浙江省文物考古研究所，长兴县博物馆.浙江长兴鼻子山越国贵族墓[J].文物，2007（1）.
④ 浙江省文物考古研究所，海盐县博物馆.浙江海盐出土原始瓷乐器[J].文物，1985（8）.
⑤ 江苏省丹徒考古队.江苏丹徒北山顶春秋墓发掘报告[J].东南文化，1988（3）（4）.
⑥ 曹锦炎，李则斌.江苏盱眙西汉江都王墓出土越国鸟虫书錞于[J].文物，2016（11）.

图二

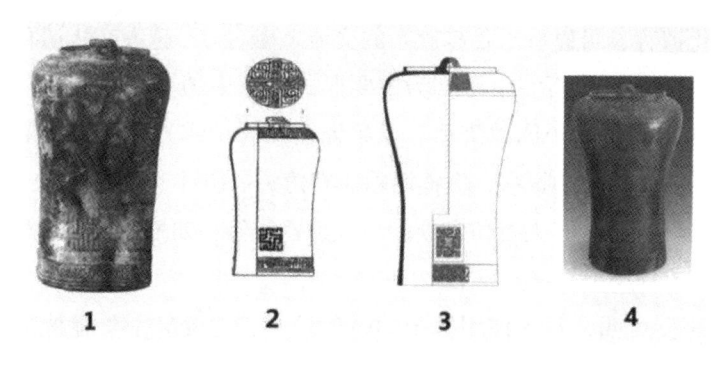

　　除青铜錞于外，硬陶、青瓷錞于在江苏、浙江等地均有发现。以无锡鸿山越国贵族墓最典型①，其中邱承墩墓葬出土青瓷仿青铜錞于共10件，器型大小一致。均为浅盘，盘中置钮，鼓肩，直腹，足外撇，平口。器身饰戳印的"C"形纹。钮部稍有不同，其中简化虎钮式1件，体腔两侧设出脊。虎钮、环钮及环钮两端堆塑式各3件。钮两端有"S"形堆塑，鼓肩，肩的最大径在中部，直腹略外撇，平口（见图三：1）。万家坟墓葬出土硬陶乐器錞于2件，平顶，直立浅盘，宽扁钮，直腹微外撇，平口。腔体外壁满饰纵向的瓦棱纹（见图三：2）。邱承墩墓和万家坟墓墓主等级虽有高低之分，但均属于越国贵族，时代为战国早期。②

　　江苏、浙江地区出土的越人錞于虽然有质地差异，如青铜、或硬陶或青瓷等不同质地，但总体看来，该地出土錞于的造型、纹饰特点基本一致。③均为直立浅圆盘，盘中心置钮。鼓肩，束腰，口微外撇似与肩部基本同宽。钮部有环钮和虎钮，以环钮居多，钮两侧有穿孔。钮部的虎呈站立姿势，不同于巴人的蹲伏状。少量为素面，越人錞于纹饰极为丰富而颇具特色。錞于肩部、

---

① 江苏无锡鸿山越国贵族墓地除出土青瓷錞于外，还出土大量其他青瓷乐器，其中邱承墩墓葬出土原始青瓷乐器就有钲、錞于、悬鼓座以及编钟、编镈、编磬、句鑃、铎、缶等一百多件；万家坟墓葬出土硬陶乐器还有钲、编钟、编磬、编镈、句鑃、悬鼓座等八十多件乐器。
② 南京博物院，等.鸿山越墓发掘报告[M].北京：文物出版社，2007；南京博物院考古研究所，无锡市锡山区文物管理委员会.无锡鸿山越国贵族墓发掘简报[J].文物，2006（1）.
③ 江苏丹徒王家山青铜錞于造型奇特例外（参见镇江博物馆：《江苏镇江谏壁王家山东周墓》，《文物》1987年第12合期；孙华：《丹徒王家山铜錞于试析》，《文物天地》1998年第6期）

近底口部饰有纹饰带,下腹部饰有方形图案。而纹饰内容因质地不同稍有区别。青铜錞于多填以勾连龙纹或云纹,原始瓷錞于以戳印密集的"C""S"形纹居多,硬陶錞于除"C""S"形纹外,腹部满饰瓦棱纹。錞于通常是大小、形制相同的三个或十余个成组出现,并且与大量成套乐器同出。从浙江、江苏等地区的考古情况看,越人錞于主要是产自本地,如浙江南山窑、亭子桥窑等原始瓷窑址中就发现有少量的甬钟和錞于等青瓷乐器,这类瓷乐器均装饰有刻画的"C"字纹,特征非常明显。

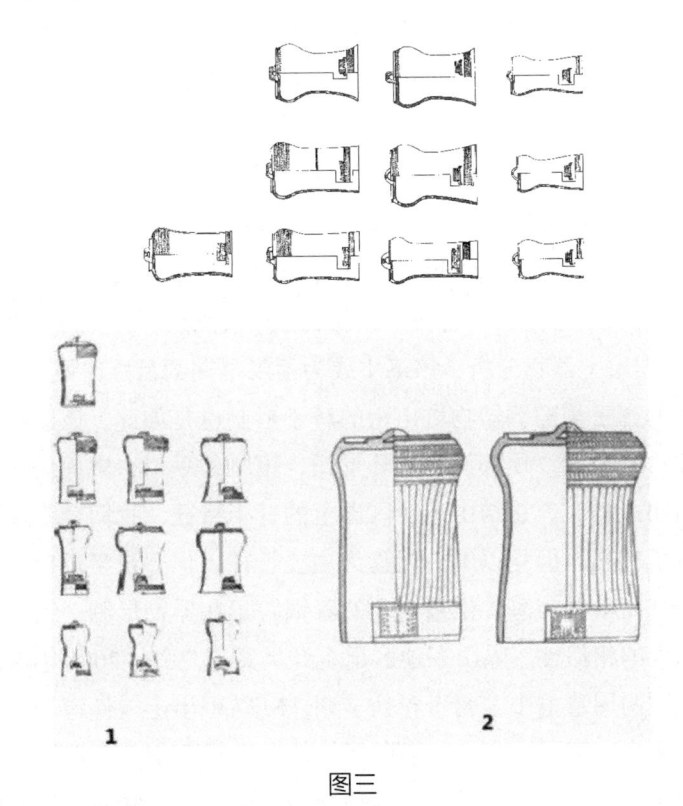

图三

三、有关海昏侯墓出土錞于的民族属性

据现有公布资料,我们大致可知南昌海昏侯墓出土的青铜錞于为半环钮,圆首,顶部无盘,束腰,足外撇,底口平。肩、腰、底口部装饰弦纹(见图四:1)。与前文所描述的巴人、越人錞于相比,海昏侯墓出土的青铜錞于与二者器物有明显差别,从器物形态可以看出,海昏侯出土錞于顶部无盘的特征与

巴人的平盘外侈、越人的直立浅盘完全不同。同时，海昏侯出土錞于的器形为束腰，其底口部外撇、直径略大于肩部，显然有别于巴人的底口直立口、肩部直径远大于口部的形态，与越人錞于在器形上也存在明显差异。纹饰方面，海昏侯錞于基本素面无纹，一些简单的弦纹与巴、越两地錞于的纹饰分布特点也有区别。由此可见海昏侯墓出土的青铜錞于既不属于越人，与巴人錞于也相去甚远。它究竟源自何地？据目前的考古资料表明，除上述巴、越两地外，中原地区，尤其是山东地区也发现了不少乐器錞于。

新中国成立六十多年来，山东考古工作者在沂水、临淄、章丘等地考古发现4件青铜錞于，这三地墓葬中出土的錞于呈现较为一致的形态。如沂水刘家店子春秋墓出土了编钟、镈、铃、钲、錞于等。錞于共出2件，形制相同，是目前发现的时代最早的青铜錞于。沂水刘家店子春秋墓出土錞于均为圆首，无盘，顶部有绚索状环钮，束腰，口部稍外扩。通体素面无纹。通高49厘米[1]（见图四：2）。章丘洛庄汉墓中出土錞于1件，该器整体呈椭圆筒状，圆首，无盘，顶部铸有环钮，束腰，底口稍外撇。腹部装饰阳线鹰纹，通高约49.1厘米（见图四：3）。据出土器物分析，该墓主或为西汉早期的吕姓诸侯王。[2] 此外临淄西汉初年的齐王墓随葬器物坑出土的錞于形制也是如此，该器物体腔呈椭圆筒形，圆首，无盘，顶部设有半环形钮，束腰，平口，素面无纹，高49.5厘米（见图四：4）[3]。总结山东地区出土的錞于特征，我们会明显看到这类錞于的数量虽有限，但均以圆首无盘为主要特征，顶部设半环形钮，束腰，底口平，纹饰简单，与海昏侯墓出土的青铜錞于在器物形制、纹饰、高度等方面都有惊人的相似性。除山东地区出土此类錞于之外，2005年陕西韩城梁带村发现大型两周墓群中，属于春秋早期，M27也出土一件錞于，该錞于器形为穿顶，宽肩、束腰、直口、椭圆形筒体，上粗下细，顶端为一半环钮，底部近椭圆形，微敞，全身素面，通高38.9厘米。[4] 该件錞于与山东地区出土的錞于和海昏侯出土錞于形制非常相似，应属于同一系列。

---

[1] 罗勋章.山东沂水刘家店子春秋墓发掘简报[J].文物，1984（9）.
[2] 济南市考古研究所，山东大学考古系，山东省文物考古研究所，章丘市博物馆.山东章丘市洛庄汉墓陪葬坑的清理[J].考古，2004（8）.
[3] 山东淄博市博物馆.西汉齐王墓随葬器物坑[J].考古学报，1985（2）.
[4] 陕西省考古研究院，等.陕西韩城梁带村遗址M27发掘简报[J].考古与文物，2007（6）.

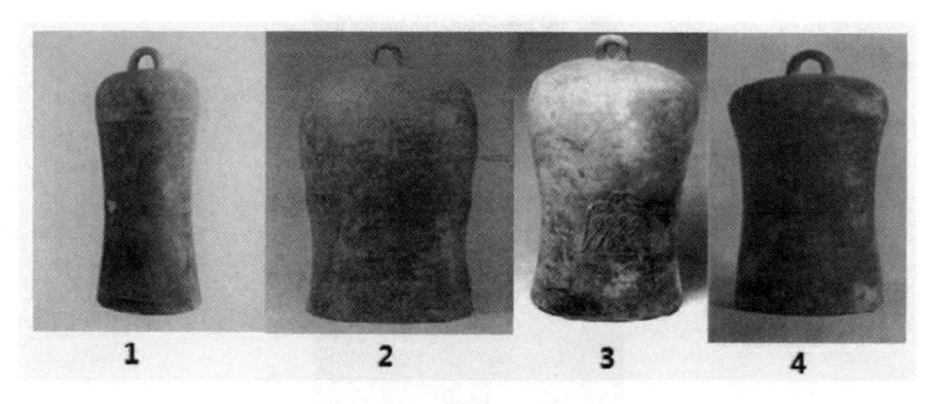

图四

通过以上对比不难看出，海昏侯墓出土的青铜錞于虽然出土于楚头吴尾的江西地区，但并未带有越人錞于特征，与巴人錞于也有很大差异，而是呈现出了典型的山东地区錞于风格。有关山东地区出土的錞于属性问题，徐中舒等先生较早就认为"錞于原为中原地区的乐器，春秋时州国都城名淳于，大概是由于他们擅长制作錞于而得名"，"山东半岛一些地区似为錞于的重要原生地，其主人可能即为东夷"。[1] 陆斐蕾也指出："山东地区出土錞于鲜明的造型特色，表明这不应该是巧合，它们的确自成体系。它为先前认为錞于发源于山东半岛，是东夷人创造、是齐文化遗物的观点提供了物证。"[2] 东夷人是指先秦时期生活在黄河下游的各民族总称，从沂水刘家店子春秋墓出土最早的錞于情况看，这种可能性是应该存在的。故我们推断目前山东地区出土錞于的族属皆指向东夷人，汉代依然延续这种造型特点。海昏侯刘贺自幼长于昌邑，短暂为帝后，又被贬回故地，前后在今山东地区生活了20余年，自然饱受此地文化熏陶。之后南贬海昏，旧时财产也随之南迁，东夷人的錞于最终在刘贺墓室中出现，当在情理之中。

---

[1] 徐中舒，唐弘嘉. 錞于和铜鼓 [C]// 古代铜鼓学术讨论会论文集. 北京：文物出版社，1982.

[2] 陆斐蕾. 錞于及其文化区系研究 [D]. 北京：中国艺术研究院，2007.

图五　陕西韩城梁带村春秋墓出土錞于

四、汉代錞于的组合方式和功能探讨

国之大事，在祀与戎。錞于最主要的功能是作为一种军旅中作号令使用的器物，常常与鼓、钲、铎结合使用。《国语·吴语》记录了春秋晚期黄池盟会前，吴王"秉枹，亲就鸣钟、鼓、丁宁、錞于、振铎、勇怯尽应"的情景。《国语·晋语》又云："是故伐，备钟鼓，声其罪也。战以錞于，丁宁，儆其民也。"文献中的"丁宁"就是青铜钲。这些文献资料都明确地说明了錞于作为军乐器的功能属性和使用组合情况。有关汉代錞于使用情况，尤其是汉代贵族使用錞于情况，相关文献无从记载，这些年的考古资料或许会提供一些答案。

海昏侯錞于出土于海昏侯墓的甬道中一辆偶乐车上，该乐车上还有一套四件铜编铙，此外该甬道同出的一辆乐车上载有实用建鼓，为鼓车。这两辆车组成一套较为完整的汉代偶乐车，是我国汉代乐车的首次发现，也为汉代车舆制度的重要组成部分。这些偶乐车上所载青铜乐器出土也印证了先秦文献记载的正确。《周礼·地官·鼓人》载："以金錞和鼓。"郑玄注："錞，錞于也。"《淮南子·兵略训》载："两军相当，鼓錞相望。"《广雅》曰："以金铙止鼓。"文献记载，先秦时期鼓与錞于、编铙相配，多用于军旅中，在行军作战时，指挥军队进退，属于军礼乐器。击鼓进军，击錞于和编铙止鼓退军。海昏侯刘贺将这种军礼乐车用于自己的车马出行，明显是借用了军礼。

据信立祥先生考证，海昏侯刘贺墓出土的这两辆偶乐车与出土于椁室的东西车库的6辆偶轺车以及出土于外藏椁，共有五车二十匹马，属于驷马安车的实用车马等组合起来，就构成了一套完整的西汉王侯贵族的出行车队：王侯乘坐的主车即驷马安车居中，最前面以数辆轺车为导车，导车之后、主车之前为鼓车和金车，主车之后为以数辆轺车为从车。击鼓则车行，击錞于和编铙则车停。[1]无独有偶，海昏侯墓中錞于与建鼓组合模式在山东洛庄汉墓中也得到证实。据报道，山东洛庄汉墓（墓主为吕姓诸侯王）14号陪葬坑B区东部出土乐器錞于、钲、铃和建鼓等，其中还原发现錞于、钲、铃三者悬挂于同一木架之上。与之位于B区中部，由1件大鼓和4件小鼓及4组铜插件构成，立柱与底座已无法辨认。这组建鼓使用时可组装在一起，不用时可以拆卸下来，十分方便。这组乐器的发现，也在一定程度证明了文献记载的正确。《周礼正义》疏"以金錞和鼓，者以下，辨四金之用，皆与鼓相将，军事所用也。金錞于亦以和乐。"[2]此外1972年初至1974年初，在长沙东郊发掘了马王堆3号汉墓出土了一批竹简，其中所出的一枚乐简上书有"击屯（錞）于、铙、铎各一人"[3]（简一五），这枚乐简不仅记载了当时这种乐器的使用情况，还反映了当时与錞于组合使用的，还有铙、铎等乐器的情况。研究表明，这枚乐简的时代为西汉文帝十二年公元前168年。无论是山东洛庄汉墓中乐器錞于、钲、铃和建鼓组合，还是马王堆3号汉墓竹简中"錞于、铙、铎"组合记载，都表明应该是应用于出行、宴享、娱乐等活动中。[4]

除海昏侯墓出土青铜錞于外，从江苏大云山西汉江都王墓出土越人属性青铜錞于，以及山东章丘洛庄汉墓（墓主为吕姓诸侯王）和临淄西汉齐王墓随葬器物坑出土的錞于情况看，包括海昏侯墓出土錞于在内，汉代高级贵族墓葬出土錞于共四例，每个墓葬都出土一件錞于，共四件。临淄西汉齐王墓

---

[1] 信立祥.西汉废帝、海昏侯刘贺墓考古发掘的价值及意义略论[J].南方文物，2016（3）.
[2] 孙诒让.周礼正义（卷二十三）[M].北京：中华书局，1987：902.
[3] 湖南省博物馆，湖南省文物考古研究所.长沙马王堆二、三号汉墓（第一卷）[M]//田野考古发掘报告.北京：文物出版社，2004.
[4] 除海昏侯和洛庄汉墓外，临淄西汉齐王墓随葬器物坑出土的錞于是出土于三号坑，根据报道该坑的主要功能是兵器仪仗坑，出土器物有兵器、仪仗器和乐器等，其中乐器主要有錞于和甬钟各一件。大云山汉墓錞于出土于盗洞，具体位置和相关乐器组合不详。从相关报道看，该墓外回廊上层有明器编钟和编磬与模型车同出、回廊下层的乐器区有一套完整的编钟和编磬出土，但该錞于究竟属于哪部分乐器组合不得而知。

随葬器物坑出土的錞于是出土于三号坑,根据报道该坑的主要功能是兵器仪仗坑,出土器物有兵器、仪仗器和乐器等,其中乐器主要有錞于和甬钟各一件。大云山汉墓錞于出土于盗洞,具体位置和相关乐器组合不详。从相关报道看,该墓外回廊上层有明器编钟和编磬与模型车同出、回廊下层的乐器区有一套完整的编钟和编磬出土,但该錞于究竟属于哪部分乐器组合不得而知。[1] 江苏大云山西汉江都王墓和临淄西汉齐王墓随葬器物坑中也常见錞于与编钟、编磬等旋律乐器同出。另外据音乐考古学家王子初测定,山东洛庄汉墓号乐器坑的錞于与钲两件乐器,发音和谐,呈协和的小三度音程[2],这都表明了汉代錞于用于宴享场合前提的可能性存在。虽然錞于是否存在固定音高的偶然因素,我们目前还无法确认,但是,无论它是否具有固定音高,都无疑能使用在宴乐场合中。我们有理由相信,旋律将因金錞于的加入,音色也会愈加丰富,即錞于在汉代(尤其是西汉时期)中原地区的贵族出行、宴享、娱乐等活动场所应该是较多存在。

此外有关錞于具体使用情况,在云南晋宁石寨山滇墓中出土了一件青铜贮贝器表现得非常清楚。该器器盖生动地展示了汉代滇民族立柱祭社的诅盟场面[3],在高屋建筑一侧铸有礼乐场景,共四组。其中一组为一件兽钮錞于[4]与一件芒纹铜鼓悬于同一筍虡上,有一椎髻乐者双手各持一鼓槌作击打状(见图六)。其余三组乐架所悬乐器失落,由仅剩悬乐柱架及立于其间手执乐锤者形象,可知器盖上所表现的均为悬挂演奏的钟磬类打击乐器。此件贮贝器形象真实再现了汉代西南地区古滇国贵族使用錞于的具体方式,或许与中原地区汉代贵族使用錞于的情况有着较为明显的区别。《周礼正义》疏"以金

---

[1] 南京博物院,等.江苏盱眙县大云山汉墓[J].考古,2012(7).
[2] 王子初.山东章丘洛庄汉墓的出土乐器[J].人民音乐,2001(4).
[3] 云南省博物馆.云南晋宁石寨山古墓群发掘报告[M].北京:文物出版社,1959;冯汉骥.云南晋宁石寨山出土铜器研究——若干主要人物活动图象试释[J].考古,1963(6);易学钟.晋宁石寨山12号墓贮贝器上人物雕像考释[J].考古学报,1987(4).发掘报告称此器为"杀人祭铜柱盖贮贝器"。冯汉骥先生认为图像的主题是"诅盟",也可能为"社祭"。易学钟认为该组礼乐集中以"乐肆"布置于场中,占地处于与高亭并列的位置,应为礼乐祷祝。
[4] 易学钟.晋宁石寨山12号墓贮贝器上人物雕像考释[J].考古学报,1987(4).一文认为此器应为典型的虎钮錞于。

錞和鼓，者以下，辩四金之用，皆与鼓相将，军事所用也。金錞于亦以和乐"①。錞于在古滇国主要与铜鼓相和，似乎主要应用于祭祀礼乐，非军事所用，功能性质或与上述汉代高级贵族墓葬出土的錞于有较大的差异。这或许就是中原与边地在器物使用功能上的差异吧。最后需要说明的是，錞于这类乐器估计在东汉之后就基本上从中原地区消失，这点从诸多东汉墓葬考古和画像石图像中都没有其身影，这就是最直接的证明。

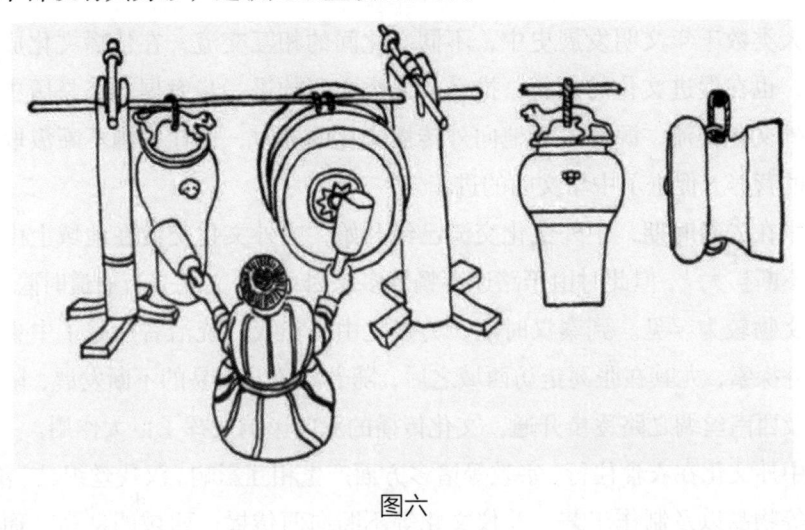

图六

（该文与胡婷婷合作，发表于《南方文物》2019年第6期）

---

① 孙诒让. 周礼正义（卷二十三）[M]. 北京：中华书局，1987：902.

中国早期文物中的外来因素

人类数千年文明发展史中,不同文化间的相互交流,在传播文化成果的同时,也在促进文化的创新,推动着人类文明的进一步发展。正是历史悠久的中外文化交流,源源不断地向外传播文化的同时,也让中国不断汲取外来文化的营养,促进了中华文明的进步。

早在先秦时期,中外文化交流已经开始,中外文化交流在地域上由近而远并不断扩大[1],但此时由于路途不畅等多原因,中外文化交流通道时隐时现,外来文物较为罕见。到秦汉时期,为强化中央集权,统治者加强了中央集权和对外探索,尤其在张骞走访西域之后,随着战争及贸易的不断发展,陆路、海路及西南丝绸之路逐步开通,文化传播的双向影响发挥了巨大作用。

中外文化在衣食住行、宗教等诸多方面产生相互影响。汉代丝织品、漆器、铁器等物品以及制作工艺、礼仪文化等不断向西传播,西域的良马、葡萄等动植物以及毛织品等物品也逐渐传入,此期具有外来文化因素的器物不断出现,证实中外文化交流在两汉时期的繁荣。魏晋时期,政权的动荡和少数民族政权的崛起,进一步加强了文化的交流与融合,尤其是东汉始传入的佛教文化,在物质与精神文明领域对中国产生了巨大影响,带有佛教文化的器物大规模涌现,并在后世不断发展。

正是丝绸之路的正式确立,推动了中外文化交流,为隋唐及后世中国文化与中外文化交流的空前繁荣做出了巨大的贡献。近年,我国境内出土的汉魏时期遗物与遗迹中,具有外来因素的文物资料越来越丰富,本文从植物、动物、其他物品三个方面出发,以汉魏时期具体文物来说明汉魏时期传入国内的外来文化,探索中国早期文物中出现的外来因素的具体内容。

植物——两汉时期西域各国各样植物不断传入,诸如葡萄、棉花、荔枝、核桃、石榴等,既对中国社会生活产生了重要影响,又增添了新的文化艺术

---

[1] 陈尚胜. 论16世纪前中外文化交流的发展进程和基本特点[J]. 文史哲, 2000(4).

图样。

葡萄，又称蒲陶、蒲桃，一般认为由汉使从大宛带回葡萄种子，上林苑中因此有"蒲陶宫"。由于葡萄外型美观，深受喜爱，传入后很快被用来作为装饰图案。葡萄纹饰常见于丝织品、毛织品和铜镜中，如新疆绿底人兽葡萄纹罽、中原地区东汉夫妻合葬墓出土的黄地鸟兽葡萄纹绮制成的女上衣，汉海兽葡萄镜等。

棉花，汉代开始引进并种植棉花。古代中原及江南地区以丝麻种植为主，穿着丝绸织物，汉代棉花种植从东南亚、印度传入到我国东南地区、西北地区。1959年新疆民丰尼雅汉墓中出土一片蓝白印花棉布，在一块32厘米见方的框内，绘有一个袒露胸怀的半身女神像，女神上身赤裸，夏鼐先生认为它"当是印度输入品"[①]。

建筑——随着佛教的传入，佛教建筑开始出现并逐步发展。东汉永平年间建立的白马寺即是我国现已知的最早的佛教建筑。白马寺位于汉魏洛阳古城西，早期面貌已无法重现，但白马寺作为我国第一座佛教建筑，具有"中国第一古刹"、中国佛教"祖庭"、"释源"之称。"祖庭"意为祖师之庭院、"释源"意为释教（即佛教——为释迦牟尼所创）之发源地[②]，是中国佛教建筑史上的开篇之作。

孔望山摩崖造像是从佛道并存、到犍陀罗风格艺术特征较为显著的珍贵实物资料，具有中国早期佛教造像的时代风貌和艺术特征。开凿时间不晚于东汉桓灵时期，至三国后期以前，其时代特征多以"胡人"为模特，仙、佛杂处，道佛混流，多有汉画像遗风；但三国后期至两晋，佛教开始摆脱对道教的依附，犍陀罗艺术风格逐渐明晰[③]，故而佛涅槃图、象足踏莲花等佛教题材[④]逐渐占据重要地位。

到魏晋南北朝时期，佛教不断发展，随经大规模毁佛破坏，却深深扎根于中华民族文化中，以佛寺、佛塔和石窟寺的始建与开凿成为这一时期佛教建筑发展的重要内容。1981年中国社会科学院考古研究所洛阳工作队对洛阳

---

① 夏鼐.中国文明的起源[M].北京：文物出版社，1985.
② 徐金星.关于洛阳白马寺的几个问题[J].中原文物，1996（4）.
③ 蔡全法.孔望山佛教造像时代及其相关问题[J].华夏考古，1995（2）.
④ 阎文儒.孔望山佛教造像的题材[J].文物，1981（7）.

北魏年间修建的永宁寺塔基进行发掘并勘察寺院的形制、布局等[1]，再依据《洛阳伽蓝记》的记载，确定了永宁寺塔是一座规模宏大的高层建筑，寺院建筑布局是以佛塔为中心的，塔北建佛殿等建筑，佛事活动主要围绕着佛塔进行的，这与同时段印度佛寺建筑风格大体相同。同时，作为为藏置佛的舍利和遗物所修建的塔（即印度的窣堵坡，佛教徒礼拜的对象），传入中国后与中国传统建筑相结合，形成木结构楼阁式塔，永宁寺塔既是典型的中外文化交融产物。同时期，还有一种砖造密檐式塔，更具有印度窣堵坡的典型特征。现存的河南登封嵩岳寺塔，建于北魏年间（公元 523 年），塔身为 15 层密接的塔檐，塔顶刹在壮硕覆莲之上（即缩小版的窣堵波），同样也是作为佛教传入国内后的新形式，是中华民族的文化新创造。

我国石窟寺（在山崖陡壁上开凿出来的洞窟形佛寺建筑），随佛教传入我国而逐渐兴起，并逐渐在雕塑、壁画等方面，融合中华民族文化，博采众长而逐渐形成特有的民族文化特色。我国现存石窟寺大约开凿于公元 3 世纪，北朝及隋唐时最为兴盛，是现存的早期中外文化交流的直接产物，其中尤以新疆地区库车拜城间的克孜尔石窟、河西走廊的敦煌莫高窟山西大同的云冈石窟和河南洛阳的龙门石窟为典型代表，克孜尔石窟"早期壁画具有典型的犍陀罗艺术风格"[2]。

包括建筑在内的随佛教传入而改变中华民族物质文化生活的物质与文化资料，在东汉魏晋时期可以称之为具有较为明显的外来因素特征，但随着魏晋南北朝时期民族文化的交流与融合，逐渐融汇了更多的中华文化特有艺术风格，成为了中华文化的一部分。

毛织物——丝绸之路为西方衣着变革提供重要的丝绸贸易，是汉魏时期中外贸易的重要内容，在向外输出丝绸的过程中，也引进了先进的织物技术与不同风格的织物图案。

在 20 世纪前期，斯坦因在楼兰发现了东汉晚期的一块彩色缂毛残片，残存着"十足希腊罗马式图案的赫密士头像，是东汉时期从地中海地区输入的"[3]，与 1984 年新疆洛浦县山普拉墓地出土的人首马身彩色毛织壁挂类似，

---

[1] 杜玉生. 北魏永宁寺塔基发掘简报 [J]. 考古，1981（5）.
[2] 顾苏宁. 试论我国早期石窟艺术的民族特色 [J]. 华夏考古，1999（2）.
[3] 武敏. 新疆近年出土毛织品研究 [J]. 西域研究，1994（1）.

是公元前 2 世纪至 5 世纪传入我国的毛织品，该图案即为希腊神话中吹奏竖笛半人半马兽。新疆其他地区，如若羌（古楼兰）、尉犁、鄯善等地的古代遗址或墓葬先后出土古代毛织品，1995 年新疆尉犁县营盘墓地 15 号墓出土的人兽树纹罽袍，红地黄花，图案由六组以石榴树为中心的对称人物、动物组成，整体纹样体现出古多种文化互相融合的艺术特征，有学者认为"人兽树纹罽采用双层组织，以红黄两色显示花地，其图案是典型的希腊化风格的裸体天使和石榴树纹"[1]。

中国以以蚕丝为原料的丝织物和西亚、中亚以毛绒为原料的毛织物，在彼此交流过程中，除了使用新奇外，还在传统织造工艺上吸收彼此的特长，其意义远远超过了作为商品交流的织物本身。

1. 人首马身彩色毛织壁挂　　2. 蓝白印花棉布（部分）　　3. 人兽树纹罽

图一

钱币——隋唐以前，中国境内政权对外交流不断，表现在古代钱币文物中，一方面是古代外国货币的不断出土；另一方面是影响周边政权的货币铸造形制。尤其在北朝时期，受军事和少数民族政权影响，中国境内政权对外交流拓展，古代外国货币由商人贸易等方式开始流入国内。

我国古代典籍中对西域诸国钱币材质、形状多有记载，而在各地出土的北朝时期来自不同国家的钱币，则为研究当时中外交通、交流提供重要证据。我国现已发现的外域钱币有罗马钱币、拜占庭钱币、波斯萨珊钱币、阿拉伯金币、贵霜钱币，其中以拜占庭钱币和波斯萨珊钱币数量最多，出土地较广，涉及新疆、甘肃、青海、内蒙古、河北等北方地区主要省份。

---

① 赵丰. 丝绸之路美术考古概论 [M]. 北京：文物出版社，2007.

中国境内出土发现数量最多的古代西方钱币即为萨珊王朝货币，以银币为主，主要出土于窖藏、墓葬、佛塔及其它遗址[1]，如1956年在青海西宁采集76枚波斯萨珊王朝银币[2]，正面通常为国王的半身像，背面镌刻古波斯国教——琐罗亚斯德教（又称祆教、拜火教）圣火的火坛，坛边有两位牧师。拜占庭钱币出土以金币为主，主要见于高级贵族墓葬，如河北磁县茹茹公主墓出土两枚拜占庭金币，"一枚是阿纳斯塔西斯一世时期的金币，另一枚属于查士丁一世时期"[3]。

汉时，西域于阗受中国秦汉钱制度和印度钱币风格的双重影响，打制汉佉二体钱（和田马钱，面纹为佉卢文，背文汉字"六铢钱"），最初由斯坦因在新疆首次发现。[4]另外，北朝时期突然强大起来的西突厥政权，占据了中亚和西亚主要地区，铸造了有"五铢"二字和突厥族徽的方孔圆钱。[5]

1. 青海西宁出土的萨珊王朝银币　2. 河北磁县茹茹公主墓出土两枚拜占庭金币
图二

金银器——我国出土的早期金银器皿中，较为典型的外来文物是1978年山东淄博西汉齐王墓和1983年广州南越王墓出土的凸瓣纹银盒。两件银盒形制相似，均采用锤揲技法，在银器表面打压出相互交错、明暗辉映的凸瓣纹，

---

① 康柳硕. 从中国境内出土发现的古代外国钱币看丝绸之路上东西方钱币文化的交流与融合[J]. 甘肃金融，2002（S2）.
② 夏鼐. 青海西宁出土的波斯萨珊朝银币[J]. 考古学报，1958（1）.
③ 林英. 磁县东魏茹茹公主墓出土的拜占庭金币和南北朝史料中的"金钱"[J]. 中国钱币，2009（4）.
④ 克力勃，姚朔民. 和田汉佉二体钱[J]. 中国钱币，1987（2）.
⑤ 同10.

不同于传统陶范或蜡模铸造工艺，是典型的外来器皿样式。[1]一般认为该类银盒具有外来风格，应为境外传入，具体来源主要有波斯说和希腊、罗马说两种[2]，其中孙机先生认为应属于波斯风格，"这种技术（锤揲工艺）是在古波斯阿契美尼德王朝时兴盛起来的，其渊源虽可追溯到亚述时，但亚述人未曾留下以金银制作的此类标本，阿赛西（Arsaces）家族在伊朗建立起安息王朝。安息的金银细工继承并发展了阿契美尼德时代以凸瓣纹为饰的作风[3]"。另外，云南晋宁石寨山也出土同样形制的4件铜盒，具体形制与上述凸瓣纹银盒类似，一般认为是境内仿制品。

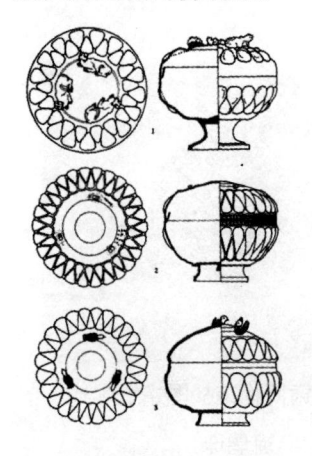

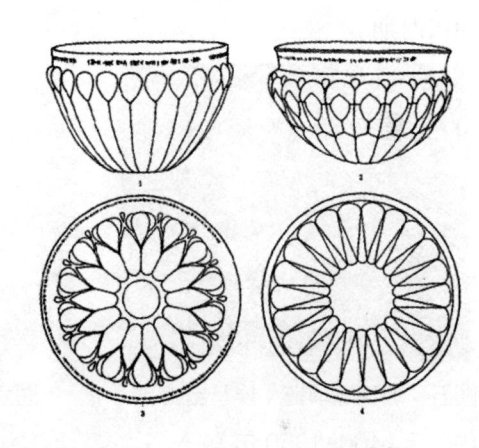

1. 山东临淄西汉齐王墓出土银豆	1. 美国纽约大都会艺术博物馆所藏大流士（DariusI，前521—前486年）金筐罍（phialae）；
2. 广州西汉南越王墓出土银盒	2. 伊朗哈马丹还出土了一件薛西斯（XerxesI（Ahasuerus），前485—前465年）的金筐罍；
3. 云南晋宁石寨山西汉滇国墓出土铜盒	3. 华盛顿弗里尔美术馆所藏阿塔薛西斯（ArtaxerxesI[Lon·gimanus]，前465—前424年）银筐罍6。
	4. 华盛顿赛克勒美术馆收藏的一件安息银筐叠
图三	图四

玻璃器（琉璃器）——学术界对我国玻璃器的出现时间有两大主要观点，

---

[1] 葛承雍.从出土汉至唐文物看欧亚文化交流遗痕[J].故宫博物院院刊，2015（5）.
[2] 赵德云.凸瓣纹银、铜盒三题[J].文物，2007（7）.
[3] 孙机.中国圣火——中国古文物与东西文化交流中的若干问题[M].沈阳：辽宁教育出版社，1996：142.

即西周说和战国说，但有一种春秋战国墓葬中常见的琉璃珠（俗称蜻蜓眼）特别引人注目。直径约1~2厘米，周身饰稍外凸的蜻蜓眼式蓝白相间或蓝黄相间的圆圈纹，河南固始堆春秋末年墓、湖北随县擂鼓墩曾侯乙墓、河南洛阳中州路墓葬等春秋战国多有出土。[1] 蜻蜓眼式的玻璃珠在西方出现很早而且流行。如埃及出土有公元前1400—1350年的蜻蜓眼式的玻璃珠项链等，公元前6世纪至前3世纪的蜻蜓眼式玻璃珠就更多了。我国战国时期出土的小玻璃珠与中亚、西亚玻璃珠极为相似，且河南固始堆春琉璃珠的化学分析结果为属于纳钙玻璃，这种琉璃珠应自外域传入，在战国中晚期甚为流行，并延续至西汉时期。

图五　玻璃珠项链（埃及出土，约公元1400-1350年）

图六　甘肃博物馆战国蜻蜓眼式琉璃珠

两汉魏晋南北朝时期，古罗马、波斯玻璃器不断传入。1952年在广州横枝岗西汉墓出土三件蓝色玻璃碗；1965年辽宁北票北燕冯素弗墓出土的玻璃碗和杯、1965年北京西晋华芳墓玻璃碗、1983年宁夏固原北周李贤墓玻璃碗等，都是外来玻璃器的典型代表文物。另外，在南京象山晋墓出土玻璃杯，其磨花技法是罗马工匠所熟练掌握的，同时还出土的一枚镶嵌金钢石的金指环，素面无纹，"金钢石体积很小，直径仅一毫米余，出土的这枚金钢石指环，放在棺室中间男棺内的中间，应是死者的手旁"[2]。钢石在美洲和南非未发现金钢矿以前，只产于锡兰、波斯、印度一带，此指环无疑为传入品。

---

[1] 高至喜. 论我国春秋战国的玻璃器及有关问题 [J]. 文物, 1985（12）.
[2] 袁俊卿. 南京象山5号、6号、7号墓清理简报 [J]. 文物, 1972（11）.

图七　北燕冯素弗墓玻璃器（波斯风格） 　　图八　北周李贤墓玻璃碗（罗马风格）

图九　南京象山7号墓玻璃杯、金指环 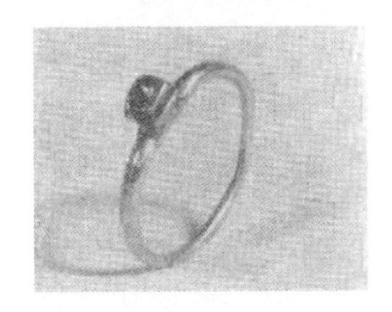　　图十

  两汉魏晋南北朝时期，统治者大力拓展中西交通，西域丝绸之路在军事力量和商业力量的共同作用下，逐步建立起来，大宛、大月氏、安息等国与汉朝互派使者，商业来往频繁，"异物内流则国用饶"（《盐铁论·力耕》）。尤以"天马""汗血宝马"为代表的重要交通成就，"已成为这一时代中西交通取得历史性进步的一种文化符号，保留了长久的历史记忆"[①]。

  这一时期中外文化交流不仅限于衣食住行等物质生活方面，还包括精神文化的交流，同时这一时期中外文化交流的最初繁荣阶段，在中国境内出土的具有此时期外来文化特征的文物，一方面印证着丝绸之路的兴盛，另一方面也是中外文化交流具体内容的表现，对进一步认识中外文化交流具有重要意义。尤其是在中国历史文化过程中，佛教文化的传入影响最为深远。汉魏时期，起源于印度的佛教在这一时期开始传入中国，并以中华文化为基石构建起了适于中华民族的完整的精神体系，佛教对我国文化的影响深入到物质文化的方方面面，佛寺、佛教造像、石窟寺等代表性建筑开始兴起，佛教成为国内主要宗教之一，莲花纹样等诸多具有佛教艺术色彩的装饰纹样开始成

---

① 王子今. 中国古代的外来文明[J]. 月读，2015（3）.

为日常生活器具中的主要辅助纹饰等,这些都与中华民族的不断融合,成为中华文化历史上璀璨的遗产。

(该文与孙韵靖合作,发表于《海上丝绸之路:陶瓷之路景德镇陶瓷与"一带一路"战略国家学术研讨会会议论文集》,中国社会科学出版社2017年版)

唐人的理想宅第——从考古出土文物和唐诗谈起

隋唐盛世时，都城长安和宫殿建筑最能体现当时处于强国地位的隋唐朝廷俯视万邦，宏阔博大的气象。明末清初的顾炎武就曾敏锐地指出这一时期建筑恢宏雄阔的风格。他说："予见天下州之为唐旧治者，其城郭必皆宽广，街道必皆正直，廨舍之为唐旧创者，其基址必皆宏敞。"[①] 同样，盛唐气息在唐人追求的理想宅第中也得到印证。盛唐国泰民安，由于经济发展，社会财力雄厚，富贵之家都建造华美的宅第园林，追求舒适理想的宅第环境。但是唐末朱温拆长安东迁，千年帝都遭毁灭性打击，从此长安再也没有恢复"生机"。盛唐长安大明宫残墙断壁，含元殿荒草萋萋。帝王之宅如此，贵族宅第更是荡然无存。唐长安贵族的华美宅第也就封存于文献古籍，偶尔出土的文物或多或少能找到一些旁证，让今人能感觉到盛世唐人的影子，体会到盛唐士人的品位。

一、文物和唐诗中的唐人庭院

从文献记载和考古文物数据看，隋唐时期的贵族宅第虽有富贵等级的不同，但其基本格局都差不多，即采用有明显中轴线和左右对称的平面格局。1959年陕西西安中堡村唐墓出土，现藏于陕西历史博物馆的一套三彩住宅模型器就符合这一布局[②]（见图一）。这套完整精美的四合院式建筑群，共十二件，其中房子九座，亭子二件，大小各不相同。最大的一座为歇山式屋顶的大殿，顶为绿釉，下面两层人字形斗拱，斗拱出跳深远，尺度雄壮，屋角起翘配以彩绘的四壁，给人以沉稳壮丽的感受。另一庑殿式屋顶中殿，无斗拱，与大殿相比，结构简单朴实，其余为悬山式屋顶的六座小殿及一门坎通道式大门，

---

① 参见：顾炎武所著《日知录》卷一十二《馆舍》。
② 陕西省文物管理委员会. 西安西郊中堡村唐墓清理简报[J]. 考古，1960（3）.

均为绿釉屋顶、朱色门窗等，显得紧凑精巧。另有四角攒尖方亭和八角攒尖圆亭各一座，造型较为活泼随意。整个建筑以中轴线为对称布局，由南到北分别排列着大门、亭、中堂、后院、正寝、东西两厢各三处廊屋，以及后院中的假山池，构成一个完整的严整而疏朗的封闭式建筑群。1994年长安县灵沼乡一唐墓也出土一套三彩邸宅模型，现藏于西安市文物考古所。[①] 整套由院门、中室、后门、左右三厢房组成。院门外有两拱手而立的门仆，院内散落狗、鸭、猪等陶俑。这种住宅院落模型在山西长冶唐墓中也有出土。1964年山西省长冶唐墓出土一套陶院落，由院门、中堂、前室、后寝、东西厢房和侧室等组成。事实上，唐人宅第比这些模型所显示的住宅稍微复杂一些的就有二个院子，或多重院落组成。敦煌唐壁画中显示的唐人院落是主院方阔，四周均以廊屋环绕，前院与主院之间的门称中门，大门和中门多有门楼，院侧有马厩等附属建筑。其结构多为四合院布局，或多些园池亭台。中堡村唐墓的三彩住宅模型正如发掘者所描述的是墓主生前豪华的宅第再现，也是中古时期建筑的典型代表，是当时流行的住宅样式的缩影。

图一

唐人的这种四合院式建筑布局在唐诗中也多次提到。韩愈在都城长安生活三十年后，在靖安里有一处自己的住宅，兴奋之余，在《示儿》诗中抒发当时心情，就对住宅布局有所描写：

始我来京师，也携一束书。辛勤三十年，以有此屋庐。

---

① 长安博物馆. 长安瑰宝（第一册）[M]. 北京：世界图书出版公司，2002.

此屋岂为华，于我自有余。中堂高且新，四时登牢蔬。
前荣馔宾亲，冠婚之新于。庭内无所有，高树八九株。
有藤娄终之，春华多阴敷。东堂坐见山，云风相吹嘘。
松果连南亭，外有瓜芋区。南偏屋不多，槐榆翳空虚。
山鸟旦夕鸣，有类涧谷居，主妇冶北堂，膳服适咸疏。
思封高平君，子孙从朝裾。①

诗中提到有中堂、东堂、南亭、南偏屋、北堂，庭内等，表明庭院的东、南、北三面都围有屋宇，"东堂坐见山"，即大门朝西，再加上大门的庑舍，显然是一所典型的四合院。

二、唐人庭院的功用

唐人的这种四合院落式布局，在大门外一般设有门屏。门屏起着遮栏门内景况的作用，一般高约2米。客人来访，首先被挡在门屏处，门童传报许可后入内。门屏过后是大门，大户人家的大门颜色多涂为朱红，故有杜甫"朱门酒肉臭"的著名诗句。进了大门后是中门，中门外设有叫门馆、宾馆等外舍一类建筑，供客人小憩。远道来访者被接待但未被主人接见时，须在中门外客舍内住宿。唐秀才孙恪在洛阳访一大宅，见"中侧有小房，帘帷颇洁，谓伺客之所"，就是指这种门馆。进入中门一般是个庭院，有大有小。穿过庭院，就到了住宅主要活动场所的厅堂。厅堂又称"中堂"，是招待客人的地方。一般来说，客人多在厅中小憩，即如更衣、喝茶之类，只有到一定时候，够一定资格才能上堂去见主人。主人也多在厅堂上摆宴待客。由于中堂是宴请客人的场所，是住宅的门面，所以当时唐人宅第最好的地方就是中堂。看一大户人家是否富贵，就看他家中堂修得如何。武则天宠臣张易之宅第的中堂，规模壮丽，所谓"红粉泥壁、文柏帖柱、琉璃、沉香为饰，用钱数百万"②。贵族马璘宅第的中堂因豪华而导致士庶争相参观，乃至被皇帝勒令拆除，可见其豪华程度。《旧唐书·马璘传》中记载："璘之第，经始中堂，费钱二十贯……士庶观其中堂，或假称故吏，争往赴吊者数十百人……（德宗

---

① 参见：《韩昌黎全集》卷七《古诗》。
② 参见：（唐）张鷟所著《朝野佥载》卷六。

仍诏毁璘中堂。"中堂之后就是一家人居住的卧室，或堂之东西间甲作卧室。堂屋左右是厢房，为亲属或仆人居住处，或用作厨卫之所。故唐人宅第的门、厅堂、寝室、廊屋就构成一套住宅的最主要部分。所以当时人形容大官僚的住宅就是"朱门素壁""环廊曲阁""中堂高会"等词。

唐人的四合院宅第建筑一般都占地 3 亩左右，相当于近 2000 平方米，而由若干院落组成的住宅占地就更多。《明皇杂录》记载杨贵妃的姐姐虢国夫人强夺韦嗣立住宅，然后"授韦氏隙地十数亩"，让他们另盖新宅。唐宪宗时贵族程执恭家在长安靖安里，因旧宅太小，被"赐地二十亩，令广其居"[1]。此外郭子仪"宅氏（长安）亲仁里，居其里四分之一。中通永巷，家人三千"[2]。而唐魏王李泰住宅更大，面积占长安城一坊之地。

唐人理想宅第中还有一些其它设施，如园林、楼阁等。中堡村三彩宅第模型中，后院的八角攒顶式圆阁亭就是供主人闲憩小坐之用。另唐河间王之子李晦"私第有楼，下临酒肆"[3]也是一例。更大的住宅内甚至有击毬游戏场所。《干月巽子》就曾记载太尉李晟想吞并邻居宅屋建一个击毬之所一事。另唐人宅第内壁墙上装饰有奏乐图、骏马图等壁画，其它厅堂内大都装饰在屏风或帷帐上。

三、唐人庭院中的园林手法

唐代园林特别是私人园林较前代有很大发展，许多官僚贵族都在自家或别墅内穿池堆山、树花置石、构山激水，将自然景观浓缩于自家宅院之中。中堡村出土唐三彩宅第模型中假山池就集中反映了唐人浓缩的"壶中天地"的园林思想（见图二）。

---

① 参见：《旧唐书》卷一百四十三《程执恭传》，3905 页。
② 参见：《旧唐书》卷一百二十《郭子仪传》，3467 页。
③ 参见：《旧唐书》卷六十《宗室传·河间王孝恭》，2350 页。

图二

三彩假水池突出地表现了中国古典园林的迭山技术。三彩假山的山势陡峭，层峦迭嶂，山间飘着云朵，表示山峰高耸，直插云端，满山施翠。山腰有两双鸟儿栖栖，静中有动，有空山回声之感。三彩假山引人瞩目的不仅是山石诡状异彩，而且还有它们与建筑、池水间较之以前更精密的艺术组合。唐人已能在极有限的庭院空间内迭造出起伏断续的复杂山体，并与水体、花木组合在一起，表现出自然山野的气息。山体造型的日渐丰富并且具有深远的空间层次和复杂的空间关系，从而大大提高了山体的景观价值，使士人园林崇尚自然的美学原则得以充分实现，正如隋代岑德润咏园山曰："当阶耸危石，殊状实难名。带山疑是兽，侵波或类鲸。云峰临栋起，迷影入檐生。"[①]因圆山迭石似兽类鲸，故求得"殊状实难名"的形态。事实上，有唐一代，唐人宅第中迭石为山非常普遍，山体形态变化更丰富。与水体、花木等待景观的融汇也更自然和谐，如太平公主的园山："其为状也，攒怪石而岑岑。其为异也，含清气而莆琴……其乐则峰崖刻划，洞穴萦回……[②]"又义阳公主园中有"攒石当轩倚，悬泉度牖飞"之景。可知唐人宅第园林中石山，石壁与水体结合。其迭石的普遍好尚和艺术手法的成熟，是魏晋以来形成的"雅

---

① 参见：岑德润的《赋得临阶危石诗》之《先秦汉魏晋南北朝隋诗》卷五。
② 参见：宋之问的《太平公主山池赋》之《全唐文》卷二百四十。

好泉石"之风发展的结果。

三彩假山水池突出表现了中国古典园林的理水技术。三彩假山下面一泓水池，山带水，水映山，以尺寸之波尽显沧溟之势，突出反映了唐人构筑人工水体的处理技术。唐人择宅建园时已经充分注意到周围天然水体形态的优劣。杜甫有诗曰："野志篱离江岸回，柴门不正逐江开。"[1]即是例子。对人工水体的构筑则是唐人在理水技术上的进步。唐太宗曾给大臣许敬宗家小池诗曰："引泾渭之余澜，萦咫尺之方塘，……迭风纹兮连复连，折回流兮曲复曲。"[2]许敬宗也记自家池曰："爰凿小池，依于胜地，引八川之余滴，通三泾之洋泌，……尔其潺潺绕砌，潋滟萦险。"这些诗文对园池的环境、规模、水源、水体之迂曲，池在庭园间的位置及其建筑的组合关系都做了详尽的介绍，说明唐人已充分注意到理水的复杂艺术。事实上，唐代贵族宅园的理水艺术日渐成熟，且普偏具备了这种要求和能力。唐诗人卢照邻就"买园数十亩、疏颖水周舍"[3]。杜甫在叙述自己和时人的水体营构时也说："道北冯都使、高斋见一川。子能渠细石、吾亦沼清泉。"[4]可见唐人对宅园的人工水体的经营也颇具匠心。

三彩假山水池反映唐人园林的景观组合思想。在中国古典园林中，众多景观间的组合艺术比某一局部景观的塑造占有更重要的地位。而崇尚山水的自然美又是士人园林的基本原则，三彩假山水池就在"壶中"狭小的空间内再现自然山水千变万化的形态。其构景之致，巧妙地将置石、迭山、理水，养莳花木、山间飞鸟等浓缩于"方壶"之中，从而在里面真的造出了一个自然的大千世界。唐人的士大夫也就可以耽心于"壶中"狭小表现空间内，独得其趣和创作技巧。峰峦起伏、意态万千的假山，虽才高二三米，确具有磅礴势态和丰富的形态变化，能使人体会到"势若千万寻"的意趣。故也无需"五岳寻仙不辞远，一生好入名山游"[5]。所以郑谷《七祖院小山》云："小巧功成雨藓斑，轩车日日扣松关。峨眉咫尺无人去，却向僧窗看假山。"[6]即

---

[1] 参见：杜甫《野志》之《杜诗详注》卷九。
[2] 参见：《小池赋》之《全唐文》卷四。
[3] 参见：《新唐书·卢照邻传》，5739页。
[4] 参见：杜甫的《自瀼西荆扉见移居东屯茅屋四首》之三，《杜诗详注》卷二十。
[5] 参见：李白的《序山谣寄卢侍御虚舟》，《李太白全集》卷十四。
[6] 参见：《全唐诗》卷六百七十三。

使那擅天下之秀的峨眉山近在咫尺，也无一临其巅的必要。同样，理水技术的进步，使得山景与水景相互渗透和融合，二者相互深融，达到"沧溟于方寸之间"的效果。晚唐诗人方干《路友使小池》云："广狭偶然非制定、犹将方寸侬沧溟。"①就生动地表现了唐人对水体自然形态的刻意追摹与"壶中天地"的园林格局的互为表里情节。三彩假山池的层峦高耸的群山，满山施翠，山下碧水盈盈；山腰双栖飞鸟，山下对鸟饮水，整个一幅和谐自然之态。同时缀停于假山之巅和池边的群鸟成为人们新的审美对象，与人融洽地共处一个艺术天地之中，点缀着、充实着园林之美。正如东晋简文帝入华林园有"觉鸟兽禽鱼，自来亲人"之感。②整个作品天人合一，充满蓬勃生机，再现了大自然的壮美之景。

总之，中堡村唐墓三彩宅第模型，是唐人理想宅第的典型缩影，同时反映唐人宅园构景技术的进步，从而提出了中国古典园林后期的基本空间原则。唐墓中三彩宅第模型以丰富的艺术手段全力将唐人理想宅第运用于具体创作之中，同时也为后来的宋人在"壶中"天地构建起无比精美的园林景观体系奠定了基础。

（该文发表于《论唐代城市建设》论文集，陕西人民出版社2005年版）

---

① 参见：《全唐诗》卷六百五十一。
② 参见：（南朝）刘义庆之《世说新语·言语》。

十二生肖文化漫谈

2013年北京房山长沟唐代刘济大墓考古成果发布，其中刘济夫人张氏墓志尤为突出，在青石质的志盖表面装饰精美，文吏怀抱十二生肖造型形象浮雕色彩鲜艳，栩栩如生。北京文物研究所考古专家认为，此大型彩绘浮雕十二生肖描金墓志，在目前发现的唐代墓志中全国仅此一例，实属罕见。事实上，在中国各地的考古活动中，发现了为数不少的十二生肖文物，本文有重点地梳理了中国古代十二生肖文物种类、特征等，基本上了解与文物有关的生肖文化。

一、十二生肖文化起源

众所周知，十二生肖即是十二属相，其名称及顺序为：鼠、牛、虎、兔、龙、蛇、马、羊、猴、鸡、狗、猪。这十二种生肖动物往往与十二地支相配属，用以定人生之年所属动物。十二地支的名称及顺序为：子、丑、寅、卯、辰、巳、午、未、申、酉、戌、亥。而十二种动物与十二地支相结合的纪年则为：子鼠、丑牛、寅虎、卯兔、辰龙、巳蛇、午马、未羊、申猴、酉鸡、戌狗、亥猪。也就是说，古人命定十二生肖是为了配和天干、地支纪年。每一年是某一生肖年，十二年一个轮回，因此根据农历来计算，每个人都有自己的属相，如鼠年属鼠、牛年属牛等。

关于十二生肖文化起源，目前大多数的学者认为，最早起源于中国，是华夏先民动物崇拜、图腾崇拜以及早期天文学的结晶。此结论在早期文献有所记载，同时也为考古出土材料所证实。

追溯十二生肖的文献历史，早在《诗经》中就有相关的记载。《诗经·小雅》："吉日庚午，既差我马。"意思是庚午吉日时辰好，是跃马出猎的好日子，这是将午与马相对应的例子。可见在春秋前后，地支与十二种动物的对应关系已经有初步对应和流传。到东汉时，王充在《论衡·物势》中记载：

"寅，木也，其禽虎也；戌，土也，其禽犬也；丑，其牛；水禽羊也……亥，水也，其禽猪也；巳，火也，其禽蛇也；子，亦水也，其禽鼠也；午，亦火也，其禽马也……酉，鸡也；卯，兔也；申，猴也。"此外，《论衡·言毒》中也有记载："辰为龙，巳为蛇，辰巳之位在东南。"及至南朝时，沈炯还作了《十二属诗》："鼠迹生尘案，牛羊暮下来。虎啸坐空谷，兔月向窗开。龙显远青翠，蛇柳近徘徊。马兰方远摘，羊负始春载。猴栗羞芳果，鸡拓引清杯。狗其怀物外，猪虫窗悠哉。"这是文献中最早完整记载十二生肖的材料。

在十二生肖起源的考古资料中，也有相关的文献出土。如睡虎地秦简《日书·盗者也》中记载："子，鼠也，盗者兑口……丑，牛也，盗者大鼻……寅，虎也，盗者壮……卯，兔也，盗者大面……辰，盗者男子，青赤色……巳，虫也，盗者长而黑……午，鹿也，盗者长颈……未，马也，盗者长须耳……申，环也，盗者圜面，酉，水也，盗者而黄色……戌，老羊也，盗者赤色……亥，猪也，盗者大鼻而票行……"此外，天水放马滩秦简《日书·亡盗》记载："子，鼠矣，以亡盗者中人取之……丑，牛矣，以亡其盗……寅，虎矣，以亡盗从东方入……卯，兔矣，以亡盗从东方如，复从出……辰，虫矣……巳，鸡矣……午，马矣……未，羊……申，猴者，盗者从西方…酉，鸡矣，戌，犬矣，尔在贵薪蔡中，亥，猪矣……"

从以上秦简中的十二生肖不难看出，虽然其与今传生肖不尽相同，却已基本完整，由此可见，十二生肖的配属在先秦时期已基本成形，远比文献记载要早。秦代的典籍虽没能记录十二生肖，但是流传民间的《日书》却已列出较完整和成熟的生肖，同时我们也可看出，秦代的十二生肖文化起点低，基本上是扎根于民间生活，流行于社会底层，用来描素盗者长相或方向的作用，主要是相面占卜的性质。湖北睡虎地和甘肃天水放马滩两处秦简发现地一南一北，相距甚远，说明当时十二生肖已广为流传。

二、十二生肖俑

十二生肖自其起源之时，就被视为是人们祈求安康、寓意永生的象征。随着历史的发展，十二生肖也沉淀了深厚的文化内涵，且不断渗透到社会生活中的各个方面。到隋唐时期，十二生肖文化已经有上千的历史了，此时的十二生肖进入了繁盛期，其文化内涵形式表现在墓葬中的随葬品中尤为突出，在这一时期墓葬中出土的生肖俑、墓志、壁画等形式的文物中都较为常见。

从目前考古出土的实物来看，十二生肖俑从北朝时期开始出现，在隋唐时期达到高峰时期，辽宋之后逐渐衰弱。隋唐时期的十二生肖俑多为陶质，胎质多为灰陶、红陶，也有个别铁质、石质、瓷质的。宋代瓷质的生肖俑增多。其中十二生肖俑以隋唐、宋墓葬中的出土物多见，这在当时是最为常见的随葬品之一，这一时期，无论是帝王将相，还是黎民百姓，都可随葬十二生肖俑，并有着一定的等级丧葬制度。从众多生肖俑的实际情况看，十二生肖俑可分为三大种类：写实动物俑、兽首人身生肖俑（分为坐姿或站姿兽首人身生肖俑）和人物带生肖俑。其中人物带生肖俑又可以分动物足攀在人俑头上和人物手捧生肖俑，其姿态有的是立姿，有的为坐姿。

1. 写实动物俑

写实动物十二生肖俑表现为写实的生肖动物，这是生肖俑最初的形象。早在北朝的山东地区就开始出现，到唐宋时，在河南一带有零星的发现。这些写实动物生肖俑有的带龛台或底座，有的仅手制，形制粗略。目前发现最早的生肖俑则是山东临淄北朝崔氏墓M10出土的陶生肖俑，为写实动物，蹲距于莲瓣形龛台上，有虎蛇马猴狗及生肖已失的龛台各一件，高约21~23厘米。

2. 兽首人身生肖俑

兽首人身生肖俑的表现为头部是生肖动物，身体是人像，着交领或圆领长袍，宽袖或窄袖，双手拱手于胸前。主要流行于隋朝至南宋，尤其在唐代时发现众多，这在当时是生肖俑中最常见的形象。此外，在湖南、湖北、四川、福建、江西、江苏、河南、陕西、辽宁和北京均有发现。兽首人身生肖俑可分为坐姿、站姿两式。

（1）坐姿兽首人身生肖俑流行于隋至初唐，主要发现于湖南、湖北地区，四川、江苏、山西也有发现。质地多样，多为彩绘陶，也有青瓷制成。典型形象为：兽首人身，着交领宽袖长袍，袖长及膝，生肖俑双手拱于胸前，盘坐或跪坐，兽头昂首平视。

（2）站立兽首人身生肖俑以辽宁朝阳黄河路唐墓为早，在盛唐至中晚唐时，在陕西、河南、两京地区及江苏一带盛行，到五代宋时仍流行，但流行地区为福建、四川、江西等（见图一）。

图一　兽首人物俑

站立兽首人身生肖俑表现为兽首人身，着交领或圆领，宽袖或窄袖长袍，双手拱于胸前，站立姿势。唐开元天宝年间，陕西、河南地区墓中大量使用站立兽首人身生肖俑。盛唐时，陕西地区出现同一墓中高矮形制不一的生肖俑，即贞元十一年（792年）西安西昌县令夫人史氏墓，鼠、牛、蛇、鸡生肖俑站立于圆形底座，底座较高，俑的脖领相对粗短，其余几件底座甚矮，衣坠地。此时，帝陵中也发现有生肖俑，陕西礼泉宝应二年（763年）唐肃宗建陵中的生肖俑，是目前北方地区最早的持笏生肖俑，也是目前发现唐代帝陵内城门外放置生肖俑的首例。到晚唐五代时，仅江苏、福建地区有少量出土。宋时，以四川地区为多，且服饰多样，均立于台座上。江西地区也有少量出土，如江西德兴县香屯宋绍定庚寅年（1230年）夫妻合葬墓墓，生肖俑着大荷叶圆领宽袖，脖短，背稍弓。

3. 人物带生肖俑

人物带生肖俑以文臣形象为主，生肖仅以较小的动物像点缀于人物的不同身体部位，因此，又可按部位的不同分为人物怀抱生肖俑和人物头顶生肖俑，姿势又有坐姿与站立之分（见图二）。

图二　湖南岳阳桃花山初唐墓出土生肖瓷俑

（1）人物怀抱生肖俑，即为生肖动物位于人物胸前，作为文官俑怀中捧物。坐姿人物怀抱生肖俑（人物着宽袖长袍，高冠，盘坐，怀中捧生肖动物）。如湖北武汉周家大湾241号隋墓，生肖俑为盘坐文臣像，双手怀抱生肖动物，生肖动物较大，刻画细致，这是目前所见最早的人物带生肖俑。坐姿人物怀抱生肖俑仅于湖北隋初有发现，此后各地均无发现。站姿人物怀抱生肖俑从五代时开始出现，流行于宋代，在安徽、江西、四川、湖北等地有所发现。其表现为人物着交领或圆领宽袖长袍，戴冠，人物怀抱生肖动物站立。如江苏邗江蔡庄五代墓出土的文臣俑，戴幞头，宽袖大袍，怀抱生肖动物，站立于方形板。

（2）人物头顶生肖生肖俑，即为生肖动物位于人物头顶，按姿势可分为坐姿、站姿。也有的仅发现生肖俑头。坐姿人物头顶生肖俑，仅于隋初湖南及南宋陕西有少量发现，有传统的盘坐姿态，如湖南湘阴县隋大业六年（610年）出土的生肖俑，人物微笑，高冠，着对襟大袖佛服，生肖动物后足踏在俑的双肩，前足攀在俑的帽沿上，人物拱手胸前无持物，盘坐于莲花座上。站姿人物头顶生肖，流行于辽至南宋，在北京、四川、江西、广东、福建地区均有发现。站姿人物头顶生肖俑的形象均为文臣着大袖宽袍，袍至膝下，露出靴头，人物持笏拱于胸前，生肖动物位于人物高冠上，如：四川蒲江五星镇宋墓生肖俑，头戴方冠，站立于方形台座上。

图三　宋代青白釉褐彩生肖俑（江西省博物馆藏品）

综上所述，十二生肖俑的发展大致呈现出以下特点：北朝时期主要流行写实动物生肖俑。北朝山东地区出现的写实动物生肖俑制作已经较为成熟，说明生肖俑出现时期还可往前追溯。隋朝至初唐时期主要流行坐姿兽首人身生肖俑，同时出现坐姿人物怀抱生肖俑和坐姿人物头顶生肖俑。这阶段各型生肖俑共性较多，如均为坐姿，发现地区多见于南方地区（两湖地区、四川、江苏），其中以坐姿兽首人身生肖俑最流行，其余较少。盛唐至中晚唐时期，以站立兽首人身生肖俑为主要流行，并有少量坐姿兽首人身生肖俑。这个阶段生肖俑姿势有所改变，由坐姿变为站立，第一阶段盛行的两湖地区已不见生肖俑，而辽宁、北京、陕西、河南开始大量流行。五代至辽、宋时期主要流行站立兽首人身生肖俑和人物带生肖俑。这个阶段生肖俑的形态发生了很大变化，由坐姿变为站立，主要流行于南方地区（江苏、安徽、四川、江西）和北方地区的北京、河北等地。其中服饰也有一些变化，由前两个阶段的交领宽袖为主变为圆领宽袖或圆领窄袖为主。

三、十二生肖墓志

十二生肖墓志是生肖文物另一类较为多见的文物，主要见于隋唐墓葬出土的墓志中。整体来看，生肖作为墓志纹饰表现出丰富的形象，可分为以下三大种类。

1. 写实动物生肖墓志写实动物生肖墓志的表现为生肖动物的真实形象刻于墓志上。这是生肖墓志的最初表现形式。主要流行于隋至中晚唐，北宋时仍有零星发现。目前能见到的最早的生肖墓志是陕西咸阳底张湾出土的隋开皇十五（595年）段威志，志石四侧边阴线刻生肖动物，每边三个，壸门分格子上午下顺时针排列，动物呈奔跑状，线条较简略。写实动物形象通常以壸门、缠枝花环、单（双）线、花朵、圆圈分格置生肖，对每个生肖动物进行分区，动物在其中或站立或行走，充分体现了每种动物的特性。格内常饰以水波纹、云纹、花朵纹等

2. 兽首人身生肖墓志兽首人身生肖墓志的表现为生肖动物头部与人像身体相结合，兽首与人身共同组合成半人半兽的神化形象。着交领或圆领长袍，宽袖，双手拱于胸前，坐或站立，一般阴刻于墓志志石四侧或志盖四刹。流行于盛唐至中晚唐，延续到辽朝。又分为坐姿和站姿。

（1）坐姿兽首人身生肖墓志，其坐姿又包括跪坐和盘坐。本文中将腿部能见双膝靠拢的生肖归于跪坐，其余藏于衣中不见腿者归于盘坐。墓志中兽首人身生肖跪坐、盘坐均有，且不具有年代意义。坐姿兽首人身生肖墓志流

行于盛唐至中晚唐，主要发现于陕西地区，典型特点为：以壸门分格置生肖，格内饰云气纹，生肖为兽首人身，兽头向左偏，身体亦随头左偏，呈侧视图，着交领宽袖大袍，袖长及地，双手拱于胸前。多刻于志石四侧，志盖饰四神。

（2）站姿兽首人身生肖墓志，多见于北京、四川和河北地区，在盛唐至中晚唐少量出现，后几乎不见，辽代有少量发现。服饰姿态与坐姿兽首人身区别不大，亦为宽袖大袍，由于站立姿势，袖稍短，位于脚以上，露出如意靴头，生肖头偏左，拱手于胸前，最初无持物，后出现持物。双线分格，格内无饰纹，多刻于志盖四刹，四角饰花纹。

图四　辽阳赵匡禹墓志盖十二生肖像

3. 人物带生肖墓志的表现为文官形象，生肖动物点缀于人物身上，又可按生肖动物所在部位分为人物怀抱生肖、人物头顶生肖两个类型，流行于晚唐至辽。人物带生肖墓志首先以坐姿人物怀抱生肖出现于元和九年（814年），山东地区，稍后不久在北京出现了人物怀抱生肖的站立姿态。此后坐姿人物怀抱生肖不再看到，多为站姿，流行于（852—878年）北京地区。人物怀抱生肖于胸前，多刻于志盖。

（1）人物怀抱生肖墓志人物为文官像，着交领大袖宽袍，头戴进贤冠，生肖动物位于人物胸前。其姿势有坐姿和站姿之分。坐姿人物怀抱生肖墓志，目前发现较少，如元和九年（814年）山东王斌墓志，无分格，无底纹，大袖宽袍，刻于志盖四侧。站姿人物怀抱生肖墓志，以北京地区为主，前文我们所提到房山刘济大墓出土文吏怀抱十二生肖描金墓志就是其中一例，文官像人物着大袖宽袍，袖长至膝下，露出靴头，人物头戴冠，均刻于志盖四侧。

（2）人物头顶生肖墓志在陕西地区较早出现新一类型即人物头顶生肖墓志，也可分为坐姿和站姿，坐姿为早，站姿较晚。坐姿以陕西地区为主，多刻于志石上。人物持笏坐于底板上，这在五代河南地区也有出土。站姿流行于辽代，主要发现于辽代山西、内蒙古、辽宁地区，开泰七年（1018年）内蒙古陈国公主墓志。人物为文官像，着大袖宽袍，头戴插笄高冠，双手持笏拱手于胸前，生肖动物位于人物头顶高冠中，作为冠饰。壸门、花纹分格或无分格，多无底饰纹。

图五　辽天庆七年（1117年）河北宣化 M2 张恭诱墓十二生肖图

从以上墓志可以看出，在晚唐时，站姿怀抱生肖与坐姿头顶生肖代表两个地区生肖墓志的传统。前者代表北京，当时唐代边塞地区，后者代表陕西京畿地区。后来辽代北方地区则流行站姿头顶生肖。

纵观十二生肖墓志的发展历程，隋朝至初唐时期流行写实动物形象墓志。在陕西、湖北、河南、广东、山东均有发现。盛唐时期以兽首人身墓志为主，坐姿与站姿均有，尚存少量写实动物墓志。此时首先在陕西地区出现兽首人身生肖墓志，坐姿。随后北京、四川地区也开始流行兽首人身墓志，但多为站姿。中晚唐至五代时期新出现人物带生肖墓志，与兽首人身墓志并行发展。其中陕西地区的人物头顶生肖墓志（坐），同时大量流行兽首人身墓志（坐），而北京地区则较为流行站姿人物怀抱生肖墓志。辽、宋时期则以人物带生肖墓志为主，此时，曾大为流行的兽首人身已很少见，只有北京地区有少量兽首人身（站）。

四、十二生肖壁画

在众多十二生肖文物中，生肖壁画也是其中一较为特殊类型。在北朝至辽宋时期的墓室壁画中也能看到数量不少的十二生肖壁画。总体来看，十二生肖壁画也可分为写实动物壁画、兽首人身壁画和人物带生肖壁画三大类。

1. 写实动物壁画

生肖作为壁画装饰内容以山西太原北齐武平元年（570年）娄叡墓为早，这也是目前所见最早的生肖形象。墓室上栏一周描绘十二生肖动物图，按正北为鼠，正东为兔顺时针排序，高1米，残长4.3米，仅残留鼠牛虎兔，中间各绘二神兽围护，并与四神、雷公等祥瑞与天象图组合。写实动物生肖壁画目前仅发现山西娄叡墓处，可见写实动物生肖壁画在北齐时已较为成熟。

2. 兽首人身生肖壁画唐代时被零星发现，如陕西高力士墓，宝应年间（762—763年），分屏置之，东西两壁分为六屏，165厘米×60厘米，十二屏内分别绘兽首人身生肖，着交领宽袖长袍，持笏，头顶仙鹤、祥云。推测东壁北端为子，向南顺序排列。

3. 人物带生肖壁画均为站立姿势，按生肖所处人物部位，可分为两种类型：

（1）人物怀抱生肖人物身着交领宽袖朝服，手中捧持生肖动物于怀中，头戴冠，多为浮雕壁画，绘于墓室壁，壸门或庑殿顶屋檐边框分格，内置人物，均为顺时针排列。主要流行于五代河北、浙江地区。如五代河北王处直墓，庑殿顶屋檐边框，鼠人物左手持戟，右手捧鼠，鸡人物左手持棍，右手捧鸡。浙江地区生肖壁画后室同出星象图。如浙江杭州临安M26，浙江临安吴越国康陵均壸门分格。人物戴小冠，露靴。康陵生肖俑人物面部表情各异，且上部有四神，下设生肖，生肖与四神对应位置如下：青龙——子鼠；白虎——午马；朱雀——卯兔；玄武——酉鸡。

（2）人物将生肖动物顶戴于头顶冠上。此流行于辽代北京、河北、辽宁等北方地区，宋时流行于福建。辽代常见圆形墓室，穹隆顶，人物带生肖绘于穹隆顶最外层与二十八宿或黄道十二宫相结合。以辽天庆七年（1117年）河北宣化M2张恭诱墓为例，人物小圆冠，生肖位于头顶。生肖与黄道十二宫、二十八宿相结合，对应如下：子——女、虚、危宿——宝瓶宫；丑——斗、牛宿——摩羯宫；寅——尾、箕宿——人马宫；卯——氐、房、心宿——天蝎宫；辰——角、元宿——天平宫；巳——翼、轸宿——室女宫；午——柳、星、张宿——狮子宫；未——井、鬼宿——巨蟹宫；申——觜、参宿——双子宫；酉——胃、昂、毕宿——金牛宫；戌——奎、娄宿——白羊宫；亥——室、壁宿——双鱼宫。宋时福建地区有少量发现，如福建尤溪麻洋宋壁画墓，人物交领宽袖端立于云头，持笏，生肖位于冠上，较特别的是人物头上方墨书对应地支文字。生肖形象目前所见在宋代壁画，仅见于福建尤溪。（图6）

综上所述，生肖壁画发展经历了北齐少量动物生肖壁画，此时生肖作为壁画首先在山西出现，已与天象、祥瑞组合。唐代少量兽首人身生肖壁画为站立姿态出现于陕西地区。五代流行怀抱生肖壁画，主要发现与河北浙江地区。特点为：壸门或庑殿顶屋檐分格，与出行、四神及天文星象同出。辽宋盛行人物头顶生肖壁画，以北京、河北、辽宁等北方地区为主，宋时福建有少量发现。

五、结语

除了以上提到的三大类主要的生肖文物外，唐宋铜镜中也有不少涉及十二生肖文化的内容，因其类别不同于上述三大类生肖文物，故本文暂不涉及。包括十二生肖俑在内的各种类别的生肖文物在隋唐至辽宋墓葬中大量出现，主要是其在墓中扮演镇墓性质。在隋唐墓葬考古中，十二生肖俑的摆放位置，一般会按地支顺序排列于墓室四周，或棺床四周角，东、南、西、北各3个，以鼠为始，以猪为终，按子南午北顺时针方向布置，旨在用它们轮流值班，守护墓主，南方地区常在墓室四壁设壁龛放生肖俑。《论衡·解毒篇》记载："宅中主神有十二焉，青龙、白虎列十二位。"《太平广记·朝野佥载》记载："则天如意中，海州进一匠，造十二辰车，回辕正南，则午门开，马头人出。四方回转，不爽毫厘。"宋代买地券："于黄天父，伯土母，十二神边买得前件亩田，周流壹顷，东至青龙，西至白虎，南至朱雀，北至玄武"。这些文献大致交代了十二生肖文物在隋唐辽宋墓葬中大量存在的一些原因。

总之，总结十二生肖文物的流行年代，大致呈现出以下发展现象。北朝时出现写实动物生肖俑；隋至初唐主要流行写实动物墓志、坐姿兽首人身生肖俑；盛唐出现站姿兽首人身生肖俑；中晚唐出现人物带生肖俑和墓志；辽宋金多为站姿生肖俑和墓志。

生肖文物的分布范围也并非自始至终处于稳定状态，不同时期会在不同地区有所扩张或收缩。从目前资料看，早期生肖文物并不多见，这一时期生肖文物处于萌芽阶段，仅在山东临淄北朝崔氏墓、山西太原娄睿墓等零星发现。

到了隋唐时期，生肖材料的流行地点发生变化，分布范围迅速扩张，进入生肖文化的高峰期。初唐生肖俑在湖南、湖北迅猛扩张，中唐之后生肖俑的分布范围也大为拓展，由原来集中的两湖地区向周围扩展到江苏、福建、四川等地，向北占据了整个两京地区，甚至波及到山西长治、辽宁朝阳等地。

进入五代，生肖文物的分布开始大大收缩，重心也开始转移。根据现有的考古材料表明，两京、两湖地区的生肖俑、生肖墓志已全面衰落。值得注意的是，此时江浙、福建等沿海地区成为生肖文物的一个新的分布区。生肖俑、生肖壁画都有所发现。

至辽、宋时期，在辽统治区，继续沿着晚唐五代的传统前进，生肖的繁荣不减。壁画中生肖的表现空间受到压缩，由墓室四壁被紧紧挤到墓顶天象图周围。此时南方江浙、江西、四川地区继续流行，但数量和质量上都逐步衰落。之后，生肖文物就逐渐消失，淡出人们的视野，这实际也是一种社会文化现象演变的结果。

（该文发表于《北京古都历史文化讲座》第二辑，北京燕山出版社2015年版）

无名才子多佳作
——近年考古出土宋元瓷器中的诗文辑录

考古资料就是一种出土文献,其价值是"立体的",而非"平面的";所提供的资料是整个学术界的,而非史学家独有。考古出土资料不仅为历史研究提供大量的新材料,同样也为文学等其他人文学科输出一手原始资料。[①]以宋元之际较为流行的民间"瓷器文学"为例,其不仅在宋金元之际的磁州窑瓷枕上大量存在,在当时的河南当阳峪窑、广东海康窑、福建磁灶窑生产的瓷器上都有不少诗文发现。这些宋元瓷器上的诗文是典型的民间文学,大多有着文体自由、表述直白的特点,是普通百姓真情实感的反映。其作者也多为无名的陶工艺匠,但其诗文内容也不乏佳作名篇,正所谓"无名才子多佳作"。特别是这些诗文不少为《全宋诗》《全元文》所未录,对将来相关文献补编甚有益处。本文主要收集近年来各地考古出土的宋金元时期的瓷器上的诗文三十首(均不见于《全宋诗》《全辽金文》《全元文》)整理录文发表,并用按语的形式对瓷器本身的状况及诗文相关问题略加说明,具体辑录如下:

1. 天津艺术博物馆藏一件绿釉划花如意头瓷枕[②],枕面开光内划书"咏菊"诗一首:"金钿小小贴秋丛,开向渊明醉梦中。不似南园桃共李,荣幸一一待春风。"

按:"幸"当是"华"之误。此枕为宋绿釉题诗陶枕,为北宋河南宝丰、修武等地烧制。枕面以双阴线作边框,框内行书题"咏菊"诗名。此诗以形象的比喻,渐入陶渊明"采菊东篱"的意境,通过与桃李的对比,表达了高

[①] *本文是 2009 年度教育部高校古籍整理委员会项目《考古文物中的古典文学研究》的阶段性成果。
有关出土文献与古代文学之间的关系,赵敏俐等先生多有论述。可以参见姚晓鸥主编的《出土文献与中国文学研究》,北京广播学院出版社 2000 年版。
[②] 田凤岭.天津新发现一批宋金时期瓷陶枕[J].文物,1985(1).

洁自傲、与世无争的人生追求，是一首托物言志诗。

2.《钜鹿宋器丛录》中记载1920年河北钜鹿宋代故城遗址出土的一件银锭形磁州窑白地黑花诗文瓷枕[①]，枕面黑釉书写一首七言诗："欲向名园倒此瓶，主人向客户长扃。何如柳下眠芳芳，报谷啼壶唤不醒。"

按：依内容释读，本诗颇多错字：疑"扃"当作"闭"，"芳芳"当作"芳草"，"壶"当作"呼"。诗意是说客人想到名园喝酒，担心主人嫌弃，不如用此枕在柳荫草地上美美睡它一觉，写出了酣畅的情绪、优美的意境。

3. 河北钜鹿宋代故城遗址曾出土一件宋代磁州窑题诗瓷枕[②]，瓷枕上有五言诗一首："久夏天难暮，纱幮正午时。忘机堪烛寝，一枕最幽宜。"

按：此诗出自陈万里《陶枕》所收录一宋代瓷枕上的题诗，讲瓷枕的妙用。其中"烛"字应为"昼"字之误。夏日炎炎，酷暑难耐，但若甘于清淡，以瓷枕就寝，即使正午白昼，亦能解暑入梦，存道家"忘机"之态，亦有李清照"玉枕纱橱"之境，令人心旷神怡。

4. 河北衡水市文物管理处藏一件宋代磁州窑八角形白地黑花瓷枕[③]，上有"夏景"五言诗一首："夏日景偏长，遥天转暑光。如人会消遣，何处不清凉。"

按：这首颇具广告宣传色彩的题枕诗，也准确地道出了瓷枕的妙用。古人谓瓷枕能清凉沁肤，双身怡神。北宋张耒有"巩人作枕坚且青，故人赠我消炎蒸。持之入室凉风生，脑寒发冷泥丸惊"的诗句，可见当时人们都喜欢用瓷枕来度过炎炎酷暑。"何处不清凉"一句，借用苏轼"乐哉无一事，何处不清凉"诗句意境，明晰畅快，达到了宣传效果。

5. 福建晋江市磁灶窑遗址出土一件瓷盆上有一首题诗[④]："三月当濂禁火神，满头风碎踏青人。桃花也笑风尘客，不插一枝空过春。"

按：此诗以寒食节为题材，描述三月寒食前后，春意暖人，陌上到处是踏青的人们，被风吹乱的蓬发都来不及梳理。烂漫的桃花似解人意，似乎也在嘻笑那些不懂得欣赏春景的风尘客：顾不上采摘一朵，就这样空把一个春天虚度！整个惜春的感叹跃然而出，写在这一爱美宣言的器物之上，自然会让使用者更加热爱生活，珍惜人生。

---

① 申家仁.枕上的诗情—论古代瓷枕诗词[J].九江学院学报(哲学社会科学版),2005(2).
② 陈万里.陶枕[M].北京：朝花美术出版社,1954：2.
③ 张国华.衡水发现的一方磁州窑诗枕[J].文物春秋,2007（2）.
④ 陈鹏,黄天柱,黄宝玲.福建晋江磁灶古窑址[J].考古,1982（5）.

6. 雷州市博物馆藏福建晋江磁灶窑宋元窑址中出土的一件瓷盆器物上，有题诗一首[①]："七十有三春，年来尚富先。山河无寸□，天地是何人。"

按：此诗抒发了作者"山河破碎"、"城郭人非"的亡国之情，从"山河无寸□，天地是何人"等句，可以悟出泉州沦落元朝统治后，南宋遗民们忧国感时的情调，与杜甫的"国破山河在，城春草木深"有同慨。

7. 广东海康宋代古窑址出土的一件莲蓬形黄釉瓷枕[②]，枕面再题小诗一首："枕冷襟寒十月霜，小窗闲放早梅芳。暗香入被侵人梦，花物依人乐洞房"。

按：此枕枕面中央开光内绘一朵盛开的莲花，周围衬托四朵莲蕊，寓意"两人同心"、"心心相连"。小诗描绘寒冬腊月，梅花怒放，小夫妻拥香入梦的新婚生活情景。良辰美景、花好月圆，与花纹一起表达了对幸福婚姻的美好祝愿。

8. 河南禹县扒村窑遗址出土一件白地黑花瓷盆[③]，上有一首五言诗："白日等闲过，青春不再来。窗前勤学早，马上锦衣回。"

按：该诗是一首劝学诗。或许是规劝孩童青春易过，时光不再，只有勤奋苦读，才能换得功名前程。这也表现了当时人们朴素的生活观，"学而优则仕"的观念引导着更多的读书人去求功名、耀门楣。

9. 故宫博物院藏金磁州窑白釉黑花诗文八角瓷枕，枕面写有小诗一首[④]："白日归深境，青山入胜远。何多明月轻，更知白云秋。"

按：自古感叹"白云秋"胜景的诗文不少，此诗用自己的意象：日归深境、山入胜远，明月轻轻，来组合成一幅"白云秋"图，体现出一种清风明月般悠然的心境。寓情于景、情景交融，读来宛若身在其中、心在诗中。

10. 秦庭棫私人收藏一方金代白地黑花长方形磁州窑诗文枕[⑤]，枕面开光内墨书七言诗一首："唐虞礼乐岁元新，齐鲁中书有大臣。泰和三年调玉烛，衣冠万国拜王春。"

按：此瓷枕底有"张家造"戳印。泰和三年为公元 1203 年，时金朝章宗皇帝完颜璟在位十四年。诗句反映了金朝当年举国欢庆新春的盛况场面。诗

---

① 陈鹏，黄天柱，黄宝玲 . 福建晋江磁灶古窑址 [J]. 考古，1982（5）.
② 申家仁 . 岭南陶瓷史 [M]. 广州：广东高教出版社，2003：92.
③ 刘庆庆 . 扒村窑瓷绘艺术研究 [D]. 开封：河南大学，2007.
④ 蔡毅 . 故宫藏瓷枕 [M]. 北京：紫禁城出版社，2002：33.
⑤ 范冬青 . 陶瓷枕略论 [M]// 上海博物馆馆刊（第 4 辑）. 上海：上海古籍出版社，1987.

文中提到金代"泰和三年",虽不是绝对纪年,但可作为此枕的上限断代参考。

11. 河北省文物研究所收藏金代磁州窑八角瓷枕①,上有五言诗一首:"远水千里□,残霞一线红。目前山尽处,依约两三重。"

按:此瓷枕有残,故缺字。宋代鲁交有《江楼晴望》"远水碧千里,夕阳红半楼"的诗句,或可补作"碧"。此诗乃一山水落日图。远水碧,近山重,残霞一线红,仿佛一诗人独立高楼,放眼长眺,景致壮丽,略感苍凉。或许诗人想到的是远水迢迢、千山阻隔,远方的亲人是否也在一同欣赏这凄美的残霞。

12. 某私人收藏一件金代磁州窑八角形磁枕②,上书"书斋残雪"诗一首:"风卷黄云暮雪晴,江烟洗尽柳条轻。帘前数片无人扫,映得书斋彻夜明。"

按:一幅书斋雪霁图。风、云、雪、烟、柳,组成一幅水墨丹青画,卷、洗、扫、映生成流动的音符,画中有歌,歌中有画。诗文趣意,贵在"柳条轻",奇在"无人扫",妙在"彻夜明",丝丝入扣,真乃无名佳作也。

13. 某私人收藏一件金代磁州窑诗文瓷枕,上有小诗一首③:"绿叶阴浓夏景幽,香风吹动玉帘□。纱窗睡起闲无事,日向斜杨下小楼。"

按:此瓷枕有残,故诗文缺字。此诗乃闺中怡情诗。身处夏日绿荫小楼,懒散小憩,无事空嗟叹,只有感慨白驹过隙,消磨情绪而已。一天天如此度过,感慨伤神,颇有婉约宋词的格调。

14. 河北省博物馆藏一件河北峰峰彭城窑出土的金代白地黑花海棠花形枕④,枕面开光内有行书四行,诗曰:"积取今世幸,后待子孙兴。愿福如春草,不种自然生。"

按:这枚枕上的书法颇具米芾韵味。纵笔随意稔熟,笔调清新厚朴,通篇流畅自然,强调纵势,但行与行之问又舒展开朗,不拘一格。字形也具有米芾书法那种左右摇曳的风姿。内容是一种祈愿,盼望子子孙孙福运绵延。

15. 磁州窑博物馆收藏的一件磁州窑出土的金代白地黑花腰圆形枕⑤,枕面用篆书写七言诗一首:"绣顶聚金不胜情,夏使瓷枕自凉生。清魂内入游仙梦,

---

① 马小青.宋元磁州窑文字枕概述及断代(下)[J].收藏界,2006(5).
② 同①.
③ 王兴.磁州窑诗词[M].天津:天津古籍出版社,2004:51.
④ 同③,68.
⑤ 赵丹.宋金元时期磁州窑瓷枕文化研究[D].中央民族大学,2011.

有象纱橱枕水晶。"

按：此诗描述瓷枕的清凉妙用。与上一则"久夏天难暮"异曲同工。值得称道的是，此诗运用了比喻与对比手法，无论是"绣顶聚金"，还是"游仙梦""枕水晶"，都使瓷枕的妙用更加形象生动。

16. 山西省考古研究所藏一方产于山西晋南窑的金代白地黑花椭圆枕[①]，上书七言一首："先生不面归何处，空锁藤花满院香。欲写姓名无纸笔，马鞭画破绿苔墙。"

按：此诗通俗，却饱含诗意。寥寥数语，把一个骑马拜访老友未遇、墙上留言遗憾而去的场景写得淋漓尽致。"空锁藤花"、"马鞭画破"，动静结合；无人自锁、马鞭作笔，富有诗趣，读来耐人寻味。

17. 故宫博物院藏一件金代磁州窑枕，上刻写有"咏瓜"诗一首："绿叶追风长，黄花向日开。香因风里得，甜向苦中来。"

按：此诗托物言志。绿叶随风，黄花向日，只有经历种种磨砺，才能脱苦得甜，富含生活哲理。清新的语言，形象的拟人，让人读来赏心悦目，更得一层深刻的教益。

18. 河北邯郸市博物馆藏一件磁县岳城水库出土元代长方形白地黑花枕[②]，枕面开光内墨书七言诗一首："常忆离家日，双亲拊背言。遇桥须下马，有路莫行船。未晚先寻宿，鸡鸣再看天。古来冤枉者，尽在路途边。"

按：邯郸市峰峰区文保所藏一件长方形磁州窑白地黑花五言诗枕，诗文内容与此一致。又临水县出土一件瓷枕上题："过桥须下马，有路莫行船。未晚先寻宿，鸡鸣早看天。"亦为同一类型。此类诗文属于典型的民间俗体诗，多为父母叮嘱远行孩子在外注意安全的题材，真乃"可怜天下父母心"。诗句语言朴实，一句"双亲拊背言"与唐朝孟郊《游子吟》有异曲同工之妙，读来感人至深。

19. 河北磁县博物馆藏1989年磁县城西南出土一件元代白地黑花磁州枕[③]，底部有"王家造"戳印，前墙书六言诗一首："山前山后红叶，溪南沟北黄花。红叶黄花深处，竹离茅舍人家。"

---

① 王兴. 磁州窑诗词[M]. 天津：天津古籍出版社，2004：41.
② 张子英. 生机无限磁州枕[N]. 文物报，2000-04-09.
③ 张文英. 河北磁县发现一座元墓[J]. 考古，1997（2）.

按：此诗中"竹离"应是"竹篱"之误写。此诗用词简约，意境深远。寥寥几语，就恰到好处地勾画出山居生活的自然美，好一幅山野秋居图。艺术上动静相映、情景交融，使本来互不相干的事物，在秋日清新的环境下构成了一个有机统一体。与马致远小令《天净沙·秋思》有异曲同工之妙。

20. 河北省博物馆藏一件元代磁州窑白釉酱彩诗句纹四系罐[1]，上有七言诗一首："落花时节水流香，送客归来笑一场。不锁草堂取乐去，野雀偷笔学提墙。"

按：诗文系罐腹部酱彩草书，书写风格与诗文格调一致。落花时节、送客归来，本来是一种悲凉的心境，但主人公不拘一格，居然大笑一场，洒脱处事。家中自娱自乐，不锁草堂，独自取乐，任鸟雀自由生活，浸淫其中，好不快活。

21. 上海博物馆藏元代磁州窑四系酒坛[2]，器腹部行草题诗一首："春阴淡淡片云低，才报江头雨一犁。转过粉墙无个事，倚栏闲看燕争泥。"

按：酒坛上一幅优美、恬静的春日待雨图。天气半阴半晴，获知江边刚下过雨，不知道这边的雨又何时来临？人们闲来无事，只好倚栏闲看燕子筑巢来打发时间。遐想中的生活美好，令人增添酒兴。真是何以消闲，唯酒畅饮。

22. 北京元大都遗址出土一件元代磁州窑白釉罐[3]，有"清净道德"四字题款，腹壁草书七言绝句一首："百草千花雨气新，今朝陌上尽如尘。黄州春色浓如酒，醉杀西园歌舞人。"

按：此诗置于古人诗集中也属佳作，诗味浓郁，意境鲜明：春日雨后，空气清新，百草萋萋，千花吐艳，陌上皆是踏青赏春的人。黄州的春色比酒还要浓郁，请看西园里欢歌载舞的人们啊，他们一个个兴奋得都好象喝醉了酒一样！这派迷人场景，自然引起饮者对坛中所盛美酒的渴望。这大概是"有闲阶级"的心理感受和生活写照吧。

23. 内蒙古自治区巴林左旗博物馆藏1992年内蒙古自治区赤峰市巴林左旗野猪沟乡出土的元代磁州窑白釉铁锈花诗文四系罐，腹部为一首题款为"上诰老"褐彩草书五言诗："岁序成摇落，深居避俗喧。尘埃从几席，书剑沿乾坤。把酒真聊耳，题诗孰共论。东林有高士，赖青过柴门。"

---

[1] 马自树. 中国文物定级图典：二级品 [M]. 上海：上海辞书出版社，1999：126.
[2] 范丽青. 试论元代制瓷业在我国陶瓷发展史上的地位 [M]// 上海博物馆馆刊（第一辑）.
[3] 龙宵飞. 简析元大都遗址出土的元代瓷器 [J]. 北京文博，2000（3）.

按：这是一首典型的田园诗。作者借酒发泄内心的感慨，或许又是位躲避世俗喧嚣的隐士，题诗潇洒自如，真是"诗以言志""其字如其人"。

24. 陕西省佳县文管处藏一件元代白釉枕[①]，刻划"黄河"诗一首："群领空山不段头，东南西北复还流。三穹穴聚鱼千只，九曲能行万里州。神后浪翻重后土，庙前波汲壮甫州。川运世界难阑截，也备江湖大海收。"

按：这是一首歌咏黄河的诗。疑"领"作"岭"，"段"作"断"，"州"作"舟"，"汲"作"及"，"甫"作"南"，"川"作"穿"，"阑"作"拦"，误字较多。该诗大有李白"黄河之水天上来，奔流到海不复回"之气势，可惜李白只是借黄河之水借酒助兴，而此诗则是直接写黄河的大气之作。

25. 2000年河北磁县观台磁州窑遗址出土的题诗方形瓷枕上，有一七言诗[②]："绘瓷作枕妙陶然，文质彬彬更可怜。片月花笼争日莹，块冰岚染履霜坚。夜横吟榻偏聊思，凉入黑甘分外便。寄语养亲行孝子，三庚凛凛不须扇。"

按："庚"当作"更"。诗文对磁州窑瓷枕赞美之情跃然脱出，描绘了绘画工整秀美的纹饰，能够与日光争辉的玉质釉面，宛如块冰、履霜般清凉的功能，枕用后无须扇子的美感，而且能成为孝子敬献父母养亲的最好礼物。

26. 河南当阳峪窑出土的三彩刻划诗文枕，有诗一首[③]："乾坤宽大养闲人，不管他人自管身。忽愿众家胜却我，莫交心行仿如人。"

按：这是一首题名为《咏自己》的自白诗。"忽"应是"勿"之误。从内容看，作者是一位富裕的有产者，追求富贵安逸的生活，但幻想永葆财富的奢望中有着狭窄的心胸，两者的鲜明对比，暴露了"自己"的市侩修养。

27. 河南当阳峪窑出土的一绿釉剔刻划诗文枕，一首名为"劝世"的小诗[④]："十度堪言九度休，于己无益亦无求。是非只为频开口，烦恼皆因强出头。"

按：这是一首劝言诗。后两句是民谚，劝人少说话，言多必失，劝人少出头，"枪打出头鸟"，这是传统儒家一贯宣传的中庸之道的集中体现。

---

① 潇湘，李建毛．瓷器上的诗文与绘画[M]．长沙：湖南美术出版社，2006（136）．
② 刘志国．磁州窑瓷枕诗情画意赏析[J]．陶瓷科学与艺术，2003（2）．
③ 张汝福．当阳峪窑的诗词文字书法装饰[J]．焦作大学学报，2006（4）．
④ 同③．

28. 广州西汉南越王墓博物馆藏一件磁州窑白地黑花叶形枕[①]，中间开光内书行楷四行五言诗："在处与人和，人生得己何。长修君子行，由自是非多。"

按："处"应作"外"，"己"作"几"。从诗句内容和语气看，仿佛慈祥双亲对即将出门远行子女的谆谆叮咛，更像一位乡里长者对一个毛头青年的深深教诲。诗文语言本色，饱含"警戒"意味，体现商业社会下，修身洁已的处世哲学。

29. 广西壮族自治区博物馆藏一件磁州窑绿釉题诗枕[②]，上有七言诗一首："壮岁封侯意恨迟，暗遭吕氏斩魂飞。当时早听门人劝，也向烟霞卧紫逵。"

按：此诗乃咏史诗，叙议了西汉韩信因卓越的军事才能，壮年封侯，却没有听信谋士蒯通自立为王的建议，最后被萧何与吕雉诱骗处死的悲剧，表达了民间百姓对韩信悲剧的同情与惋惜。

30. 上海博物馆藏有一件磁州窑题诗枕[③]，上面有诗一首："命穷苦做终难富，有福清闲不受贫。妙药怎医天赐病，良言难劝一生人。"

按：此诗用语通俗犀利，内容是对当时正统儒家思想的否定，字里行间充满着对命运不公的慨叹，反映市井小民的宿命思想。

以上三十首是从出土瓷器中辑录的宋金元诗文，都是无识无款之作。它们中，有的宣扬伦理，劝人行善、行事忍让；有的宣泄情感，反映世间炎凉、祸福无常；有的揭露战争带来的心灵创伤；有的描写良辰美景；有的则是诙谐讽刺社会追逐名利的不良现象。从总体上看，与文人作品相比，有文野之分，但是却真实地反映了市井民众的思想情趣，且读起来朗朗上口。还有一部分作品竟然于平淡中见神奇，信手中见功夫，无意中见性情，虽是无名才子所为，但才学功力毫不逊色于宋元大家，具有引人想象、反复品味的艺术魅力。作为民间诗文，以上诗文也基本上没有为《全宋诗》《全辽金文》《全元文》等所收录，对其增补有十分积极的意义。诚如陈寅恪在《敦煌劫余录序》中说："一时代之学术，必有其新材料与新问题。取用此材料，以研求问题，则为

---

① 孟光耀，赵建朝.磁州窑历代瓷器款识[M].北京：九州出版社，2010：6.
② 广西壮族自治区博物馆.广西博物馆陶瓷精粹[M].北京：文物出版社，2002.
③ 侯晓波.略论宋元磁州窑瓷枕[J].东南文化，1988（1）.

此时代学术之新潮流。"[1]因此，考古文物中的诗文资料同样是中国诗歌史上不应该被忽视的一笔宝贵精神财富，值得进一步整理和研究。

（该文与杨燚峰合作，发表于《切偲集——首都师范大学历史学院史学沙龙论文集》，上海古籍出版社2016年版）

---

[1] 陈寅恪.金明馆丛稿二编[M].北京：生活·读书·新知三联书店，2001年：266.

北京地区元代瓷器窖藏文物初探

在中国众多的考古遗存当中，其中一种窖藏遗址与其他古遗址、古墓葬等文化遗迹一样，蕴藏着丰富的历史文化内涵和研究价值，具有重要的历史地位。窖藏是一种特殊的考古遗迹，历史悠久，从新石器时代的粮食窖藏（如北首岭遗址12号窖穴），到历史时代的器物窖藏（如郑州商代铜器窖藏），其形状各异，或方或圆，有土坑的，有砖砌的，更有为了简便仅用大的容器来储藏。从目前全国各地窖藏考古出土的文物情况看，大致可以分为青铜器窖藏、钱币窖藏、金银器窖藏、瓷器窖藏、铁器窖藏、石刻窖藏、造像窖藏等。北京地区作为农牧文化交流地带，历代的民族矛盾十分激烈，往往在朝代变更和社会变革时期，出现大量的窖藏现象，如战国晚期的钱币窖藏、宋金之际的钱币窖藏、金元时期的瓷器窖藏等。窖藏一般是人们在特殊情况下（比如战争、自然灾害），对珍贵物品保存的一种权宜之策。所以，窖藏中出土的器物一般较为精美，很多都属于当时的上等产品，例如用于收藏把玩的瓷器、具有经济价值的钱币、富有礼制色彩的铜器等。窖藏中的器物也往往代表了当时历史时期的物质文化发展的主流。本文以今北京地区为中心，历年考古发现的元代瓷器窖藏为研究对象，主要探讨该地区元代瓷器窖藏的特点，以及所反映的社会历史等问题。

一、元代瓷器窖藏的发现情况

近七十多年来，在北京地区所辖的各区县都有窖藏瓷器的发现，数量不等。当然这里所说的"瓷器窖藏"不是指窖藏中只有瓷器单一品种器物出土，而没有别的器物同出。事实上，在历代大多数窖藏中，所藏器物的种类都是多样的，很少是单一品种。所谓"瓷器窖藏"是指某窖藏中所藏器物中瓷器类别较多，所占比例较大而言，除瓷器之外，可能还有其他质地的器物。历年来在北京地区所发现的瓷器窖藏具体情况如下。

1. 1985年3月，在房山区张坊乡大峪沟村出土两件元代梅瓶，高35厘米、口径7厘米、底径12厘米，形制相同，纹饰各异。一件为白釉，肩部墨书"内府"二字；一件白地黑花，纹饰外面施孔雀绿釉，为磁州窑制品。二者出土时都放在一件元代铁六錾锅中，锅高27厘米、口径42厘米。[①]

2. 1986年4月，延庆县刘斌乡大关头村发现一元代窖藏，出土元代瓷器两件。其中一件磁州窑白地黑花釉罐，高28厘米、口径17厘米，圆肩小底，肩部饰向日葵和草叶纹；一件为龙泉青瓷盘，高48厘米、口径32厘米，内底饰灵芝花两朵，圈足内一圈无釉，并呈火石红斑。两件器物盛放在一大黑釉缸中（已残），同出还有一些铜器件，有六錾铜锅和双系铜锅各一口，铁锄7件，均装在一大黑釉瓷缸中。[②]

3. 1970年，北京旧鼓楼大街豁口东一院落遗址中发现元代瓷器窖藏。[③] 窖藏深半米，上面覆盖一件瓦盆，出土10件青花瓷器，6件影青瓷器。10件元代青花瓷器都为不可多得艺术品。如青花凤头扁壶，高18厘米，壶身画一展翅飞凤，凤头昂起为壶嘴，凤尾卷作壶把，壶身下部画一束缠枝牡丹，造型生动，色彩清新。一对青花带托盏，盏口径10厘米，盏里部花卷枝花纹一周，盏心画缠枝石榴花两朵，海棠花两朵，中心填海棠花一朵；托盘径12厘米，盘里部画缠枝石榴四朵，外部画宝相花一周；高圈足花蕉叶文一周。

4. 1986年春，平谷区刘家河村群众取土发现一处元代窖藏，出土文物有元代白瓷碗、盘、碟等共7件，同时出土有六錾铁锅和锛各一件[④]。

5. 1969年11月，北京房山县良乡镇南街发现一元代窖藏，开口距离地表深约4米。出土器物有瓷盘、罐、瓶、缸、碗等35件、铁器13件、铜器4件，这些器物分别装在两口大缸内。其中影青印花盘5件、钧釉瓷盘12件、白釉黑花罐3件、黑釉梅瓶1件、白釉梅瓶3件，此外还有影青菊瓣口盘等物。其中多件器物上有墨书笔迹，一件罐底部有墨书"刘安定"，12件盘圈足底大多有墨书"兀剌赤王"，都是实用器物。同时出土器物有六錾铁锅、铁壶、

---

① 赵光林. 北京市发现一批古遗址和窖藏文物 [J]. 考古，1989（2）.
② 同①.
③ 中国科学院考古研究所，北京市文物管理处元大都考古队. 元大都的勘查和发掘 [J]. 考古，1972（1）.
④ 赵光林. 北京地区的几处文物窖藏 [M]// 中国考古学年鉴. 北京：文物出版社，1987.

马具、铁铲、铜铃、钟等。[1]

二、窖藏瓷器的品种、类型、装饰与窑口问题

从上述北京地区几处元代瓷器窖藏发现的情况看，北京地区元代窖藏瓷器集中出现在城区和房山等地。出土器物主要包括青釉瓷、白釉黑花与白釉、白釉瓷、青白釉（影青）瓷、钧釉瓷（天蓝、月白、天青）、卵白釉瓷、青花瓷等品种，基本上涵盖了元代主要瓷器品种。以下就北京地区元代窖藏瓷器的品种、类型和窑口等[2]问题分别介绍。

1. 青釉瓷

北京地区元代窖藏出土青瓷器数量不多，只有延庆县大头村元代窖藏出土的一件龙泉青瓷盘，高48厘米、口径32厘米，内底饰灵芝花两朵，釉色为较为典型的粉青，圈足内一圈无釉，并呈火石红斑。这件龙泉青瓷盘为典型的龙泉窑生产瓷器。

2. 白釉黑花（褐花）瓷

北京地区的元代瓷器窖藏中这类瓷器发现数量较多。从器型上看，主要有罐、瓶等，罐占大多数，有四件。罐，一种为直口鼓肩（鼓腹）罐，大直口，鼓肩（鼓腹），圈足，数量最多；一种为筒形罐，直口，筒形腹，下腹弧收，圈足；一种为深腹罐，形体较为高大，侈口较小，溜肩，肩有的有双系，深腹稍鼓，平底。瓶，均为小口四系梅瓶，四系位于肩上，卵腹，器身修长。

该类瓷器的装饰主要以白釉下绘黑彩、褐彩为主，兼有刻、划、剔花，在盘内底使用的戳刺窝点手法具有鲜明的特点。纹饰布局分疏朗形和饱满形，一般以弦纹来划分纹饰的区域。疏朗形的器物往往器身纹饰较为简单明快、

---

[1] 田敬东.北京良乡发现的一处元代窖藏[J].考古，1972（6）：32—34.
[2] 窖藏瓷器的窑口判断较为复杂，相关瓷器窑口的归属以往学界习惯以大窑场的烧造区为中心，在其周边地区普遍存在着烧造品与其产品具有共同或相似特征的窑场，称为"窑系"。这种界定固然使瓷器的窑口问题判定简单明了，但较为笼统粗略，并注意到各有关窑场在烧造年代、地域空间，特别是工艺技术方面的差异。在这批北京出土的元代窖藏瓷器中，景德镇窑青花和龙泉窑青瓷特征鲜明，窑口判定相对容易，而其余品种我们将在初步判断所属窑口类型的基础上，从宏观上对其来源做初步的探索。对于窑口不明的器物，我们倾向于以窖藏所在地周边存在的瓷窑作为判断这些瓷器窑口的首要条件。

寥寥数笔；饱满形的器物纹饰较为繁缛，绘满整个器身。纹饰题材丰富，主要有以莲瓣、牡丹、向日葵等为代表的花卉及草叶、漩涡、双凤、云龙、蝶等，有的在器身中部有开光，为典型的磁州窑瓷器。

白釉黑花瓷器是磁州窑类型的代表品种，在元代磁州窑类型的一些窑场中，白地黑花一度成为单一的生产品种，北方一些重要的窑场如耀州窑、钧窑都曾烧造北地黑花瓷器。从窖藏出土的瓷器看，以白地褐花或黑褐花为主，与宋代磁州窑多为白地黑花的特点有所区别。一般认为一些较为精美的器物是中心窑场烧造的可能性较大，而其他器物普遍存在当地或附近地区烧造的可能，其中小口四系瓶就基本可以确定是彭城窑所产。

图一

3. 白釉瓷

这类瓷器发现数量较多，制作精细者釉色较为光洁，粗糙者釉色往往白中泛黄。器型主要有碗、盘、碟、梅瓶等，其中碗、盘（碟）占绝大多数。碗，有弧腹和斜腹两种，又有大小之分，大碗口径一般在20厘米左右，小碗口径通常为10厘米上下；又有温碗，直腹，作温酒之用。盘（碟），口部分敞口、折沿、花口三种，腹部有弧腹与折腹之分，个别器物圈足稍大。其中房山区张坊乡大峪沟村出土一件元代白釉梅瓶，高35厘米、口径7厘米、底径12厘米，肩部墨书"内府"二字，表明此器为元代内府所用，或为元代宫廷流出之物。其他白瓷器以素面居多，有纹饰的少，所绘纹饰较常见于碗、盘（碟）的外壁和内底，如平谷刘家河村元代瓷器窖藏出土的白瓷碗、盘、碟等。

该类瓷器多出土于内蒙古、河北、北京等北方地区，又细瓷与粗瓷之分，分别是定窑类型窑场和土窑的产品。定窑白瓷胎釉颜色泛青，胎质致密，一般以莲瓣装饰外胎壁，制作精美，年代为金末元初。此外，金末元初时许多窑场如磁州窑都仿烧定窑的器物，因而许多器物在判定窑口上存在不小的困难。粗白瓷一般胎粗，釉色偏黄，元代北方生产粗白瓷的窑场也很多，如内蒙赤峰缸瓦窑、山西浑源界庄窑、大磁窑和青磁窑、河北隆化鲍家营窑等，平谷刘家河村元代窖藏出土的粗白瓷有可能是这些窑场烧造的，其中河北隆化鲍家营窑可能性较大。

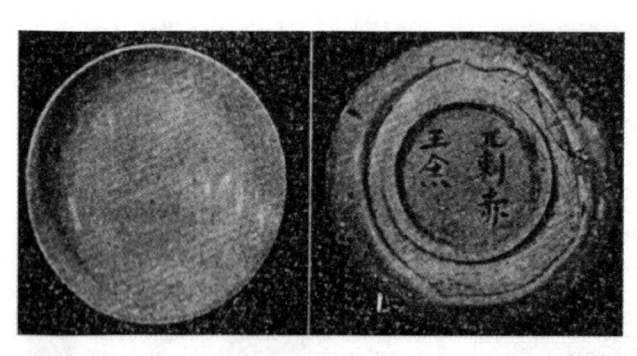

图二

4. 青白釉（影青）瓷

此类瓷器的釉色介于白釉与青釉之间，出土数量也较多，主要器型有碗、盘（碟）、高足碗、壶等。碗，以敞口，弧腹，圈足者为多，有少量斗笠碗与折腰碗。盘（碟），有花口盘、平口盘、敞口盘、折沿盘和八角形盘，其中八角形盘为平底。高足碗，撇口，弧腹，喇叭形高圈足。壶，分双系壶和执壶，双系壶直口、短颈、圆腹、平底；执壶三件形制几乎完全相同，均作葫芦形，耳形执柄。

青白釉瓷的纹饰一般都位于碗、盘内底，装饰手法有刻、划、印花，造型器物还运用了贴塑的手法，纹饰题材主要有花卉、草叶、双凤、云龙、水波等，其他器物以素面居多。款识方面，其中北京旧鼓楼大街窖藏出土两件影青瓷碗底部有墨书的八思巴文，根据《事林广记·蒙古字体·百家姓》，翻译为汉文为"张"或"章"。元代烧造青白瓷器的窑场多集中在江西的吉州、乐平、景德镇、赣州及福建省的政和、闽清、德化、泉州、同安及广东的惠阳、中山等地，以景德镇为中心烧造地，北方尚未发现，因此北方窖藏，包括北京在内出土的这批窖藏青白瓷器均应为南方窑场所产，其中多数为景德镇窑的产品。

5. 钧釉瓷

本文将具有钧窑风格的瓷器统称为钧釉瓷器，釉色主要有天蓝、月白、天青等，出土数量较多，器型主要是盘（碟），其形制为口沿内收成直口或微敛，弧腹，近底处内收，圈足宽而矮。钧釉瓷器素面者占绝大多数，一般运用釉的窑变来制造装饰效果，如"蚯蚓走泥纹"和各色色斑等。北京房山良乡镇窖藏出土的 12 件盘圈足底大多有墨书"兀刺赤王"，都是实用器物，较为清晰地表明器物主人应是蒙古人，同时也说明了汉文化对蒙古族的影响。

一般认为，钧釉瓷的主要产地是河南地区的钧窑系窑场，考古表明它们以禹县神镇钧台窑为中心窑场，广泛分布于临汝、郏县、新安、鹤壁集、安阳、林县、浚县、淇县等地，时间跨度从宋一直延续至元明之际。此外经过数十年的发掘调查，山西浑源的大磁窑、青磁窑、界庄窑，北京房山磁家务窑均有烧造钧釉瓷器的遗迹。考虑到北京良乡窖藏出土的钧瓷主要是日常生活所用性质的瓷盘，加之该窖藏出土器物所反映器物主人为蒙古化的汉人"刘安定"，大概属于当时当地的富裕人家，推测该器物很有可能是磁家务窑烧造的，属于本土制造。

6. 青花瓷

北京窖藏出土的青花瓷数量不多，主要是旧鼓楼大街窖藏出土的十件青花瓷器。其器型有高足碗、瓶、壶、盏（带托盏）、盘、罐、觚。高足碗数量最多，口微外撇，弧腹较深，高圈足或竹节状高圈足。瓶，分梅瓶、玉壶春瓶、象耳瓶和带座瓶。梅瓶有的带盖或底座，也有的呈八棱状；玉壶春瓶也见有八棱形；象耳瓶直口平唇，长颈斜肩，圆腹，双层喇叭状高圈足，颈肩部贴塑两只对称象耳，上各套一只垂环；带座瓶口微敞，长直颈，颈上有一突圈，广肩鼓腹，腹下部内收，圈足外展，下有六方镂空莲座配套。壶，有八棱执壶和扁壶。八棱执壶从形制上看，颇与八棱玉壶春瓶相似。扁壶又有长方形和圆形扁壶之分，其中一件元青花壶，高 18.7 厘米、口径 4 厘米。壶体扁圆，直颈小唇口，浅圈足，底足在沙胎上挂一层很薄的护胎釉。该壶以昂起的凤首作流，以卷起的凤尾作柄，凤身绘在圆形壶体上部，双翅垂至壶体两侧，壶体下部则装饰盛开的牡丹，呈现一种凤鸟飞翔于牡丹丛中颇富情趣的情景。白地蓝花，色彩鲜艳，清新雅致，主题突出，更增添了几分艺术感染力。凤首扁壶采用多种制作工艺，壶流采用模制成型，壶柄以手捏塑成型，壶体为雕镶成型法，最后琢成整体，十分罕见。盏，敞口弧壁，圈足比碗略高，有的带盏托。盘，口微敛，弧腹，圈足。炉，鬲式，敞口，束颈，鼓腹，圜底，三乳足，有的带座。罐，大口，直颈，鼓腹，下腹内收，至底部稍外展，有的带荷叶盖或兽耳。匜，敞口，方唇，平底，长方槽形短流。

北京窖藏出土青花瓷的装饰技法主要以青花纹饰装饰器身，部分器物采用青花与刻花、印花纹饰相结合的手法，器物纹饰的布局分饱满型与疏朗型两种，两种形式的纹饰布局各有一定的规律可循。纹饰题材非常广泛，总体以花草纹、动物纹为主，花草纹主要包括牡丹、莲花、莲瓣、菊花及诸如蕉叶纹之类的一些草叶纹，动物纹则主要有云龙纹、飞凤纹、兔纹、鸳鸯纹等，除此之外还有海水纹、火焰纹等，同一类纹饰的画法相对固定。

图三

从北京地区元代瓷器窖藏所出土的瓷器器类上看，在这些出土瓷器中，各个品种多以碗、盘等日常用器为主，辅以一些观赏器和祭器。从器型上看，呈现出既有共性又有个性的特点，即一种器型常常在不同品种中有发现，如各个品种中碗、盘等生活常用器形制差别不大，这往往代表了一种时代特征；与此相反，每一品种或多或少都有自己的代表器型，如白釉黑（褐）花瓷的大口鼓腹罐和小口四系瓶，钧釉瓷的口沿内收的碗、盘，青白瓷的凤尾瓶，青花瓷的八棱器等，这或许反映了不同的地域特征和审美取向。同样的，在纹饰题材上，各个品种并没有很大的区别，体现了同一时代背景下人们审美的趋同性以及文化交流的密切程度，但是在具体的装饰手法上，各个品种或注重刻花、划花，或注重印花，或注重釉下彩绘等，不尽相同，又似乎说明各个品种对以往传统的继承。

此外从以上分析可以看出，北京地区元代窖藏瓷器所涉及的窑口类型多样，各大窑口及民窑甚至土窑都占有一定的比重，呈现出一种"百花齐放"的格局；从数量上看，磁州窑类型和景德镇窑类型产品较多。北京地区窖藏瓷器的出土品就较好地诠释了这一点，各窖藏内出土瓷器品种繁多，窑口类型分布较广，包括景德镇窑类型、龙泉窑类型、磁州窑类型、钧窑类型、定窑类型等，而尤以景德镇窑类型、磁州窑类型、钧窑类型、龙泉窑类型的瓷器居多，一方面表明磁州窑和钧窑在元代的繁盛；另一方面也显示出南方大窑场的产品在北方也受到青睐。当然我们也应该看到，与南方不同的是，包括北京在内，北方地区窖藏出土瓷器窑口往往呈现本地化的倾向，除一些精品外，多数瓷器的同类器都能在当地或邻近地区的窑场产品中找到。北京良乡窖藏出土的瓷器就很有可能是磁家务窑烧造的，这是一个十分明显的例证。

三、瓷器窖藏的年代、形成原因和窖藏主人等

本文所说瓷器窖藏，或为纯粹的瓷器窖藏，或瓷器在窖藏器物中占有很高的比例，由于其窖藏一般缺乏可靠的地层学依据，探索窖藏的年代应从窖藏出土器物入手，同时结合其一起出土的"共生物"和相关时代背景。一般情况，窖藏的年代当不早于其内器物的年代；同样的，窖藏内器物的年代下限与窖藏的埋藏时间最为接近。当然要想更为准确地把握窖藏的年代，还需要对各品种瓷器的流行年代进行深入的考察。

目前学界对于元青花的研究较为充分，一般认为成熟的青花瓷器不会早过元代中期，自然出土有青花瓷器的窖藏年代不会早过元代中期，而窖藏中发现的青花瓷器大多纹饰繁缛，使用进口钴料。北京旧鼓楼大街豁口出土的青花凤头扁壶是纹饰非常成熟的青花瓷器，其年代大致属于元代后期。

根据今天学者对磁州窑瓷器的研究成果，观台磁州窑址第四期后段的年代被推定为元后期，此时期产品的主要特点是：釉色以白灰或卵白色为主，黑釉釉色有漆黑、酱紫和墨绿等，釉色光亮润泽。形制上，圆器变浅腹，器壁趋直，琢器则变得较高瘦。碗盘类流行外高内低的矮圈足，口部以敛口为多。北京房山县良乡镇出土的瓷器窖藏中出土白釉瓷釉色灰白或乳白，黑釉器釉色莹亮，当为磁州窑元代中后期产品。因此我们推定此窖藏应为元代中后期窖藏。延庆县刘斌乡大关头村出土的瓷器窖藏中有磁州窑白釉黑花大罐，最大腹径在肩部略靠下、龙泉窑青釉盘圈足内有火石红斑等现象。推测此批

瓷器窖藏的年代最早不会早于元代中期。房山区张坊乡大峪沟村出土的瓷器窖藏中有两件梅瓶，一件白釉，一件孔雀绿釉，白釉黑花，其他共生物无，故其年代判断较难，大致为元代。

　　一般认为，从众多窖藏的实际特点来看，可以分为群体性窖藏和个体性窖藏。群体性窖藏以集宁路古城窖藏为代表，窖藏数量和其窖藏器物之多，无疑需要很多的人力，非一个人或少量人所能承担；其他窖藏基本上均为个体性窖藏，同周边的环境并没有什么必然联系，埋藏的器物数量也远不及群体性窖藏之多。北京地区所发现的五处元代瓷器窖藏基本上都属于个体性窖藏。从窖藏器物的内涵来看，全国范围绝大多数窖藏内出土的瓷器都是日常的实用器，制作不甚精美，甚至连埋藏方式都大同小异。普遍流行的埋藏方式为：将瓷器及其他相对小型的器物置于大瓮内，其上以六鋬铁锅覆盖。这类窖藏的埋藏者应为一般平民；北京房山、平谷和延庆等地的几处元代瓷器窖藏出土瓷器多为碗、盘、碟等日常实用器，同出其他器物也多为铁锄、铁铲和马具等农器，表明器物主人并非显贵。

　　相反北京旧鼓楼大街豁口元代瓷器窖藏出土瓷器精美，堪称元代瓷器的精品，与河北保定元代瓷器窖藏、江西高安元代瓷器窖藏出土情况相似，这类窖藏的埋藏者应是当时的官宦显贵之家。

　　一般而言，中国古代每个朝代的前期和后期多是社会动荡和不安定的时期，因为改朝换代往往意味着朝代的更替，一般都是在战争暴力下完成的，因此每次的战乱都可能是促使窖藏激增的重要原因。战争引起的直接后果就是百姓不得不背井离乡、流离失所，在这样的历史背景下，逃难时最适合随身携带的肯定是细软等重量轻又便于携带的物品，而对于那些重要但笨重不便携带的物品，挖窖埋藏等日后回乡取用无疑是一个稳妥的方法。瓷器是生活必需品，又具有易碎的特点，因而必定会成为窖藏器物的最重要组成部分。从前面我们分析北京元代瓷器窖藏年代多集中在元代后期的情况看，这也符合改朝换代时期窖藏增多的规律。

四、结语

　　窖藏瓷器的研究一直是陶瓷考古中的薄弱环节。从上世纪五十年代至今，随着考古调查和发掘工作的不断推进，我们已经对窖藏瓷器积累了丰富的材料，本文就是在全面收集北京地区窖藏瓷器材料的基础上，对其进行了初步的尝试性研究。我们大致认为：

北京地区出土的元代窖藏瓷器品种繁多，器类和器型多样，装饰工艺发达。一方面，同一种器型、装饰手法和纹饰题材常常在不同品种中均有发现；另一方面，各品种往往都有自己特有的器型，在装饰手法和纹饰题材的运用上也各有侧重。元代窖藏出土的瓷器大部分可纳入景德镇窑、龙泉窑、磁州窑、钧窑等数个大的窑口类型的产品范畴，这一方面表明上述大窑场在元代的繁荣，另一方面许多地方民窑竞相仿造也是重要因素，有的甚至在同一窑场烧造多个窑口的产品。还有小部分窖藏瓷器为当地土窑的产品，同时也是北京作为元代帝都的历史见证。一般认为窖藏的埋藏分群体性行为和个体性行为，从北京地区元代窖藏瓷器的器物组合和精美程度—可以将埋藏者分为显贵者和平民两类。在以窖藏瓷器的年代推定窖藏年代时，在选择对象时必须遵循纪年瓷器——→纪年指征瓷器——→地层出土瓷器这一顺序，其时代主要集中于元代后期，是元末朝代更替的产物。

总之，本文通过对北京地区元代窖藏瓷器资料的整理，初步对这些元代窖藏及其出土瓷器中蕴藏的问题进行了分析说明。其实，窖藏瓷器所包含的历史文化信息十分丰富，需要我们持之以恒地，深入研究这些窖藏文物所蕴含的历史文化信息，从而更加详细地了解北京史、完善北京史，真正让窖藏文物在证史、补史、纠史工作中发挥更大的作用。

（该文发表于《艺术考古论集.古陶瓷研究》，三秦出版社2019年版）

后　记

　　自 2000 年开始发表论文，至今已经二十多年过去了。从最初牙牙学语、蹒跚学步开始，到现在心有所思、偶有所成，也算是有些章法，有些认识。早在 2014 年整理出版我的第一本论文集《悠悠集》时，整理出版属于自己的第二本论文集的书名就在那时已经想好，可谓是典型的"早产儿"。在第一本论文集《悠悠集——战国秦汉文物中史地研究》中，主要收录了笔者有关利用考古文物资料考证历史地理等相关问题。这本名为《穷穷集——古代文物与历史文化研究》论文集则集中了本人对古代文物自身的研究、以及这些历史文物所反映的历史文化研究。这两本论文集所用基本资料都有一个特点，就是在本人所倡导的"文物就是文献"的理念思路下，以考古文物资料作为原始资料、作为研究基础，充分结合历史文献，开展有关讨论，得出一些见解和认识。

　　该论文集分四个板块，第一板块围绕西汉御史大夫张汤墓考古和出土文物开展有关研究。笔者 2000 年至 2003 年在西安的三年工作期间，有幸与两千多年前的"酷吏"张汤相遇。作为一位在《史记》《汉书》有详细记载的智者，吾辈能有幸与之相遇，也算是冥冥之中的一种缘分。其中有关围绕张汤墓葬考古和论证的前前后后，至今还历历在目。如果当天我没有在考古发掘现场、如果我没有坚持写出有关考证、如果我当时没有种似曾相识的感觉，或许、不是或许，而是一定我们将和张汤墓葬考古擦肩而过。之后对张汤了解得更多，也就更加清晰这位"酷而不贪"的千年智者形象。他不仅是西北政法大学芸芸学子的膜拜对象，也是汉代法规和制度的制定者和推行者，如影响几千年的中央铸币权就是从张汤推行的"赤仄五铢"开始的。

　　第二板块主要围绕中国古代印章文化开展。从 1997 年在西北大学攻读硕士研究生学习起，在周晓陆老师的引导下，开始领悟到中国印章文化的博大精深。之后，了解越多越是喜欢。从繁花似锦的战国玺印到唯我独尊的帝国印章，从中规中矩的公印到多姿多彩的私印，从中央集权制度下的官印到反抗暴力的农民政权印，笔者都有所涉及。这些收获的源头都要追溯至西北大学学习时期的美好时光。想当年为了整理编著好《中国古代玺印真伪鉴定》一书，狂补、恶补了当时能找到古代玺印书籍和有关文章，也算是"登堂入室"。之后从"两汉金印简论"开始，陆陆续续地有了不少有关古代印玺研究的成果，尤其这些年，或指导学生、或与朋友合作写出一些古代印章文章，其中还是有些自以为较为得意之作，如我赶时髦，最早指出南昌西汉海昏侯墓出土的"海"字印为一枚烙马印，最早指出四川江口沉银遗址发现的"永昌大元帅"金印实际上为张献忠自封用印等。

  第三板块基本上是围绕孝文化所展开的研究。有关对孝文化的兴趣也要追溯至早年西北大学求学时代。有关事情的前因后果在我的国家社科基金结项课题的后记中有较为详细的说明，在此就不多啰嗦。该课题的完成，除完成一份国家课题之外，我自认为最大的收获是实践了"图像证史"，让我进一步认识到"图像亦文献"，进而推演出我的"文物即文献"的理论认知。另一个副产品就是该论文集所收录的有关孝文化研究文章，有的是解决了"有什么"、有的解决了"是什么"、有的解决了"为什么"。进而形成了我的有关文物研究的三层次理论——有什么、是什么、为什么。该文物研究理论认知的"成熟"应该是这个课题带给我的另一个最有益的收获。

  第四板块就是对古代文物较为具体的研究。研究对象的时间跨度从商周青铜器到宋元瓷器；研究文物的质地有单一物种到多种综合；研究文物的内容有历史研究到文学解读。所有研究和解读不务空谈，无不力求有所新意和接近历史。不少结论都是"二句三年得，一吟双泪流。知音如不赏，归卧故山秋"的结果。其中甘苦如鱼饮水，冷暖自知。

  本书从2017年开始申请到今天基本完成，已经历时3年多时光，期间又经历了不少的人或事，或许快乐、或许悲伤，但心里总是有点淡淡的忧伤。说不清、道不明。如果自己给自己打分吧，就算七十分吧，不好也不太差。当然该感谢的还需要感谢一番，首先是该论文集中涉及与我合作的同仁和同学,正是诸君的智慧和付出,才有今天该论文集的雏形;其次要感谢我的供职单位——首都师范大学历史学院,是它给我之衣食,让我有了心灵和灵魂的安身之地,感谢有关同事和朋友的关照和帮助。

  生活还要继续,前行的路还要努力。心中有梦,脚下有路,我也将继续出发。

梦山书于首师大斗室

2020 年 7 月 6 日 20:30